中国法律丛书

中国
海事法案例精读

陈惠明 主编

宁波海事法院 编著

图书在版编目（CIP）数据

中国海事法案例精读/陈惠明主编；宁波海事法院编著.—北京：商务印书馆，2020
（中国法律丛书）
ISBN 978-7-100-18522-6

Ⅰ.①中⋯ Ⅱ.①陈⋯ ②宁⋯ Ⅲ.①海事法规—案例—中国 Ⅳ.①D993.5

中国版本图书馆CIP数据核字（2020）第087711号

权利保留，侵权必究。

中国法律丛书
中国海事法案例精读
陈惠明　主编
宁波海事法院　编著

商 务 印 书 馆 出 版
（北京王府井大街36号　邮政编码100710）
商 务 印 书 馆 发 行
北京艺辉伊航图文有限公司印刷
ISBN 978 - 7 - 100 - 18522 - 6

2020年9月第1版　　　开本710×1000　1/16
2020年9月北京第1次印刷　印张30½
定价：128.00元

鸣　谢*

（以姓名拼音首字母为序）

董保华　韩君玲　罗东川　罗伯特·P.默吉斯[①]

宋海宁　宋海燕　汪　泽　虞政平

---

* 特此鸣谢《中国法律丛书》专家委员会成员。
① Robert P. Merges

本书编委会

主　编

　　陈惠明　原宁波海事法院院长　一级高级法官

执行编辑

　　吴勇奇　宁波海事法院审判委员会专职委员　二级高级法官

撰稿人

　　陈惠明　邬先江　吴勇奇　沈晓鸣　苗　青　胡建新

　　吴胜顺　李　锋　史红萍　王佩芬　陈晓明　倪学伟

　　王爱玲　侯　伟　吴贵宁　张　亮　张继林　张建生

　　霍　彤　杨　婵　付俊洋　谭学文　肖　琳　杨世民

　　夏关根　罗孝炳

目　　录

中国海事法律制度概述

一、中国海商法律制度发展的脉络　　／4
　　（一）清末海商法律制度的引入　　／4
　　（二）民国时期海商法律制度的继承　　／5
　　（三）新中国海商法律制度的发展　　／6
二、中国海商法律制度的特点　　／7
　　（一）涉外性　　／7
　　（二）专业性　　／8
　　（三）特殊性　　／8
　　（四）双轨制　　／8
　　（五）对人诉讼　　／9
三、中国船舶法律制度　　／10
　　（一）船舶所有权　　／10
　　（二）船舶抵押权　　／11
　　（三）船舶留置权　　／11
　　（四）船舶优先权　　／12

目 录

四、中国海事法律制度 / 14
 （一）船舶碰撞 / 15
 （二）船舶污染损害 / 18
 （三）海难救助 / 21
 （四）共同海损 / 24
 （五）海事赔偿责任限制 / 27

五、中国海商法律制度 / 31
 （一）海上货物运输合同 / 32
 （二）海上旅客运输合同 / 38
 （三）船舶租用合同 / 40
 （四）海上拖航合同 / 44
 （五）海上保险合同 / 47

六、中国海事纠纷处理机制 / 53
 （一）协商 / 53
 （二）调解 / 54
 （三）仲裁 / 58
 （四）诉讼 / 63

目录

船舶物权纠纷

1. 执行异议之诉的权属证明标准及船舶所有人虚假登记的对抗效力　　/ 75
   ——原告黄福荣与被告台州市华海航运有限公司、深圳海盈海运有限公司等、第三人深圳海盈船舶投资有限公司案外人执行异议之诉案

2. 不同法域下船舶双重所有权、抵押权效力的认定　　/ 90
   ——Darby国际投资有限公司诉荣太国际船务有限公司、第三人中国电子进出口宁波有限公司船舶抵押合同纠纷案

3. 修船人在船舶被他人侵占后仍享有船舶留置权　　/ 99
   ——台州市园山船务工程有限公司诉舟山宏浚港口工程有限公司、舟山市安达船务有限公司船舶修理合同纠纷案

4. 申请扣押当事船舶并非认定船舶优先权的前提条件　　/ 107
   ——余松定诉上海油汇船务有限公司船员劳务合同纠纷案

目录

海事纠纷

5. 海运欺诈的认定 / 121
   ——德国穆德费斯特有限公司诉攀钢集团国贸有限公司、常熟市瀚邦船务代理有限公司海上货物运输提单侵权纠纷案

6. 三船连环碰撞的责任认定 / 135
   ——邵俊欧诉舟山市鼎衡造船有限公司、上海鼎衡船务有限责任公司船舶碰撞损害责任纠纷案

7. 职能部门在台风季节对无人值守的锚泊船舶采取安全防范措施构成海难救助 / 148
   ——嵊泗县人民政府防汛防旱防台指挥部办公室诉帝远股份有限公司海难救助纠纷案

8. 环境损害共同侵权的认定及责任承担 / 160
   ——中山市海洋与渔业局诉彭伟权、冯喜林等污染海洋环境责任纠纷民事公益诉讼案

9. 货主追偿打捞费损失请求的海事赔偿责任限制 / 172
   ——华泰财产保险股份有限公司嘉兴中心支公司诉林占和船舶碰撞损害保险代位求偿纠纷案

目 录

10. 碰撞沉没船舶打捞费损失的海事赔偿责任限制 / 182
    ——郭水景、石狮市恒达船运有限公司诉南安市轮船有限公司船舶碰撞损害赔偿纠纷案

11. 承运人侵权责任的认定 / 192
    ——江西稀有稀土金属钨业集团进出口有限公司诉宏海箱运支线有限公司等海上财产损害责任纠纷案

12. 出口押汇的性质及押汇行处分权的行使 / 205
    ——中国农业银行象山县支行与象山县兴业航运有限公司提单质押权利损害赔偿纠纷案

13. 无单放货纠纷中承运人单方回运货物情况下的责任认定 / 215
    ——绍兴县奢客纺织品有限公司与上海欧达国际货运代理有限公司等海上货物运输合同纠纷案

14. 承运人无单放货后对追回货物应承担的赔偿责任及提单持有人应承担的迟延提货责任 / 227
    ——千禧国际货运代理（深圳）有限公司诉宁波和泰进出口有限公司海上货物运输合同纠纷案

15. 海事赔偿责任限制与连带赔偿责任同时适用的规则 / 243
    ——吴世亮、彭金芳与ETHIOPIAN SHIPPING LINES SHARE COMPANY、陈雁平、舟山市海腾渔业有限公司海上人身伤亡损害赔偿纠纷系列案

目录

海商纠纷

16. 目的港收货人拒绝提货纠纷民事责任的司法审查 / 263
　　——泛太集运公司诉青岛诺克来公司、乐克来公司
　　　海上货物运输合同纠纷案

17. 承运人在运输途中将危害运输安全的危险品卸下
　　可不负赔偿责任 / 281
　　——宁波奥燃新能源科技有限公司诉以星综合航运
　　　有限公司海上货物运输合同纠纷案

18. 船舶保险合同中关于"逾期不支付保险费，保险合同自
　　逾期之日起自动终止"特别约定的效力 / 289
　　——香港金禧船务有限公司诉中国大地财产保险
　　　股份有限公司宁波分公司船舶保险合同纠纷案

19. 对船舶一切险保险价值的认定 / 302
　　——香港东盛航运有限公司诉中国平安财产保险
　　　股份有限公司浙江分公司海上保险合同纠纷案

20. "经谨慎处理仍未发现的船舶潜在缺陷"免责事由的适用 / 314
　　——绍兴县金斯顿针纺织有限公司诉商船三井株式
　　　会社海上货物运输合同纠纷案

21. 不方便法院原则的适用 / 325
——巴润摩托车有限公司诉美顺国际货运有限公司海上货物运输合同纠纷案

22. 台风免责抗辩的司法审查 / 332
——湖南中联国际贸易有限责任公司等诉上海捷喜国际货物运输代理有限公司等海上货物运输合同纠纷案

23. 多式联运下货物在国外陆运区段遭盗抢的责任认定 / 347
——义乌市堆正进出口有限公司诉现代商船株式会社海上货物运输合同纠纷案

24. 强制性规定的类型及其对合同效力的影响 / 357
——孔双燕诉舟山市普陀民欣船务代理有限公司、王剑铭光船租赁合同纠纷案

25. 船舶建造合同法律属性及合同履行期限的判断 / 367
——上海兆新船务有限公司诉乐清市江海船舶制造有限公司船舶建造合同纠纷案

26. 主张合同缔约过失责任不能排除仲裁条款适用 / 378
——恒顺船务有限公司诉上海浦东发展银行股份有限公司保证合同纠纷案

目 录

海事行政与海事刑事诉讼

27. 没收"三无"船舶的海事行政处罚应得到法院审判支持 / 387
　　——赵洪波诉浙江省公安边防总队海警第一支队、
　　浙江省公安边防总队渔业行政管理（渔业）
　　行政处罚案

28. 海事刑事诉讼专门管辖的新尝试 / 397
　　——艾伦·门多萨·塔布雷涉外海上交通肇事案

特别程序与纠纷处理

29. 海事赔偿责任限制下船舶优先权之否定 / 419
　　——上海神源企业集团有限公司诉厦门兴航宇船务
　　有限公司海事债权确权纠纷案

30. 对申请承认与执行外国海事仲裁裁决的审查与处理　　／ 427
　　——汉迪波克海运有限公司申请承认和执行外国海事
　　　仲裁裁决案

31. 海事海商审判与破产案件的程序衔接　　／ 437
　　——浙江省浙商资产管理有限公司诉浙江庄吉船业
　　　有限公司等船舶抵押合同纠纷案

32. 灵活运用调解手段解决区域管辖冲突和双重诉讼难题　　／ 449
　　——中国太平洋财产保险股份有限公司山西分公司
　　　等诉深圳远洋运输股份有限公司船舶碰撞损害
　　　追偿纠纷系列案

33. 当事人申请设立油污损害赔偿责任限制基金的处理　　／ 461
　　——主权荣誉公司申请设立油污损害赔偿责任限制
　　　基金案

中国海事法律制度概述

在中国，海商法是调整平等主体之间海上运输关系和船舶关系的特定法律规范的总称，此为狭义海商法，属于私法范畴。其中"海商"一词，源于中世纪商航一体的航海贸易，亚洲国家称之为"海商"，调整此种关系的法律规范称之为"海商法"。自18世纪末至19世纪初，随着国际贸易和航运事业的蓬勃发展，商航开始分离，海上运输逐渐发展成为独立的经营部门。① 此时，再沿用"海商"和"海商法"的称谓，似乎不太贴切。而且，现代意义上的海商法不局限于调整海上商业活动，还包括监督和管理船舶、船员以及船舶碰撞、海难救助等非商业活动，所以准确而言，应称为"海事法"，② 故本书以《中国海事法案例精读》为名。采用本书名的另一层考虑是，随着中国海事法院收案范围的不断扩大，收入本书的案例除了平等主体之间的海事海商等纠纷案件外，还包括海事行政案件和海事刑事案件，这已属于包含公法内容在内的广义海事法调整的范畴了。

除了"海商法"和"海事法"的概念之外，在海事审判实务中，经常交替使用"海事"和"海商"的概念。就海事法院管辖的案件而言，统称为海事（广义）案件，细分为海事（狭义）纠纷案件、海商纠纷案件、海事行政案件、海事刑事案件，其他海事海商纠纷案件等。就海商法规定的具体内容而言，分为两大部分：一是海商法律制度，以双方当事人的合意为基础；二是海事法律制度，不以当事人双方的合意为基础，包括海事侵权法律制度，以及特殊的海事法律制度。本书的法律制度概述及案例分类，即采用海事审判实务中的"海事""海商"概念。

---

① 参见司玉琢：《海商法》，法律出版社2018年版，第2页。
② 参见何丽新、饶玉琳：《海商法》，厦门大学出版社2004年版，第1页。

一、中国海商法律制度发展的脉络

中国古代不存在私法性质的官方海商规则，海商规则的存在形态主要是民间惯例，并且处于与船货一体航运模式相适应的较低的发展阶段。第一次鸦片战争以后，由外来航运势力和民族新式航运业构成的新格局产生了近代化的规则需求，西方海商法开始以惯例、法典等各种形式进入中国，由此开启了中国海商法的近代化历程。①

（一）清末海商法律制度的引入

中国海商立法始于近代。1867年10月21日由清政府总理衙门核定颁行的《华商买用洋商火轮夹板等项船只章程》，是中国近代第一部含有海商法内容的法规，规定了船舶抵押制度、船舶所有权制度以及海员制度等，该章程虽然在鼓励发展民族航运业方面毫无建树，但却开启了引进西方海商法律制度之端绪。1883年颁行的《船货预立保险证据章程》，立法者围绕保险立据，引进了海商法中的某些具体制度，包括海上保险制度，船舶堪航担保义务，载货与卸货期限，清洁载货凭单等。②

中国近代性质的法律文本的产生始于清末修律。1902年，清政府以"参酌各国法律，悉心考订，妥为拟议，务期中外通行"为宗旨，下令修订其现行法律，并设立修订法律馆，派沈家本、伍廷芳负其责任。1908年，修订法律馆聘请日本商法学者志田鉀太郎为顾问，协助起草商法典，志田氏以日本新商法典、德国商法典等为依据，参以部分国际条约，陆续完成《大清商律草案》的拟订，其中第五编《海船法草案》系中国近代第一部海商法草案，内容包括船舶、

---

① 李建江：《中国近代海商法》，中国政法大学出版社2015年版，内容摘要第5页。

② 参见李建江：《中国近代海商法》，中国政法大学出版社2015年版，第56—70页。

船员、运输、保险、共同海损、海难救助等，共计六编263条，基本涵盖了近代海商法的所有基本制度。《大清商律草案》虽因辛亥革命的爆发打断了清政府的筹备立宪计划而未获颁行，但《海船法草案》在中国海商法制史上具有开创性意义，这种价值在民国海商立法中得以延续。①

（二）民国时期海商法律制度的继承

民国初期，北京北洋政府的海商立法并无实质性发展，只是将前清之《海船法草案》略加修改，于1926年11月12日以《海船律案》予以公布，其编章结构及内容与《海船法草案》基本相同，该律案经北京北洋政府司法部批准暂行采用。

1929年11月，南京国民政府立法院商法起草委员会推定楼桐孙委员负责起草海商法，楼委员在较短时间内完成起草，并由立法院议决通过于同年12月30日公布，1930年11月8日立法院议决通过并公布《海商法施行法》，两者均于1931年1月1日起施行。南京国民政府《海商法》以清末《海船法草案》、北京政府时期法籍中华民国国民政府顾问爱斯嘉拉所拟海船法案为规则基础，其内容"折衷英美，兼采德日"，共八章，第一章通则，第二章船舶，第三章海员，第四章运送契约，第五章船舶碰撞，第六章救助及捞救，第七章共同海损，第八章海上保险，共174条，比《海船法草案》少了近100条，凸显其简明为主的立法理念与"框架型"缺陷，是中国近代海商法的不同发展阶段。②

---

① 参见戴锦隆、凌相权：《台湾商事法论》，武汉大学出版社1992年版，第212页；李建江：《中国近代海商法》，中国政法大学出版社2015年版，第108—126页；顾建荣：《清末〈海船法草案〉述评》，载《中国海商法研究》2017年第1期。

② 参见戴锦隆、凌相权：《台湾商事法论》，武汉大学出版社1992年版，第212页；李建江：《中国近代海商法》，中国政法大学出版社2015年版，第164—196页。

（三）新中国海商法律制度的发展

1949年中华人民共和国成立后，海峡两岸的海商立法便分道而行。中国台湾地区沿用南京国民政府《海商法》，并在此基础上，历经1958年、1962年、1985年、1999年、2000年、2009年六次修订，其中1962年和1999年为两次大的修订。1962年修订时，为适应国际统一化的潮流，较广泛地汲取了国际公约、规则和惯例，内容更为完备、实用。1999年的修订受大陆海商法的影响，参考最新的国际公约及外国立法例，采用国际货币基金特别提款权，将喜马拉雅条款成文化，在海难救助中体现海洋环境保护等。现行《海商法》于2009年11月23日公布实施，全文分为八章共153条，就船舶、运送契约、船舶碰撞、海难救助、共同海损及海上保险等内容作出规定。[①]

在大陆地区，原南京国民政府建立的法律体系被废除。1951年成立"中华人民共和国海商法起草委员会"，至1963年完成第九稿上报国务院。由于社会主义改造运动和"文化大革命"的冲击，《海商法》的立法工作被迫中断。1981年交通部重新成立起草委员会恢复《海商法》的起草，于1985年形成送审稿（第十五稿）报国务院。国务院专门成立海商法审查小组，广泛征求意见，反复论证，多次修改，于1992年6月5日审议通过了《中华人民共和国海商法（草案）》（第二十九稿），并向全国人大常委会提出议案。同年11月7日第七届全国人大常委会第二十八次会议审议通过并公布了《中华人民共和国海商法》，于1993年7月1日实行至今。现行《海商法》共15章278条，对船舶所有权、船舶抵押权、船舶优先权、海上货物运

[①] 参见傅廷中：《海商法》，法律出版社2017年版，第16页；戴锜隆、凌相权：《台湾商事法论》，武汉大学出版社1992年版，第215页；何丽新：《台湾"海商法"最新修法之评述》，载《中国海商法研究》2015年第2期。

输合同、海上旅客运输合同、船舶租用合同、海上拖航合同、船舶碰撞、海难救助、共同海损、海事赔偿责任限制、海上保险合同等做了明确的规定，是新中国诞生以来，起草、审议、协调过程漫长，历时40年，经过几代人努力，吸收"众法之长"而形成的一部法律，无论在法律属性、立法形式或法律内容上，都有其独特的风格和特点。[1]

新中国成立以后，还先后发布了《海上交通安全法》《对从事国际海运船公司的暂行管理办法》《海上集装箱运输管理规定》《船舶登记条例》《关于不满300总吨船舶及沿海运输、沿海作业船舶海事赔偿限额的规定》《关于审理船舶碰撞和触碰案件财产损害赔偿的规定》《海事诉讼特别程序法》《国内水路货物运输规则》《船员条例》《关于审理无正本提单交付货物案件适用法律若干问题的规定》《关于审理海上货运代理纠纷案件若干问题的规定》《关于扣押与拍卖船舶适用法律若干问题的规定》等一系列法律、法规和司法解释，连同《合同法》的运输合同章，构成了中国以《海商法》为核心的海事法律体系。

二、中国海商法律制度的特点

学界通常认为中国海商法律制度具有涉外性、专业性、特殊性三个特点，[2] 而从海事审判实务的角度看，中国海商法律还具有双轨制及对人诉讼的特征。

（一）涉外性

涉外性又称国际性，是海商法区别于其他民商事法律的一个显著特征，主要表现在：1.海商法律调整的关系大多数为涉外关系或

---

[1] 参见司玉琢：《海商法》，法律出版社2018年版，第17页；《海商法专论》，中国人民大学出版社2007年版，第1—6页。

[2] 参见司玉琢：《海商法》，法律出版社2018年版，第6—7页；张湘兰：《海商法》，武汉大学出版社2014年版，第3—5页；傅廷中：《海商法论》，法律出版社2007年版，第3—5页；贾林青：《海商法》，中国人民大学出版社2017年版，第14—16页。

者具有涉外因素的法律关系；2.海商法的立法大量参照了国际条约或国际惯例；3.海商法的表现形式除了国内法外，还包括国际条约和国际惯例；4.海商法的效力范围，可及于本国海域及公海上的外国船舶，外国海域及公海上的本国船舶，甚至外国海域上的外国船舶。

（二）专业性

专业性又称技术性，是海商法区别于其他法律部门的重要特点之一，无论是在船舶制造、船舶驾驶、船员管理，还是在海上运输、单证签发、货物管理、海上保险等方面，都体现了这一特征，随着现代科学技术的运用，其专业技术性越加鲜明。

（三）特殊性

特殊性又称固有性，是指在海商法发展过程中独立形成的、体现其固有本质的规则制度，这是海商法律区别于其他法律的一大特点，主要包括：1.船舶优先权制度；2.承运人责任制度；3.船舶租赁制度；4.船舶碰撞责任制度；5.海难救助制度；6.共同海损制度；7.海事赔偿责任限制制度；8.海上保险制度等。

（四）双轨制

双轨制是指在水上运输和责任承担中，中国海商法律区分国际运输和沿海运输及内河运输等，实行不同的法律制度，形成中国海商法律的独有特征之一，主要包括：1.《海商法》中关于海上货物运输合同的规定，不适用于沿海运输和内河运输，沿海运输和内河运输限于国内企业经营，适用《合同法》的相关规定；2.《海商法》中关于非人身伤亡的海事赔偿责任限额规定，不适用于总吨位不满300吨的船舶，从事中国港口之间运输的船舶，以及从事沿海作业的船舶，其赔偿限额由国务院交通主管部门另行制定；3.《海商法》中关于人身伤亡的海事赔偿责任限额的规定，不适用于中国港口之间海上旅客运输的旅客人身伤亡，其赔偿限额也由国务院交通主管部门另行制定。

（五）对人诉讼

对人诉讼是指中国的民事诉讼包括海事诉讼，只能对人，包括自然人、法人和其他组织进行，不能对物进行，这是中国海商法律有别于英美法系国家海商法律的特征之一。所谓的对物诉讼，就是在法律规定的范围内，法院可以通过扣押被诉船舶或其他财产而取得管辖权，迫使物主提供担保，或在不提供担保的情况下，将船舶或其他财产拍卖，以拍卖所得价金为限偿付债务。对物诉讼中，被告是物，物主并非被告，而是物之监护人。当船舶或其他财产所有人在对物诉讼中出庭应诉及提供担保，他本身便必须负责债务，此与对人诉讼相同。在英国，对物诉讼起源于海事法，而海事案件的对物诉讼大多数是针对船舶的诉讼。虽然大陆法系国家也有对物诉讼，但英美法的对物诉讼制度发展最为完善，影响最为广泛，成为英美法系国家的一项很有特色的司法制度。[①]

中国不实行对物诉讼制度，因此民事诉讼的主体只能是人，而物只能成为诉讼客体。但在海事诉讼方面，中国的海事请求保全制度吸收了对物诉讼的优点，明显带有对物诉讼的痕迹，表现在中国《海事诉讼特别程序法》第二十五条规定：海事请求人申请扣押船舶，但不能立即查明被请求人名称的，不影响申请的提出。这就是说，在不能立即查明被请求人名称的情况下，申请人可以某某轮所有人或光船承租人作为被申请人的名称，这属于"形式上的对人诉讼，实质上的对物诉讼"，[②]但当事人的这种列法仅限于诉前海事请求保

[①] 参见邢海宝：《海事诉讼特别程序研究》，法律出版社2002年版，第108—111页。

[②] 冯立奇：《中国海事诉讼程序法的特点》，载宁波海事法院《海事司法论坛》2000年第2期。

全，而不适用于海事诉讼。船舶因光船承租人经营该船舶产生的债务，可被扣押和拍卖，也有对物诉讼的影子。①

三、中国船舶法律制度

船舶是海上运输的工具，是海事法律关系中最重要的客体之一，各国均在海商法或其他单行法中对船舶加以调整。中国《海商法》下的船舶，是指海船和其他海上移动式装置，包括船舶属具，但是用于军事的、政府公务的船舶和20总吨以下的小型船艇除外。依照中国《海商法》的规定，船舶经依法登记取得中国国籍，有权悬挂中国国旗航行；中国港口之间的海上运输和拖航，由悬挂中国国旗的船舶经营。中国《海商法》还对船舶物权作出了具体规定。

（一）船舶所有权

中国的船舶物权与其他物权的定义一样，是指船舶所有人依法对其船舶享有占有、使用、收益和处分的权利。国家所有的船舶由国家授予具有法人资格的全民所有制企业经营管理，有关船舶所有人的规定适用于该法人。船舶虽属动产物权，却按不动产物权进行管理，其所有权的取得、转让和消灭，应当向船舶登记机关登记，未经登记的，不得对抗第三人；船舶由两个以上的法人或者个人共有的，也应当向船舶登记机关登记，未经登记的，也不得对抗第三人。根据物权法司法解释（一）第六条的规定，转让人转移船舶所有权，受让人已经支付对价并取得占有，虽未经登记，但不得对抗的第三人不包括转让人的一般（非船舶物权性质的债权，下同）债权人，即可以对抗转让人的一般债权人。

---

① 《最高人民法院关于扣押与拍卖船舶适用法律若干问题的规定》第三条：船舶因光船承租人对海事请求负有责任而被扣押的，海事请求人依据海事诉讼特别程序法第二十九条的规定，申请拍卖船舶用于清偿光船承租人经营该船舶产生的相关债务的，海事法院应予准许。

审判实践中，常发现船舶所有人为了挂靠经营而将其实际所有的船舶通过虚假买卖和交付等手段，将船舶登记在经营人名下，该船舶实际所有人能否对抗登记所有人的一般债权人，认识尚不统一。①

（二）船舶抵押权

船舶抵押是当事人获得融资的重要担保形式。所谓船舶抵押权，是指抵押权人对于抵押人提供的作为债务担保的船舶，在抵押人不履行债务时，可以依法拍卖，从卖得的价款中优先受偿的权利。中国《海商法》关于船舶抵押权和船舶优先权的规定，参照了《1993年船舶优先权和抵押权国际公约》草案的条款。②船舶抵押权的特殊性表现为：设定船舶抵押权，由抵押权人和抵押人共同向船舶登记机关办理抵押权登记，未经登记的，不得对抗第三人；建造中的船舶也可以设定船舶抵押权；船舶共有人就共有船舶设定抵押权，应当取得持有三分之二以上份额的共有人的同意，共有人之间另有约定的除外；除合同另有约定外，抵押人应当对被抵押船舶进行保险，未保险的，抵押权人有权对该船舶进行保险，保险费由抵押人负担；同一船舶可以设定两个以上抵押权，其顺序以登记的先后为准，抵押权人按照抵押权登记的先后顺序，从船舶拍卖所得价款中依次受偿，同日登记的抵押权，按照同一顺序受偿。

（三）船舶留置权

中国《海商法》对船舶留置权未作专节特别规定，只是在规定船舶优先权、船舶留置权、船舶抵押权的清偿顺序时，对船舶留置权作了定义：船舶留置权是指造船人、修船人在合同另一方未履行

---

① 参见吴勇奇：《船舶所有人进行虚假登记不产生对抗第三人的效力——论物权法司法解释（一）第六条对船舶的限制适用》，载《人民司法·应用》2018年第1期。

② 司玉琢、胡正良、傅廷中、李海、朱清、汪鹏南：《新编海商法学》，大连海事大学出版社1999年版，第33页。

合同时，可以留置所占有的船舶，以保证造船费用或者修船费用得以偿还的权利。事实上，《海商法》除了第二十五条规定的船舶留置权之外，还包括第一百六十一条规定的承拖方对被拖船舶的留置权，第一百八十八条规定的救助人对获救船舶的留置权，[①]尽管该条第三款并未明确救助人对获救船舶有留置权，但该款内容基本符合相关法律对留置权的定义，只要救助人对获救船舶的占有符合留置权的构成要件并主张船舶留置权，审判实践中也认为构成船舶留置权。[②]

中国《海商法》第二十五条第二款定义的船舶留置权，与《1967年统一船舶优先权和抵押权若干法律规定的国际公约》以及《1993年船舶优先权和抵押权国际公约》所规定的船舶留置权的基本内容是一致的，除此之外，《海商法》并没有就船舶留置权涉及的其他问题作出特别规定，因此有关船舶留置权的其他问题均应适用民法的有关规定。[③]值得注意的是，中国《物权法》颁布实施后，关于是否存在船舶商事留置权的问题，实务界的认识尚不统一，倾向于可根据《物权法》的规定认定船舶商事留置权。[④]

（四）船舶优先权

船舶优先权，又称船舶优先请求权、海上优先请求权、海上留置权和优先受偿权等，[⑤]是海商法特有的船舶担保物权。中国《海商

[①] 中国《海商法》第一百八十八条第三款规定：在未根据救助人的要求对获救的船舶或者其他财产提供满意的担保以前，未经救助方同意，不得将获救的船舶或者其他财产从救助作业完成后最初到达的港口或者地点移走。

[②] 事实上，根据《海商法》第二十二条的规定，海难救助的救助款项的给付请求享有船舶优先权，救助人可以主张、行使并实现船舶优先权。

[③] 司玉琢：《海商法》，法律出版社2018年版，第56页。

[④] 参见最高人民法院民四庭副庭长王淑梅2017年6月16日在全国海事审判实务座谈会上的总结讲话。

[⑤] 傅旭梅：《中华人民共和国海商法诠释》，法院出版社1995年版，第35页。

法》第二十一条规定：船舶优先权是指海事请求人依照本法第二十二条的规定，向船舶所有人、光船承租人、船舶经营人提出海事请求，对产生该海事请求的船舶具有优先受偿的权利。船舶优先权具有法定性、隐蔽性、追及性、期限性、程序性及优先受偿性的特点，[1]国际上曾先后制定过三个关于船舶担保物权的国际公约，分别为《1926年统一船舶优先权和抵押权若干法律规定的国际公约》《1967年统一船舶优先权和抵押权若干法律规定的国际公约》和《1993年船舶优先权和抵押权国际公约》。中国《海商法》第二十二条参考国际公约的相关内容，明确规定：下列各项海事请求具有船舶优先权：（一）船长、船员和在船上工作的其他在编人员根据劳动法律、行政法规或者劳动合同所产生的工资、其他劳动报酬、船员遣返费用和社会保险费用的给付请求；（二）在船舶营运中发生的人身伤亡的赔偿请求；（三）船舶吨税、引航费、港务费和其他港口规费的缴付请求；（四）海难救助的救助款项的给付请求；（五）船舶在营运中因侵权行为产生的财产赔偿请求。载运2 000吨以上的散装货油的船舶，持有有效的证书，证明已经进行油污损害民事责任保险或者具有相应的财务保证的，对其造成的油污损害的赔偿请求，不属于前款第（五）项规定的范围。

　　船舶优先权不因船舶所有权的转让而消灭。但是，船舶转让时，船舶优先权自法院应受让人申请予以公告之日起满六十日不行使的除外；海事请求权转移的，其船舶优先权随之转移；船舶优先权因下列原因之一而消灭：（一）具有船舶优先权的海事请求，自优先权产生之日起满一年不行使，该一年期限，不得中止或者中断；（二）船舶经法院强制出售；（三）船舶灭失。

---

[1] 张湘兰：《海商法》，武汉大学出版社2014年版，第53—54页。

关于船舶优先权的受偿顺序，就不同的船舶担保物权来说，船舶优先权先于船舶留置权受偿，船舶抵押权后于船舶留置权受偿；就《海商法》第二十二条所列海事请求权而言，依照顺序受偿，但是第（四）项海事请求，后于第（一）项至第（三）项发生的，应当先于第（一）项至第（三）项受偿；第（一）、（二）、（三）、（五）项中有两个以上海事请求的，不分先后，同时受偿，不足受偿的，按照比例受偿；第（四）项中有两个以上海事请求的，后发生的先受偿。

根据中国《海商法》第二十八条的规定，船舶优先权应当通过法院扣押产生优先权的船舶来行使。但对于权利人在船舶优先权存续的一年内，是否必须申请法院扣押当事船舶，法院才能对其船舶优先权主张予以支持，审判实践中曾长期存在必须以申请扣押当事船舶为前提的认识和做法。[①] 目前已统一为在船舶优先权存续期间，当事人主张船舶优先权的，不以申请扣押当事船舶为前提，法院应依法予以审理和确认，并在判决书中明确当事人必须在船舶优先权产生之日起一年内通过扣押船舶行使。[②]

四、中国海事法律制度

题述"海事"法律制度，属于狭义"海事"的范畴，特指海商法中关于海上事故、海事侵权以及特殊行为、特殊制度的法律规范，主要包括船舶碰撞、船舶污染损害、海难救助、共同海损、海事赔偿责任限制等。法律形式上，除了中国《海商法》的相关规定外，还包括《侵权责任法》《海洋环境保护法》《关于审理船舶碰撞纠纷

---

① 参见吴勇奇：《试论船舶优先权主张、行使及其实现的分离——兼论当事人主张船舶优先权无须同时申请扣押当事船舶》，载《浙江审判》2015年第8期。

② 参见最高人民法院民四庭副庭长王淑梅2017年6月16日在全国海事审判实务座谈会上的总结讲话。

案件若干问题的规定》《关于审理船舶碰撞和触碰案件财产损害赔偿的规定》《关于审理船舶油污损害赔偿纠纷案件若干问题的规定》《关于审理海事赔偿责任限制相关纠纷案件的若干规定》《关于不满300总吨船舶及沿海运输、沿海作业船舶海事赔偿限额的规定》《关于审理无正本提单交付货物案件适用法律若干问题的规定》等法律、法规和司法解释中的相关规定。

国际立法方面,包括《1910年统一船舶碰撞若干法律规则的国际公约》(以下简称《1910年船舶碰撞公约》)、《1992年国际油污损害民事责任公约》(以下简称《1992年油污责任公约》)、《1992年设立国际油污损害赔偿基金的国际公约》(以下简称《1992年油污基金公约》)、《2001年船舶燃油污染损害民事责任公约》(以下简称《2001年燃油污染责任公约》)、《1989年国际救助公约》、1974年《约克-安特卫普规则》、《1976年海事赔偿责任限制公约》等。根据中国《海商法》关于涉外关系法律适用的规定,中国缔结或者参加的国际条约同本法有不同规定的,适用国际条约的规定,中国声明保留的条款除外;中国法律和中国缔结或者参加的国际条约没有规定的,可以适用国际惯例。

（一）船舶碰撞

船舶碰撞是一种常见的、基本的海上侵权行为,会产生一系列海上法律问题,如财产、人身损害和污染损害赔偿、海难救助、共同海损、海事赔偿责任限制等。根据中国《海商法》的规定,所谓船舶碰撞,是指非用于军事的、政府公务的海船和其他海上移动式装置,在海上或者与海相通的可航水域发生接触造成损害的事故。船舶因操纵不当或者不遵守航行规章,虽然实际上没有同其他船舶发生碰撞,但是使其他船舶以及船上的人员、货物或者其他财产遭受损失的,适用海商法关于船舶碰撞的规定。中国《海商法》关于船舶碰撞一章，是参照《1910年船舶碰撞公约》起草的，就船舶碰撞的构成要件而言，与该公约的规定是完全一致的。① 中国于1994年批准加入该公约。

1. 船舶碰撞的责任主体

船舶碰撞产生的赔偿责任由船舶所有人承担，碰撞船舶在光船租赁期间并经依法登记的，由光船承租人承担。

2. 船舶碰撞的民事责任

船舶发生碰撞，如果是由于一船的过失造成的，由有过失的船舶负赔偿责任；碰撞的船舶互有过失的，各船按照过失程度的比例负赔偿责任；过失程度相当或者过失程度的比例无法判定的，平均负赔偿责任。互有过失的船舶，对碰撞造成的船舶以及船上货物和其他财产的损失，依照过失程度的比例负赔偿责任；碰撞造成第三人财产损失的，各船的赔偿责任均不超过其应当承担的比例。互有过失的船舶，对造成的第三人的人身伤亡，负连带赔偿责任；② 一船连带支付的赔偿超过过失程度比例的，有权向其他有过失的船舶追偿。船舶发生碰撞，是由于不可抗力或者其他不能归责于任何一方的原因或者无法查明的原因造成的，碰撞各方互相不负赔偿责任。船载货物的权利人因船舶碰撞造成其货物损失向承运货物的本船提起诉讼的，承运船舶可以主张按照过失程度的比例承担赔偿责任。船载货物权利人或者第三人向碰撞船舶一方或者双方就货物或其他财产损失提出赔偿请求的，由碰撞船舶方提供证据证明过失程度的

---

① 司玉琢：《海商法专论》，中国人民大学出版社2007年版，第402页。

② 当连带赔偿责任与海事赔偿责任限制同时适用于同一案件时，该如何处理，现有法律未有明确规定。实务中的处理，参见吴勇奇：《关于连带赔偿责任与海事赔偿责任限制同时适用的问题》，载万鄂湘主编：《〈最高人民法院关于审理海事赔偿责任限制相关纠纷案件的若干规定〉的理解与适用》，大连海事大学出版社2013年版，第167—177页。

比例；无正当理由拒不提供证据的，由碰撞船舶一方承担全部赔偿责任或者由双方承担连带赔偿责任。

3. 船舶碰撞的民事赔偿

请求人可以请求赔偿船舶碰撞或者触碰所造成的财产损失，船舶碰撞或者触碰后相继发生的有关费用和损失，为避免或者减少损害而产生的合理费用和损失，以及预期可得利益的损失；因请求人的过错造成的损失或者使损失扩大的部分，不予赔偿。赔偿应当尽量达到恢复原状，不能恢复原状的折价赔偿。船舶损害赔偿分为全损赔偿和部分损害赔偿；船舶碰撞或者触碰造成第三人财产损失的，应予赔偿。除赔偿本金外，利息损失也应赔偿。计算损害赔偿的货币，当事人有约定的，依约定；没有约定的，按船舶营运或者生产经营所使用的货币计算；船载进、出口货物的价值，按买卖合同或者提单、运单记明的货币计算；以特别提款权计算损失的，按法院判决或者调解之日的兑换率换算成相应的货币。《关于审理船舶碰撞和触碰案件财产损害赔偿的规定》还对船舶损害赔偿的范围，以及船舶损失、船上财产损失、船期损失、租金或者运费损失、设施损害赔偿、利息损失的计算作了具体规定。

对船舶碰撞或者触碰所造成的人员伤亡，依据《侵权责任法》的规定和《关于审理人身损害赔偿案件适用法律若干问题的解释》进行赔偿，赔偿的范围包括：受害人遭受人身损害，因就医治疗支出的各项费用以及因误工减少的收入，包括医疗费、误工费、护理费、交通费、住宿费、住院伙食补助费、必要的营养费，赔偿义务人应当予以赔偿；受害人因伤致残的，其因增加生活上需要所支出的必要费用以及因丧失劳动能力导致的收入损失，包括残疾赔偿金、残疾辅助器具费、被扶养人生活费，以及因康复护理、继续治疗实际发生的必要的康复费、护理费、后续治疗费，赔偿义务人也应当予以赔偿；受害人死亡的，赔偿义务人除应当根据抢救治疗情况赔偿前述因就医治疗支出的各项费用以及因误工减少的收入外，还应当赔偿丧葬费、被扶养人生活费、死亡补偿费以及受害人亲属办理丧葬事宜支出的交通费、住宿费和误工损失等其他合理费用。受害人或者死者近亲属遭受精神损害，赔偿权利人向法院请求赔偿精神损害抚慰金的，根据《关于确定民事侵权精神损害赔偿责任若干问题的解释》予以确定。

关于船舶碰撞纠纷案件，审理的难点在于肇事船舶的确定，[①]但随着船舶技术的发展，该难点也在逐渐消失。

（二）船舶污染损害

中国是个海洋和内陆水域大国，海洋和水域环境保护是中国基本国策的组成部分，也是国民经济可持续发展战略的重要内容。中国《海商法》没有对船舶污染损害的专门规定，只是在海事赔偿责任限制一章中规定：中国参加的国际油污损害民事责任公约规定的油污损害赔偿请求，不适用该章的规定。并在时效一章中规定：有关船舶发生油污损害的请求权，时效期间为三年，自损害发生之日起计算；但是，在任何情况下时效期间不得超过从造成损害的事故发生之日起六年。

中国现为《1992 年油污责任公约》《1992 年油污基金公约》和《2001 年燃油污染责任公约》的成员国，但《1992 年油污基金公约》只适用于中国香港特别行政区。因此，除了公约规定的船舶油污损害外，中国的船舶污染损害主要由《民法通则》《侵权责任法》《海洋环境保护法》《防治船舶污染海洋环境管理条例》等法律法规调整。

---

① 参见吴勇奇：《钟世文因其渔船被撞沉诉中国远洋集装箱运输有限公司船舶碰撞损害赔偿纠纷案》，载《法院案例选》2005 年第 4 辑。

由于这些法律法规对船舶污染损害处置的规定相当原则，最高人民法院出台了《关于审理船舶油污损害赔偿纠纷案件若干问题的规定》，以指导和统一审判实践。

1. 污染损害的责任主体

油类泄漏造成油污损害的，由船舶所有人承担责任；船舶互有过失碰撞引起油类泄漏造成油污损害的，受损害人可以请求泄漏油船舶所有人承担全部赔偿责任。受损害人可以直接向船舶油污损害责任保险人或者财务保证人提起诉讼，船舶油污损害责任保险人或者财务保证人可以对受损害人主张船舶所有人的抗辩。油污损害是由于船舶所有人故意造成的，受损害人请求船舶油污损害责任保险人或者财务保证人赔偿，法院不予支持。

2. 污染损害的责任承担

两艘或者两艘以上船舶泄漏油类造成油污损害，受损害人请求各泄漏油船舶所有人承担赔偿责任，按照泄漏油数量及泄漏油类对环境的危害性等因素能够合理分开各自造成的损害，由各泄漏油船舶所有人分别承担责任；不能合理分开各自造成的损害，各泄漏油船舶所有人承担连带责任，但泄漏油船舶所有人依法免予承担责任的除外。各泄漏油船舶所有人对受损害人承担连带责任的，相互之间根据各自责任大小确定相应的赔偿数额；难以确定责任大小的，平均承担赔偿责任。泄漏油船舶所有人支付超出自己应赔偿的数额，有权向其他泄漏油船舶所有人追偿。船舶取得有效的油污损害民事责任保险或者具有相应财务保证的，油污受损害人主张船舶优先权的，法院不予支持。

3. 污染损害的民事赔偿

船舶油污损害赔偿范围包括：（1）为防止或者减轻船舶油污损害采取预防措施所发生的费用，以及预防措施造成的进一步灭失或者损害;(2)船舶油污事故造成该船舶之外的财产损害以及由此引起的收入损失;(3)因油污造成环境损害所引起的收入损失;(4)对受污染的环境已采取或将要采取合理恢复措施的费用。对遇险船舶实施防污措施,作业开始时的主要目的仅是为防止、减轻油污损害的,所发生的费用应认定为预防措施费用。作业具有救助遇险船舶、其他财产和防止、减轻油污损害的双重目的,应根据目的的主次比例合理划分预防措施费用与救助措施费用;无合理依据区分主次目的的,相关费用应平均分摊,但污染危险消除后发生的费用不应列为预防措施费用。《关于审理船舶油污损害赔偿纠纷案件若干问题的规定》还对各项损失和费用的计算作了具体规定。

4. 污染损害的责任限制

油轮装载的持久性油类造成油污损害的,应依照《防治船舶污染海洋环境管理条例》、《1992年油污责任公约》的规定确定赔偿限额;油轮装载的非持久性燃油或者非油轮装载的燃油造成油污损害的,应依照海商法关于海事赔偿责任限制的规定确定赔偿限额。对油轮装载持久性油类造成的油污损害,船舶所有人,或者船舶油污责任保险人、财务保证人主张责任限制的,应当设立油污损害赔偿责任限制基金。经证明油污损害是由于船舶所有人的故意或者明知可能造成此种损害而轻率地作为或者不作为造成的,船舶所有人主张限制赔偿责任,法院不予支持。为避免油轮装载的非持久性燃油、非油轮装载的燃油造成油污损害,对沉没、搁浅、遇难船舶采取起浮、清除或者使之无害措施,船舶所有人对由此发生的费用主张依照《海商法》第十一章的规定限制赔偿责任的,法院不予支持。在油污损害赔偿责任限制基金分配以前,船舶所有人、船舶油污损害责任保险人或者财务保证人,已先行赔付油污损害的,可以书面申请从基金中代位受偿,代位受偿应限于赔付的范围,并不超过接受赔付的人依法可获得的赔偿数额。船舶所有人为主动防止、减轻油污损害而支出的合理费用或者所作的合理牺牲，请求参与油污损害赔偿责任限制基金分配的，法院应予支持。

审判实务中，在海事部门对遇险船舶实施救助时，如何划分为防止、减轻油污损害的预防措施费用与为救助船舶及其他财产的救助措施费用，难以操作。同时，是将预防措施费用定性为船舶污染损害赔偿的项目，还是将其定性为海难救助特别补偿的项目，认识也不一致，实务中倾向于认定为海难救助特别补偿的项目，海事部门享有船舶优先权，责任人不能享受海事赔偿责任限制。[1]

（三）海难救助

所谓海难救助，是指在海上或者与海相通的可航水域，对遇险的船舶和其他财产进行的救助。海难救助制度既是一项古老的法律制度，也是海商法特有的一项制度，其目的在于通过法律形式赋予海难救助人以救助报酬请求权，鼓励人们冒险救助海上遇险财产，使海难损失尽可能减少到最低限度，并协调平衡救助者与被救助者之间的利益关系，以维护海上财产安全和航行安全，促使海上商事活动的发展。[2] 海难救助是从纯救助开始的，后来发展成合同救助。[3] 中国《海商法》的海难救助章，是参照《1989年国际救助公约》制定的，中国于1993年加入该公约。

1. 救助报酬与特别补偿的获得

救助方对遇险的船舶和其他财产的救助，取得效果的，有权获得救助报酬；救助未取得效果的，除对构成环境污染损害危险

---

[1] 参见宁波海事法院、浙江海事局联合课题组《海上应急处置与应急防备法律问题研究——以浙江海域应急措施及其诉讼为样本》（2017年）。

[2] 张湘兰：《海商法》，武汉大学出版社2014年版，第225页。

[3] 司玉琢：《海商法专论》，中国人民大学出版社2007年版，第452页。

的船舶或者船上货物进行救助有权获得救助报酬或特别补偿，以及其他法律另有规定或者合同另有约定外，无权获得救助款项。对构成环境污染损害危险的船舶或者船上货物进行的救助，救助方有权获得救助报酬；获得的救助报酬少于特别补偿的，救助方有权从船舶所有人处获得相当于救助费用的特别补偿。而救助费用，是指救助方在救助作业中直接支付的合理费用以及实际使用救助设备、投入救助人员的合理费用。同一船舶所有人的船舶之间进行的救助，救助方获得救助款项的权利适用海商法关于海难救助的规定。国家有关主管机关从事或者控制的救助作业，救助方有权享受海商法规定的关于救助作业的权利和补偿。在救助作业中救助人命的救助方，对获救人员不得请求酬金，但是有权从救助船舶或者其他财产、防止或者减少环境污染损害的救助方获得的救助款项中，获得合理份额。

下列救助行为无权获得救助款项：（1）正常履行拖航合同或者其他服务合同的义务进行救助的，但是提供不属于履行上述义务的特殊劳务除外；（2）不顾遇险的船舶的船长、船舶所有人或者其他财产所有人明确的和合理的拒绝，仍然进行救助的。

2. 救助报酬与特别补偿的确定

确定救助报酬，应当体现对救助作业的鼓励，并综合考虑下列各项因素：（1）船舶和其他财产获救的价值；（2）救助方在防止或者减少环境污染损害方面的技能和努力；（3）救助方的救助成效；（4）危险的性质和程度；（5）救助方在救助船舶、其他财产和人命方面的技能和努力；（6）救助方所用的时间、支出的费用和遭受的损失；（7）救助方或者救助设备所冒的责任风险和其他风险；（8）救助方提供救助服务的及时性；（9）用于救助作业的船舶和其他设备的可用性和使用情况；（10）救助设备的备用状况、效能和设备的价值。救助报酬不得超过船舶和其他财产的获救价值。对构成环境污染损害危险的船舶或者船上货物进行的救助作业，取得防止或者减少环境污染损害效果的，船舶所有人应当向救助方支付的特别补偿可以另行增加，但在任何情况下，增加部分不得超过救助费用的百分之一百。全部特别补偿只有在超过救助方能够获得的救助报酬时方可支付，支付金额为特别补偿超过救助报酬的差额部分。

由于救助方的过失未能防止或者减少环境污染损害的，可以全部或者部分地剥夺救助方获得特别补偿的权利。参加同一救助作业的各救助方的救助报酬，由各方协商确定；协商不成的，可以提请法院判决或者协议提请仲裁机构裁决。由于救助方的过失致使救助作业成为必需或者更加困难的，或者救助方有欺诈或者其他不诚实行为的，应当取消或者减少向救助方支付的救助款项。

3. 救助报酬的承担与担保

救助报酬的金额，应当由获救的船舶和其他财产的各所有人，按照船舶和其他各项财产各自的获救价值占全部获救价值的比例承担。被救助方在救助作业结束后，应当根据救助方的要求，对救助款项提供满意的担保。在未对获救的船舶或者其他财产提供满意的担保以前，未经救助方同意，不得将获救的船舶和其他财产从救助作业完成后最初到达的港口或者地点移走。对于获救满九十日的船舶和其他财产，如果被救助方不支付救助款项也不提供满意的担保，救助方可以申请法院裁定强制拍卖；对于无法保管、不易保管或者保管费用可能超过其价值的获救的船舶和其他财产，可以申请提前拍卖；拍卖所得价款，在扣除保管和拍卖过程中的一切费用后，依照海商法的规定支付救助款项，不足的金额，救助方有权向被救助方追偿。对构成环境污染损害危险船舶的救助报酬与特别补偿规定，不影响船舶所有人对其他被救助方的追偿权。

4. 救助合同的订立与变更

救助方与被救助方就海难救助达成协议，救助合同成立。遇险船舶的船长有权代表船舶所有人订立救助合同；遇险船舶的船长或者船舶所有人有权代表船上财产所有人订立救助合同。有下列情形之一，经一方当事人起诉或者双方当事人协议仲裁的，受理争议的法院或者仲裁机构可以判决或者裁决变更救助合同：（1）合同在不正当的或者危险情况的影响下订立，合同条款显失公平的；（2）根据合同支付的救助款项明显过高或者过低于实际提供的救助服务的。

关于不是根据"无效果无报酬"原则订立的雇佣救助合同（又称实际费用救助合同、固定费率救助合同），是否适用中国《海商法》第九章和《1989年国际救助公约》，理论界的认识并不统一，[1]最高人民法院在关于"加百利"轮海难救助纠纷案的再审判决中，认为雇佣救助属于海难救助，只是《1989年国际救助公约》和中国《海商法》第九章关于确定救助报酬的十项因素不适用于雇佣救助情形。[2]

（四）共同海损

共同海损是海商法中一项特有的法律制度，具有悠久的历史。所谓共同海损，是指在同一海上航程中，船舶、货物和其他财产遭遇共同危险，为了共同安全，有意地合理地采取措施所直接造成的特殊牺牲、支付的特殊费用。为了统一各国对共同海损的处理，国际上制定了著名的《约克－安特卫普规则》，该规则经过多次修改，目前广泛使用的有1974年规则、1994年规则和2004年规则，这些

---

[1] 参见司玉琢：《海商法》，法律出版社2018年版，第250页；傅廷中：《海商法》，法律出版社2017年版，第276—277页。

[2] 参见最高人民法院（2016）最高法民再61号交通运输部南海救助局诉阿昌格罗斯投资公司、香港安达欧森有限公司上海代表处海难救助合同纠纷案民事判决书。

规则同时并存,供各方自由选用。《约克·安特卫普规则》属国际惯例,只有在当事人约定使用时才对当事人具有约束力。另外,各海运国家的共同海损理算机构也分别制定了自己的理算规则,中国国际贸易促进委员会制定的《中国国际贸易促进委员会共同海损理算暂行规则》(又称《北京理算规则》)于1975年1月1日公布实施。中国《海商法》借鉴汲取1974年《约克-安特卫普规则》的规定,设专章对共同海损作了规定。

1. 共同海损牺牲与费用的确定

船舶因发生意外、牺牲或者其他特殊情况而损坏时,为了安全完成本航程,驶入避难港口、避难地点或者驶回装货港口、装货地点进行必要的修理,在该港口或者地点额外停留期间所支付的港口费,船员工资、给养,船舶所消耗的燃料、物料,为修理而卸载、贮存、重装或者搬移船上货物、燃料、物料以及其他财产所造成的损失、支付的费用,应当列入共同海损。为代替可以列为共同海损的特殊费用而支付的额外费用,可以作为代替费用列入共同海损;但是,列入共同海损的代替费用的金额,不得超过被代替的共同海损的特殊费用。

船舶、货物和运费的共同海损牺牲的金额,依照下列规定确定:(1)船舶共同海损牺牲的金额,按照实际支付的修理费,减除合理的以新换旧的扣减额计算。船舶尚未修理的,按照牺牲造成的合理贬值计算,但是不得超过估计的修理费;船舶发生实际全损或者修理费用超过修复后的船舶价值的,共同海损牺牲金额按照该船舶在完好状态下的估计价值,减除不属于共同海损损坏的估计的修理费和该船舶受损后的价值余额计算;(2)货物共同海损牺牲的金额,货物灭失的,按照货物在装船时的价值加保险费加运费,减除由于牺牲无需支付的运费计算;货物损坏,在就损坏程度达成协议前售出的，按照货物在装船时的价值加保险费加运费，与出售货物净得的差额计算；（3）运费共同海损牺牲的金额，按照货物遭受牺牲造成的运费的损失金额，减除为取得这笔运费本应支付，但是由于牺牲无需支付的营运费用计算。未申报的货物或者谎报的货物，其遭受的特殊牺牲，不得列入共同海损；不正当地以低于货物实际价值作为申报价值的，在发生共同海损牺牲时，按照申报价值计算牺牲金额。

2. 共同海损的理算与担保

共同海损理算，适用合同约定的理算规则；合同未约定的，适用本章的规定。对共同海损特殊牺牲和垫付的共同海损特殊费用，应当计算利息；对垫付的共同海损特殊费用，除船员工资、给养和船舶消耗的燃料、物料外，应当计算手续费。经利益关系人要求，各分摊方应当提供共同海损担保；以提供保证金方式进行共同海损担保的，保证金应当交由海损理算师以保管人名义存入银行；保证金的提供、使用或者退还，不影响各方最终的分摊责任。

3. 共同海损的分摊与抗辩

共同海损应当由受益方按照各自的分摊价值的比例分摊。船舶、货物和运费的共同海损分摊价值，分别依照下列规定确定：（1）船舶共同海损分摊价值，按照船舶在航程终止时的完好价值，减除不属于共同海损的损失金额计算，或者按照船舶在航程终止时的实际价值，加上共同海损牺牲的金额计算；（2）货物共同海损分摊价值，按照货物在装船时的价值加保险费加运费，减除不属于共同海损的损失金额和承运人承担风险的运费计算，货物在抵达目的港以前售出的，按照出售净得金额，加上共同海损牺牲的金额计算，旅客的行李和私人物品，不分摊共同海损；（3）运费分摊价值，按照承运人承担风险并于航程终止时有权收取的运费，减除为取得该项运费而在共同海损事故发生后，为完成本航程所支付的营运费用，加上共同海损牺牲的金额计算。未申报的货物或者谎报的货物，应当参加共同海损分摊；不正当地以低于货物实际价值作为申报价值的，按照实际价值分摊共同海损。提出共同海损分摊请求的一方应当负举证责任，证明其损失应当列入共同海损。引起共同海损特殊牺牲、特殊费用的事故，可能是由航程中一方的过失造成的，不影响该方要求分摊共同海损的权利，但是非过失方或者过失方可以就此项过失提出赔偿请求或者进行抗辩。

共同海损纠纷案件在司法实践中的主要问题，是理算报告的采信，即对当事人提出异议的理算报告，根据海事诉讼特别程序法的规定，简单作出采信与不采信的决定。事实上，理算报告是关于哪些损失可以列入共同海损的专业技术评判，对于这些损失的证据，理算人只作形式审查，不作实质审查。如果当事人对理算报告的异议是针对损失的证据提出的，而且被查明是有理的，法院应当要求理算人对理算报告进行调整或直接调整分摊的金额，而不应简单予以否定。

（五）海事赔偿责任限制

海事赔偿责任限制是海商法特有的一项与民法损害赔偿制度不同的特殊损害赔偿法律制度，建立在航运的特殊风险之上，通过限制船舶所有人等的赔偿责任，确保航运企业的生存，使投入航运的资本得到一定的保护，从而促进航运业的发展。为此，各国的海商法都将海事赔偿责任限制作为重要内容加以规定。为了统一各国的海事赔偿责任限制制度，国际上先后出现了三个有关海事赔偿责任限制的公约，分别为《1924年关于统一海运船舶所有人责任限制若干法律规定的国际公约》《1957年船舶所有人责任限制国际公约》《1976年海事赔偿责任限制公约》。1924的公约至今未生效，中国没有加入1957和1976年的公约，但中国《海商法》关于海事赔偿责任限制的内容，参照《1976年海事赔偿责任限制公约》制定。之后，中国相继出台了《关于不满300总吨船舶及沿海运输、沿海作业船舶海事赔偿限额的规定》《中华人民共和国港口间海上旅客运输赔偿限额的规定》《关于审理海事赔偿责任限制相关纠纷案件的若干规定》等法规和司法解释，形成了较为完善的海事赔偿责任限制制度。

1. 赔偿责任限制的主体

船舶所有人、船舶承租人和船舶经营人、救助人，可以限制赔偿责任；船舶经营人不包括无船承运业务经营者。可以限制赔偿责任的海事赔偿请求，不是向船舶所有人、救助人本人提出，而是向他们对其行为、过失负有责任的人员提出的，这些人员可以限制赔偿责任。被保险人可以限制赔偿责任的，对该海事赔偿请求承担责任的保险人，有权享受相同的赔偿责任限制。

2. 赔偿责任限制的范围

下列海事赔偿请求，无论赔偿责任的基础和提出的方式有何不同，责任人均可以限制赔偿责任：（1）在船上发生的或者与船舶营运、救助作业直接相关的人身伤亡或者财产的灭失、损坏，包括对港口工程、港池、航道和助航设施造成的损坏，以及由此引起的相应损失的赔偿请求；（2）海上货物运输因迟延交付或者旅客及其行李运输因迟延到达造成损失的赔偿请求；（3）与船舶营运或者救助作业直接相关的，侵犯非合同权利的行为造成其他损失的赔偿请求；（4）责任人以外的其他人，为避免或者减少责任人依照本章规定可以限制赔偿责任的损失而采取措施的赔偿请求，以及因此项措施造成进一步损失的赔偿请求。但是，第（4）项涉及责任人以合同约定支付的报酬，责任人的支付责任不得援用赔偿责任限制的规定。可以限制赔偿责任的海事赔偿请求不包括因沉没、遇难、搁浅或者被弃船舶的起浮、清除、拆毁或者使之无害提起的索赔，或者因船上货物的清除、拆毁或者使之无害提起的索赔；由于船舶碰撞致使责任人遭受前述索赔，责任人就因此产生的损失向对方船舶追偿时，被请求人主张限制赔偿责任的，法院应予支持。

海事赔偿责任限制的规定不适用于下列各项：（1）对救助款项或者共同海损分摊的请求；（2）中华人民共和国参加的国际油污损害民事责任公约规定的油污损害的赔偿请求；（3）中华人民共和国参加的国际核能损害责任限制公约规定的核能损害的赔偿请求；（4）核动力船舶造成的核能损害的赔偿请求；（5）船舶所有人或者救助人的受雇人提出的赔偿请求，根据调整劳务合同的法律，船舶所有人或者救助人对该类赔偿请求无权限制赔偿责任，或者该项法律作了高于本章规定的赔偿限额的规定。

3. 赔偿责任限制的丧失

经证明，引起赔偿请求的损失是由于责任人的故意或者明知可能造成损失而轻率地作为或者不作为造成的，责任人无权限制赔偿责任。海事请求人以发生海事事故的船舶不适航为由主张责任人无权限制赔偿责任，但不能证明引起赔偿请求的损失是由于责任人本人的故意或者明知可能造成损失而轻率地作为或者不作为造成的，法院不予支持。

4. 赔偿责任限额的计算

中国《海商法》第二百一十条、第二百一十一条以及《关于不满300总吨船舶及沿海运输、沿海作业船舶海事赔偿限额的规定》第三条、第四条、第五条、《中华人民共和国港口间海上旅客运输赔偿限额的规定》第三条、第四条，对人身伤亡和非人身伤亡的赔偿请求、不以船舶进行救助作业或者在被救船舶上进行救助作业的救助人的责任限额以及海上旅客运输的旅客人身伤亡的责任限额计算作了规定,并规定《海商法》第二百一十条和第二百一十一条规定的赔偿限额,适用于特定场合发生的事故引起的,向船舶所有人、救助人本人和他们对其行为、过失负有责任的人员提出的请求的总额;享受责任限制的人,就同一事故向请求人提出反请求的,双方的请求金额应当相互抵销,①赔偿限额仅适用于两个请求金额之间的差额。

5. 赔偿责任限额的分配

关于人身伤亡赔偿请求的赔偿限额,不足以支付全部人身伤亡赔偿请求的,其差额应当与非人身伤亡的赔偿请求并列,从非人身伤亡赔偿请求的赔偿限额中按照比例受偿。在不影响前述关于人身伤亡赔偿请求的情况下,就港口工程、港池、航道和助航设施的损害提出的赔偿请求,应当较非人身伤亡赔偿请求中的其他赔偿请求优先受偿。

6. 设立责任限制基金

责任人要求限制赔偿责任的,可以在有管辖权的法院设立责任限制基金,基金数额分别为人身伤亡和非人身伤亡赔偿的限额,加上自责任产生之日起至基金设立之日止的相应利息,②或不以船舶进行救助作业或者在被救船舶上进行救助作业的救助人的责任限额,

---

① 《海商法》第二百一十五条规定的"双方的请求",仅指限制性的海事赔偿请求,不包括非限制性的海事请求。参见吴勇奇:《广西钦州市桂钦船务有限责任公司诉厦门鸿祥轮船有限公司船舶碰撞损害赔偿纠纷案》,载万鄂湘主编:《〈最高人民法院关于审理海事赔偿责任限制相关纠纷案件的若干规定〉的理解与适用》,大连海事大学出版社2013年版,第194—203页。

② 责任人可以仅就非人身伤亡的赔偿请求或人身伤亡的赔偿请求设立海事赔偿责任限制基金。责任人仅就人身伤亡的赔偿请求设立海事赔偿责任限制基金的,其基金数额为《海商法》第二百一十条规定的人身伤亡和非人身伤亡赔偿限额的总和及其利息。参见吴勇奇:《关于单独设立人身伤亡赔偿责任限制基金的问题》,载万鄂湘主编:《〈最高人民法院关于审理海事赔偿责任限制相关纠纷案件的若干规定〉的理解与适用》,大连海事大学出版社2013年版,第159—166页。

加上自责任产生之日起至基金设立之日止的相应利息,或海上旅客运输的旅客人身伤亡的责任限额,加上自责任产生之日起至基金设立之日止的相应利息。责任人设立责任限制基金后,向责任人提出请求的任何人,不得对责任人的任何财产行使任何权利;已设立责任限制基金的责任人的船舶或者其他财产已经被扣押,或者基金设立人已经提交抵押物的,法院应当及时下令释放或者责令退还。责任人未申请设立海事赔偿责任限制基金,不影响其在诉讼中提出海事赔偿责任限制抗辩。

在海事司法实践中,关于未申请设立海事赔偿责任限制基金而提出海事赔偿责任限制抗辩的,如何将责任人在同一事故中的赔偿责任限制在赔偿责任限额内,还缺乏相应的措施保证,不像设立责任限制基金程序那样,需要进行债权登记催告,公告期间届满不登记的,视为放弃债权。如果债权人就与事故相关的债权在赔偿责任限额分配后再起诉到法院,尽管责任人对债权人的赔偿提出了责任限制的抗辩,但其总的赔偿金额,就会超出事故的赔偿责任限额。

五、中国海商法律制度

在海事法律制度中,"海商"一词是相对于狭义"海事"而言的,指海商法中平等主体之间从事海上商业行为的那部分法律规范,主要包括海上货物运输、海上旅客运输、船舶租用、海上拖航和海上保险。该部分法律制度有以下特点:体系上,都属于合同类法律规范,具有明显的商法性质;适用上,属于民商法的特别法,《海商法》未作规定的,适用《合同法》和《保险法》等法律;与《海商法》中其他法律制度的关系上,如与海事赔偿责任限制、共同海损、海难救助等,相互联系,相辅相成,一并构成广义上的海事法律制度。从立法渊源上看,《海商法》的该部分规定,吸收了当时通行的国际公约、航运惯例等,如海上货物运输一章,以《海牙-维斯比规则》

为基础，兼蓄《汉堡规则》部分条款；海上旅客运输合同一章，参照了《1974年雅典公约》的规定；而船舶租用合同、海上拖航合同和海上保险合同三章则参考了当时通行的标准合同范本或国际通行做法。这种与国际公约或习惯做法紧密衔接的立法方式，为海上运输走向国际化、时代化，提供了良好的法律环境和条件。①

（一）海上货物运输合同

海上货物运输合同，是指承运人收取运费，负责将托运人托运的货物经海路从一港运至另一港的合同。中国《海商法》第四章"海上货物运输合同"共66条，占了整部法律近1/4，足见其在海商法中的重要性。海上货物运输合同的法律形式，除《海商法》外，还包括《合同法》及相关司法解释，如《最高人民法院关于审理无正本提单交付货物案件适用法律若干问题的规定》等。中国未加入国际上四个主要的海上货物运输公约，即《海牙规则》《海牙-维斯比规则》《汉堡规则》和《鹿特丹规则》中的任何一个。《海商法》第四章规定了提单运输、航次租船和多式联运三种运输形式，但该章不适用于中国港口之间的货物运输，后者被称为沿海或水路货物运输，以区别于《海商法》第四章规定的海上货物运输，并适用《合同法》的规定。关于海上货物运输合同的形式，除航次租船合同必须书面订立外，可以口头订立。航次租船合同遵循"合同自由"原则，基本上不适用《海商法》第四章的强制性规定，故必须订立书面合同。《海商法》第四章对海上货物运输合同自由作了严格限制，所规定的承运人义务是最低义务，但可以增加承运人的责任。此外，为防止以转让货物保险利益的方式减轻承运人的责任，法律规定将货物保

---

① 司玉琢、胡正良、傅廷中、李海、朱清、汪鹏南：《新编海商法学》，大连海事大学出版社1999年版，第33页。

险利益转让给承运人的条款或者类似条款无效。海上货物运输合同赔偿请求权的诉讼时效为一年，追偿时效为九十天，但航次租船合同请求权的诉讼时效为二年。①

1. 承运人的权利、义务与责任

《海商法》参照《海牙－维斯比规则》，规定承运人承担不完全过失责任，即对运输货物实行过失责任制，航海过失和火灾除外。②承运人的责任期间区分为两种情况：对于集装箱货物，从装货港接收货物时起至卸货港交付货物时止，货物处于承运人掌管之下的全部期间；对于非集装箱货物，为货物装上船时起至卸下船时止，货物处于承运人掌管之下的全部期间。

承运人的主要权利是对运费、亏舱费、滞期费、共同海损分摊等费用的请求权，并在托运人或收货人不支付上述费用时，对其合法占有的货物享有留置权；主要义务则表现为船舶适航、管货、尽速行驶和交付货物。承运人在船舶开航前和开航当时，应当谨慎处理，使船舶本身适航、船员适任、货舱适货；妥善、谨慎装载、搬移、积载、运输、保管、照料和卸载所运货物；按照约定或习惯或者地理上的航线将货物运往卸货港，不得进行不合理绕航；尽责速遣，迟延交付货物的，除可以依法免责外，对货物迟延损失负赔偿责任，迟延超过六十天的，可视为货物已经灭失。

承运人对货物损失享有单位责任限制权利，除非货物损失和迟延交付系承运人故意或轻率行为造成；对于迟延交付货物造成的经济损失，承运人以相应货物的运费为限承担赔偿责任。对责任期间内发生的货物损失和迟延交付，如果是由于驾驶和管船过失、火灾、

---

① 《中华人民共和国民法总则》已将普通诉讼时效由此前的二年修改为三年。

② 司玉琢：《提单责任基础的重大变革》，载《中国国际法年刊》（1984），第146页。参见《海商法》第四十六条、第五十条、第五十一条。

天灾、战争、政府行为、罢工、海上救助、船舶潜在缺陷、①货物自身原因、托运人行为等十二项具体事由引起的,承运人享有免责权利。

《海商法》参照《汉堡规则》引入了实际承运人的概念,并对实际承运人的责任作出规定:承运人对全程运输和实际承运人的行为负责,实际承运人仅对自己实际履行的运输部分负责;对承运人责任的规定适用于实际承运人;两者都负有赔偿责任的,负连带责任,并有相互追偿的权利。

2. 托运人的权利、义务与责任

托运人有要求承运人签发提单或者其他运输单证的权利。《海商法》仿照《汉堡规则》定义了两种托运人,在两者都要求承运人签发提单的情况下,如何处理不无疑问。②根据《最高人民法院关于审理无正本提单交付货物案件适用法律若干问题的规定》第十条,承运人签发一式数份正本提单,向最先提交正本提单的人交付货物后,其他持有相同正本提单的人要求承运人承担无正本提单交付货物民事责任的,不予支持。《海商法》未规定托运人货物控制权;《合同法》第三百零八条规定,托运人有要求承运人中止运输、返还货物、变更卸货港或者收货人的权利,却很难适用于海上货物运输中实际交付货物的托运人和经受让取得提单的提单持有人。③托运人主要有以下几项义务:妥善包装和正确申报货物;及时办理运输手续;妥善托运危险货物;支付运费及其他费用;对过失造成承运人和实际

---

① 参见宁波海事法院(2014)甬海法商初字第746号中国人民财产保险股份有限公司宁波市分公司诉商船三井株式会社海上货物运输合同纠纷案民事判决书。

② 参见吴勇奇:《FOB价格条件下提单的签发和货代转交提单责任分析》,载《人民司法·应用》2009年第13期。

③ 参见罗孝炳:《目的港无人提货时承运人可以合理拒绝托运人的回运请求》,载《人民司法·案例》2018年第11期。

承运人的损失承担赔偿责任。

3. 运输单证

提单运输是最主要的海上货物运输方式。《海商法》第七十一条规定，提单是用以证明海上货物运输合同和货物已经由承运人接收或者装船，以及承运人保证据以交付货物的单证。货物由承运人接收或者装船后，应托运人的要求，承运人应当签发提单。《海商法》规定的提单，既包括可转让的指示提单和不记名提单，也包括不可转让的记名提单。根据司法实践，记名提单也应当凭正本提单交付货物。[①] 三种提单的转让规定各不相同：记名提单不得转让；指示提单经过背书转让；不记名提单无须背书即可转让。关于提单转让的效力，根据《海商法》第七十八条关于"承运人同收货人、提单持有人之间的权利、义务关系，依据提单的规定确定"的规定，提单一旦转让，运输合同当事人的权利义务也随之转让给收货人或提单持有人。承运人也可以签发提单以外的单证即海运单，并适用《海商法》的有关规定。随着互联网技术的快速发展，电子提单已广泛应用于航运、贸易等相关领域。电子提单涉及的法律问题，有望通过《海商法》的修改得到完善。

4. 货物交付

在货物交付环节，《海商法》对索赔通知、货物检验、无人提货和货物留置权等问题作了规定。对于货物灭失或损坏，如果是显而易见的，应立即书面通知承运人；如果不是显而易见的，则应在非集装箱货物交付之次日起七日内、集装箱货物交付之次日起十五日内通知。逾期未通知的，视为货物状况良好的初步证据。对于迟

[①] 参见《最高人民法院关于审理无正本提单交付货物案件适用法律若干问题的规定》第一条、第二条。

延交付，通知的期限为货物交付之次日起六十天内，逾期承运人未收到迟延交付损失书面通知的，不负赔偿责任。货物在卸货港无人提取或者收货人迟延、拒绝提取的，船长有权将货物卸在仓库或者其他适当场所，产生的费用和风险由收货人承担。近几年来，因目的港无人提货所引起的纠纷频繁发生，在无法确定收货人的情况下，承运人通常会根据海上货物运输合同关系，向托运人索赔损失和费用。运费、共同海损分摊、滞期费和其他费用未付清的，承运人对货物享有留置权，但《海商法》对承运人的此项留置权作了严格的限制，所留置的必须是债务人的货物，而《合同法》并未作此限制。

5. 航次租船合同

航次租船合同，是指出租人提供船舶或者部分舱位，为承租人运输约定货物，并由承租人支付约定运费的合同。航次租船合同在性质上被认为是运输合同，故《海商法》将其规定在海上货物运输合同一章。[①] 但在适用上，除第四十七—四十九条规定的承运人船舶适航、管货和尽速行驶义务外，《海商法》第四章的其他规定并不强制适用于航次租船合同运输，当事人之间的其他权利义务遵循合同自由原则，可自行约定。对于各类大宗货物运输，国际上有诸如《统一杂货租船合同》（金康格式）等多种标准航次租船合同范本。航次租船合同内容主要包括：船舶说明；货物说明；装货港和目的港；受载期限；装卸期限；运费；滞期费和速遣费等事项。货物在装货港由出租人接收或者装船后，承租人或者发货人通常会要求出租人签发提单用以结汇。根据航次租船合同签发的提单，在出租人和承租人之间，不具有海上货物运输合同证明的功能，双方之间的权利

---

① 对航次租船合同的性质，目前有两种观点：一是认为属于运输合同，应当在海上货物运输合同一章中规定；二是认为属于租船合同，应当规定在船舶租用合同一章。

义务仍以航次租船合同为准；当提单转让给第三人后，出租人作为承运人，其与提单持有人之间则以提单作为确定双方权利义务的依据。出租人为使权利义务尽可能保持一致，并达到航次租船合同某些条款能够约束非租船合同当事人的目的，通常会在提单中订进"并入条款"。对于提单并入租船合同条款的效力，尤其是对于仲裁条款的并入问题，存在较多争议。一般而言，并入条款所援引的航次租船合同的内容，不得违反法律对提单的强制性规定，不得与提单中的明文规定相抵触。① 此外，中国司法实践认为，租船合同条款有效并入提单后，承运人和提单持有人（非托运人）的关系属于提单运输法律关系，而非租船合同法律关系。除非在并入条款中明示，租船合同中的仲裁条款、管辖权条款及法律适用条款并入提单，否则这些条款不能约束非承租人的提单持有人。②

6. 多式联运合同

多式联运合同，是指多式联运经营人以两种以上的不同运输方式，其中一种是海上运输方式，负责将货物从接收地运至目的地交付收货人，并收取全程运费的合同。多式联运经营人对货物的责任期间，自接收货物时起至交付货物时止，顺应了国际集装箱货物"门到门"运输的发展要求。在责任关系上，多式联运经营人负责组织履行多式联运合同，并对全程运输负责；多式联运经营人与各区段承运人之间，可以就各区段运输另作约定，但不影响多式联运经营人对全程运输所承担的责任。《海商法》对多式联运规定了网状责任制：多式联运经营人对全程运输负责，各区段承运人仅对自己履行的运输区段负责，并适用调整该区段的法律。

---

① 司玉琢：《海商法专论》，中国人民大学出版社2015年版，第99页。
② 参见最高人民法院民四庭《涉外商事海事审判实务问题解答（一）》，"98、提单中并入条款对提单持有人的效力如何？"

（二）海上旅客运输合同

海上旅客运输合同，是指承运人以船舶经海路将旅客及其行李从一港运送至另一港，由旅客支付票款的合同。海上旅客运输合同的当事人是承运人和旅客，合同标的是对旅客及其行李的运送行为；行李包括任何物品和车辆，也包括自带行李和非自带行李，但活动物除外。海上旅客运输是从海上货物运输中分离出来而成为独立的运输行业，《海商法》分两章对两者进行规定，而《合同法》则在"运输合同"一章中分两节对客运合同和货运合同进行规定。此外，1996年6月1日起实施的交通部《水路旅客运输规则》[1]，作为部门规章，不但适用于沿海港口之间，也适用于内陆水域的旅客运输。关于承运人赔偿责任限额，与货物运输制度相似，采用远洋客运与沿海客运区别对待的双轨制，分别适用《海商法》和《中华人民共和国港口间海上旅客运输赔偿责任限额规定》。中国于1994年加入《1974年雅典公约》及其1976年议定书，但未加入1990年和2002年两个议定书。1990年和2002年两个议定书对公约作了实质性修改，前者大幅提高了承运人赔偿责任限额，后者则将承运人的责任基础由过错责任修改为严格责任和过错责任并用，同时提高了承运人赔偿责任限额，并实行强制保险制度和直接诉讼机制。中国现行海上旅客运输法律制度已显滞后，提高旅客人身伤亡赔偿限额、实行强制保险是海上旅客运输法律制度发展的基本趋势，《海商法》相关内容有待适当修改和调整。[2]《海商法》海上旅客运输合同一章，对承运人规定了最低限度的义务和最高限度的权利。关于旅客人身伤亡和行李灭失或损坏赔偿请求权诉讼时效，《海商法》规定为两年，自

---

[1] 已于1997年8月26日和2014年1月2日两次修订。
[2] 司玉琢：《海商法专论》，中国人民大学出版社2015年版，第206页。

旅客离船之日或应当离船之日起计算；旅客离船后死亡的，自旅客死亡之日起计算，但自离船之日起不得超过三年。由于其他交通运输方式的快速发展，传统的海上旅客运输已日渐向海上旅游即邮轮行业转变。从司法实践看，目前涉及海上旅客运输合同的纠纷并不多。

1. 承运人的权利、义务与责任

海上旅客运输合同承运人的责任期间，自旅客登船时起至旅客离船时止。客票票价含接送费用的，责任期间还包括船－岸之间接送时间，但不包括旅客在港站内、码头上或者在港口其他设施内的时间。关于承运人责任基础，《海商法》规定以承担过失责任为原则，并在一定范围内适用推定过失。推定过失的范围：一是由于船舶沉没、碰撞、搁浅、火灾或船舶缺陷引起旅客遭受人身伤亡以及自带行李灭失或损坏；二是旅客自带行李以外的其他行李遭受灭失或损坏。《合同法》则区分旅客人身伤亡、自带物品毁损或灭失、托运行李毁损或灭失，分别采用不同的归责原则：承运人对旅客人身伤亡承担无过错责任，但伤亡是旅客自身健康原因造成或者承运人能够证明旅客故意或重大过错造成的除外；承运人对旅客自带物品毁损或灭失，承担过错责任；对旅客托运的行李毁损或灭失，适用货物运输的有关规定。

承运人的主要义务有：开航前和开航当时提供适航船舶，并保持船舶在运送期间处于适航状态；向旅客提供与客票相符的舱室、铺位或座位；在约定或合理期间，按照约定或通常航线将旅客运送至目的港；供应膳食；运送行李；对旅客人身伤亡或行李灭失、损坏承担赔偿责任。

承运人享有责任限制权利。承运人的赔偿责任限额，远洋客运适用《海商法》规定，中国港口之间的海上旅客运输，适用交通部《中华人民共和国港口间海上旅客运输赔偿责任限额规定》，责任限额更低,已远远不能适应时代的变化。

2. 旅客的权利、义务与责任

旅客的权利主要体现在：要求承运人安全和尽速运送至目的港,并提供与客票等级相符的服务;免费携带一定数量的行李;请求赔偿人身伤亡或者行李灭失、损坏等。旅客不得随身擅自携带或者在行李中夹带违禁品或者危险品;旅客擅自携带或者在行李中夹带此类物品的,承运人可以在任何时间和地点,将其卸下或加以处理而不负赔偿责任;旅客违反此项义务造成承运人损失的,应负责赔偿。

（三）船舶租用合同

《海商法》规定的船舶租用合同,包括定期租船合同和光船租赁合同,而不包括航次租船合同。《海商法》船舶租用合同一章,均为任意性条款。正因为如此,法律规定船舶租用合同应当书面订立。国际租船业务中,通常采用标准格式合同,如波罗的海国际航运公会制定的《统一定期租船合同》（BALTIME）、《标准光船租赁合同》（BARECON）；美国纽约土产交易所《定期租船合同》（NYPE）。这些标准格式合同条款,也是《海商法》制定的主要参考依据。沿海租船业务中,尤其是小型运输船租用,租船合同内容往往比较简单、随意,也更容易导致争议。法律适用上,因租船合同引起的纠纷,双方的权利义务首先视合同约定,并按《合同法》规定处理,只有在合同未作约定或者未作不同约定,才适用《海商法》。[①]

1. 定期租船合同

简称期租合同,是指船舶出租人向承租人提供约定的由出租人配备船员的船舶,由承租人在约定的期间内按照约定的用途使用,

---

① 关于定期租船合同的法定解除以及最后航次等问题,《海商法》与《合同法》的规定都存在一些差异,是否优先适用《海商法》,确实存在较多疑问。参见司玉琢:《海商法专论》,中国人民大学出版社 2015 年版,第 217—229 页。

并支付租金的合同。定期租船合同在性质上属于不转移船舶占有的财产租赁合同，具有以下特点：出租人配备船长和船员，负责船舶航行和管理，负担船员工资与伙食等费用；承租人负责船舶调度与营运，负担船舶燃油等营运费用；租金按租期时间计算。定期租船合同的内容，主要包括出租人和承租人的名称、船名、船籍、船级、吨位、容积、船速、燃油消耗、航区、用途、租船期间、交船和还船的时间和地点以及条件、租金及其支付。

定期租船合同涉及十分专业的租船业务和条款，《海商法》只对出租人和承租人的权利义务作了一般性的规定。出租人应当按照约定的时间交付船舶，否则承租人有权解除合同。出租人将船舶延误情况和船舶预期抵达交船港的日期通知承租人的，承租人应当自接到通知时起48小时内，将解除合同或者继续租用船舶的决定通知出租人。出租人过失延误提供船舶致承租人损失的，应负赔偿责任。出租人交付船舶时，应当谨慎处理，使船舶适航，交付的船舶应当符合约定的用途，否则承租人有权解除合同。船舶在租期内不符合约定的适航状态或者其他状态的，出租人应尽快恢复；因此致船舶不能正常营运连续超过24小时的，承租人有权不付相应期间的租金。定期租船合同适用"买卖不破租赁"原则，租船期间，船舶所有人转让船舶的，当事人权利义务不受影响，但应当及时通知承租人；船舶所有权转让后，原租船合同由受让人与承租人继续履行。

承租人违反航行区域与安全港口保证义务的，出租人有权解除合同，并要求赔偿损失；承租人不得违反合同约定，就船舶营运向船长发出指示。承租人应当保证船舶用于运输合法货物；运输活动物或者危险品的，应当事先征得出租人的同意。支付租金是期租合同下承租人的主要义务，承租人得按照约定的租金数额、货币种类、支付方式、时间和地点支付租金；承租人不依约支付租金的，出租人有权解除合同，并有权要求赔偿损失。此外，出租人就其租金对船上属于承租人的货物和财产或转租收入享有留置权。承租人在租船期间，可以转租船舶，但应当及时通知出租人；船舶转租后，原租船合同约定的权利义务不受影响。承租人应当按合同约定的时间、地点和状态，将船舶以与出租人交船时相同的良好状态交还出租人，但船舶本身自然磨损除外。承租人为完成最后一个航次超期还船的，按照约定的租金率支付租金；市场租金率高于合同约定的，则按照市场租金率支付超期期间的租金。

2. 光船租赁合同

光船租赁合同，简称光租合同，是指船舶出租人向承租人提供不配备船员的船舶，在约定的期间内由承租人占有、使用和营运，并向出租人支付租金的合同。光船租赁合同的性质属于财产租赁合同，具有以下特点：一是承租人雇用和配备船员，并占有、使用和经营船舶，但船舶处分权仍归出租人；二是承租人的租赁权理论上被认为是一种准物权，租赁期内船舶所有权发生变动的，不影响光船租赁合同的效力。《海商法》对光船租赁合同的内容作了规定，主要包括：出租人和承租人的名称；船名、船籍、船级、吨位、容积；航区、用途、租船期间；交船和还船的时间、地点以及条件；船舶检验、保养维修、保险；租金及其支付；合同解除的时间和条件。此外，光船租赁合同一般还会订有留置权、救助报酬、共同海损、提单、船舶征用、战争、货物、安全港口、法律适用等条款。

光船租赁合同出租人的主要义务和责任有：交船并使船舶适航；保证不设定船舶抵押以及无其他权利争议或债务负担。出租人在租期内设定船舶抵押权，应当事先经过承租人的同意；如果交船前船舶已经抵押的，则应当在合同中予以说明，并将抵押合同内容告知承租人。① 因船舶所有权争议或者因出租人的债务致使船舶被扣押的,出租人应当保证承租人的利益不受影响;因此造成承租人损失的,出租人应当赔偿。

光船租赁合同承租人的主要义务和责任有以下几项:一是负责船舶维修保养,使船舶在租期内处于良好状态,并保持船舶具有交船时的船级和各种证书的有效性。船舶使用中发生损坏的,应当立即采取措施,在合理的时间内进行修理,否则出租人可以解除合同,并有权向承租人索赔。二是按照合同约定的船舶价值,以出租人同意的保险方式为船舶进行保险,并负担保险费用。三是按合同约定的条件和方式支付租金。四是未经出租人书面同意,承租人不得转让合同权利义务或者以光租方式转租船舶。五是保证船舶在约定航区内营运和运输约定的合法货物。六是还船时使船舶处于良好状态。七是租赁期间因承租人原因致使出租人利益受到影响或遭受损失的,应当负责消除影响或赔偿损失。

3. 船舶租购合同

船舶租购合同是光船租赁合同的一种特殊形式,具有船舶租赁合同和船舶买卖合同的双重属性。船舶租购合同是指船舶出租人向承租人提供不配备船员的船舶,在约定的期间内由承租人占有、使用和营运,并在约定期间届满时将船舶所有权转让给承租人,而由承租人支付租购费的合同。船舶租购合同通常是在光船租赁合同的基础上,增订有关船舶买卖的一些特殊约定,包括船舶所有权和风险转移等。《海商法》对船舶租购合同作了原则性的规定。

---

① 参见宁波海事法院(2002)甬海法温初字第83号中国船舶工业贸易公司诉OCEAN LINK SHIPPING LIMITED、第三人五矿国际货运有限责任公司船舶抵押分期付款买卖合同欠款纠纷案民事判决书。

此外，出于融资需要，船舶融资租赁业务近几年来发展迅速。①船舶融资租赁，是指出租人根据承租人对船舶的特定要求和对船厂或船舶出卖人的选择，出资向造船厂或船舶出卖人购买船舶并租给承租人使用，由承租人分期支付租金的一种融资模式。在租期内船舶所有权属于出租人所有，租期届满，租金支付完毕并且承租人根据融资租赁合同规定履行全部义务后，船舶所有权即转归承租人所有。融资租赁机构性质上属于金融机构，实行特许经营。《合同法》设有融资租赁合同一章，同样适用于船舶融资租赁合同。

（四）海上拖航合同

海上拖航合同，是指承拖方用拖轮将被拖物经海路从一地拖至另一地，而由被拖方支付拖航费的合同。提供海上拖航服务并收取拖航费的一方是承拖方；委托拖航的一方，则是被拖物的所有人或利害关系人，也就是被拖方。被拖物包括驳船或者其他无动力船舶、钻井平台、浮码头、浮船坞、浮吊等海上漂浮装置。现代海运业中，随着驳船运输货物和钻井平台等设备拖带日益增多，对海上拖航服务有了更多需求，促进了海上拖航业的发展。《海商法》第七章"海上拖航合同"的规定，不适用于在港区内对船舶提供的拖轮服务，也不适用于拖轮所有人拖带其所有的或者经营的驳船载运货物，经海路由一港运至另一港，此类拖带视为海上货物运输。海上拖航合同，按海域分为沿海和国际两类；按拖航费计收方式，则分为日租型和承包型两类。《海商法》规定，中国港口之间的海上拖航，由悬挂中华人民共和国国旗的船舶经营；未经国务院交通主管部门批准，外

---

① 据统计，截至 2017 年 3 月末，全国开设的 60 家金融租赁公司中，有 23 家开展了船舶融资租赁业务，金融租赁行业船队规模达到 989 艘，船舶租赁资产余额达 1139 亿元。参见王进："船舶租赁资产余额破千亿元，68% 为直租。这一年，融资租赁风生水起！"，载 2017 年 5 月 17 日《中国船舶报》。

国籍船舶不得经营中国港口之间的拖航。国际上一些主要的拖航公司一般都有自己固定的合同格式，如中国拖轮公司拖航合同（日租/承包）。这些格式合同条款，也是《海商法》"海上拖航合同"一章的主要立法参考依据。

1. 合同的内容与性质

海上拖航合同为要式合同，应当书面订立，通常是在格式合同的基础上达成，内容主要包括：承拖方和被拖方的名称和住所、拖轮和被拖物的名称和主要尺度，拖轮马力、起拖地和目的地、起拖日期、拖航费及其支付方式，以及其他有关事项。其他有关事项，则通常包括：解约日，预计抵达日期，适航与适拖，拖轮替换，随船船员，安全港口，港口费用，合同解除等。

《海商法》规定的海上拖航合同，是一种独立的海商合同，不同于海上货物运输合同，也不同于海上救助合同。与海上货物运输合同相比，拖航合同的标的物是与拖轮之间用特定装置连接的被拖物而非装载在船舶上的货物；承拖方只负责提供拖力，而不负责货物的运输与保管，被拖物无论是否装有货物，均被视为一个整体。如前述，拖轮所有人拖带其所有的或者经营的驳船载运货物的，不是海上航拖合同，而是拖驳运输合同，适用海上货物运输的相关规定。但如果拖轮与驳船属不同的人所有或经营，则驳船一方与货方之间构成运输合同关系，而承拖方则是实际承运人。与以拖航为救助行为的海上救助合同相比，海上拖航的目的是拖航而非救助，被拖物并非如救助合同那样处于危险之中，报酬取得条件也与救助明显不同。

2. 当事人的权利和义务

海上拖航合同承拖方的主要权利表现为，对拖航费的请求权以及对被拖物的留置权。承拖方的主要义务有以下几项：一是在起拖前和起拖当时，谨慎处理，使拖轮适航、适拖。二是负责拖轮作业的指挥，保证拖轮与被拖物之间的接拖和解拖，以及拖带航行安全。三是合理尽速，不进行不合理绕航。

被拖方的主要义务有：一是提供被拖物并使之适拖。被拖方在起拖前和起拖当时，应当做好被拖物的拖航准备，使被拖物处于适拖状态，并向承拖方如实说明情况，提供适拖证书和文件。二是服从拖轮船长指挥，并给予必要配合。三是保证起拖港、目的港以及中途港的安全。四是在目的港及时接收被拖物；逾期接收的，按合同约定支付滞期费。五是按照合同的费率或金额支付拖航费用以及其他相关费用。

3. 合同变更、解除与违约、损害赔偿

《海商法》对海上拖航合同的变更做了特别规定："因不可抗力或者其他不能归责于双方的原因致使被拖物不能拖至目的地的，除合同另有约定外，承拖方可以在目的地的邻近地点或者拖轮船长选定的安全港口或者锚泊地，将被拖物移交给被拖方或者其代理人，视为已经履行合同。"海上拖航合同可因当事人协商一致、一方违约致使合同目的不能实现或者不可抗力等原因而解除。承拖方不能按约定提供拖轮，拖轮不适航、适拖，被拖物不适拖等，都可能导致合同目的无法实现，对方当事人有权按照《合同法》的规定解除合同，并要求违约方赔偿损失。起拖前和起拖后，因不可抗力或其他不能归责于双方的原因致使合同不能履行和不能继续履行的，双方均可以解除合同，并互相不负赔偿责任；起拖前合同因此解除的，除合同另有约定外，已经支付的拖航费，承拖方应当退还被拖方。

《海商法》分两个条款对承拖方与被拖方相互之间的损害赔偿责任，以及承拖方或被拖方对第三人的损害赔偿责任进行了规定，并分别适用不同的责任原则：承拖方与被拖方相互之间的损害赔偿责任由双方在合同中约定，不是强制性的；海上拖航合同未作约定或未作不同约定的，损害由过失一方承担；双方都有过失的，按过失程度比例承担。[①]同时，经承拖方证明，被拖方的损失如果是由于驾驶和管船过失以及拖轮在海上救助或者企图救助人命或者财产时的过失原因造成的，承拖方不承担赔偿责任。拖航过程中，由于承拖方或被拖方的过失，造成第三人人身或者财产损失的，为了保证第三人的利益，《海商法》规定由承拖方和被拖方对第三人负连带赔偿责任；承拖方和被拖方相互之间，则有权按过失程度比例向对方追偿。

（五）海上保险合同

海上保险是一项古老的商业活动，是一切保险的鼻祖。《海商法》在借鉴英国《1906年海上保险法》以及国际上通用的海上保险格式条款的基础上，以41个条款对海上保险合同做了较为详尽的规定。《海商法》施行不久，《保险法》才颁布实施。《保险法》明确规定，海上保险适用《海商法》的有关规定；《海商法》未规定的，适用《保险法》的有关规定。此外，《最高人民法院关于审理海上保险纠纷案件若干问题的规定》，也是海上保险合同法律制度的一部分。因此，在法律适用上，海上保险合同首先应当适用《海商法》和最高人民法院关于海上保险的相关司法解释，其次才适用《保险法》；《海商法》《保险法》都未规定的，适用《合同法》等法律法规的规定。

海上保险合同，是指保险人按照约定，对被保险人遭受保险事故造成保险标的的损失和产生的责任负责赔偿，而由被保险人支付保险费的合同。前述保险事故，不限于海上事故，还包括与海上航行有关的发生于内河或者陆上的事故，如海上货物运输保险合同中

[①] 参见吴勇奇：《乐忠方诉舟山向往采运有限公司拖航作业合同纠纷案》，载最高人民法院民事审判第四庭、交通运输部救助打捞局主编：《水上救助打捞精选案例评析》，法律出版社2011年版，第118—122页。

的"仓到仓"条款。海上保险合同的内容主要包括保险人和被保险人名称，保险标的、保险价值、保险金额，保险责任和除外责任，保险期间，保险费。保险标的包括船舶、货物、船舶营运收入、货物预期利润、船员工资和报酬、对第三人的责任以及由于保险事故可能受到损失的其他财产和产生的责任、费用。保险人可以将对上述保险标的的保险进行再保险。保险价值和保险金额，由保险人与被保险人约定；未约定的，保险价值依照《海商法》规定的方式计算；保险金额超过保险价值的，超过部分无效。

1. 合同订立、解除与转让

被保险人提出保险要求，经保险人同意承保，并就合同条款达成协议后，海上保险合同成立，保险人应当及时向被保险人签发保险单或者其他保险单证。海上保险合同的被保险人在合同订立前，对保险人负有告知义务，应当将其知道或者在通常业务中应当知道的有关影响保险人据以确定保险费率或者确定是否承保的重要情况，如实告知保险人。《海商法》规定被保险人的告知义务，是一种无限告知义务，对于重要情况即使保险人未问及也要主动告知，与《保险法》规定的有限告知义务不同。[①] 此外，合同订立时，被保险人已经知道或者应当知道保险标的已经因发生保险事故而遭受损失的，保险人不负赔偿责任，但有权收取保险费；保险人已经知道或者应当知道保险标的已经不可能因发生保险事故而遭受损失的，被保险人有权要求退还保险费。

海上保险合同可由双方协商解除，也可因一方要求而解除。按《海商法》和《保险法》的规定，保险人在以下情形，可以行使合同解除权：被保险人违反告知义务或保证义务；合同约定保险责任开始后保险

[①] 汪鹏南：《海上保险合同法详论》，大连海事大学出版社 2011 年版，第 54 页。

人可以解除合同；承保船舶转让而未经保险人同意；被保险人或者受益人谎报或故意制造保险事故；投保人、被保险人未依约履行对保险标的安全义务；被保险人未依约及时通知保险标的危险增加；保险标的发生部分损失。保险责任开始前，被保险人可以要求解除合同，但应当支付手续费；保险责任开始后，被保险人依约解除合同的，保险人有权收取至合同解除日止的保险费。

为适应单证贸易的需要，《海商法》和《保险法》均规定，海上货物运输保险合同可以由被保险人背书或者以其他方式转让；尚未支付的保险费，由合同转让双方负连带责任。因船舶转让而转让船舶保险合同的，应当取得保险人的同意，否则船舶保险合同自船舶转让时起解除；船舶转让发生在航次之中的，至航次终了时解除；合同解除后，保险人应将剩余期间的保险费退还被保险人。保险人与被保险人之间可以订立预约保险合同作为长期协议，就保险责任范围、保险财产范围、最高保险金额以及保险费结算办法等作出约定，并由保险人签发预约保险单。应被保险人要求，保险人应当对依据预约保险合同分批装运的货物分别签发保险单证；如保险单证与预约保险合同内容不一致的，以分别签发的保险单证为准。

2. 保险人的权利和义务

收取保费和支付保险赔偿，分别是保险人最基本的权利和义务。保险事故发生后，保险人应当及时支付保险赔偿。保险赔偿以保险金额为限，并实行一次保险事故一个赔偿限额。保险标的在保险期间发生数次保险事故所造成的损失，即使总额超过保险金额的，保险人也应当赔偿。对于超额保险，当保险标的发生部分损失时，按保险金额与保险价值的比例赔偿；对于不足额保险，在发生部分损失或共同海损分摊以及施救费用，保险人也按比例赔偿。被保险人为防止或者减少根据合同可以得到赔偿的损失而支出的必要的合理费用，为确定保险事故的性质、程度而支出的检验、估价的合理费用，以及为执行保险人的特别通知而支出的费用，都被作为施救费用，由保险人以保险金额为限，在保险标的损失赔偿之外另外支付。

根据《保险法》的规定，订立保险合同时，保险人应当向投保人说明保险合同的条款内容；对免责条款，保险人则应当予以提示和明确说明，否则免责条款不发生效力。除合同另有约定外，对于航行迟延、交货迟延或者行市变化，货物自然损耗、本身缺陷和自然特性，包装不当引起的货物损失，海上货物运输的货物保险人不负赔偿责任；对于船舶开航时不适航，船舶自然磨损或者锈蚀，船舶保险人不负赔偿责任。

3. 被保险人的权利和义务

取得保险赔款，是被保险人最主要的合同权利，而及时支付保险费则是被保险人的首要义务。除合同另有约定外，被保险人应当在合同订立后立即支付保险费，否则保险人可以拒绝签发保险单证。此外，按照《海商法》规定，被保险人主要还有以下几项义务：一是保证义务。保证是保险合同的基础之一，《海商法》规定，"被保险人违反合同约定的保证条款时，应当立即书面通知保险人。保险人收到通知后，可以解除合同，也可以要求修改承保条件、增加保险费。"但《海商法》并未对保证条款的范围、内容和效力作进一步具体规定。《最高人民法院关于审理海上保险纠纷案件若干问题的规定》第六至八条规定，被保险人违反保证条款而未立即书面通知保险人的，保险人可以要求自被保险人违反保证条款之日起解除保险合同；保险人收到上述书面通知后仍支付保险赔偿的，则不得再以此为由请求解除合同；保险人收到上述书面通知后，就修改承保条件、增加保险费等事项与被保险人协商未能达成一致的，保险合同于违反保证条款之日解除。二是防灾防损义务。保险人可以对保险标的的安全情况进行检查,并向被保险人提出合理建议,被保险人应当及时采取措施消除安全隐患。三是保险标的危险程度增加通知义务。保险标的在合同有效期内危险程度显著增加的,被保险人应当及时通知保险人,否则保险人对因此发生的保险事故不负赔偿责任。四是保险标的出险通知义务。保险标的出险,被保险人应当及时通知保险人,以便保险人安排检验,确定损失,收集证据,作出合理指示等,否则保险人对扩大的损失不负赔偿责任。五是施救义务。一旦保险事故发生,被保险人应当采取必要的合理措施,防止或者减少损失;被保险人收到保险人发出的有关采取防止或者减少损失的合理措施的特别通知的,应当按照保险人通知的要求处理;保险人对被保险人因违反施救义务而扩大的损失不负赔偿责任。六是协助追偿义务。被保险人还负有保护保险人代位求偿权并协助追偿,以及提供索赔单证的义务。

4. 保险标的损失和委付

海上保险的损失,分为全损和部分损失,而全损则包括实际全损和推定全损,部分损失又可分为单独海损、施救费用和共同海损分摊。推定全损和委付、共同海损分摊,都是海上保险中特有的法律制度。《海商法》对海上保险标的全损,船舶和货物的推定全损,以及船舶失踪视为实际全损等情形都作了具体规定。保险标的发生推定全损,被保险人索赔全损的,应当将保险标的委付给保险人,但保险人可以选择是否接受委付。保险人一旦接受委付,不得撤回,委付财产的全部权利和义务随之转移给保险人。保险人在支付保险赔偿后,取得对保险标的物的物上代位权。

5. 保险赔偿和代位求偿权

被保险人提出保险赔偿,保险人有权要求被保险人提供与确认保险事故性质以及损害程度有关的证明和资料,并及时核定和理赔。

被保险人具体应提供哪些证明和资料，视保险事故类型和保险合同而定。如果损失是由第三人造成的，保险人在支付保险赔偿后，可以按照《海事诉讼特别程序法》规定的程序，在其保险赔偿范围内向第三人行使代位求偿权。保险人的代位求偿权属于债权的法定转移，自其赔付之日起得以自己的名义向第三人追偿，无须被保险人同意，也无须通知第三人，与《合同法》规定的债权约定转让不同。同时，被保险人有义务协助保险人向第三人追偿，无权擅自放弃向第三人要求赔偿的权利；被保险人未经保险人同意放弃向第三人要求赔偿权利，或者由于过失致使保险人不能行使追偿权的，保险人可以相应扣减保险赔偿。此外，保险人有提前终止保险义务的选择权，通过向被保险人支付全额赔偿，放弃保险标的权利，从而解除其对保险标的的义务。

值得注意的是保险人代位求偿权的诉讼时效问题，基础法律关系适用《海商法》诉讼时效情况下的保险人代位求偿权的诉讼时效，并不适用保险法司法解释第十六条第二款关于"保险人代位求偿权的诉讼时效期间应自其取得代位求偿权之日起算"的规定，而应按照《海商法》第十三章规定的相关请求权之诉讼时效起算时间确定。[①]

6. 船东互保协会的保赔保险

保赔保险在新中国的实践，始于1965年中波轮船公司向中国人民保险公司投保保赔保险。中国船东互保协会则成立于1984年1月1日，初始入会的主要是中远下属公司的船舶。1992年，中国船东互保协会在民政部注册登记，成为社会团体法人。目前，大部分从事国际运输船舶都加入了中国船东互保协会，小部分在各商业保险

---

① 参见《最高人民法院关于海上保险合同的保险人行使代位请求赔偿权利的诉讼时效期间起算日的批复》。

公司投保保赔保险，其他一些船舶则在国外船东互保协会投保。船东互保协会对入会船舶收取的会费（保费）主要有预付会费、追加会费、免责会费和巨灾会费等形式。保赔保险承保的风险主要包括人员伤病亡责任、货物责任、污染责任、沉船沉物清除责任以及改变航线费用、检疫费用、罚款等船舶在营运中发生的责任和费用；除外责任则主要有船舶险承保的风险、战争风险、核风险、双重保险、船舶从事非法运输以及租金损失等，但部分除外责任可由董事会给予特别保险。此外，中国渔船船东互保协会于1994年经民政部批准成立，由农业部主管，并于2007年改名为中国渔业互保协会。该互保协会由全国范围内的渔民以及其他从事渔业生产经营或为渔业生产经营服务的单位和个人自愿组成，宗旨是以互助共济方式，对遭受生命财产损失的会员进行经济补偿，并组织开展会员业务培训，提供安全生产咨询服务。

六、中国海事纠纷处理机制

此处所称海事纠纷，特指平等主体之间发生的海事争议，属于民事纠纷的一部分，不包括海事行政争议与海事刑事案件。根据海事法院受理的案件类型，海事纠纷可分为海事侵权纠纷、海商合同纠纷、海洋及通海可航水域开发利用与环境保护相关纠纷、其他海事海商纠纷及海事特别程序案件五大类。所谓海事纠纷处理机制，是指解决当事人之间海事争议的方式、方法及其相关规定。在中国，处理和解决纠纷的途径和方式有四种：协商、调解、仲裁和诉讼。

（一）协商

协商也称协商解决，又称和解或者自行和解，是指双方当事人在没有任何第三方的参与下，本着平等友好、互谅互让的真诚态度，自行协商解决纠纷事宜，最后达成和解协议的一种纠纷处理方式。实践中，大量的海事纠纷是通过这种方式解决的。因为双方当事人在订立合同时通常约定：合同未尽事项和履行合同过程中的争议，协商解决，协商不成的，提交仲裁或提起诉讼。因此，纠纷发生后，当事人首选协商解决的方式处理纠纷。经协商无法达成和解协议的，才会提交仲裁或提起诉讼。侵权性纠纷发生后，当事人也往往先选择协商解决的方式处理纠纷，最终达成和解协议的也不在少数。这里所称的协商，是一种独立的解决纠纷的途径。在仲裁和诉讼过程中，也存在双方当事人于庭外自行协商，最后达成和解协议的情况，并据此制作调解书，或者申请撤回仲裁或起诉。当事人自行协商所达成的和解协议，属于合同的范畴，对双方当事人具有合同的约束力。

协商作为海事纠纷的首选处理方式，具有获得更多的陈述和倾听机会、避免对立情绪的产生、减少纠纷产生的负面影响、没有繁琐的程序要求等优点，但也有难以主动坐下来协商、缺少中立者的观点作为参考、没有做出让步的阶梯和理由、所达成的和解协议不具强制约束力等不足。从实践来看，协商适合解决的纠纷类型为：长期合作单位之间发生的契约性纠纷；具有民生属性的侵权性纠纷；涉及商业秘密的纠纷；双方分歧不大，责任比较清楚的纠纷。协商解决应注意的事项为：尽可能有法务人员参加协商；谨慎表达切忌言语行为过激；商谈中要有换位思考的意识；避免利用强势地位进行和解；及时采取其他途径解决纠纷。

（二）**调解**

调解是指在第三方的主持与协调下，双方当事人本着平等友好、互谅互让的真诚态度，协商解决纠纷事宜，最后达成协议的一种纠纷处理方式。它与审判和仲裁的最大区别，在于调解员没有权力对纠纷的双方当事人施加外部的强制力，也没有权利和义务对争议事项做出判断和决定。是否有第三方参与，是调解与自行和解的根本区别。

以调解方式解决纠纷在中国源远流长,因为调解具有不拘泥于法律规定的优势,能比较全面地考虑纷争各方显在、潜在、有形、无形的利益,既符合人性,又符合中国"和为贵"的文化传统,被西方国家誉为"东方经验"。[①] 当前,中国经济正处于转型时期,多重矛盾叠加引发了大量的社会纠纷。法院只是解决纠纷的"最后手段",过量的诉讼,把"最后手段"推向了"最前线",使法院"案多人少"的矛盾越来越突出。实行调解制度,就是要在"最后手段"之前设立一个"过滤网",利用调解的自律性、灵活性、广泛性和专业性,以及国人的"厌诉"心理,及时有效地化解各种矛盾纠纷,以维护社会稳定,减轻法院的办案压力。[②]

调解有非诉调解、仲裁调解和诉讼调解之分,此处以阐述非诉调解为主,兼顾仲裁调解与诉讼调解。在很多方面,非诉调解与仲裁调解、诉讼调解是相通的。

1. 调解原理

调解的核心要素"合意",是意思自治原则在纠纷解决领域中的延伸,纠纷当事人凭借对调解人的信任,通过其协调、斡旋,谋求纠纷的化解,它贯彻的是彻底的当事人主义,形式灵活多样,不注重纠纷解决的过程,只追求纠纷消除的结果。[③]

调解方式保留了协商方式解决纠纷的基本优点,也没有严格的程序要求,而且由于第三方的介入、主持与协调,弥补了自行和解

---

① 参见李晓磊、陈珑珑:《基于"东方经验"美誉的调解制度之三维思辨》,载《辽宁警专学报》2013 年第 1 期。

② 参见郭敬波:《让"人民调解"调出社会和谐》,载《宁波日报》2015 年 4 月 17 日第 6 版。

③ 刘竹君、徐丽丽:《和平解决民事纠纷——调解机制初探》,载《现代交际》2010 年第 10 期。

所存在的难以主动坐下来协商、缺少中立者的观点作为参考、没有做出让步的阶梯和理由三方面的不足,从而进一步提高了当事人自行协商解决纠纷的成功率。

调解协议与和解协议虽然性质相同,但其可以通过司法确认程序进行"效力升级",使其拥有强制执行效力。

2. 法律依据

作为一项制度,规范调解工作的法律法规和司法解释有:《中华人民共和国人民调解法》、《中华人民共和国民事诉讼法》、《中华人民共和国仲裁法》、《最高人民法院关于适用〈中华人民共和国民事诉讼法〉的解释》、《最高人民法院关于法院民事调解若干问题的规定》、《最高人民法院关于建立健全诉讼与非诉讼相衔接的矛盾纠纷解决机制的若干意见》、《最高人民法院关于人民调解协议司法确认程序的若干规定》等。

3. 调解类型

根据纠纷解决途径和第三方身份的不同,可将调解分为三种基本类型:(1)非诉调解。由相关人员主持的、作为独立纠纷解决途径的调解。具体又分为:行政调解,即行政机关依当事人的申请或依职权进行的调解;人民调解,即由人民调解委员会所组织的调解;商事调解,即由专门成立的商事调解组织所主持的调解;行业调解,即由行业协会所组织的调解;其他非诉调解,即由其他社会组织、企事业单位等建立的具有调解职能的机构所主持的调解。法院立案前委派上述组织进行调解的,也属于非诉调解。(2)仲裁调解。在仲裁过程中,由仲裁人员主持双方当事人进行调解。经调解达成协议的,由仲裁庭出具仲裁调解书,或者根据协议的结果制作裁决书。仲裁调解书与仲裁裁决书,具有同等法律效力,均可向法院申请强制执行。(3)诉讼调解。在诉讼过程中,由审判人员组织双方当事人进行调解。经调解达成协议的，法院依法出具民事调解书，诉讼案件以调解方式结案。当事人请求按照调解协议的内容制作判决书的，法院不予准许。民事调解书与民事判决书具有同等法律效力，均可向法院申请强制执行。

诉讼中法院委托相关调解组织进行调解的，达成协议后，当事人既可以申请撤诉，也可以申请法院制作民事调解书。当事人申请撤诉的，所达成的调解协议仅有合同的性质和约束力。

4. 调解技艺

调解是一项涉及人的思想的技术工作，具有较强的原则性、艺术性和技巧性，具体如下：（1）遵循调解的基本原则。包括在当事人自愿、平等的基础上进行调解；不违背法律、法规和国家政策；尊重当事人的权利，不得因调解而阻止当事人依法通过仲裁、行政、司法等途径维护自己的权利。（2）保障落实当事人的权利义务。当事人在调解活动中享有选择调解员；接受调解、拒绝调解或者要求终止调解；要求调解公开进行或者不公开进行；自主表达意愿、自愿达成调解协议的权利。同时也有如实陈述纠纷事实；遵守调解现场秩序；尊重调解人员和对方当事人的义务。（3）利用诉讼"阴影"进行调解。相对调解而言，诉讼由于有法律规则作为参照，具有结果可预测的特征。因此，对将来审判结果的预测，就会成为当事人进行利益博弈的筹码。另外，当事人也会出于效率和成本的考虑，尽可能避免将纠纷拖入诉讼程序。[1]这些诉讼"阴影"可被调解人员所利用，促使当事人以更为积极的态度在调解中谋求达成"合意"，了结双方的纠纷。（4）考虑方方面面的平衡与协调。一些复

---

[1] 参见陈洪杰：《纠纷解决方式之间的联系与互动》，载《司法改革论评》第八辑（2008年），第249页。

杂纠纷的调解，涉及种种问题，要想成功调解，除了准确把握相关法律规定，能够体现公平公正外，还需要花费一些心思，运用一点技巧，并协调好各方面的关系，才能达到高效、和谐的结案效果。(5) 发挥让步与履行的"杠杆作用"。调解的最大特点，也是调解成败的关键，就是当事人让步。让步要有让步的理由，"有失必有得"是最好，也是最能被接受的一种理由。让步的人得到什么呢？笔者的经验是：让金钱让步者得到对方自动履行，或者尽快履行，或者借钱履行，甚至得到对方的业务等。调解人员要充分利用这一杠杆，去做双方当事人的工作，促使达成调解协议。(6) 确保调解协议能够"效力升级"。根据法律规定，法院受理司法确认调解协议申请后，经审查，调解协议如有违反法律强制性规定；损害国家利益、社会公共利益、他人合法权益；违背公序良俗；违反自愿原则；内容不明确以及其他不能进行司法确认的情形，应当裁定驳回申请。为确保调解协议通过司法确认程序获得强制执行效力，调解中应避免出现上述情形。

（三）仲裁

仲裁是指双方当事人根据其在争议发生前或者发生后所达成的协议，自愿将民商事争议提交给约定的仲裁机构进行裁决的一种纠纷解决方式。它是一种与诉讼并行的解决民商事纠纷的方式：选择进行仲裁，就不能向法院提起诉讼；裁决作出后，双方当事人都应当履行，一方不自觉履行裁决义务的，对方可向法院申请强制执行。

民商事仲裁有国际仲裁与国内仲裁之分。中国的国际仲裁又称涉外仲裁，目前主要由中国国际经济贸易仲裁委员会和中国海事仲裁委员会受理。国内的劳动争议仲裁与民商事仲裁分属两个体系。此处阐述的是民商事仲裁，包括国际和国内的仲裁，不涉及劳动争议仲裁。

1. 仲裁特点

民商事仲裁具有如下特点：（1）意思自治。各方当事人是否将争议提交仲裁，提交给哪家仲裁机构仲裁，以及仲裁庭如何组成、由谁组成、审理方式、开庭形式等，都由双方当事人协商确定。（2）一裁终局。仲裁实行一裁终局制度，仲裁裁决作出即发生法律效力，与法院生效判决具有同等法律效力。（3）专家断案。审理案件的仲裁员均为精通法律、经验丰富、具有专业水准的专家、学者。（4）费用低廉。仲裁费用略低于法院诉讼费用，且一裁终局，不会产生像法院那样二审再次收费的现象。（5）快捷高效。仲裁调解、裁决一经作出即发生法律效力，当事人不得就同一纠纷再申请仲裁或向法院提起诉讼，有利于纠纷的迅速解决，更符合商事主体首选效益的价值取向。（6）保密性强。保密是仲裁的一项原则，是国际上的通行做法，有利于保护当事人的商业秘密及经济活动信息不被泄漏。（7）国际承认和执行。作为《承认和执行外国仲裁裁决公约》（又称《纽约公约》）的缔约国，中国涉外仲裁裁决能够在世界上159[①]个国家和地区得到普遍的承认与执行，跨国间的承认与执行更有利于保障当事人的合法权益。[②]

仲裁的最大优点在于一裁终局、快捷高效，由此带来的弊端也显而易见：一旦裁决不公不当，除了符合撤销条件可以向法院申请撤销之外，就没有救济的途径与手段了。这是当事人在订立仲裁协议时不得不考虑的情况。

---

① 截至2018年4月23日，共有159个国家和地区加入《纽约公约》。
② 参见杨良宜：《国际商务与海事仲裁》，大连海运学院出版社1994年版，第10—31页；朱清：《海事诉讼与仲裁》，大连海事大学出版社1996年版，第244—250页。

2. 法律依据

中国涉及仲裁的法律法规和司法解释主要有：《中华人民共和国仲裁法》《中华人民共和国民事诉讼法》、《中华人民共和国海事诉讼特别程序法》《最高人民法院关于适用〈中华人民共和国仲裁法〉若干问题的解释》《最高人民法院关于适用〈中华人民共和国民事诉讼法〉的解释》、《最高人民法院关于适用〈中华人民共和国海事诉讼特别程序法〉若干问题的解释》等。

3. 仲裁协议

仲裁协议是各方当事人将他们之间可能发生的争议或者已经发生的争议，提交仲裁机构裁决的书面协议。它是仲裁的前提，没有仲裁协议，一方申请仲裁的，仲裁机构不予受理。当事人达成仲裁协议，一方向法院起诉的，法院不予受理，但仲裁协议无效的除外。（1）仲裁协议的种类。书面仲裁协议包括以下几种：仲裁条款，指当事人在争议发生之前，在合同中以合同条款形式表现出来的一种约定；仲裁协议书，指当事人以仲裁方式解决争议的单独约定，通常在争议发生之后签订，涉及的争议范围不仅包括合同方面，也包括侵权及其他方面；特别约定的仲裁协议书，指当事人在商务活动中通过通讯往来确立的一种仲裁协议。（2）仲裁协议的内容。仲裁协议应当具有下列内容：请求仲裁的意思表示；仲裁事项；选定的仲裁委员会。仲裁事项应当约定明确，并且在范围上尽量将可能发生的争议和纠纷包括进去；选定的仲裁机构要书写准确，不能含糊不清。（3）仲裁协议的无效。仲裁协议约定的仲裁事项超出法律规定的仲裁范围，或者无民事行为能力人或者限制民事行为能力人订立的仲裁协议，或者一方采取胁迫手段，迫使对方订立仲裁协议，或者仲裁协议对仲裁事项或仲裁委员会没有约定或约定不明确，且达不成补充协议，仲裁协议无效。（4）仲裁协议效力的异议。当事人对仲裁协议的效力有异议的,可以请求仲裁委员会作出决定或者请求法院作出裁定。当事人对仲裁协议的效力有异议,应当在仲裁庭首次开庭前提出。一方请求仲裁委员会作出决定,另一方请求法院作出裁定的,由法院裁定。(5)仲裁协议的放弃。当事人达成仲裁协议,一方向法院起诉未声明有仲裁协议,法院受理后,另一方在首次开庭前未对法院受理该案提出异议的,视为放弃仲裁协议,法院应当继续审理。另一方如在首次开庭前提交仲裁协议的,法院应当驳回起诉,但仲裁协议无效的除外。

4. 仲裁程序

仲裁按照申请和受理、仲裁庭组成、开庭和裁决三大步骤进行。(1)申请和受理。当事人申请仲裁,应向仲裁机构递交申请书及仲裁协议。仲裁机构收到仲裁申请书后,认为符合受理条件的,应当受理;认为不符合受理条件的,应当书面通知当事人不予受理。受理后,仲裁机构应向双方当事人送达仲裁规则、仲裁员名册及仲裁申请书副本。被申请人在规定的期限内提交答辩书,并有权提出反请求。被申请人未提交答辩书的,不影响仲裁程序的进行。(2)仲裁庭组成。当事人可以约定由一名或三名仲裁员组成仲裁庭,有权共同选定仲裁员、各自选定仲裁员并共同选定首席仲裁员,也可以各自委托或共同委托仲裁委员会主任指定仲裁员或首席仲裁员。当事人没有在仲裁规则规定的期限内约定仲裁庭的组成方式或者选定仲裁员的,由仲裁委员会主任指定。(3)开庭和裁决。仲裁应当开庭进行,当事人协议不开庭的,仲裁庭可以根据仲裁申请书、答辩书以及其他材料作出裁决。仲裁不公开进行,当事人协议公开的,可以公开进行,但涉及国家秘密的除外。仲裁申请人经书面通知,无正当理由不到庭或者未经仲裁庭许可中途退庭的,可以视为撤回仲裁申请;被申请人经书面通知,无正当理由不到庭或者未经仲裁庭许可中途退庭的，可以缺席裁决。当事人应当对自己的主张提供证据。仲裁庭认为有必要收集的证据，可以自行收集。仲裁庭对专门性问题认为需要鉴定的，可以交鉴定部门鉴定。证据应当在开庭时出示，当事人可以质证。当事人在仲裁过程中有权进行辩论。辩论终结时，首席仲裁员或者独任仲裁员应当征询当事人的最后意见。裁决应当按照多数仲裁员的意见作出，少数仲裁员的不同意见可以记入笔录。仲裁庭不能形成多数意见时，裁决应当按照首席仲裁员的意见作出。裁决书自作出之日起发生法律效力。

5. 撤销裁决

国内仲裁裁决具有下列情形的，当事人可以向仲裁机构所在地的中级法院申请撤销：（1）没有仲裁协议的；（2）裁决的事项不属于仲裁协议的范围或者仲裁委员会无权仲裁的；（3）仲裁庭的组成或者仲裁的程序违反法定程序的；（4）裁决所根据的证据是伪造的；（5）对方当事人隐瞒了足以影响公正裁决的证据的；（6）仲裁员在仲裁该案时有索贿受贿，徇私舞弊，枉法裁决行为的；（7）该裁决违背社会公共利益的。涉外仲裁裁决具有下列情形的，当事人可以申请撤销：（1）当事人在合同中没有订有仲裁条款或者事后没有达成书面仲裁协议的；（2）被申请人没有得到指定仲裁员或者进行仲裁程序的通知，或者由于其他不属于被申请人负责的原因未能陈述意见的；（3）仲裁庭的组成或者仲裁的程序与仲裁规则不符的；（4）裁决的事项不属于仲裁协议的范围或者仲裁机构无权仲裁的；（5）该裁决违背社会公共利益的。当事人申请撤销裁决的，应当自收到裁决书之日起六个月内提出。法院经审查核实的，应当在受理撤销裁决之日起两个月内裁定撤销。

6. 仲裁执行

当事人应当履行仲裁裁决，一方当事人不履行的，另一方当事人可以向被申请人住所地或者财产所在地法院申请执行，涉外仲裁机构裁决的，向被申请人住所地或者财产所在地中级法院申请执行。凡具有上述当事人可以向法院申请撤销裁决情形的，经法院审查核实，裁定不予执行。仲裁裁决被法院裁定不予执行的，当事人可以根据双方达成的书面仲裁协议重新申请仲裁，也可以向法院起诉。涉外仲裁机构作出裁决，如果被执行人或者其财产不在中华人民共和国领域内，应当由当事人直接向有管辖权的外国法院申请承认和执行。

（四）诉讼

诉讼是指民商事争议的当事人向法院提出诉讼请求，法院在双方当事人和其他诉讼参与人的参加下，依法审理和裁决民商事争议的一种纠纷解决方式。广义的民事诉讼，除了审判程序外，还包括执行程序，它是纠纷化解的最后手段。

改革开放以后，随着中国民事诉讼机制的逐步建立与完善，民事诉讼已经成为解决民事纠纷的主要途径，民众逐渐形成了对民事诉讼的依赖，可以说中国实际已进入了"诉讼时代"，民事诉讼案件数量逐年攀升，法院案多人少矛盾日益突出。在此背景下，中国日益重视非讼纠纷解决方式，强调建立矛盾纠纷多元化解机制，极力推广"枫桥"经验，以化解法院案多人少的矛盾。

1. 诉讼特征

民商事诉讼从属于民事诉讼，具有民事诉讼的一般特征：（1）民事诉讼是一种当事人的对立结构。当事人之间发生纠纷后，因无法协商或调解不成，才请求司法机关裁判解决。（2）民事诉讼依靠国家强制力来解决民事纠纷。体现在两个方面：一是被告应诉的强制性，被告拒不到庭应诉的，法院既可以强制其到庭，也可以缺席审理和判决；二是履行裁判义务的强制性，当事人拒不履行裁判义务的，对方当事人可以向法院申请强制执行。(3) 民事诉讼严格按照预定的程序和方式进行。为了保证民事诉讼公正性，民事诉讼法规定了一套比其他处理制度更为复杂的程序和方式，法院和所有诉讼参加人都必须严格遵照执行，否则，可能导致诉讼行为和裁判的无效。(4) 民事诉讼与其他纠纷解决机制相比存在相对劣势。民事诉讼在实体权利的实现和程序权利的保障方面有其长处，但也存在明显的短处：解决纠纷的成本高，当事人不但要支付诉讼费、执行费，由于诉讼的专业性，还需要支付高昂的律师代理费；解决纠纷的周期长，每步诉讼程序，都有相应的期间要求，不服一审判决，还可提出上诉，进行二审；程序手段刚性化，当事人的请求只要符合法律规定，就给予支持，否则，就予以驳回，没有折中的可能。[1]

2. 法律依据

诉讼涉及的法律和司法解释主要有：《中华人民共和国民事诉讼法》、《中华人民共和国海事诉讼特别程序法》、《最高人民法院关于适用〈中华人民共和国民事诉讼法〉的解释》、《最高人民法院关于适用〈中华人民共和国海事诉讼特别程序法〉若干问题的解释》等。

3. 基本原则与制度

民事诉讼的基本原则与基本制度，是指导审判人员和诉讼参与人诉讼行为的准则，贯穿于民事诉讼的全过程。违反这些基本原则与基本制度的诉讼行为及其裁判结果，或无效或可被撤销，并可被处罚。根据民事诉讼法总则的规定，中国民事诉讼的基本原则有：独立审判原则；以事实为根据、以法律为准绳原则；当事人平等原则；诚实信用原则；辩论原则；处分原则。中国民事诉讼实行以下制度：合议制度；回避制度；公开审判制度；两审终审制度。

---

[1] 参见张卫平：《民事诉讼法》，法律出版社2009年版，第5—11页。

4. 法院及其审判组织

法院是国家的审判机关,是诉讼解决民商事纠纷的职能部门,具体的民商事审判权由独任审判员或合议庭行使。中国法院由地方各级法院、专门法院和最高法院组成。地方各级法院分为:基层法院、中级法院、高级法院。专门法院是指专门设立的审理特种类型案件的法院,包括军事法院、海事法院、知识产权法院、金融法院等。和地方法院相比较,海事法院有如下特点:按通航水域设置;属中级法院级别;没有级别管辖之分;均有涉外案件管辖权;只受理特定的民事案件、行政案件,不受理刑事案件;除了适用民法总则、合同法和民事诉讼法等以外,还适用海商法和海事诉讼特别程序法。

具体负责案件审判的组织形式,分为独任审判和合议庭审判两种。独任审判由审判员一人承担,适用于简易程序审理的民事案件。基层法院、海事法院和它们的派出法庭审理事实清楚、权利义务关系明确、争议不大的简单民事、海事案件,可以适用简易程序。民事案件第一、二审的合议庭组成有所不同。第一审由审判员与陪审员共同组成合议庭,或者由审判员组成合议庭。陪审员在执行陪审任务时,与审判员有同等的权利义务。第二审由审判员组成合议庭。合议庭评议案件,实行少数服从多数的原则。

5. 诉讼管辖

民事诉讼中的管辖,是指各级法院之间以及同级法院之间受理第一审民事案件的分工和权限。根据中国民事诉讼法第一编第二章关于管辖的规定,可以将管辖分为级别管辖、地域管辖、移送管辖、指定管辖四大类。其中地域管辖还可以进一步分为:一般地域管辖、特殊地域管辖、协议管辖、专属管辖、合并管辖和选择管辖六小类。

根据《中华人民共和国法院组织法》的规定,海事法院属于专门法院,通常将其管辖称为专门管辖。海事诉讼专门管辖有其特殊性,表现为：（1）海事案件管辖与民事案件管辖。海事案件属于民事案件的范畴，是与船与海与港口相关联的、特殊的民事案件，去除与船与海与港口的联系，便是一般民事案件，比如船舶建造合同纠纷案件与船舶抵押合同纠纷案件，去除建造对象和抵押物船舶，便属加工承揽合同纠纷案件和抵押借款合同纠纷案件。因此，海事案件管辖与民事案件管辖，是特殊与一般、小概念与大概念、小范围与大范围的关系。（2）专门管辖与专属管辖。中国民事诉讼法和海事诉讼特别程序法都有关于专属管辖的规定。专属管辖与专门管辖的关系：一是专属管辖与专门管辖同属特殊地域管辖。专属管辖隶属于地域管辖，是特殊地域管辖的一种，而专门管辖也有地域管辖的属性，同属特殊地域管辖部分，划分的是海事法院与地方法院审理第一审民事案件的分工和权限。二是专属管辖与专门管辖交叉。民事诉讼法规定的专属管辖案件包括因不动产纠纷提起的诉讼，由不动产所在地法院管辖；因港口作业中发生纠纷提起的诉讼，由港口所在地法院管辖；因继承遗产纠纷提起的诉讼，由被继承人死亡时住所地或者主要财产所在地法院管辖三类，其中第二类纠纷便属于海事法院专门管辖的案件。三是专门管辖包含专属管辖。从逻辑上来讲，民事案件的专属管辖，可分为海事案件的专属管辖和一般民事案件的专属管辖，海事案件的专属管辖，是根据海事案件的具体性质确定案件由哪个海事法院审理，排除其他海事法院审理的一种管辖规定，海事诉讼特别程序法规定的专属管辖案件包括因沿海港口作业发生纠纷提起的诉讼，由港口所在地海事法院管辖；因船舶排放、泄漏、倾倒油类或者其他有害物质，海上生产、作业或者拆船、修船作业造成海域污染损害提起诉讼，由污染发生地、损害结果地或者采取预防措施地海事法院管辖；因在中华人民共和国领域和有管辖权的海域履行的海洋勘探开发合同纠纷提起的诉讼，由合同履行地海事法院管辖三类。(3)专门管辖与级别管辖。海事法院没有上下级之分,只要案件的性质属于海事案件,不管标的和影响范围大小,只能依照地域管辖原则划分管辖的海事法院;按照中国的四级两审体制,海事法院虽属于中级法院级别,却只审理一审海事案件,所在地高级法院为二审法院,就海事法院一审案件的标的和影响范围来说,对应了四个级别地方法院管辖的一审案件,从这个意义上来讲,专门管辖也具有级别管辖的属性。(4)专门管辖与集中管辖。集中管辖是指特定涉外民商事案件,由特定地方法院管辖,特定中级法院重新划定区域管辖范围的一种管辖方式。实行集中管辖后,意味着非特定地方法院,就不能受理特定的涉外民商事案件了。根据《最高人民法院关于涉外民商事案件诉讼管辖若干问题的规定》第三条,特定的民商事案件不包括海事案件。因此,海事法院专门管辖的涉外案件,不实行集中管辖。[1]

6. 诉讼程序

一般民事案件和海事案件的一审,通常适用普通程序进行审理。简易程序只是在普通程序上进行一些程序简化,适用于审理事实清楚、权利义务关系明确、争议不大的案件,并要求在立案之日起三个月内审结。适用简易程序的小额案件,还实行一审终审。涉外诉讼程序也是在普通程序的基础上,对管辖、送达、期间、仲裁、司法协助作了一些特别规定,主要适用于当事人一方或者双方都是外国人、无国籍人、外国企业或者组织,或当事人一方或者双方的经常居所地在中华人民共和国领域外,或标的物在中华人民共和国领域外,或产生、变更或者消灭民事关系的法律事实发生在中华人民

---

[1] 参见吴勇奇:《对海事诉讼管辖有关问题的理解与思考》,载苏泽林主编:《民商事审判管辖实务研究》,法院出版社2006年版,第80—89页。

共和国领域外的民事案件。

中国《民事诉讼法》及其司法解释对第一审普通程序、简易程序、第二审程序、特别程序、审判监督程序、督促程序、公示催告程序、涉外民事诉讼程序以及送达与期间、证据、调解、保全和先予执行、对妨害民事诉讼的强制措施等作出了具体、明确的规定。其中第一审普通程序又分为起诉与受理、审理前的准备、开庭审理、诉讼中止和终结、判决和裁定等五大步骤。

7. 海事诉讼特别程序

中国针对平等主体之间发生海事争议的特性，专门制定了《海事诉讼特别程序法》，并作出了相关司法解释，优先适用于当事人之间所发生的特定海事纠纷及海事纠纷所涉特定事项。海事诉讼特别程序法没有规定的，适用《民事诉讼法》的规定。

（1）船舶的扣押与拍卖

船舶的扣押与拍卖是海事诉讼中最常用的财产保全措施。与一般财产保全相比，船舶的扣押与拍卖不仅特殊，而且限制较严：一是只能由当事人提出申请。海事法院不能依职权作出扣押船舶的裁定。二是只能由海事法院实施扣押。地方法院不得对船舶采取保全措施，如果为了执行案件需要扣押船舶的，应当就近委托海事法院执行。三是限于特定的海事请求。可以申请采取扣押船舶保全措施的海事请求，仅限于《海事诉讼特别程序法》第二十一条所规定的二十二项，除此之外，当事人不得申请扣押船舶。四是能够扣押的船舶范围较广。能够扣押的船舶分为两种：一是当事船舶，即与发生海事请求相关联的船舶；二是其他船舶，即被请求人所有的其他船舶，但与船舶所有权与占有权有关的请求除外。五是申请扣押当事船舶，不能立即查明被申请人名称的，不影响申请的提出。六是被申请人提供担保后应当释放扣押的船舶。裁定扣押船舶的同时，必须责令被申请人提供担保,以获取船舶的释放。七是不同申请人可以申请扣押已被扣押的同一艘船舶且不必轮候扣押。八是船舶扣押期间届满,被请求人不提供担保,而且船舶不宜继续扣押的,海事请求人可以在提起诉讼或者申请仲裁后,向扣押船舶的海事法院申请拍卖船舶。

(2) 船舶碰撞案件的审判程序

与一审普通程序相比,有以下特殊之处:一是原告在起诉时、被告在答辩时,应当如实填写《海事事故调查表》。二是海事法院向当事人送达起诉状或者答辩状时,不附送有关证据材料。三是当事人完成举证并向海事法院出具完成举证说明书后,可以申请查阅有关船舶碰撞的事实证据材料。四是当事人不能推翻其在《海事事故调查表》中的陈述和已经完成的举证,但有新的证据,并有充分的理由说明该证据不能在举证期间内提交的除外。五是海事法院审理船舶碰撞案件,应当在立案后一年内审结,有特殊情况需要延长的,由本院院长批准。

(3) 共同海损案件的审判程序

共同海损是指在同一海上航程中,船舶、货物和其他财产遭遇共同危险,为了共同安全,有意地合理地采取措施所直接造成的特殊牺牲、支付的特殊费用。共同海损分摊纠纷案件是最复杂、最有特色的海事案件,与一审普通程序相比,也有以下特殊之处:一是必须由专业理算机构进行理算。当事人可以协议委托理算机构理算,也可以直接向海事法院提起诉讼,由海事法院委托理算机构理算。二是理算机构作出的共同海损理算报告,当事人没有提出异议的,可以作为分摊责任的依据,当事人提出异议的,由海事法院决定是否采纳。三是当事人可以不受同一海损事故提起的共同海损诉讼程序的影响,就非共同海损损失向责任人提起诉讼。四是当事人就同一海损事故向受理共同海损案件的海事法院提起非共同海损的诉讼,以及对共同海损分摊向责任人提起追偿诉讼的，海事法院可以合并审理。五是海事法院审理共同海损案件，应当在立案后一年内审结，有特殊情况需要延长的，由本院院长批准。

（4）设立海事赔偿责任限制基金程序

船舶所有人、承租人、经营人、救助人、保险人在发生海事事故后，可以向海事法院申请设立海事赔偿责任限制基金，用以赔偿海事事故所造成的损失，以避免其船舶或者其他财产被扣押，或使其已经被扣押的船舶或者其他财产获得释放或退还。船舶造成油污损害的，船舶所有人及其责任保险人或者提供财务保证的其他人为取得法律规定的责任限制的权利，应当向海事法院设立油污损害的海事赔偿责任限制基金。

当事人向海事法院申请设立海事赔偿责任限制基金，应当提交书面申请；申请可以在起诉前或者诉讼中提出，但最迟应当在一审判决作出前提出；当事人在起诉前申请设立海事赔偿责任限制基金的，应当向事故发生地、合同履行地或者船舶扣押地海事法院提出；设立海事赔偿责任限制基金，不受当事人之间关于诉讼管辖协议或者仲裁协议的约束。海事法院收到申请后，经审查符合设立海事赔偿责任限制基金条件的，应予立案，并在七日内向已知的利害关系人发出通知，同时通过报纸或者其他新闻媒体发出公告，公告应连发三天。利害关系人对申请人申请设立海事赔偿责任限制基金有异议的，应当在收到通知之日起七日内或者未收到通知的在公告之日起三十日内，以书面形式向海事法院提出。海事法院收到利害关系人提出的书面异议后，应当进行审查，并在公告异议期满之日起十五日内作出裁定。异议成立的，裁定驳回申请人的申请；异议不成立的，裁定准予申请人设立海事赔偿责任限制基金；利害关系人在规定的期间内没有提出异议的，海事法院裁定准予申请人设立海事赔偿责任限制基金。当事人对裁定不服的，可以在收到裁定书之日起七日内提起上诉；第二审法院应当在收到上诉状之日起十五日内作出裁定。准予申请人设立海事赔偿责任限制基金的裁定生效后，申请人应当于三日内在海事法院设立海事赔偿责任限制基金；海事赔偿责任限制基金的数额，为海事赔偿责任限额和自事故发生之日起至基金设立之日止的利息；以担保方式设立基金的，担保数额为基金数额及其在基金设立期间的利息。

（5）债权登记与受偿程序

海事法院裁定强制拍卖船舶的公告发布后，债权人应当自公告发布之日起六十日内，就与被拍卖船舶有关的债权申请登记。公告期间届满不登记的，视为放弃在本次拍卖船舶价款中受偿的权利。海事法院受理设立海事赔偿责任限制基金的公告发布后，债权人应当自公告发布之日起六十日内，就与特定场合发生的海事事故有关的债权申请登记。公告期间届满不登记的，视为放弃债权。

债权人向海事法院申请登记债权的，应当提交书面申请，并提供有关债权证据；债权证据，包括证明债权的具有法律效力的判决书、裁定书、调解书、仲裁裁决书和公证债权文书，以及其他证明具有海事请求的证据材料。海事法院应当对债权人的申请进行审查，对提供债权证据的，裁定准予登记；对不提供债权证据的，裁定驳回申请。债权人提供证明债权的判决书、裁定书、调解书、仲裁裁决书或者公证债权文书的，海事法院经审查认定上述文书真实合法的，裁定予以确认；债权人提供其他海事请求证据的，应当在办理债权登记以后，在受理债权登记的海事法院提起确权诉讼；当事人之间有仲裁协议的，应当及时申请仲裁；海事法院对确权诉讼作出的判决、裁定具有法律效力，当事人不得提起上诉。海事法院审理并确认债权后，应当向债权人发出债权人会议通知书，组织召开债权人会议；

债权人会议可以协商提出船舶价款或者海事赔偿责任限制基金的分配方案，签订受偿协议；受偿协议经海事法院裁定认可，具有法律效力。签订受偿协议的，船舶拍卖款或者海事赔偿责任限制基金按受偿协议分配；债权人会议协商不成的，由海事法院依照《海商法》以及其他有关法律规定的受偿顺序，裁定船舶价款或者海事赔偿责任限制基金的分配方案；清偿债务后的余款，应当退还船舶原所有人或者海事赔偿责任限制基金设立人。

（6）船舶优先权催告程序

船舶转让时，受让人可以向海事法院申请船舶优先权催告，催促船舶优先权人及时主张权利，消灭该船舶附有的船舶优先权。

受让人申请船舶优先权催告，应当向海事法院提交申请书、船舶转让合同、船舶技术资料等文件；申请船舶优先权催告，应当向转让船舶交付地或者受让人住所地海事法院提出。海事法院在收到申请书以及有关文件后，应当进行审查，在七日内作出准予或者不准予申请的裁定；受让人对裁定不服的，可以申请复议一次。海事法院在准予申请的裁定生效后，应当通过报纸或者其他新闻媒体发布公告，催促船舶优先权人在催告期间主张船舶优先权；船舶优先权催告期间为六十日。船舶优先权催告期间，船舶优先权人主张权利的，应当在海事法院办理登记，优先权催告程序裁定终结；船舶优先权人不主张权利的，视为放弃船舶优先权。船舶优先权催告期间届满，无人主张船舶优先权的，海事法院应当根据当事人的申请作出判决，宣告该船舶不附有船舶优先权；判决内容应当公告。

（撰稿人：陈惠明 吴勇奇 吴胜顺）

船舶物权纠纷

1. 执行异议之诉的权属证明标准及船舶所有人虚假登记的对抗效力

——原告黄福荣与被告台州市华海航运有限公司、深圳海盈海运有限公司等、第三人深圳海盈船舶投资有限公司案外人执行异议之诉案①

案件索引：宁波海事法院（2018）浙72民初578号，2018年10月10日判决。

基本案情

2004年2月3日，深圳市振雄船务有限公司（以下简称振雄公司）与深圳市鲁翔海运有限公司（以下简称鲁翔公司）签订一份船舶买卖合同，约定鲁翔公司将"粤航3"轮以250万元售与振雄公司，交船时间为同年2月14日前，付清船款后，双方签署船舶交接证明。同年2月10日，振雄公司与鲁翔公司签订一份船舶交接证明，载明鲁翔公司已于同日将"粤航3"轮开抵深圳东角头港交船，双方签字确认，证明船舶交接成功。据此，深圳海事局签发了"粤航3"轮所有权登记证书，船舶所有权人登记为振雄公司（后更名为深圳海盈

---

① 该案例分析获全国法院系统2019年度优秀案例分析评选活动优秀奖。

海运有限公司，以下简称海盈公司），非共有船舶。所有权证书记载取得所有权日期为2004年2月10日，建成日期为1996年10月1日。该轮于2012年10月8日被深圳市福田区人民法院采取保全措施，并于2015年7月29日进入执行程序。

2012年5月30日，台州市华海航运有限公司（以下简称华海公司）为与海盈公司、深圳海盈船舶投资有限公司（以下简称海盈投资公司）、简德狮、聂万根、北海华洋海运有限责任公司光船租赁合同纠纷一案，向宁波海事法院起诉，案涉船舶为"华洋98"轮。该院经审理于同年10月26日作出（2012）甬海法商初字第235号民事判决：一、解除华海公司与海盈公司、海盈投资公司、简德狮、聂万根签订的船舶租赁合同及补充协议；二、海盈公司、海盈投资公司、简德狮、聂万根共同支付华海公司租金、借款、代付费用、违约金等共计3 083 601.2元及利息；三、驳回华海公司的其他诉讼请求。该案进入执行程序后，宁波海事法院于2013年5月22日作出（2013）甬海法执民字第51号执行裁定，限制海盈公司处分其所有的"粤航3"轮。2015年5月12日、2017年5月12日又分别裁定继续限制海盈公司处分该轮。2017年12月27日，黄福荣提出执行异议，要求解除对"粤航3"轮的查封，并确认该船为其实际所有。2018年1月6日，宁波海事法院经审查，裁定驳回了黄福荣的异议。

黄福荣不服上述裁定，向宁波海事法院提起本案诉讼，请求判令：停止对"粤航3"轮强制执行，并解除对该轮的查封。理由为：黄福荣因经营需要，向振雄公司购买了"粤航3"轮。2004年4月1日，振雄公司法定代表人顾振雄与黄福荣签订船舶交易合同书，黄福荣已按约支付全部船款并办理了船舶交接。同年5月19日，双方再次签订船舶委托管理协议书，约定黄福荣拥有该轮所有权与经营权，振雄公司仅为该轮登记船东。该轮实际所有权人罗邦夫参与了黄福荣与振雄公司的交易过程，罗邦夫同意将该轮所有权转让给黄福荣并在前述委托管理协议尾部写明"该轮从2004年5月13日起，船东改为黄福荣（并取销原船东罗邦夫）"。后振雄公司更名为海盈公司。2016年1月6日，黄福荣与海盈公司签订船舶挂靠合同，约定黄福荣将"粤航3"轮所有权挂靠登记在海盈公司名下，但实际所有权人及经营人均为黄福荣。

被告华海公司辩称：1."粤航3"轮早在2012年已被采取保全措施，至今已逾五年，黄福荣理应知晓，其现在提出异议，明显有协助海盈公司规避执行的嫌疑；2.涉案船舶所有权登记在海盈公司名下，应根据所有权登记判断权属，黄福荣未提供足够证据推翻该登记；3.即使该轮登记所有人与实际所有人不一致，实际所有人也不能对抗华海公司，其只能向登记所有人追偿。综上，请求驳回黄福荣的诉请。

被告海盈公司、简德狮、聂万根、第三人海盈投资公司未陈述答辩意见。

判决与理由

宁波海事法院经审理认为，"粤航3"轮自2004年2月至今，登记所有人均为海盈公司（前身为振雄公司），黄福荣虽主张其系该轮实际所有权人，却未能提供充分证据加以证明，故其请求停止对该轮强制执行，并解除对该轮的查封，依据不足，不予支持。依照《中华人民共和国民事诉讼法》第六十四条第一款、第一百四十四条、《最高人民法院关于适用〈中华人民共和国民事诉讼法〉的解释》第三百一十二条第一款第二项之规定，判决如下：驳回原告黄福荣的诉讼请求。

评 析

近年来，涉及船舶物权的执行异议案件显著增多，其中由船舶实际所有人提起执行异议及执行异议之诉，占较大比例[1]，相关法律适用问题逐渐进入裁判视野并引发众多争议。本案即是一起典型的案外人执行异议之诉。"粤航3"轮登记在海盈公司名下，原告黄福荣主张其系该轮实际所有权人，海盈公司仅系挂靠公司，要求排除海盈公司的一般债权人华海公司对该轮的强制执行。故本案的审查重点主要有两个：一是黄福荣是否为"粤航3"轮的实际所有权人；二是如果黄福荣是实际所有权人，能否排除华海公司对该轮的强制执行。上述问题的实质，涉及执行异议之诉应该有什么样的权属证明标准及船舶所有人进行虚假登记能否产生对抗第三人的效力。由于国内航运实践中，船舶实际所有人与登记所有人不一致的情形较为普遍，这两个问题在司法实践中极具代表意义，尤其是后者，学术界和实务界历来争论不休，有必要进行深入分析和总结。

一、执行异议之诉的权属证明标准

根据最高人民法院《关于民事诉讼证据的若干规定》第七十三条第一款之规定，我国民事证据规则采用高度盖然性证明标准。但高度盖然性证明标准是一个具有弹性的证明标准，在概率从超过50%到达到100%的范围内，当事人证明事实所需达到的证明程度

---

[1] 自2013年下半年以来，宁波海事法院受理的执行异议和执行异议之诉案件呈逐年上升趋势。2016年1月至2017年5月，该院共拍卖船舶116艘，案外人提出执行异议57件，其中13件由船舶实际所有人提出，占拍卖船舶的11.21%；受理执行异议之诉19件，其中由船舶实际所有人提起的8件，达到42.11%。

是存在高低差异的。从保护不同法益的需要出发，有必要针对不同案件、不同法律事实确定适用证明标准的不同层次[①]。《最高人民法院关于适用〈中华人民共和国民事诉讼法〉的解释》第三百一十一条规定，案外人提起执行异议之诉的，应当就其对执行标的享有足以排除强制执行的民事权益承担举证责任。为了防止虚假交易进而防止规避执行，案外人对其享有的民事权益的举证较一般的民事诉讼需达到更高的盖然性证明标准，即法官内心确信的份量应达到更高的程度。由于执行异议之诉中，有利害关系和形成对抗的双方首先是案外人和申请执行人，被执行人对案件事实的承认可以作为认定案件事实的证据，但不能据此当然免除案外人的举证责任。本案对于原告黄福荣主张的其向振雄公司购买了"粤航3"轮并已付清购船款是否属实，黄福荣对该船是否享有实际所有权，即采用了较高的证明标准，主要从以下方面进行了严格审查：

一是从合同的签订来看，黄福荣主张其向振雄公司（海盈公司前身）购买"粤航3"轮时，该轮"实际所有人"为罗邦夫，振雄公司仅为登记所有人。但黄福荣不与罗邦夫签订购船合同，而与振雄公司法定代表人顾振雄签订购船合同，有违常理。对此，黄福荣解释其选择的购船合同签订对象，系基于船舶所有权登记，认为振雄公司为船舶登记所有人，故与振雄公司法定代表人签订购船合同。但涉及该轮能否作为海盈公司的财产执行时，黄福荣又主张不能以登记为准，而应以实际所有为准，进而排除对该轮的强制执行。由此可见，关于船舶所有权，黄福荣采用双重标准，两种主张前后矛盾，难以令人信服。

[①] 张显伟：《高度盖然性证明标准之层次性研究》，载《琼州大学学报》2006年第1期。

二是从购船款的支付来看，黄福荣主张船舶成交总价为320.8万元，其中160.8万元船款通过现金支付，剩余160万元系转账支付。如此大额现金支付，无相关取款凭证或款项往来记录佐证，真实性存疑；320.8万元的收款主体既非其主张的前"实际所有人"罗邦夫，也非完全付至其主张的合同卖方，即振雄公司，其中160万元转账和8 000元现金系付给案外人，不符常理。海盈公司作为原执行案件被执行人出具说明，承认黄福荣向其购买"粤航3"轮属实及黄福荣已付清全部购船款等，既不能排除其有逃避执行之嫌，也不能免除黄福荣的举证责任。

三是从船舶的交接来看，黄福荣先主张与振雄公司办理交接，后又主张与罗邦夫办理交接，前后陈述矛盾。

四是从船舶的日常经营管理来看，黄福荣提供的其与海盈公司签订的挂靠合同证明力较弱，相关转账记录不能确定系用于支付"粤航3"轮挂靠管理费，其提供的保险单、抵押权证书等，也只能证明黄福荣为该轮投保及该轮为黄福荣的贷款提供抵押担保，不能证明黄福荣系该轮的实际所有权人。

综上，因原告黄福荣的陈述及其证据相互矛盾，且不能形成完整的证据链，对于其主张的向振雄公司购买了"粤航3"轮、已付清购船款并办理了船舶交接，及购买当时该轮"实际所有人"为罗邦夫等事实，本案均未予认定。鉴于黄福荣关于其系"粤航3"轮实际所有权人的举证未达到高度盖然性的证明标准，故对其诉讼请求未予支持。

二、船舶所有人虚假登记的对抗效力

本案中，被告华海公司系海盈公司的一般债权人，因黄福荣未举证证明其对涉案船舶享有实际所有权，故法院直接判决驳回了黄福荣的诉请。对于华海公司抗辩的即使船舶登记所有人与实际所有人不一致，船舶实际所有人也不能对抗华海公司执行的观点，法院在判决书中并未给出结论。

事实上，船舶作为特殊动产，其所有权实行登记对抗主义，华海公司抗辩的实质，涉及对《中华人民共和国物权法》第二十四条、《中华人民共和国海商法》第九条"未经登记不得对抗第三人"含义及第三人范围的理解。《最高人民法院关于适用〈中华人民共和国物权法〉若干问题的解释（一）》（以下简称《物权法司法解释（一）》）对前述"第三人"的范围虽有界定，但细究其内容及其理论基础，该条解释能否适用于船舶登记所有人与实际所有人不一致的所有情形，进一步而言，船舶所有人进行虚假登记能否产生对抗第三人的效力，值得深入研究。

（一）船舶登记所有人与实际所有人不一致的情形

从海事审判实践来看，船舶登记所有人与实际所有人不一致有以下几种情形：

1. 船舶买卖后，买卖双方未办理所有权变更登记。可进一步细分为三种情形：一是在办理变更登记的合理期间尚未办结登记手续，船舶即被扣押拍卖（审判实践中极少发生）；二是买卖双方长期不去办理变更登记手续（此种情况较为常见）；三是渔船买卖后，因无法办理船网工具指标的转移手续而不能办理船舶变更登记。

2. 商船因挂靠经营而将船舶所有权登记在经营人名下。本案按照原告黄福荣的主张，即属于此种情形。

3. 合伙体共有渔船登记在船长一人名下，此种登记主要出于方便渔船柴油补助款的领取。

4. 船舶的隐名合伙、多层投资而产生的船舶登记所有人与实际所有人不一致现象。如因某种原因，不便或不愿显示在合伙人名单中，而以其他人的名义出现。再如多层次投资中，船舶合伙人的资金来自几个人的出资，下一层的出资人常常出来主张船舶实际所有权。

5. 方便旗船从一定意义上讲也属于船舶登记所有人与实际所有人不一致的情形。方便旗船与船舶"开放登记"相联系，并与"单船公司"形影不离。实践中，有的开放登记国家对船东的国籍没有要求，有的则要求船舶所有人在该国成立一家公司作为船东。不管开放登记国家的要求如何，都将产生或可能产生船舶登记所有人与实际所有人不一致的问题。[①]

（二）原有实务观点评析

《物权法司法解释（一）》颁布实施前，对于何为"不得对抗的第三人"，学界有三种不同观点：一是广义说，即"不得对抗的第三人"应当为船舶物权变动当事人之外的任何人；二是限制说，即"不得对抗的第三人"应当限于善意第三人，善意第三人即对船舶物权变动不知情或者不应当知情的人；三是系争关系说，即"不得对抗的第三人"应当是与船舶有系争关系的善意第三人，他们是具有船舶物权或者类似权利的人。[②] 但实务界基本倾向于"不得对抗"的是第三人的船舶物权主张，或第三人以其债权为基础，主张船舶属登记所有人所有的观点，并以登记情况来认定船舶所有权。[③] 船舶作为登记所有人的财产被执行后，船舶的实际所有人可以向登记所有人请求赔偿。该观点与船舶登记的价值及登记对抗原则一致，也与《物

[①] 吴勇奇："试论方便旗船的扣押与诉讼"，载万鄂湘主编：《中国海事审判论文选集》，人民法院出版社2004年版，第103页。

[②] 参见司玉琢：《海商法专论》，中国人民大学出版社2010年版，第45页；金正佳："海商法讲座'船舶所有权、抵押权、优先权'"，载《海事审判》1995年第2期；李海：《船舶物权之研究》，法律出版社2002年版，第66页；刘卉："论中国特殊动产的登记对抗效力"，载《大连海事大学学报（社会科学版）》2012年第1期；王立志："船舶所有权登记的规范解释"，载《法律适用》2010年第9期。

[③] 参见2001年"全国海事法院院长座谈会纪要"，载万鄂湘主编：《中国涉外商事海事审判指导与研究》（2001年第1卷），人民法院出版社2001年版，第28—29页。

权法司法解释（一）》颁布实施前的相关法律规定相符。下面结合相关法律、司法解释等相关规定，对上述观点评析如下：

1.中国《海商法》和《物权法》均未对不得对抗的第三人即善意第三人作出任何限定，也无任何司法解释作出限定。因此，审判实践不应进行限定。《物权法》所称的善意第三人，是《海商法》所称第三人的应有之义，不属于对《海商法》第三人的限定。

2.2004年颁布实施的《最高人民法院关于人民法院民事执行中查封、扣押、冻结财产的规定》（以下简称《查封扣押规定》）第十七条规定："被执行人将其所有的需要办理过户登记的财产出卖给第三人（此处的"第三人"与"不得对抗的第三人"不是同一概念，对应船舶的实际所有人），第三人已经支付部分或者全部价款并实际占有该财产，但尚未办理产权过户登记手续的，只有第三人对此没有过错，人民法院才不得查封、扣押、冻结。"根据该条规定，在上列情形中，只有第三人在办理变更登记的合理期间尚未办结登记手续，船舶即被扣押拍卖，以及第三人买入渔船后，因无法办理船网工具指标的转移手续而不能办理船舶变更登记，第三人对此没有过错，人民法院不得扣押、拍卖其船舶外，其他情形第三人均有过错，人民法院可以扣押、拍卖其船舶。

3.2014年颁布实施的《最高人民法院关于人民法院办理执行异议和复议案件若干问题的规定》（以下简称《办理执行异议和复议的规定》）第二十五条第一款规定："对案外人的异议，人民法院应当按照下列标准判断其是否系权利人：……（二）已登记的机动车、船舶、航空器等特定动产，按照有关管理部门的登记判断；未登记的特定动产和其他动产，按照实际占有情况判断"。船舶登记所有人与船舶实际所有人不一致的情形，属于已登记的特定动产，按照有关管理部门的登记判断其所有权。

4.《办理执行异议和复议的规定》第二十五条第二款规定："案外人依据另案生效法律文书提出排除执行异议，该法律文书认定的执行标的权利人与依照前款规定得出的判断不一致的，依照本规定第二十六条规定处理。"第二十六条第二款则规定："金钱债权执行中，案外人依据执行标的被查封、扣押、冻结后作出的另案生效法律文书提出排除执行异议的，人民法院不予支持。"

综上，《物权法司法解释（一）》颁布实施前，尽管理论上有不同观点，但实务中并未将船舶实际所有人不得对抗的"第三人"加以限定，只要"第三人"对船舶登记所有人享有债权，即可申请扣押拍卖其登记所有的船舶。毕竟，相对动产和不动产来说，船舶所有权存在两种公示方式，一是交付占有，二是所有权登记，[①] 两种方式相比，交付占有不为公众所知，也与船舶占有人往往不是船舶所有人相矛盾，而所有权登记更具明确性和公告性。宁波海事法院长期依据该观点进行审判与执行，均获得当事人的理解与配合，办案的社会效果较好。

（三）对《物权法司法解释（一）》第六条的理解与适用

《物权法司法解释（一）》对"不得对抗的第三人"进行了限定。该解释第六条规定：转让人转移船舶、航空器和机动车等所有权，受让人已经支付对价并取得占有，虽未经登记，但转让人的债权人主张其为物权法第二十四条所称的"善意第三人"的，不予支持，法律另有规定的除外。撇开该司法解释起草过程中的争议不谈[②]，该

[①] 杜万华主编：《最高人民法院物权法司法解释（一）理解与适用》，人民法院出版社2016年版，第185页。

[②] 《物权法司法解释（一）》第六条在起草过程中争议非常大，详见杜万华主编：《最高人民法院物权法司法解释（一）理解与适用》，人民法院出版社2016年版，第181页。

条规定能否适用于所有船舶登记所有人与实际所有人不一致之情形，需要重点研究。

1. 该条规定与最高人民法院相关规定不同

首先，该条规定与最高人民法院执行局（2013）执他字第14号批复不同。该批复主旨为：如果有证据证明登记在被执行人名下的船舶系基于船舶实际所有人与被执行人的挂靠经营关系，实际所有人与登记所有人即被执行人不一致的，不宜对该船舶采取强制执行措施。一是两者适用对象不同。《物权法司法解释（一）》第六条规定解决的是船舶买卖关系下，未变更登记而产生的船舶实际所有人对船舶登记所有人的一般债权人的对抗效力，而上述批复解决的是因挂靠经营而产生的船舶实际所有人对船舶登记所有人的一般债权人的对抗效力，两者不同显而易见。二是两者效力不同。司法解释具有"准法律"的普遍约束力，而个案批复仅可参照适用，不具有普遍约束力。最大的问题在于，批复对不属于登记所有人实际所有的船舶不宜予以强制执行的理论基础，没有系统阐述。故审判实践中，虽然不断有当事人以该批复为据主张船舶的实际所有权，并以此对抗第三人申请对债务人名下船舶的扣押与拍卖，但宁波海事法院基本上未予采纳。

其次，该条规定与《查封扣押规定》第十七条的规定不一致。《查封扣押规定》虽然同样规范特殊动产转让给买受人后未办理产权过户登记的处理，但不是根据转让人的债权人的债权性质来决定买受人是否具有对抗效力，而是根据买受人对未办理产权过户登记有无过错来决定是否有对抗效力。由于《物权法司法解释（一）》颁布实施在后，其不同规定条款的效力高于《查封扣押规定》。

再次，该条规定与《办理执行异议和复议的规定》第二十五条第一款第二项、第二款以及第二十六条第二款的规定相冲突。根据《办理执行异议和复议的规定》，在金钱债权执行中，如果转让人转移船舶所有权，受让人已经支付对价并取得占有后未经登记，如果受让人未在船舶被扣押前取得确认其为船舶实际所有人的判决，将不能对抗转让人的债权人的扣押与执行，这与《物权法司法解释（一）》第六条完全不同。因《办理执行异议和复议的规定》颁布实施在前，自然不再发生法律效力。

2. 该条规定的适用条件和范围

那么，《物权法司法解释（一）》第六条能否适用于所有船舶登记所有人与实际所有人不一致之情形呢？回答应是否定的。

一是该条规定只适用于转让船舶所有权的情形。该条开宗明义，明确规定："转让人转移船舶等所有权，……"。司法解释作此规定的"主要理由是，在此类特殊动产已经交付，受让人已经取得合法占有的情况下，根据物权法第23—24条规定，受让人已经取得所有权，按照物权优先于债权的一般原理，不论该特殊动产是否经过变更登记，受让人作为物权人应优先于转让人的债权人"。[①]由此得出：非转让船舶所有权所产生的船舶登记所有人与实际所有人不一致的情形，由于船舶登记所有人与船舶实际所有人之间没有船舶买卖、对价支付和事实上的交付和占有，因此，并不适用物权优先于债权的一般原理，也就是说，非转让船舶所有权所产生的船舶登记所有人与实际所有人不一致的情形，并不符合该条规定的适用条件。前述船舶登记所有人与实际所有人不一致的情形中，只有第一种情形符合适用该规定的条件。

二是该条规定要求船舶"受让人已经支付对价并取得占有"。据

[①] 杜万华主编：《最高人民法院物权法司法解释（一）理解与适用》，人民法院出版社2016年版，第181—182页。

此，前述船舶登记所有人与实际所有人不一致的情形中，第二至第五种情形均不符该条规定，因为这四种情形既无受让人，船舶登记所有人与实际所有人之间也无支付对价并交付占有船舶，该船舶所有人仍为登记所有人，故不存在船舶实际所有人的对抗问题。换个角度看，这四种情形的船舶公示，只有船舶登记，而无船舶交付与占有，因此，只能根据登记来确定船舶所有权。

三是该条规定的理论基础在具体应用中要进行适当限制。物权优先于债权的一般原理，是该条规定的理论基础，故有必要研究该原理适用的情形。在第一种船舶买卖后未办理船舶变更登记的三种细分情形中，买卖双方长期不去办理变更登记手续，当事人主观上怠于办理变更登记的过错明显。第二种商船因挂靠经营而将船舶登记在经营人名下、第三种合伙体共有渔船登记在一人名下、第四种隐名合伙、多层投资而产生的船舶登记所有人与实际所有人不一致的情形，船舶所有权登记具有虚假、隐瞒之非法、不当的成分。因此，前述情形中，船舶实际所有人与船舶登记所有人对船舶所有权的登记都有过错。这显然不是一般的物权优先于债权的简单问题，而是对不当权利保护力度是否应大于对正当权利保护力度的原则问题。毕竟，船舶的实际所有情况不为公众所知，实际所有人的债权人难以扣押与拍卖船舶。如果当事人进行虚假登记不仅不受任何行政处罚，反而可以对抗登记所有人的一般债权人的扣押与执行，从而实现其隐匿财产，躲避债务的目的，显然会造成社会经济秩序的混乱。故在适用物权优先于债权的一般原理时，应作适当限制，即：只适用于合理产生的船舶登记所有人与船舶实际所有人不一致情形，不能用于恶意产生的船舶登记所有人与船舶实际所有人不一致情形。这样就可以达到让虚假登记的当事人承担相应法律后果的目的，从而引导其依法进行船舶所有权登记，维护船舶登记秩序。

四是该条规定应当适用于船舶部分所有权的转让。无论是从理论上说，还是从实际上看，《物权法司法解释（一）》第六条所称"转移船舶所有权"，应该既包括转移船舶全部所有权，也包括转移船舶部分所有权。虽然两者在转让性质、转让方式上并无实质差异，但在交付占有方面，却有相当大的差异：转移船舶全部所有权的，可以进行船舶交付与占有，而转移船舶部分所有权的，却不可能进行部分船舶交付和部分占有。因此，《物权法司法解释（一）》第六条是否适用于转移船舶的部分所有权，并不明确。从该条"善意第三人"的界定条件"受让人已经支付对价并取得占有"的表述来看，似乎该条并不适用于转让船舶部分所有权的情况，因为转让船舶部分所有权无法满足"取得占有"的条件。但这样理解不尽合理。笔者认为：转让人转移船舶部分所有权，受让人已经支付对价，虽未经登记，但转让人（即船舶登记所有人）的债权人主张其为物权法第二十四条所称的"善意第三人"的，也应不予支持。因为《海商法》第十条同样规定："船舶由两个以上的法人或者个人共有，应当向船舶登记机关登记；未经登记的，不得对抗第三人。"此处的"第三人"，与《海商法》第九条的"第三人"、《物权法》第二十四条的"善意第三人"的外延应该相同。

五是该条规定的适用与方便旗船的权属确定应保持一致。方便旗船也存在船舶登记所有人与实际所有人不一致的情形，而方便旗船的扣押与诉讼实践表明：原则上，方便旗船以登记所有人作为财产主体并列为诉讼当事人，允许在特定条件下，依据有限原则"揭开公司面纱"，将船舶实际所有人作为财产的主体并列为诉讼当事人。方便旗船的这一权属确定原则，对不适用《物权法司法解释（一）》第六条规定之情形，应同样适用。否则，海事审判将无法与国际接轨。

六是该条规定如扩大适用将给海事审判带来诸多难题。相比较而言，《物权法司法解释（一）》第六条的适用有许多可查证的事实要件，例如船舶买卖合同、对价的支付、船舶的交付与占有，而船舶挂靠，常常是口头协议，难以查证落实。还有船长名下的船舶，有多少合伙人？一个隐名合伙人出现了，会不会还有其他隐名合伙人？合伙人名下有几个第二层次投资人？而第二层次的投资人名下又有几个第三层次的投资人？所有这些，都是摆在审判人员面前难以忽略的难题。

综上，在前述船舶登记所有人与实际所有人不一致的情形中，《物权法司法解释（一）》第六条仅适用于转让人转移船舶所有权，受让人已经支付对价并取得占有，且对不能办理船舶变更登记没有过错的情形，即此种情形下，船舶登记所有人的债权人主张其为《物权法》第二十四条所称的"善意第三人"的，法院应予支持，除此之外的其他情形都不适用该条规定，法院不应予以支持。故本案中，被告华海公司的抗辩有理，即使原告黄福荣对涉案船舶享有实际所有权，因其进行虚假登记，并不产生对抗善意第三人华海公司的效力，不能排除华海公司对涉案船舶的强制执行。

（撰稿人：宁波海事法院　吴勇奇　肖琳）

2. 不同法域下船舶双重所有权、抵押权效力的认定

——Darby 国际投资有限公司诉荣太国际船务有限公司、第三人中国电子进出口宁波有限公司船舶抵押合同纠纷案

案件索引：宁波海事法院（2012）甬海法舟商初字第714号，2014年6月13日判决。

基本案情

2012年1月31日，原告 Darby International Investment Limited（系英属维京群岛公司，以下简称 Darby 公司）与被告荣太国际船务有限公司（系香港公司，以下简称荣太公司）签订《贷款协议书》，约定：荣太公司向 Darby 公司贷款5 000万港元；荣太公司提供其完全所有的"荣明（RONG MING）"轮抵押给 Darby 公司；按年利率36%计付利息，贷款期自2012年1月31日起算三个月，计算利率的有效日期从支付贷款之日起算。若荣太公司未偿还贷款，Darby 公司有权起诉荣太公司并要求荣太公司承担 Darby 公司遭受的所有费用、支出及相应的杂费损失；本贷款协议适用香港法律。同日，Darby 公司在澳门将5 000万港元交付给荣太公司授权代表应颖欢。荣太公司法定代表人兼董事郑志龙则代表荣太公司签署贷款支付收据，确认收到 Darby

公司的贷款5 000万港元，并表示Darby公司已履行其义务，荣太公司将在"荣明（RONG MING）"轮上设置抵押。同年2月6日，荣太公司签署香港船舶抵押契约。同年2月17日，双方在香港海事处完成抵押权登记，载明抵押人荣太公司，抵押权人Darby公司，抵押财产"荣明（RONG MING）"轮。同年11月14日，因荣太公司未归还借款，Darby公司申请诉前扣押抵押船舶，宁波海事法院作出（2012）甬海法舟保字第121号民事裁定书，将"荣明（RONG MING）"轮扣押在浙江晨业船舶制造有限公司（以下简称晨业公司）码头。同年12月20日，Darby公司向宁波海事法院提起本案诉讼。

另："荣明"轮由晨业公司建造。2007年11月2日，中国电子进出口宁波有限公司（以下简称中电公司）与晨业公司签订船舶出口代理协议，约定由中电公司代理晨业公司出口"荣明"轮给汇明国际船务有限公司（以下简称汇明公司）。由于晨业公司无法按时交船，经香港仲裁，汇明公司解除了相关船舶建造合同。返还汇明公司造船预付款及利息后，中电公司于2012年5月23日将晨业公司、浙江蛟龙集团有限公司（以下简称蛟龙公司）诉至宁波海事法院。该案在审理过程中，中电公司、晨业公司和蛟龙公司作为当事人，蛟龙公司法定代表人郑志龙作为担保人于同年11月2日自愿达成调解协议，并由宁波海事法院出具（2012）甬海法舟商初字第294号民事调解书予以确认：中电公司与晨业公司船舶出口代理协议及相关补充协议解除；晨业公司分期合计支付中电公司106 621 050.2元作为纠纷终局解决方案，郑志龙对其中6 377 215.53元承担连带保证责任；蛟龙公司对全部款项承担连带付款责任等。

"荣明"轮在建造过程中，于2008年12月1日在舟山海事局登记船舶所有权，所有权人登记为蛟龙公司，2010年9月30日在舟山海事局完成船舶抵押权登记，抵押权人为中国银行股份有限公司宁波市分行（以下简称中行宁波分行），该登记至诉讼时仍未变更。"荣明"轮一直停泊在晨业公司码头，至诉讼时仍未交付。2010年6月4日，荣太公司向香港海事处提交船舶注册申请书，要求注册登记"荣明（RONG MING）"轮为荣太公司所有。同年6月30日，"荣明（RONG MING）"轮在香港海事处注册登记，船舶所有人登记为荣太公司；2012年2月17日在香港海事处完成了前述抵押权登记，抵押人为荣太公司，抵押权人为Darby公司，该登记至诉讼时未变更。

2013年6月13日，Darby公司在香港特别行政区高等法院就"荣明（RONG MING）"轮注册登记及抵押登记提起诉讼。同年11月26日，香港特别行政区高等法院作出裁定，依照《香港特别行政区商船（注册）条例》（第415章），确认"荣明（RONG MING）"轮在香港的注册登记和抵押登记有效。

原告Darby公司认为荣太公司的违约行为已造成其包括贷款利息、逾期利息及各项费用等损失，遂诉至法院，请求判令：1. 荣太公司立即偿还Darby公司贷款5 000万港元及赔偿相关利息损失；2. 荣太公司承担Darby公司追索上述贷款而产生的各项费用暂计人民币1 110 800.3元；3. 确认Darby公司就上述款项对"荣明（RONG MING）"轮享有抵押权。

被告荣太公司对贷款协议无异议，但认为Darby公司并无证据证明该笔款项是否给付以及如何给付，也无证据证明双方之间有无其他纠纷；本案船舶抵押手续不全，抵押权不成立，Darby公司法律适用意见不明确，应驳回Darby公司的诉讼请求。

第三人中电公司认为，本案所涉船舶与其申请执行的登记在舟山海事局的由蛟龙公司所有的"荣明"轮系同一船舶；本案应适用中国内地法律；Darby公司提交的证据并不能证明涉案贷款协议已实际履行；"荣明"轮在舟山海事局的所有权及抵押权登记符合中国内地法律规定，依法有效且未作过任何变更注销手续，有对抗所有第三人的法律效力，香港海事处进行的登记是虚假、无效的，不能对抗内地登记；香港法院的判决仅确认2012年2月17日的登记有效，而未确认目前所有权及抵押权效力。请求驳回Darby公司的诉讼请求。

判决与理由

宁波海事法院经审理认为：本案Darby公司与荣太公司分别系外国公司与香港公司，具有涉外和涉港因素。宁波海事法院因采取扣押船舶的保全措施而依法取得管辖权；本案适用的准据法为双方当事人在贷款协议中约定的香港特别行政区法律。Darby公司与荣太公司的贷款协议合法有效，Darby公司已实际履行合同，荣太公司应按约付息并按时归还本金。荣太公司未按约付息及归还本金的行为显属违约，应承担相应的违约责任。舟山海事局登记的"荣明"轮与在香港海事处登记的"荣明（RONG MING）"轮为同一艘船舶，Darby公司对登记在荣太公司名下的"荣明（RONG MING）"轮享有船舶抵押权，该抵押权自2012年2月17日起得以对抗第三人。Darby公司要求荣太公司承担其因追索贷款而产生的各项费用人民币1 110 800.3元，因未能提供充分有效的证据，不予支持。

依照《香港特别行政区〈放债人条例〉》第二条、第二十四条、《香港特别行政区〈商船（注册）条例〉》（第415章）第四十四条、《中华人民共和国涉外民事关系法律适用法》第三条、第四十一条、《中华人民共和国民事诉讼法》第六十四条第一款的规定，宁波海事法院作出（2012）甬海法舟商初字第714号民事判决：一、荣太公司于本判决生效后十日内支付Darby公司贷款本息人民币55 025 600元；

二、Darby 公司就上述款项对荣太公司名下的"荣明（RONG MING）"轮享有船舶抵押权，该抵押权自登记之日即 2012 年 2 月 17 日起得以对抗第三人；三、驳回 Darby 公司的其他诉讼请求。

评 析

本案是近年来海事法院审理船舶抵押纠纷中遇到的较为特殊的"一船两抵"纠纷案，基于不同法域的船舶多重所有权、船舶抵押权，其效力能否得到确认，受偿顺序如何，系海事审判实务中一个新的难题，对当事人的利益得失影响重大。

一、关于本案的管辖权与法律适用

首先是本案的管辖权。本案原告 Darby 公司系外国法人，被告荣太公司系香港特别行政区法人，同时具有涉外与涉港因素。根据《中华人民共和国民事诉讼法》关于"在中华人民共和国领域内进行涉外民事诉讼，适用本编规定。本编没有规定的，适用本法其他有关规定"、《中华人民共和国海事诉讼特别程序法》关于"在中华人民共和国领域内进行海事诉讼，适用〈中华人民共和国民事诉讼法〉和本法，本法有规定的，依照其规定"及关于"海事请求保全执行后，有关海事纠纷未进入诉讼或仲裁程序的，当事人就该海事请求，可以向采取海事请求保全的海事法院或其他有管辖权的海事法院提起诉讼，但当事人之间订有诉讼管辖协议或者仲裁协议的除外"的规定，本案原告 Darby 公司向宁波海事法院提出扣押"荣明（RONG MING）"轮的海事请求保全申请，符合《中华人民共和国海事诉讼特别程序法》第二十一条第二十一项关于"因船舶抵押权或者同样性质的权利提出海事请求，可以申请扣押船舶"的规定，应予准许。在将位于中国舟山的涉案船舶予以扣押后，宁波海事法院依法取得本案管辖权。

其次是本案的法律适用。这既是涉外、涉港澳台民事纠纷当事人典型的争议焦点，也是案件审理中的一个重要问题，因为适用不同的法律会在很大程度上决定或影响纠纷的处理方向和裁判结果。《最高人民法院关于适用〈中华人民共和国涉外民事关系法律适用法〉若干问题的解释（一）》第一条，对涉外民事关系作了明确界定，规定："民事关系具有下列情形之一的，人民法院可以认定为涉外民事关系：（一）当事人一方或双方是外国公民、外国法人或者其他组织、无国籍人；（二）当事人一方或双方的经常居所地在中华人民共和国领域外；（三）标的物在中华人民共和国领域外；（四）产生、变更或者消灭民事关系的法律事实发生在中华人民共和国领域外；（五）可以认定为涉外民事关系的其他情形。"本案的当事人Darby公司系外国法人，根据该条规定，本案属涉外民事关系，应适用《中华人民共和国涉外民事关系法律适用法》。同时，本案当事人荣太公司系香港特别行政区法人，根据《最高人民法院关于适用〈中华人民共和国涉外民事关系法律适用法〉若干问题的解释（一）》中关于"涉及香港特别行政区、澳门特别行政区的民事关系的法律适用问题，参照适用本规定"的规定，本案也应参照适用涉外民事关系法律适用法的相关规定。《中华人民共和国涉外民事关系法律适用法》第三条规定："当事人依照法律规定可以明示选择涉外民事关系适用的法律。"该法第四十一条则规定："当事人可以协议选择合同适用的法律。当事人没有选择的，适用履行义务最能体现该合同特征的一方当事人经常居所地法律或者其他与该合同有最密切联系的法律"。本案当事人在贷款协议中明确约定了"本贷款协议书受香港法律规管"，该约定未违反中国内地法律的强制性规定或损害社会公共利益，且Darby公司已提供香港相关法律的内容，故对涉案贷款协议的成立、生效及履行均应依据香港法律进行判断。同时，依据《中华人民共和国海商法》第二百七十条、第二百七十一条之规定，对涉案船舶的所有权、抵押权，也应适用香港法律进行判断。

二、关于船舶双重所有、双重抵押效力的认定

本案船舶抵押效力的分析，建立在以下查明的事实之上，即：在中华人民共和国舟山海事局登记的"荣明"轮与在香港海事处登记的"荣明（RONG MING）"轮的建造船厂均为晨业公司，该公司成立以来只建造过一艘万吨级的化学品及成品油船，结合蛟龙公司与荣太公司的共同法定代表人郑志龙关于两船为同一船舶的陈述，认定在舟山海事局登记的"荣明"轮与在香港海事处登记的"荣明（RONG MING）"轮为同一艘船舶。

同一艘船舶存在并设立不同的所有权和抵押权，涉及其效力问题。一般而言，一艘船舶仅有一个所有权，根据属地登记原则，由船籍港所在地船舶登记机构负责登记。在此情况下，同一艘船舶即便设定两个以上的抵押权，根据中国内地法律体系中关于船舶抵押权的规定，不会产生抵押效力与受偿顺序的争议。但涉案船舶在不同法域下分别进行船舶所有权登记，使得该船舶在法律上具有了两个不同的所有权人，继而引发了内地银行在建船舶抵押与香港银行船舶抵押之间的抵押权效力争议。因涉案船舶的所有权和抵押权是在不同法域下登记设立的，故其效力应放在登记设立地法律下进行考查认定。本案中，荣太公司向香港海事处申请注册"荣明（RONG MING）"轮为其所有，并提供了相应的船舶注册资料，成功办理了船舶注册。Darby 公司信赖船舶注册登记而接受荣太公司的船舶抵押借款，辅以荣太公司签署船舶抵押契约，双方船舶抵押的意思表示明确、真实，同时在船舶主管部门依法办理了抵押权登记。依据现行《香港特别行政区商船（注册）条例》（第 415 章），涉案船舶的所有权和抵押权登记符合该条例的规

定,均属有效,且一直未被撤销也未发生变更。因此 Darby 公司对"荣明(RONG MING)"轮享有船舶抵押权。同时,"荣明"轮在中国内地办理的在建船舶所有权及抵押权登记,也符合中华人民共和国的相关法律规定,也属有效,宁波海事法院在同期审理的中行宁波分行与中电公司、蛟龙公司、晨业公司船舶抵押合同纠纷一案中,同样判决确认了中行宁波分行就其债权对"荣明"轮享有船舶抵押权(该判决已生效),第三人中电公司所主张的涉案船舶在内地的抵押权,即中行宁波分行的船舶抵押权。

三、涉案船舶双重抵押权的受偿顺序

不同法域下的"一船两抵"现象,一般是由船舶实际所有权人急需融资引起的,相关船东的恶意非常明显,若是证据确凿,应当追究相应的行政或刑事责任。关于本案的处理,法院在查明事实的基础上,确认船舶在不同法域下取得的双重所有权和双重抵押权均为有效。那么,其受偿顺序如何呢?这一问题如不能确定,就不能彻底解决当事人的核心利益之争。在同一法域下,多个船舶抵押权可以依据登记时间顺序来确定清偿顺序,根据相关法律规定,不存在争议。但在不同法域下的多个船舶抵押权如何确定受偿顺位,现行法律并无明确规定。我们认为,确定不同法域下多重抵押权的受偿顺序时,应贯彻保护善意当事人的原则,并根据抵押登记的时间来确定,即船舶抵押权自办理抵押登记起才得以对抗第三人。其理由是:

首先,无论是国(境)内抵押权人还是国(境)外抵押权人,均是信赖本法域下的所有权登记去从事抵押贷款行为,该种信赖利益必须得到法律的保护,否则国家和地区的登记秩序和社会的交易安全将会荡然无存。本案中,内地船舶抵押权人信赖的是舟山海事局的船舶登记,信赖蛟龙公司是船舶所有权人,因此向该公司发放了贷款,并依法在舟山海事局办理了在建船舶抵押权登记,其贷款

行为并无过错,且完全符合内地法律规定,其利益应该得到保护。同样,国外船舶抵押权人信赖的是香港海事部门的船舶登记,信赖荣太公司是该船所有权人,因此向该公司发放了贷款,并依法在香港海事部门办理了船舶抵押权登记,其行为也符合香港法律规定,其利益同样应该得到保护。

其次,涉案船舶双重抵押形成的原因,是船舶在内地和香港登记了两个不同的所有权人,即蛟龙公司与荣太公司。这是两个关联公司,其法定代表人均为郑志龙。该种所有权登记的瑕疵不能归责于抵押权人,更不能因此加重抵押权人的民事责任。

第三,在两个同样有效的船舶抵押权并存的情况下,因为船舶抵押权是一种物权,具有对世性,其对世性应通过登记的方式公示出来,唯有如此,市场的交易安全才能得以维护。因此,不同法域下多重船舶抵押权,也应参照适用《中华人民共和国物权法》第一百九十九条关于"同一财产向两个以上债权人抵押的,拍卖、变卖抵押财产所得的价款依照下列规定清偿:(一)抵押权已登记的,按照登记的先后顺序清偿;顺序相同的,按照债权比例清偿;(二)抵押权已登记的先于未登记的受偿;(三)抵押权未登记的,按照债权比例清偿"的规定,以各自登记的时间来确定清偿顺序。

涉案船舶双重抵押权的清偿顺序位,尽管并未直接在各自的判决书中列明,但两案判决书主文对此已经作了明确:即中行宁波分行对"荣明"轮的抵押权自2010年9月30日办理抵押登记时起得以对抗第三人;Darby公司对"荣明(RONG MING)"轮的抵押权自2012年2月17日办理抵押登记时起得以对抗第三人,各自受偿顺序,不言自明。

(撰稿人:宁波海事法院　王佩芬　夏关根)

3. 修船人在船舶被他人侵占后仍享有船舶留置权

——台州市园山船务工程有限公司诉舟山宏浚港口工程有限公司、舟山市安达船务有限公司船舶修理合同纠纷案[1]

案件索引：宁波海事法院（2014）甬海法台商初字第88号，2014年11月13日判决；浙江省高级人民法院（2015）浙海终字第3号，2015年6月18日判决。

基本案情

2012年10月10日，舟山市安达船务有限公司（以下简称安达公司）为修理一艘挂靠登记在海南洋浦祥和渔港航道疏浚工程有限公司名下的涉案船舶（船名为"琼洋浦F8132"），与台州市园山船务工程有限公司（以下简称园山公司）订立了一份修船合同，约定修理工程范围为根据现场实际情况共同确定的修理项目，价格按《国内民用船舶修理价格表》92黄本K=1.2结合双方的特定标准，确定92黄本和特定标准没有的按92黄本补充本K=1.2，最终费用按实际完成的修理项目验收单结算。修理所需材料由园山公司负责按市场价供应，须在船舶修理项目单中明确，双方以签署的最终修理费结

---

[1] 该案例评析入选浙江省高级人民法院参考性案例，载浙江省高级人民法院《案例指导》2016年第1期。

算协议作为结算依据，园山公司根据结算协议开具税务发票，安达公司将修理费一次性汇入园山公司指定账户。若任何一方违约，违约方应赔偿另一方因此造成的一切损失费用（包括律师费、交通费、调查费等）。如安达公司有意违约，园山公司对该船舶有留置权。

2012年10月13日，安达公司将涉案船舶移泊至园山公司码头。次日上午，园山公司将涉案船舶拖入该公司1号船坞，按约开始为期7日的驻坞维修。同月20日，园山公司将涉案船舶拖出船坞并靠泊至该公司1号码头继续维修，直至同年12月20日。

2012年12月21日凌晨3时许，有20余人手持铁棍、钢管、刀具，开着一艘拖船到园山公司1号码头，强行将系泊在园山公司码头的涉案船舶拖走。当日，园山公司以涉案船舶被盗抢为由，向台州市公安局椒江分局前所边防派出所报警。前所边防派出所于2013年1月4日决定对"椒江1221琼洋浦F8132盗窃案"立案侦查。根据侦查材料反映：安达公司委托园山公司修理的涉案船舶最初登记在舟山宏浚港口工程有限公司（以下简称宏浚公司）名下，船名为"宏浚1"。宏浚公司为银行贷款，于2011年1月24日办理银行抵押权登记；涉案船舶的所有权归属因各种原因存在纠纷。2012年1月，安达公司将已先行占有、控制的涉案船舶挂靠登记到祥和公司名下，取名为"琼洋浦F8132"。同年10月10日，安达公司委托园山公司修理涉案船舶，并订立涉案船舶修理合同。园山公司按约修理涉案船舶期间，宏浚公司于同年12月21日凌晨，组织20余人持械强行拖走涉案船舶。2013年4月15日，前所边防派出所以"椒江1221琼洋浦F8132被盗窃案"行为人不构成犯罪为由，决定撤销此案。

2012年12月24日，园山公司与安达公司对涉案船舶已修理项目的费用进行结算，确认修理费为2 369 875元。安达公司以涉案船舶已被宏浚公司强行拖走并占有为由，至今未付上述修理费。园山公司遂于 2014 年 7 月 1 日向宁波海事法院提起诉讼，请求判令：一、安达公司向园山公司支付船舶修理费 2 369 875 元及该款自 2012 年 12 月 24 日至生效判决确定的支付之日按中国人民银行同期贷款基准利率计算的逾期付款利息；二、园山公司对宏浚公司所有的"宏浚 1"船在前述款项范围内享有留置权，并有权以该船舶折价或者以拍卖、变卖该船舶的价款优先受偿。

判决与理由

宁波海事法院经审理认为：本案系船舶修理合同纠纷，园山公司与安达公司就涉案船舶签订的修船合同，是双方当事人真实意思的表示，并不违反法律规定，应确认有效。园山公司在按约修理涉案船舶过程中，由于宏浚公司擅自拖走涉案船舶，致使园山公司无法对涉案船舶进行全面修理，但对于涉案船舶已修理项目的修理费 2 369 875 元，安达公司作为修船合同的委托方，理应在与修船人园山公司核实结算时一次性付清，至今拖欠未付，已构成违约，应承担相应的违约责任。故对园山公司要求安达公司支付船舶修理费及其逾期付款利息的诉请，予以支持。

船舶留置权是设定于船舶之上的法定担保物权。当修船合同的委托方未履行合同时，修船人基于修船合同为保证修船费用得以实现，可以留置所占有的船舶，而不论该船舶是否为修船合同的委托方所有。园山公司作为修船人，依据其与安达公司订立的修船合同，对涉案船舶进行修理后未取得相应的修理费，有权留置涉案船舶。涉案船舶的所有人宏浚公司虽不是本案修船合同的当事人，但不影响该留置权的成立。宏浚公司是涉案船舶的登记所有权人，当其就该船舶的物权应享有的权能遭到侵害时,为维护其合法的物权权益,应当采取合法的途径寻求保护,而宏浚公司却持械强行拖走涉案船舶,其行为侵害了园山公司的留置权,故园山公司对涉案船舶丧失占有,不是出于自身的意思。据此,应认定园山公司对涉案船舶仍享有占有权利,其船舶留置权并未消灭。综上,依照《中华人民共和国合同法》第一百零七条、第二百六十三条、《中华人民共和国物权法》第二百三十条和《中华人民共和国海商法》第二十五条之规定,判决如下:一、安达公司于判决生效后十日内支付园山公司船舶修理费 2 369 875 元及其逾期付款利息(自 2012 年 12 月 24 日至本判决确定的履行之日按中国人民银行同期贷款基准利率计算);二、园山公司就上述判决第一项债权,对宏浚公司所有的"宏浚 1"船享有船舶留置权,并有权优先受偿。

宣判后,宏浚公司不服一审判决,向浙江省高级人民法院提起上诉称:一、宏浚公司对涉案船舶享有合法的所有权,其在当时的情况下若不立即采取措施则船舶极有可能再次被转移,故宏浚公司为保障自己的权益采取自行拿回的方式取回船舶并不违法,且当地公安部门也认为此行为不构成犯罪。二、根据《中华人民共和国海商法》第二十五条第二款之规定,园山公司现已不再实际占有涉案船舶,故其留置权也应消灭。三、涉案船舶修理合同系双方恶意串通骗取宏浚公司利益所签,应当被认定无效。综上,请求撤销原判,改判驳回园山公司的诉讼请求。

浙江省高级人民法院经审理认为:一、涉案船舶修理合同系双方当事人真实意思表示,且不违反法律法规的禁止性规定,合法有效。园山公司依约履行了部分合同义务,因宏浚公司强行拖走涉案船舶的原因,该合同无法继续履行,对于已经产生的船舶修理费用 2 369 875 元,安达公司经过验收、结算予以确认,其作为委托修理方理应承担付款义务,现其逾期未付,应承担相应的违约责任。二、虽然我国海商法规定船舶留置权在丧失占有时归于消灭,但修船人园山公司依船舶修理合同合法占有船舶,其在船舶被强行拖走后依法对该船享有物上返还请求权。在该请求权实现之前,仍应认定园山公司享有占有涉案船舶的权利,故其留置权并未消灭。综上,原判认定事实清楚,适用法律正确,实体处理得当。依照《中华人民共和国民事诉讼法》第一百七十条第一款第一项之规定,判决:驳回上诉,维持原判。

评 析

通常情况下,修船人在合同另一方未履行合同时,可以依法留置所占有的船舶,以保证修船费用得以偿还。但《中华人民共和国海商法》第二十五条第二款规定:"船舶留置权在造船人、修船人不再占有所造或者所修的船舶时消灭。"本案中,修船人因船舶所有人强行取回船舶而丧失了对船舶的占有,此时其是否对该船享有船舶留置权成为各方争议的焦点。

一、修船人对于非委托人所有的船舶能否主张船舶留置权

本案中宏浚公司辩称,留置权是一种债的担保,修船人园山公司与宏浚公司无任何债权债务关系,故园山公司无权对宏浚公司所有的船舶主张留置权。由此引申出了修船人在所修船舶并非委托人所有时能否基于修理费主张船舶留置权的问题。我们认为,首先,虽然我国没有对物诉讼制度,但船舶留置权是设定于船舶之上的法定担保物权,当修船合同的委托方未履行合同时,修船人基于修船合同为保证修船费用得以实现,可以留置所占有的船舶,而不论该船舶是否为修船合同的委托方所有。其次,《中华人民共和国海商法》第二十五条关于船舶留置权的规定也并未对委托方是否拥有所修理船舶加以限定,如果在本案中认定修船人不得行使船舶留置权,则与海商法保护船舶修理人合法权益的精神相背离。再次,《最高人民法院关于能否对连带责任保证人所有的船舶行使留置权的请示的复函》[(2001)民四他字第5号]中明确:"根据《海商法》第二十五条第二款的规定,当修船合同的委托方未履行合同时,修船人基于修船合同为保证修船费用得以实现,可以留置所占有的船舶,而不论该船舶是否为修船合同的委托方所有。"因此,本案中园山公司作为修船人,依据其与安达公司订立的修船合同,对涉案船舶进行修理后未取得相应的修理费,有权留置涉案船舶。涉案船舶的所有人宏浚公司虽不是本案修船合同的当事人,但不影响该船舶留置权的成立。

二、修船人在其修理的船舶被强行拖走当时是否对该船享有留置权

在讨论修船人丧失船舶占有后对所修理船舶是否享有船舶留置权这一问题之前,我们认为首先要解决船舶在被强行拖走当时修船人是否享有船舶留置权的问题,如果修船人自始便不享有船舶留置权,也就不产生该留置权是否因丧失占有而消灭的问题。

有观点认为,根据《中华人民共和国海商法》第二十五条第二款的规定,只有在合同期满且修船合同的委托方不履行支付修船费的合同义务时,修船人方可以留置其因履行修理义务而合法占有的船舶,故船舶留置权形成的前提应当是修船费用已届清偿期且委托修理方不履行到期付款义务。具体到本案,涉案船舶被宏浚公司在合同约定的修理期间内强行取回,此时部分修理项目尚未完成,园山公司亦未同安达公司就修理费用进行结算,因而不存在前述法律

规定的安达公司不履行付款义务的情形，故此时园山公司对涉案船舶尚不享有船舶留置权。我们认为，虽然根据法律规定，船舶留置权形成的前提应当是修船费用已届清偿期且委托修理方不履行到期付款义务。但是，涉案修船合同系在履行过程中由于合同当事人意志以外的原因被强行终止，即宏浚公司以非法手段强行拖走该修理合同的标的船舶，致合同无法继续履行，而委托人安达公司在与园山公司对修理费用进行结算后，明确表示因无法取回船舶而不履行修理费支付义务。根据《中华人民共和国合同法》第一百零八条之规定，"当事人一方明确表示或者以自己的行为表明不履行合同义务的，对方可以在履行期届满之前要求其承担违约责任。"故尽管涉案船舶被强行拖走时修船合同约定的履行期尚未届满，但因发生了债权不能实现的危险，合同履行期依法提前届满。因此，园山公司在本案侵权行为发生时对涉案船舶享有留置权。

三、修船人的船舶留置权是否因其不再占有船舶而消灭

《中华人民共和国海商法》第二十五条第二款规定，"船舶留置权在修船人不再占有所修的船舶时消灭。"该规定并无除外情形，故有些观点认为无论修船人基于何种理由不再占有所修船舶，船舶留置权均归于消灭。但因其对修船合同的委托人享有基于船舶修理费用的合法债权，其一旦恢复对船舶的占有，根据该条法律规定，即应重新取得船舶留置权。对于债权人如何对船舶恢复占有，一种观点认为，根据《中华人民共和国海事诉讼特别程序法》第二十一条第（十九）项的规定，有关船舶所有权或者占有的纠纷可以申请扣押船舶，留置权人扣船之后可以恢复对该船舶的占有。另一种观点认为，即使船舶已被扣押，但若要恢复占有，修船人仍应依照《中华人民共和国物权法》第二百四十五条之规定，以合法占有人的身份，通过提起返还原物之诉的方式进行。但因该条同时规定，"占有人返

还原物的请求权，自侵占发生之日起一年内未行使的，该请求权消灭。"故本案中，园山公司返还原物请求权的一年除斥期间已过，其不能以返还原物恢复占有的形式取得涉案船舶留置权。

我们认为，本案中园山公司依船舶修理合同合法占有涉案船舶，其在该船被强行拖走后享有返还请求权，《中华人民共和国物权法》第二百四十五条规定"占有的不动产或者动产被侵占的，占有人有权请求返还原物"，故园山公司对涉案船舶享有物上请求权。虽然园山公司未向法院提起返还原物之诉，但园山公司于船舶被强行拖走当日向公安机关报案，要求公安机关协助其取回船舶。民法所称的当事人提出请求，并不专指向法院起诉，权利人向义务人提出履行义务的要求或向有关单位提出保护其权利的请求，均应认定为主张权利的表现，故园山公司向公安机关报案应认定为提出请求。尽管公安机关在向宏浚公司调查后，以该案不涉及刑事犯罪为由撤销此案，但并不影响园山公司物上请求权的成立，在该请求权实现之前，仍应认定园山公司享有占有涉案船舶的权利，故其留置权并未消灭。权利人在除斥期间内行使了法律规定的权利后，除斥期间的作用便已完结，诉讼时效制度开始发生作用。园山公司提起本案诉讼并未超过诉讼时效期间，一审法院判决支持其要求确认留置权的请求，并无不妥，据此，浙江省高级人民法院依法维持了一审判决。

（撰稿人：浙江省高级人民法院　沈晓鸣　霍彤）

4. 申请扣押当事船舶并非认定船舶优先权的前提条件

——余松定诉上海油汇船务有限公司船员劳务合同纠纷案[①]

案件索引：宁波海事法院（2015）甬海法商初字第578号，2015年7月6日判决。

基本案情

原告余松定诉称：2014年9月5日至2015年1月13日，原告余松定在被告上海油汇船务有限公司（以下简称油汇公司）所有的"油汇6"轮担任大副职务，双方约定每月工资8 500元、伙食费600元。后被告油汇公司因经营不善，未向原告余松定发放工资和伙食费。被告油汇公司于2015年1月31日向原告余松定出具工资欠单，确认拖欠原告余松定工资及伙食费共计39 003元，该款至今未付分文，故诉至法院，请求判令：1.被告油汇公司立即支付工资及伙食费总计39 003元，并支付该款利息（按同期银行贷款利率自2015年2月1日起计至判决书确定的支付之日止）；2.原告余松定就上述款项对"油汇6"轮享有船舶优先权。

[①] 该案例分析获全国法院系统2016年度优秀案例分析评选活动一等奖。

被告油汇公司承认原告余松定所提出的全部事实和诉讼请求。

判决与理由

宁波海事法院经审理认为，被告油汇公司承认原告余松定的诉讼请求，没有违反法律的规定，故判决如下：

一、被告上海油汇船务有限公司于本判决生效之日起十日内向原告余松定支付工资及伙食费39 003元，并支付上述款项利息（按中国人民银行同期贷款利率自2015年2月1日起计至本判决确定的履行之日止）；

二、原告余松定自2015年1月13日起一年内就上述款项对"油汇6"轮享有船舶优先权，并应当通过扣押"油汇6"轮行使。

判决后，原、被告均没有提出上诉，该判决已发生法律效力。

评　析

本案事实较为清晰、明确，但其判决却突破了船舶优先权审判的传统做法，具有一定的新颖性和科学性，值得总结推广。

一、涉及船舶优先权审判的传统做法与反思

由于诉讼制度的不同，在英美法国家，船舶优先权须通过所谓"对物诉讼"程序来行使。而在大陆法系国家，一般需通过法院扣押并拍卖船舶来行使。[1] 我国《海商法》第二十八条规定："船舶优先

---

[1] 司玉琢：《海商法专论》，中国人民大学出版社2007年版，第60—61页。

4.申请扣押当事船舶并非认定船舶优先权的前提条件

权应当通过法院扣押产生优先权的船舶行使"。据此，在以往的海事审判实践中，当事人如果认为其海事请求具有船舶优先权，往往在请求确认船舶优先权的同时，申请扣押当事船舶。当事人请求确认船舶优先权时，如果没有同时申请扣押当事船舶，海事法院则会要求当事人必须同时提出扣押当事船舶的申请。否则，对其船舶优先权确认请求不予支持。①

也有些船舶优先权人在诉讼前申请扣押了当事船舶，提起诉讼后再请求确认船舶优先权，这也符合《海商法》第二十八条的规定。

鉴于当事人在诉讼前或诉讼中已经行使了船舶优先权，只要扣押船舶申请在船舶优先权行使期限前提出②，当事人又请求确认船舶优先权，则海事法院作出的传统判决主文便是（也以船员劳务合同纠纷为例）：

被告×××于本判决生效之日起十日内向原告×××支付工资×××元，并支付上述款项利息，该款对"×××"轮具有船舶优先权。

如果当事人申请扣船时已经超过了船舶优先权的行使期限，则对当事人的船舶优先权确认请求不予支持。该扣船申请仅为保全措施而已。

当然，如果当事人申请扣船后又不提出船舶优先权确认请求，

---

① 《厦门海事法院关于船员工资和其他款项船舶优先权若干问题的处理意见（试行）》第二条就明确规定：船员就其工资等款项向法院起诉并主张其债权具有船舶优先权的，应告知其申请扣押船舶。经法院释明仍不申请的，对其确认船舶优先权的请求应予驳回。

② 对于《海商法》第二十八条关于"船舶优先权应当通过法院扣押产生优先权的船舶行使"的规定，海事审判实践中较为统一的认识，以当事人向海事法院提出扣船申请为行使的标志，海事法院作出扣船裁定，实际扣船时间，均不认为是当事人行使船舶优先权的时间和标志。

等于仅提出保全申请，没有请求确认船舶优先权，法院就不存在确认船舶优先权的问题。但这种情况经法院释明后通常不会存在。

传统做法在实践中不断遭到质疑与诟病：（1）为什么当事人请求确认船舶优先权时，必须同时申请扣押当事船舶？为什么不能待法院确认当事人具有船舶优先权后，当事人再申请扣押船舶行使船舶优先权？即使当事人申请扣押当事船舶行使船舶优先权，最终也不一定通过拍卖船舶实现船舶优先权；（2）享有船舶优先权的船员工资报酬，一般金额不大，一律要求当事人在请求确认船舶优先权的同时申请扣押当事船舶，将给船方造成远大于拖欠金额的营运损失；（3）当事人在诉讼阶段申请扣押船舶，需要为错误申请扣押提供反担保，主张工资报酬享有船舶优先权的当事人往往难以提供，这将影响其所享有的船舶优先权。

在船舶优先权行使期限宽裕的情况下，允许当事人先请求确认船舶优先权，待法院确认其享有船舶优先权的判决生效后，再由当事人申请扣押当事船舶行使船舶优先权，这样既可避免当事人申请扣船错误，也可减轻当事人提供反担保的负担，还可减少债务人的营运损失，具有相当的合理性。判决确认当事人在何时之前享有船舶优先权，并明确必须通过法院扣押当事船舶来行使，对债务人来说具有警示作用，债务人可以努力采取措施清偿债务，以防船舶被扣押，造成不必要的损失，这与诉前或诉讼时债务人的船舶突然被扣押相比，要人性化许多。总之，允许当事人在不申请扣押当事船舶的情况下请求确认船舶优先权，较之传统做法，社会效果要好。

为了规避传统做法的弊端，海事审判实践中还出现了准许当事人申请限制船舶转让的所谓"船舶活扣"，以代替申请"扣押船舶"来行使船舶优先权的做法。这种变通，在法理上难以自圆其说。因为这种并不符合《海商法》第二十八条之规定的所谓"船舶活扣"，既不能起到船舶优先权不再被消灭的作用，又不能作为船舶拍卖的前提，还与启动船舶拍卖前，再由当事人申请将"船舶活扣"转为"扣押船舶"，而后再进行拍卖的实际做法相矛盾。

二、与船舶优先权主张与行使的法理辨析

（一）船舶优先权的主张与行使在一定条件下可以分离

单从《海商法》第二十八条关于"船舶优先权应当通过法院扣押产生优先权的船舶行使"的规定看，的确难以直接肯定或者否定当事人请求确认船舶优先权时，必须同时申请扣押当事船舶。因为请求确认船舶优先权似乎也就是在行使船舶优先权，但请求确认与扣船行使毕竟又是不同的。

但将《海商法》第二十八条与《海商法》第二十九条第一款第一项关于"具有船舶优先权的海事请求，自优先权产生之日起满一年不行使，船舶优先权消灭"的规定结合起来分析，不难得出：是否申请扣押当事船舶，只是当事人行使船舶优先权的具体方式，并产生当事人所享有的船舶优先权不再因满一年不行使而被消灭的效果。这说明，在船舶优先权的一年行使期限内，当事人即使不申请扣押当事船舶，其所请求确认的船舶优先权也是存在的、未被消灭的。这种情况下，海事法院对当事人的船舶优先权确认请求应该予以支持。由此可以得出：请求确认船舶优先权和行使船舶优先权，在一定条件下，是可以分离的，其条件就是自船舶优先权产生之日起一年内。

（二）申请扣押当事船舶并非认定船舶优先权的前提条件

那么，当事人为何会在诉讼前或诉讼时就申请扣押当事船舶行使船舶优先权呢？依据海商法的规定，船舶优先权是一项以船舶为标的物的法定担保物权，自产生之日起满一年不行使即消灭，该一年期限不得中止或者中断。海事审判实践中，当事人往往是在船舶

优先权行使期限即将届满一年时才向海事法院提起诉讼，为了避免在诉讼过程中因逾期行使而导致船舶优先权被消灭，当事人便在诉讼前或诉讼时申请扣押当事船舶行使船舶优先权了。当事人这样做，只是为了避免船舶优先权在诉讼中被消灭，而不是因为申请扣押船舶是认定船舶优先权的前提条件。根据《海商法》第二十二条[①]之规定，船舶优先权的确认，只与海事请求的项目有关，而与当事人是否申请扣押当事船舶无关。如果当事人判断在诉讼过程中其船舶优先权不会超过行使期限，完全可以在诉讼中仅要求法院确认其诉请具有船舶优权。判决生效后，当事人再根据对方的履行情况，决定是否行使船舶优先权。

如果当事人不申请扣押当事船舶，海事法院对其船舶优先权确认请求不予支持，其结果等同于将申请扣押当事船舶作为认定当事人是否享有船舶优先权的一个条件，这并不符合《海商法》第二十二条和第二十八条规定的本意。

如果将申请扣押当事船舶作为认定当事人是否具有船舶优先权的一个条件，将会产生一个悖论：享有船舶优先权的债权人，如果不起诉（自然不存在申请扣押当事船舶的情况），自船舶优先权产生

[①]《海商法》第二十二条 下列各项海事请求具有船舶优先权：
（一）船长、船员和在船上工作的其他在编人员根据劳动法律、行政法规或者劳动合同所产生的工资、其他劳动报酬、船员遣返费用和社会保险费用的给付请求；
（二）在船舶营运中发生的人身伤亡的赔偿请求；
（三）船舶吨税、引航费、港务费和其他港口规费的缴付请求；
（四）海难救助的救助款项的给付请求；
（五）船舶在营运中因侵权行为产生的财产赔偿请求。
载运 2000 吨以上的散装货油的船舶，持有有效的证书，证明已经进行油污损害民事责任保险或者具有相应的财务保证的，对其造成的油污损害的赔偿请求，不属于前款第（五）项规定的范围。

之日起一年内,该债权人都享有船舶优先权;而如果在一年内提起诉讼,并请求法院确认其船舶优先权时,如不申请扣押当事船舶,该债权人则不享有船舶优先权。这是不可理喻的。

(三)允许当事人仅主张享有船舶优先权的特殊情况

本案实际上是允许当事人仅主张享有船舶优先权而不申请扣押当事船舶的一种特殊情况,其前提是:在诉讼中,确切地说是在判决前,当事人的船舶优先权不会因当事人未申请扣押当事船舶而消灭。此时,应当允许当事人仅提出船舶优先权确认请求。

而允许当事人仅主张享有船舶优先权而无需申请扣押当事船舶的特殊情况在审判实践中早已存在,其前提是:当事船舶被海事法院强制拍卖,当事人就其享有船舶优先权的债权申请债权登记后,进行确权诉讼。[①]此时,当事人可以仅主张其享有船舶优先权。需要特别指出的是:此时,尽管在确权诉讼中当事人的船舶优先权行使期限将会届满,当事人也无须申请扣押船舶以使其船舶优先权不被消灭。这也就是说,在当事船舶被海事法院强制拍卖的情况下,当事人在经债权登记而提起的确权诉讼中,只要主张其享有船舶优先权,即视同行使了船舶优先权,其享有的船舶优先权就不会被消灭,直至其实现船舶优先权。原因可解释为:扣押船舶是拍卖船舶以实现当事人船舶优先权的前提,既然船舶已被拍卖,当事人的船舶优先权通过参与拍卖款的分配已经能够得到实现,就无须通过扣押船舶来行使。

还有一种特殊情况是,在船舶优先权催告程序中,船舶优先权人自催促公告发布之日起六十日内,应当到海事法院办理登记,主

---

① 参见《海商法》第十章债权登记与受偿程序。

张其享有船舶优先权。否则，视为放弃船舶优先权。[①] 这意味着，当事人办理登记时，只要主张其享有船舶优先权，就视为不放弃船舶优先权。当然，在因此而终结船舶优先权催告程序后提起的诉讼中，船舶优先权人还必须依法通过申请扣押船舶、申请拍卖船舶来行使船舶优先权和实现船舶优先权。

　　司法实践中的另一种冲突与矛盾，也需要通过船舶优先权的确认、行使和实现相分离的方式加以解决。问题产生于船企破产，根据《中华人民共和国企业破产法》（以下简称破产法）第十九条关于"人民法院受理破产申请后，有关债务人财产的保全措施应当解除，执行程序应当中止"的规定，破产程序中债务人的财产不能被查封、扣押，已经被查封或扣押的，也要解除查封或扣押。而依据《海商法》第二十八条之规定，如果当事人所享有的船舶优先权将在破产程序中届满行使期限，无疑会产生一个司法难题：依据海商法的规定必须扣船，而根据破产法的规定又不能扣船。两者目前尚无明确的法律条款予以协调，必须作为特殊情况处理，即：企业破产程序中，享有船舶优先权的债权人在债权申报中主张其享有船舶优先权的，视为行使船舶优先权，其船舶优先权不再因不申请扣船而被消灭，直至其实现船舶优先权。理由是：当事船舶已经列入破产财产，需作统一拍卖变价处理，当事人的船舶优先权通过债权分配已经能够得到实现，无须通过扣押船舶来行使。当然，这一处理方式，需通过破产法的司法解释或海事诉讼特别程序法的司法解释予以明确，以便统一司法。

三、在程序上将船舶优先权划分为主张、行使和实现三阶段的可行性

　　从法理上分析，在程序上将船舶优先权划分为主张、行使和实

---

① 参见《海事诉讼特别程序法》第十一章之规定。

4.申请扣押当事船舶并非认定船舶优先权的前提条件

现三个阶段,与《海商法》第二十八条的规定并不冲突。

(一)船舶优先权主张阶段,当事人提出确认其海事请求享有船舶优先权的请求,海事法院依据《海商法》第二十二条之规定审查判断当事人的海事请求是否具有船舶优先权,再根据《海商法》第二十九条[①]之规定审查判断该船舶优先权是否已经被消灭。如果船舶优先权已经被消灭,则对当事人的船舶优先权确认请求不予支持;如果未被消灭,则确认当事人在何时之前享有船舶优权,并明确该优先权必须通过法院扣押当事船舶来行使,逾期行使,则船舶优先权依法被消灭。

(二)船舶优先权行使阶段,当事人提出扣押当事船舶的申请以行使船舶优先权,海事法院依据《海商法》第二十八条之规定审查判断当事人的扣船申请是否自船舶优先权产生之日起一年内提出。是的话,海事法院裁定扣船。此时,当事人的船舶优先权因申请扣押当事船舶而不被消灭,直至实现船舶优先权;否的话,海事法院应确认当事人所享有的船舶优先权因未在一年内行使而被消灭。此时,当事人的扣船申请可作为财产保全申请处理。

当然,确认当事人的债权在何时之前享有船舶优先权的判决生效后,如债务人清偿了债务,当事人就无须进入船舶优先权的行使阶段。同理,债务人如在扣船后清偿了债务,当事人也无须进入船舶优先权的实现阶段。

(三)船舶优先权实现阶段,判决生效并申请扣船后,如果债务

[①]《海商法》第二十九条 船舶优先权,除本法第二十六条规定的外,因下列原因之一而消灭:
(一)具有船舶优先权的海事请求,自优先权产生之日起满一年不行使;
(二)船舶经法院强制出售;
(三)船舶灭失。
前款第(一)项的一年期限,不得中止或者中断。

人均未清偿债务的，当事人只能根据《中华人民共和国海事诉讼特别程序法》第二十九条关于"船舶扣押期间届满，被请求人不提供担保，而且船舶不宜继续扣押的，海事请求人可以在提起诉讼或者申请仲裁后，向扣押船舶的海事法院申请拍卖船舶"之规定申请拍卖船舶以实现船舶优先权。海事法院依法拍卖船舶后，依照《最高人民法院关于扣押与拍卖船舶适用法律若干问题的规定》第二十二条①之规定进行分配，使当事人享有船舶优先权的债权得以实现。

四、诉讼中船舶优先权行使期限届满一年的处理

在程序上将船舶优先权分为主张、行使和实现三阶段后，将会出现的棘手问题是：当事人提出船舶优先权确认请求后，在一、二审过程中出现船舶优先权行使期限届满的情况，尤其是在一、二审开庭后作出判决前后出现船舶优先权行使期限届满的情形，这影响到一、二审判决主文的写法：如果当事人申请扣船了，判决主文便是传统格式；如果当事人没有申请扣船，判决主文便是本案格式；如果当事人超过船舶优先权行使期限申请扣船，判决理由部分还应确认当事人诉请的项目虽有船舶优先权，但因其未在船舶优先权行使期限届满前申请扣押船舶而被消灭，故对其船舶优先权确认请求不予支持。

---

① 《最高人民法院关于扣押与拍卖船舶适用法律若干问题的规定》第二十二条 海事法院拍卖、变卖船舶所得价款及其利息，先行拨付《海事诉讼特别程序法》第一百一十九条第二款规定的费用后，依法按照下列顺序进行分配：
（一）具有船舶优先权的海事请求；
（二）由船舶留置权担保的海事请求；
（三）由船舶抵押权担保的海事请求；
（四）与被拍卖、变卖船舶有关的其他海事请求。
依据《海事诉讼特别程序法》第二十三条第二款的规定申请扣押船舶的海事请求人申请拍卖船舶的，在前款规定海事请求清偿后，参与船舶价款的分配。
依照前款规定分配后的余款，按照民事诉讼法及相关司法解释的规定执行。

4.申请扣押当事船舶并非认定船舶优先权的前提条件

是起诉同时申请扣押当事船舶以行使船舶优先权,还是起诉时仅请求确认船舶优先权,当事人会根据具体情况进行适当的选择,选择后一般不会出现上述情况,但又不能排除此类情况的出现。

如果出现这种情况,当事人通常会在诉讼过程中提前一段时间提出扣船申请以保证船舶优先权不被消灭,法院也可督促当事人提前一段时间提出扣船申请,以免影响判决书的制作。

如果当事人的船舶优先权行使期限在一审判决后、二审判决前届满,当事人在二审判决前就必须申请扣船以行使船舶优先权,这将导致一、二审判决主文的不同。这种情况虽属二审改判,但系当事人在一审判决后申请扣船所导致,一审法官对此完全没有过错。

五、该类案件判决对执行程序的影响

该类案件的判决,对执行程序没有根本的影响,既不影响申请执行时效,也不影响申请扣船、更不影响船舶优先权的分配顺序。

该类判决与传统判决在执行方面最大的不同,在于传统判决的扣船在诉讼阶段就裁定并实施了,而该类判决的扣船裁定和实施,留在了执行阶段。

从申请执行时效看,该类判决与传统判决的申请执行期间都是两年[①]。可能的影响是:该类判决由于当事人尚未申请扣船行使船舶优先权,受船舶优先权行使期限的限制,当事人申请执行的具体时间在申请执行期间内可能会提前。传统判决由于当事人已经申请扣船,其船舶优先权不会被消灭,因此,当事人在申请执行期间内可能不会急于申请执行。之所以说是可能的影响,是因为尽快实现其权益,是当事人的追求,该类判决对当事人申请执行的实际影响并

[①] 《中华人民共和国民事诉讼法》第二百三十九条 申请执行的期间为二年。申请执行时效的中止、中断,适用法律有关诉讼时效中止、中断的规定。

不大。

从申请扣押船舶看，申请扣船是法律赋予当事人行使船舶优先权的权利，只要在船舶优先权行使期限内申请扣船，当事人所享有的船舶优先权就不再被消灭，法律并没有规定当事人一定要在何时申请扣船，因此，在执行程序中申请扣船，完全符合法律规定。

从船舶优先权的分配顺序看，无担保物权的财产的保全与执行，实行先采取执行措施先受偿原则[①]，而享有船舶优先权的债权的分配顺序，由法律直接规定，与申请扣押船舶的先后没有关系。因此，当事人在执行阶段再申请扣押船舶，对自己、对法院、对其他当事人均没有影响。

（撰稿人：宁波海事法院　吴勇奇）

---

① 《最高人民法院关于人民法院执行工作若干问题的规定（试行）》第八十八条　多份生效法律文书确定金钱给付内容的多个债权人分别对同一被执行人申请执行，各债权人对执行标的物均无担保物权的，按照执行法院采取执行措施的先后顺序受偿。

多个债权人的债权种类不同的，基于所有权和担保物权而享有的债权，优先于金钱债权受偿。有多个担保物权的，按照各担保物权成立的先后顺序清偿。

一份生效法律文书确定金钱给付内容的多个债权人对同一被执行人申请执行，执行的财产不足清偿全部债务的，各债权人对执行标的物均无担保物权的，按照各债权比例受偿。

海事纠纷

5. 海运欺诈的认定

——德国穆德费斯特有限公司诉攀钢集团国贸有限公司、常熟市瀚邦船务代理有限公司海上货物运输提单侵权纠纷案[①]

案件索引：武汉海事法院（2011）武海法商字第00298号民事判决书，2015年3月27日判决；湖北省高级人民法院（2015）鄂民四终第00181号民事裁定书，2015年12月18日裁定。

基本案情

2008年4月18日，被告攀钢集团国贸攀枝花有限公司（以下简称攀钢公司）与FERROSTAAL METALS GmbH公司（以下简称FMG公司）签订900吨冷轧钢卷买卖合同。合同约定如下：货物单价FOB ST 980美元／公吨，总价882 000美元；按工厂出口包装；装运期限为2008年7月20日之前；装货港中国常熟；目的港比利时安特卫普；保险由买方负责；付款方式为即期信用证付款；卖方应当向议付银行提交已装船清洁提单、发票、品质证明、数量及重量鉴定书、中国贸促会出具的原产地证；货物到目的口岸后，买方如发现货物品质、数量或重量与合同规定不符，除属于保险公司或

[①] 该案例分析获全国法院系统2017年度优秀案例分析评选活动二等奖。

船公司责任外,买方可凭双方同意的检验机构出具的检验证明向卖方提出异议,品质异议须在货到目的口岸之日起 60 天内提出,数量、重量异议须在货到目的口岸 30 日内提出。卖方应在 30 日内答复买方。

2008 年 4 月 29 日,银行应 FMG 公司的申请,开具了跟单信用证,主要内容如下:有效期为 2008 年 8 月 10 日;开证申请人为 FMG 公司;受益人为被告攀钢公司;最后装船期为 2008 年 7 月 20 日;货物约 900 公吨冷轧卷钢;价格为 FOB ST 980 美元/公吨;装货港中国常熟;卸货港比利时安特卫普;议付单证要求海运提单 3 份;提单要求凭 FMG 公司指示,运费支付见租约(Freight Payable as per Charter Party)、批注见大副收据(Remarks as per Mate's Receipt)。

2008 年 7 月 27 日,被告攀钢公司向 FMG 公司开具了商业发票,发票载明:货物净重 887.65 公吨共计 111 卷;起运港中国常熟;目的港比利时安特卫普;货物单价为 FOB ST 980 美元/公吨;货物总值为 869 897 美元。

在货物装船之前,安海船舶服务有限公司(Safe Ocean Ship Service Limited)代表大宇物流有限公司(Daewoo Logsitics Corp)对"大宇勇敢"轮(MV DAEWOO BRAVE)承运货物做了装船前检验。其中,针对本案涉及提单项下货物记载如下:(一)起运前所有货物均存放与仓库中,未加盖任何覆盖物;(二)所有货物的包装均存在部分轻微锈蚀;(三)2 卷货物的内外包装存在轻微刮伤/扭曲;(四)12 卷货物的捆扎带存在 1 至 2 处断裂/缺失;(五)2 卷货物的包装存在轻微破损。货物装船之后,船方签发了大副收据(Mate's Receipt),记载如下:8 卷货物装入 3 号货舱,103 卷货物装入 5 号货舱,货物的数量和外观条件见理货报告和检验报告。

2008 年 7 月 29 日,被告常熟市瀚邦船务代理有限公司(以下简称瀚邦公司)在货物装船之后代表"大宇勇敢"轮船长签发了提单。

提单载明：托运人为被告攀钢公司；收货人凭 FMG 公司指示；通知方为 FMG 公司；承运船舶为"大宇勇敢"轮；装货港为中国常熟；卸货港为比利时安特卫普；货物为冷轧钢卷；货物毛重为 892.09 公吨；货物净重为 887.65 公吨；货物共计 111 卷；提单批注为清洁装船、运费支付见租约、批注见大副收据。2008 年 8 月 1 日，被告攀钢公司向"大宇勇敢"轮船东就本案所涉提单签发出具保函并换取清洁已装船提单。

同时查明：FMG 公司后变更为 Coutinho & Ferrostaal GmbH 公司（以下简称 CFG 公司）。货物到达目的港后，CFG 公司将上述货物卖给 SIG 公司，SIG 公司将上述货物提供给不同的最终客户。2008 年 10 月 30 日，SIG 公司与 CFG 公司以货物出现生锈、包装破裂等货损为由，向 JORAS 公司申请对货物损失进行评估。JORAS 公司分别于 2008 年 11 月 19 日在杜伊斯堡、2008 年 12 月 1 日在欧斯特浩特、2008 年 12 月 15 日在欧伯豪森、2009 年 4 月 22 日在杜伊斯堡对相关货物进行了检测。2009 年 5 月 27 日，JORAS 公司作出检验报告："基于检测中的发现和对卷钢外在状况的确认，可以确认不是由于海水侵蚀造成。在多个卷钢上可确认存在多处明显锈蚀，可以推断卷钢在早期即受到潮湿的侵蚀（很有可能在贮藏前）。同时，对于包装完好的卷钢也部分存在严重锈蚀，这或许可以说明卷钢受到直接的潮湿侵蚀"。JORAS 公司根据 CFG 公司对货物出售情况，在扣除税收和相关费用后，评估涉案货物总损失为 158 608.64 欧元。

基于货损发生，CFG 公司根据全程运输保单向首席保险人原告德国·穆德费斯特有限公司（Mund & Fester GmbH & Co. KG.，以下简称 MFG 公司）提出理赔申请。2010 年 8 月 18 日，CFG 公司出具了收据及权益转让书，确认先后于 2009 年 6 月 23 日、9 月 8 日收到保险赔款 202 107.63 欧元，同意将该公司享有的与货物 / 提单有关的一切权利、救济和索赔权（无论是基于合同或侵权，但仲裁协议除外）一并转让给原告 MFG 公司。

原告诉称：两被告在明知货物装船前已发生损失的情况下，合意、串通签发了清洁已装船海运提单，随后通过银行结汇程序，将本应由被告攀钢公司承担的货损风险不正当地转嫁给了提单收货人，两被告应就此侵权行为对收货人承担连带赔偿责任。货物买方（提单收货人）CFG 公司就前述货物曾向原告 MFG 公司投保海上货物运输保险，发现货损后该公司向原告提出货损保险索赔。经保险检验核实，原告对被保险人完成了保险理赔。为此，原告现诉至法院，请求判令：1. 两被告向原告支付货损赔偿 202 107.63 欧元及利息；2. 由两被告承担本案诉讼费用。在庭审中，原告根据检验报告确定的损失金额，将第一项诉讼请求变更为 158 608.64 欧元及利息。

被告攀钢公司辩称：1. 本案原告认为货损发生在装货之前，原告的保险赔付已经超过了保险责任范围，其无权行使代位追偿权；2. 原告应当起诉承运人或承运人的代理人，其作为托运人并非本案适格被告；3. 本案提单中有"批注见大副收据"字样，船方已对提单进行了批注，本案不存在两被告合意、串通签发清洁已装船海运提单的情形；4. 其应承运人要求提供保函签发清洁提单属于行业惯例，其行为不构成欺诈；5. 其在整个操作过程中不存在欺诈行为，且原告无法证明货物到港时发生货损；6. 原告提供的检验报告不能证明货物在装船以前发生货损，货物检验并非货物到港后立即作出，无法排除其他原因造成的货损，而且检验机构没有资质；7. 原告的起诉已经超过 1 年诉讼时效。综上，请求法院驳回原告的诉讼请求。

被告瀚邦公司辩称：1. 原告的起诉超过了《海商法》第 257 条规定的一年诉讼时效；2. 原告就本案所涉货损不应依照保险合同进行赔付，其无权行使代位追偿权；3. 被告攀钢公司的保函是托运人出具给承运人的，而不是给代理人，应由承运人承担责任；4.原告提供的检验报告中，货主自行处理货物缺乏公正性，无法证明货损发生的情况。综上，请求法院驳回原告的诉讼请求。

判决与理由

　　武汉海事法院经审理认为：原告作为涉案货物的首席保险人，在完成保险理赔取得代位追偿权之后，以托运人和承运人代理人明知货物装船前已发生损失的情况下，仍然合意、串通签发清洁提单将本应由被告攀钢公司承担的货损风险不正当转嫁给提单收货人为由，要求二者就侵权行为承担连带责任。根据《中华人民共和国涉外民事关系法律适用法》第四十四条之规定，侵权责任适用侵权行为地法律，但当事人有共同经常居所地的，适用共同经常居所地法律。侵权行为发生后，当事人协议选择适用法律的，按照其协议。本案系侵权纠纷案件，在审理过程中，原、被告三方均主张适用中国法，应当视为各方协议选择了本案所适用的法律，因此处理本案争议应当适用中国法。

　　被告攀钢公司向买方提供了约定的货物，买卖合同项下存在真实的交易关系，即使货物在装船前业已存在货损，应当视为被告攀钢公司作为卖方没有提供约定质量的货物，其向船方出具保函要求签发清洁提单的行为不构成欺诈。在本案冷轧钢卷外包装存在瑕疵的情况下，为了满足信用证的要求，被告瀚邦公司作为承运人的代理人签发清洁提单的行为符合航运惯例，其行为并不构成欺诈。对于原告提出两被告串通欺诈的诉讼请求，法院依法不予支持。

　　本案原告提供了检验公司的报告证明其损失，但没有提供检验公司的资质，且检验公司没有根据货物卸船时的情况及时进行检验及价格评估，在出售货物时也没有经过公开竞价拍卖，而是根据鉴定委托方单方出售货物所得的收益扣除相关成本后确定货物损失的金额，这种单方处置货物的行为有失公允，不能反映受损货物卸船时的实际市场价值，故检验报告确定的货物损失金额不能作为本案认定原告损失的依据。

本案系因提单签发引起的海上货物运输提单侵权纠纷，代表承运人签发提单是承运人的代理人的一项最基本的代理行为，故原告与托运人、承运人的代理人之间因提单签发引发的海上货物运输提单侵权法律关系仍属于《中华人民共和国海商法》第四章的调整范围。被告瀚邦公司系承运人的代理人，其代理行为的法律后果应由被代理人承担，故原告要求其承担责任的诉讼请求，法院依法不予支持。针对承运人的代理人提起的诉讼，根据《海商法》第五十八条之规定，代理人有权援引承运人关于诉讼时效的抗辩理由，即适用一年诉讼时效。本案所涉货物大约在2008年8月、9月期间完成交付，但原告于2011年3月23日才向法院提起诉讼，已经超过了诉讼时效。

综上，原告要求两被告承担侵权责任缺乏法律及事实依据，且原告的起诉已经超过诉讼时效，对于原告的诉讼请求，法院依法不予支持。依照《中华人民共和国民法通则》第六十三条，《中华人民共和国海商法》第五十八条、第七十五条、第七十六条、第二百五十七条第一款，《中华人民共和国民事诉讼法》第六十四条第一款、第一百四十二条之规定，判决如下：驳回原告对两被告的诉讼请求。

宣判后，原告不服一审判决提起上诉。二审期间，原告申请撤回上诉，湖北省高级人民法院作出民事裁定书，准许上诉人撤回上诉。

评 析

本案审判涉及保险人代位追偿权的行使及海运欺诈的认定等一系列疑难问题，值得深入剖析。

一、原告的诉权

在传统海上货物索赔中，因承运人原因导致保险货物在运输途中发生灭失、损坏的，保险人在赔付被保险人之后，有权向承运人行使代位追偿权。但本案属于特殊情况，货物虽有损坏，却并非被告瀚邦公司签发提单、被告攀钢公司出具保函行为所致。两被告不是直接造成保险事故原因的第三人，原告能否向两被告主张权利？这是解决本案的前提。从维护当事人诉权的角度出发，法院对此做了广义解释。法院认为，根据《海商法》或《保险法》规定，代位追偿权属于法定的债权转让，是指因第三者对保险标的损害而造成保险事故，保险人自向被保险人赔偿保险金之日起，在赔偿金额范围内代位行使被保险人对第三者请求赔偿的权利。根据追偿权的性质，应当区分法定代位追偿权和通过债权转让方式取得的代位追偿权。虽然被告不是造成保险事故原因的第三人，原告无权向其行使法定代位追偿权，但原告仍有权根据合同债权的转让，以被告行为给自己造成损失为由，向被告提起侵权之诉。据此，法院认可了原告的诉权。

二、被告是否构成海运欺诈

本案中原告认为两被告合意、串通签发清洁提单的行为构成海运欺诈，要求两被告就货物损失承担连带赔偿责任。所谓海运欺诈，是指在海上运输及国际贸易活动中，以获取非法利益为目的，而采取的欺骗行为。在民事过错分类中，欺诈是最为严重的情形。根据不同类型，可以将海运欺诈分为贸易商自谋的海运欺诈、贸易方（卖方）和船方共谋的海运欺诈、船东自谋的海运欺诈以及租船人所谋的海运欺诈。在本案中，根据原告的诉称内容，两被告的行为应当属于卖方和船方共谋的海运欺诈范围。

关于被告攀钢公司（卖方，即托运人）的行为是否构成欺诈。根据国际贸易法律实务，欺诈可以导致信用证被止付的严重后果。鉴于托运人和收货人之间存在国际货物买卖合同关系，法院在认定被告是否构成欺诈时，合理参考了《最高人民法院关于审理信用证纠纷案件若干问题的规定》第八条规定的信用证欺诈的认定标准：（一）受益人伪造单据或者提交记载内容虚假的单据；（二）受益人恶意不交付货物或者交付的货物无价值；（三）受益人和开证申请人或者其他第三方串通提交假单据，而没有真实的基础交易；（四）其他情形。该条对构成信用证欺诈限定了严格的条件，例如无真实基础交易关系、交付货物无价值、恶意不交付货物、伪造单据或内容虚假的单据。本案中，被告攀钢公司向买方提供了约定的货物，存在真实的交易关系，货物总价值为 869 897 美元，根据目的港的检验报告货物损失为 158 606 欧元，即使货物在装船前业已存在货损，应当视为被告攀钢公司作为卖方没有提供约定质量的货物。因此，法院认定其向船方出具保函要求签发清洁提单的行为并不构成欺诈。

关于被告瀚邦公司（承运人的代理人）是否构成欺诈。根据《海商法》第七十五条、第七十六条之规定，承运人或代理人应当根据货物表面状况如实签发提单。本案中，根据起运港理货报告，货物在装船前表面状况并非完好，主要包括以下几个方面的问题：所有货物的包装均存在部分轻微锈蚀；2 卷货物的内外包装存在轻微刮伤/扭曲；12 卷货物的捆扎带存在 1 至 2 处断裂/缺失；2 卷货物的包装存在轻微破损。但根据JORAS公司的检验报告，涉案卷钢存在严重锈蚀是货损的主要原因。从技术角度考量，起运港装船检验仅对货物表面状况进行目测分析，主要判断装船前货物表面状况是否良好；但JORAS公司是将货物外包装打开后直接进行检验，其目的是为了检验货物是否符合质量要求，故起运港理货报告和目的地检验报告结果存在严重差别。对于冷轧卷钢这种特殊货物，由于在装船前经过储藏、转运，货物外包装表面状况存在一定瑕疵通常属于正常现象，承运人或其代理人无法根据货物的外包装准确判断包装内货物的实际状况。因此，在本案冷轧钢卷外包装存在轻微瑕疵的情况下，为了满足信用证的要求，被告瀚邦公司接受保函签发清洁提单符合航运惯例，其行为并不构成欺诈。

三、本案法律关系的认定

法律关系决定法律适用问题。本案纠纷因提单签发引起。关于提单的签发，承运人主要负有两项义务。首先，根据《海商法》第七十二条之规定，货物由承运人接收或者装船后，应托运人的要求，承运人应当签发提单。其次，根据《海商法》第七十五条、第七十六条之规定，承运人应当根据货物表面状况如实签发提单。承运人或承运人的代理人违反提单签发义务应当受《海商法》第四章调整。原告虽然没有起诉承运人，而是将托运人和承运人的代理人作为共同被告，但从法律关系分析，本案仍属于海上货物运输提单侵权纠纷，仍然应当适用《海商法》第四章的有关规定。

四、两被告是否承担侵权责任

被告攀钢公司、瀚邦公司的行为虽然不构成欺诈，但并不当然免除其海上货物运输提单侵权责任。法院结合侵权责任构成要件分析如下：

1.被告侵权行为的认定。被告瀚邦公司明知货物在装船时包装存在瑕疵，仍然签发清洁提单，没有将大副收据中关于货物表面状况的描述全部记载于提单中，由于大副收据不构成提单的组成部分，其仅载明"批注见大副收据（Remarks as per Mate's Receipt）"的字样不构成对提单的有效批注。被告瀚邦公司未对提单进行批注，视为货物表面状况良好。承运人应当严格按照提单的记载向收货人交付货物，否则应承担相应的赔偿责任。被告攀钢公司作为托运人，为了满足信用证要求，出具保函要求签发清洁提单，其与被告瀚邦公司的行为共同损害了收货人提单项下的财产权利。

根据本案认定的事实，船方在起运港曾委托专门检验公司对货物进行装船前检验，且船方在收货单（即大副收据）上进行了签字确认，可以判断船方对货物在装船前的表面状况完全知悉。由于货物在目的港已经完成交付，且托运人出具了保函，承运人应当清楚地知道被告瀚邦公司签发清洁提单这一事实，但从未表示过异议，视为其对被告瀚邦公司签发清洁提单行为的认可。根据《民法通则》第六十三条的规定，被告瀚邦公司作为代理人，在代理权限内代表承运人签发提单，其代理行为的法律后果应当由被代理人即承运人承担，原告无权向被告瀚邦公司主张权利。

2. 原告的损失。原告向被告主张海上货物运输提单侵权责任，应当以货物在卸船时的货损金额作为其索赔依据。为了证明货损原因及损失金额，原告向法院提供了目的港检验公司的检验报告。法院对检验公司的检验资质、检验过程、检验方法、定损依据进行了严格审查。第一，关于检验资质。原告没有提供任何关于检验公司具有相关检验资质的证据，对其检验结论，法院不予采信。第二，关于检验过程。根据中华人民共和国国标（GB/T11253-2007）规定，涉案冷轧钢卷在一般的包装、运输、装卸和存储条件下保存3至6个月后会生锈。在本案中，JORAS公司并非在货物卸船后立即对货物进行检验，而是在货物到达最终用户仓库后完成检验工作，且有的检验工作过分迟于货物的到港时间，其中最后一次在杜伊斯堡的检验竟完成于 2009 年 4 月 22 日，此时距离船舶到港时间超过大约 8 个月之久。故检验公司的检验报告不能准确证明货物在卸船时的货损情况，无法排除因货物特性发生的自然锈蚀、从目的港到最终用户仓库运输期间以及在目的港仓库存储期间货物可能发生的扩大损失。第三，关于检验方法。本案涉及钢卷共计 111 卷，但检验报告中检验公司仅对部分货物打开包装进行检验，检验报告无法反映全部货物的货损情况。第四，关于定损依据。检验公司没有根据货物卸船时的情况进行价格评估，在出售货物时也没有经过公开竞价拍卖，而是根据鉴定委托方 CFG 公司单方出售货物所得的收益扣除相关成本后确定货物损失的金额，这种单方处置货物的行为有失公允，不能反映受损货物卸船时的实际市场价值，故检验报告中确定的货物损失金额不能作为本案计算原告损失的依据。

3. 因果关系。虽然法院对原告的损失不予认可，但仍然分析了被告行为与原告声称的损失是否具有法律上的因果关系。按照原告的逻辑，如果被告瀚邦公司如实批注提单，银行便有权以单证不符为由拒付货款，相应的货损风险仍由被告攀钢公司承担。因此，被告的行为损害买方在信用证下拒付货款的权利。法院认为，在国际贸易中，信用证与基础合同相对独立，银行负有严格审查单证相符的义务。如果卖方提供的单证与信用证不符，银行便可拒绝对外支付货款，即使买方同意接收货物。为了避免信用证交易受阻，当货物表面状况存在轻微瑕疵的情况下，承运人接受托运人保函签发清洁提单，从而满足信用证单证相符的要求，便成为国际航运惯例。如果对承运人的上述行为苛以过分严格的法律责任，便会导致承运人为规避自身风险，在任何情况下均拒绝签发清洁提单，即使货物表面状况仅存在轻微的瑕疵。这将严重影响信用证的功能,损害国际贸易的正常进行,违背航运服务于贸易的宗旨。如果收货人以其丧失拒付信用证项下货款权利要求承运人承担赔偿责任时,不应简单地依照信用证项下的单证相符原则,而应充分考虑承运人不当签发提单的行为是否构成欺诈,以及承运人如尽批注义务与买方根据买卖合同有权拒收货物或解除买卖合同之间是否存在直接的因果关系。本案中,被告瀚邦公司对提单的批注范围仅限于货物外包装表面状况,不涉及包装内货物本身的质量问题,其不当签发清洁提单的行为不构成欺诈,且原告没有提供证据证明被告瀚邦公司未对提单进行批注的行为导致其丧失了在国际买卖合同中拒收货物或解除合同的权利,故被告的行为与原告丧失信用证项下拒付货款权利之间没有直接的因果关系。

五、诉讼时效

根据《海商法》第二百五十七条之规定,就海上货物运输向承运人要求赔偿的请求权,时效为一年,自承运人交付或者应当交付货物之日起计算。被告瀚邦公司抗辩认为原告的起诉超过了一年的诉讼时效。原告认为,其以海运欺诈为由起诉被告,应当适用两年的诉讼时效,而不适用《海商法》第二百五十七条规定的一年诉讼时效。

由于法院已认定被告行为不构成海运欺诈,本案仍属于海上货物运输提单侵权纠纷案件,在审理本案过程中应优先适用《海商法》的有关规定。根据《海商法》第二百五十七条的规定,就海上货物运输向承运人要求赔偿的请求权,时效期间为一年,自承运人交付或者应当交付货物之日起计算。该条规定虽然没有区分合同之诉或者侵权之诉,但根据《最高人民法院关于审理无正本提单交付货物案件适用法律若干问题的规定》第十四条关于因无单放货针对承运人提起侵权之诉同样适用一年诉讼时效的规定精神,就海上货物运输向承运人要求赔偿的请求权,无论是基于合同之诉还是侵权之诉,诉讼时效均为一年。

本案系因提单签发引起的海上货物运输提单侵权纠纷,代表承运人签发提单是承运人的代理人的一项最基本的代理行为,故原告与托运人、承运人的代理人之间因提单签发引发的海上货物运输提单侵权法律关系仍属于《中华人民共和国海商法》第四章的调整范围。而且,《海商法》第五十八条明确规定,就海上货物运输合同所涉及的货物灭失、损坏或者迟延交付对承运人的受雇人或代理人提起的任何诉讼,受雇人、代理人的行为在受雇或委托范围之内的,无论是基于合同或是侵权,均适用本章关于承运人的抗辩理由和责任限制的规定。

虽然我国《海商法》未做明确规定,但承运人的受雇人、代理人可以援引承运人关于诉讼时效的抗辩。主要理由如下:在起草当时,《海商法》第五十八条充分借鉴了1968年《修改统一提单若干法律规定的国际公约议定书》(也称《海牙－维斯比规则》)第IV bis 条款内容。《海牙－维斯比规则》第 IV bis 条款规定如下:"如果此种诉讼是对承运人的受雇人或代理人(该受雇人或代理人并非独立合同方),该受雇人或代理人有权援引承运人依照本公约可援引的各项抗辩和责任限制"。相比之下,针对承运人受雇人或代理人的诉讼,若适用《海牙－维斯比规则》,承运人的受雇人或代理人可以援引公约中承运人的抗辩理由和责任限制;若适用《海商法》,承运人的受雇人或代理人仅能援引第四章承运人的抗辩理由和责任限制。与普通诉讼时效不同,海上货物运输中向承运人要求赔偿的诉讼时效,《海牙－维斯比规则》、《海商法》均规定为一年,这是承运人的一项重要抗辩理由。在《海牙－维斯比规则》下,承运人的受雇人或代理人可以援引承运人关于一年诉讼时效的抗辩。在适用我国《海商法》第五十八条时,由于时效问题规定在《海商法》第十三章,承运人在第四章中的抗辩理由似乎不应包括时效问题。按照文义解释，承运人的受雇人或代理人不能援引承运人关于诉讼时效的抗辩理由。由于我国在制定《海商法》时合理借鉴了相关海事国际公约的内容，但在将国际公约纳入国内法的过程中，由于立法体例的变化，导致对一些条款的解释上容易产生歧义。因此在解释相关条款时应充分考虑《海商法》当初吸收相关国际公约的立法本意。事实上，1968年《海牙－维斯比规则》增加IV bis条款的目的是为了保护承运人及其受雇人、代理人，防止权利人直接起诉承运人的受雇人、代理人而导致承运人间接丧失抗辩理由和责任限制的权利。而且，如果承运人的受雇人、代理人不能援引一年的诉讼时效，导致针对承运人的诉讼时效和针对其受雇人、代理人的诉讼时效不统一。假设承运人的受雇人、代理人在货物交付后一年之后被起诉，在对外承担赔偿责任之后，有权向承运人进行追偿，承运人便因此也丧失了一年诉讼时效的保护。我国《海商法》第五十八条借鉴《海牙－维斯比规则》IV bis条款正是出于同一目的，而无意作出特别规定。在《海商法》制定中，将时效问题列入专章规定符合我国的立法特点，但《海商法》第五十八条中承运人的抗辩理由没有包括诉讼时效并非该条的立法本意。因此，在解释《海商法》第五十八条时应当充分考虑上述因素，允许承运人的受雇人或代理人援引承运人关于诉讼时效的抗辩理由，统一针对承运人或承运人受雇人、代理人的诉讼时效制度。

综上，就本案所涉的海上货物运输提单侵权纠纷，原告向被告瀚邦公司、攀钢公司要求赔偿的请求权，同样适用《海商法》第二百五十七条第一款的规定，时效期间为一年，诉讼时效自承运人交付或者应当交付货物之日起计算。

（撰稿人：武汉海事法院　侯伟）

6. 三船连环碰撞的责任认定

——邵俊欧诉舟山市鼎衡造船有限公司、上海鼎衡船务有限责任公司船舶碰撞损害责任纠纷案

案件索引：宁波海事法院（2011）甬海法舟事初字第24号，2011年12月23日判决；浙江省高级人民法院（2012）浙海终字第31号，2012年5月16日判决。

基本案情

2010年4月19日上午10时左右，原告邵俊欧所有的"浙象988"轮从福州装载黄沙约5000吨，北上航行至牛鼻山水道北端西磨盘附近水域。约1125时，海面起雾能见度约1海里，并继续降低，"浙象988"轮已出双屿门北口，航速约11余节，但该轮没有按规定鸣放雾号、备车和加派瞭望人员，也未能开启航行灯。此时"鼎衡9"轮由于浓雾交通管制，在佛渡水道北部圆山岛东部抛锚，抛锚后驾驶台留有相关人员值班。1144时，从定海开航南下的"舟海油9"轮通过洋小猫正西约0.5海里处，航速约5.7节，此时海面能见距离不足1海里，该轮二副没有按规定鸣放雾号、备车和加派瞭望人员，也没有通知船长上驾驶台，主机处于"前进三"状态。约1150时，"浙象988"轮在雷达屏幕上发现"鼎衡9"轮的回波，位于本船接近船

舷方向，距离约 2.0 海里处，但没有采取任何避让措施。1158 时，"鼎衡 9"轮二副通过雷达发现当时距离该轮约 0.3 海里的"浙象 988"轮正驶近，其没有向船长报告，也没有采取警告、避让等措施。约 1200 时，"浙象 988"轮驾驶台左侧舷灯部位船体及救生艇架与"鼎衡 9"轮船首偏左处发生碰撞。1201 时，"舟海油 9"轮二副在雷达上发现"浙象 988"轮回波横在本轮船首方向，距离不足 0.3 海里，随即下令"左满舵"。约 1201.5 时，"浙象 988"轮首次用视觉观察到距本船数十米的"舟海油 9"轮。约 1202 时，"浙象 988"轮左舷第一货舱前部与"舟海油 9"轮船舷发生碰撞。约 1204 时，"浙象 988"轮沉没，船上 14 名船员全部落水，10 人被救，4 人失踪。原告委托他人对"浙象 988"轮进行清障打捞并支付清障费 200 万元，一次性赔偿 4 名死者船员家属共计 228 万元。2011 年 6 月 15 日，海事部门出具《水上交通事故调查报告》，认定"浙象 988"轮应对其与锚泊船"鼎衡 9"轮碰撞承担主要责任，"鼎衡 9"轮对此承担次要责任；"浙象 988"轮和"舟海油 9"轮应对两船碰撞承担同等责任。

另查明："鼎衡 9"轮试航期间的登记经营人为被告舟山市鼎衡造船有限公司（以下简称舟山鼎衡公司）。该轮 2011 年 4 月 28 日由被告舟山鼎衡公司建造完毕；被告上海鼎衡船务有限责任公司（以下简称上海鼎衡公司）于次日取得该轮所有权。同年 7 月 9 日，原告就涉案碰撞事故纠纷对被告舟山鼎衡公司和上海鼎衡公司提起诉讼。

原告邵俊欧起诉称：2010 年 4 月 19 日 1200 时左右，原告所有的"浙象 988"轮与被告舟山鼎衡公司所有的在建船舶"鼎衡 9"轮在宁波海域发生碰撞，随后 2 分钟，"浙象 988"轮又与"舟海油 9"轮发生碰撞，造成"浙象 988"轮及船上所载 5 000 吨黄沙沉没，船上4名船员失踪，导致原告各项损失高达2 000万元左右，两被告应对原告损失承担20%的连带赔偿责任。故诉至法院，请求判令两被告连带赔偿原告损失400万元，并承担本案诉讼费用。

两被告共同答辩称：一、"鼎衡9"轮在试航时尚未交付给被告上海鼎衡公司，此时发生碰撞事故，被告上海鼎衡公司不应承担连带赔偿责任；二、"鼎衡9"轮即使应当承担赔偿责任，也依法享有海事赔偿责任限制；三、"鼎衡9"轮对原告船舶沉没没有过错，原告的损失已经从"舟海油9"轮相关方得到赔偿，无权再向两被告索赔。故请求法院驳回原告的诉讼请求。

判决与理由

宁波海事法院经审理认为：本案系船舶碰撞引起的损害赔偿纠纷。"浙象988"轮在与"鼎衡9"轮发生碰撞后约2分钟，即与"舟海油9"轮发生碰撞，致使"浙象988"轮沉没，前后三船碰撞具有因果关系，系连环碰撞。"浙象988"轮在雾中航行期间，未保持正规瞭望，未及早发现并判明与锚泊船"鼎衡9"之间的碰撞危险，未能采用安全航速航行并及早采取有效的避让行动，是导致其与"鼎衡9"轮发生碰撞的主要原因。"鼎衡9"轮锚泊位置选择不符良好船艺要求，锚泊值班期间未能严密注视邻近本船过往船舶的动态，并及早判明是否与本船构成碰撞危险，在对方邻近本船时，也未能使用有效手段给予必要的提醒和警告，是导致"浙象988"轮与其发生碰撞的次要原因。"浙象988"轮和"舟海油9"轮两船在雾中航行时，均未保持正规瞭望、未采用安全航速并正确判断两船之间业已形成的碰撞危险、未及早采取避免碰撞的行动，是导致两轮发生碰撞的直接原因。综上，认定"浙象988"轮、"舟海油9"轮和"鼎衡9"轮在本次船舶碰撞事故中的过失责任比例分别为45%、45%和10%。参考"浙象988"轮事故后的投保价值，综合考虑船舶折旧损失、市场行情以及事故发生当时当地同类船舶的市场价格，确认该轮价值为1 200万元，原告在本次船舶碰撞事故中遭受的各项损失共计1 628万元。

"鼎衡9"轮在试航期间与"浙象988"轮发生碰撞，被告舟山鼎衡公司系"鼎衡9"轮的建造方，在试航期间实际占有控制该轮，且该轮的临时国籍证书也将其登记为船舶经营人，故被告舟山鼎衡公司应对原告在本次船舶碰撞事故中遭受的损失承担赔偿责任。原告未能证明被告上海鼎衡公司在碰撞事故发生时已实际占有控制"鼎衡9"轮，而该轮的所有权登记证书载明被告上海鼎衡公司在事故发生之后才取得该轮的所有权，同时，原告也未就该碰撞事故主张船舶优先权，故其要求被告上海鼎衡公司作为该轮所有权人对涉案碰撞事故承担连带赔偿责任，证据与理由不足，不予支持。被告舟山鼎衡公司应赔偿原告的金额未超过"鼎衡9"轮的海事赔偿责任限额，故对被告的海事赔偿责任限制主张，不予支持。原告与"舟海油9"轮的相关责任方就本次碰撞事故的赔偿责任达成和解协议并已实际履行，系对其自身权益的合法处分，既未侵害两被告的权益，也不构成重复索赔。

综上，依照《中华人民共和国海商法》第一百六十九条第一款、《中华人民共和国民事诉讼法》第六十四条第一款的规定，判决：一、被告舟山鼎衡公司于本判决生效后十日内赔偿原告邵俊欧162.8万元；二、驳回原告邵俊欧的其他诉讼请求。

宣判后，舟山鼎衡公司不服一审判决，向浙江省高级人民法院上诉称：1."鼎衡9"轮不应为"浙象988"轮的沉没承担任何赔偿责任；2.一审法院在未追加"舟海油9"轮责任方为当事人的情况下判决"舟海油9"轮承担45%的民事责任，程序违法。故请求驳回邵俊欧的全部诉讼请求。

浙江省高级人民法院经审理认为：上海鼎衡公司在一审庭审时向法院申请追加案外人"舟海油9"轮所有人或光船承租人作为被告参加本案诉讼。一审法院经审查后不予准许，已当庭予以告知并说明了理由，同时明确如为查明事实，可以要求相关人员出庭作证。上海鼎衡公司未提出异议，也未就此提出上诉。而舟山鼎衡公司在一审时并未向法院申请追加被告。因此，其认为一审法院对其要求追加当事人的申请不予准许，没有事实依据，不予采信。虽然一审判决在未追加"舟海油9"责任方为本案当事人的情况下，确认"舟海油9"对碰撞事故承担45%的民事责任存在瑕疵，但这对"鼎衡9"轮在碰撞事故中应承担的责任并无影响。综上，一审判决认定事实清楚，虽然程序上存在瑕疵，但实体处理并无不妥，舟山鼎衡公司的上诉理由不能成立，不予采信。依照《中华人民共和国民事诉讼法》第一百三十条、第一百五十三条第一款第（一）项之规定，判决：驳回上诉，维持原判。

评 析

船舶碰撞为典型的海事侵权纠纷案件，通常是两船发生碰撞，而本案系三艘船舶在短时间内先后发生碰撞，较为少见。本案涉及三个特殊的法律问题：一是三船短时间内先后相撞，到底是一次碰撞事故还是两次碰撞事故？二是作为一次碰撞事故，在碰撞两方诉讼中，应否追加第三方作为当事人参加诉讼？三是在建船舶试航过程中发生碰撞，谁是责任主体？

一、本案三船碰撞是一次碰撞事故还是两次碰撞事故

这是本案必须解决的一个事实问题，涉及一次事故的衡量标准及相关法律的适用。

（一）确定一次碰撞事故或两次碰撞事故的法律意义

三船短时间内先后发生碰撞事故，认定为一次碰撞事故或两次碰撞事故，会产生两个不同的法律后果。具体如下：

1. 碰撞船舶的海事赔偿责任限制不同。《1957年船舶所有人责任限制国际公约》《1976年海事赔偿责任限制公约》和中国《海商法》都规定，海事赔偿责任限制仅适用于特定场合的事故所引起的人身伤亡和财产损害包括油污损害的赔偿请求的总额，概括起来，就是一次事故一个赔偿总额（分为三个赔偿限额，即人身伤亡赔偿限额、非人身伤亡赔偿限额及油污损害赔偿限额）。本案如果认定为一次碰撞事故，则各船的海事赔偿责任限制只有一个总额（三个限额）；如果认定为两次碰撞事故，则"浙象988"轮因发生两次碰撞，其海事赔偿责任限制就有两个总额（六个限额），"鼎衡9"轮和"舟海油9"轮因各发生一次碰撞，其海事赔偿责任限制各有一个总额（三个限额）。

2. 碰撞船舶的责任分摊比例及应承担的赔偿总额不同。中国《海商法》第一百六十九条规定："船舶发生碰撞，碰撞的船舶互有过失的，各船按照过失程度的比例负赔偿责任；过失程度相当或者过失程度的比例无法判定的，平均负赔偿责任"。该条规定是针对一次碰撞事故而言的，可再次适用于同一船舶发生的第二次碰撞。换言之，本案如果认定为一次事故，则"浙象988"轮、"鼎衡9"轮及"舟海油9"轮责任比例的总和为100%；如果认定为两次碰撞事故，则"浙象988"轮与"鼎衡9"轮，"浙象988"轮与"舟海油9"轮责任比例的总和各为100%，共两个100%。三船的总损失或者各船的每次

碰撞损失不变，认定一次碰撞事故或认定两次碰撞事故，三方当事人应承担的赔偿总额就会不一样。

（二）如何确定是一次碰撞事故还是两次碰撞事故

经检索并征询海事调查专业人士，未发现中国有将多船连续（也称连环）发生的碰撞划分为一次碰撞事故或多次碰撞事故的标准及系统理论，国际上也无通说。

中国《海商法》专家在海事赔偿责任限制相关问题的研究中认为，衡量是一次事故还是两次事故，关键看两次碰撞是否是同一疏忽行为的后果。换言之,是第一次碰撞(的原因①)造成了第二次碰撞,因果关系没有间断，此种情况下不管发生了两次或多次碰撞，都看作是一次事故，责任方可享受一个责任限额的赔偿。如果不是这样，在发生第二次碰撞之前，造成第一次碰撞的原因已经不复存在，两次碰撞完全是由于两个不同的原因所引起，此时过失方就要承担两次事故的两个责任限额的责任。②该观点以一个原因（即同一原因）一次事故为标准，将多船连续碰撞划分为一次碰撞事故或多次碰撞事故，具有相当的科学性和合理性，笔者赞同该划分标准。

有研究者将多船连环碰撞分为三种不同类型：一是前后次碰撞事实之间不存在必然因果关系的船舶连环碰撞事故，构成两次以上的船舶碰撞事故；二是前后次碰撞事实之间存在必然因果关系的船舶连环碰撞事故，构成一次船舶碰撞事故，但应就各次碰撞损失分别划定责任比例，不宜设定一个固定的责任比例在多船索赔案件中统一适用；三是多船会遇局面下相互存在直接避让关系的船舶连环碰撞事故，属于真正的一次事故，应通盘考量各船在整个事故中的

---

① 笔者加注，根据前、后文所述，该处的第一次碰撞,应该是第一次碰撞的原因。
② 司玉琢、吴兆麟:《船舶碰撞法》，大连海事大学出版社1995年版，第255页。

责任比例。[1]该观点事实上是将是否形成多船会遇局面及直接避让关系作为划分多船连环碰撞为一次碰撞事故或多次碰撞事故的主要标准,而将前后次碰撞事实之间是否存在必然因果关系,作为划分多船连环碰撞为一次碰撞事故或多次碰撞事故的补充标准。笔者认为,该观点将是否形成多船会遇局面及直接避让关系作为划分多船连续碰撞为一次碰撞事故或多次碰撞事故的主要标准,虽有一定的合理性,但会遇局面形成后,各船如果能按照避碰规则的要求以良好的船艺操纵船舶,还是能够避免碰撞事故发生的,毕竟会遇局面并不一定构成碰撞危险,更不等同于紧迫局面并有紧迫危险。最后如果发生了多船连续碰撞,仍可根据前述标准,将多次碰撞划分为一次碰撞事故或两次以上的碰撞事故。同时,该观点关于前后次碰撞事实之间是否存在必然因果关系的补充划分标准,似乎是将前一次碰撞事故的结果是否为后一次碰撞事故的原因,作为划分一次碰撞事故或多次碰撞事故的标准,这与上述专家所称的因果关系是否间断不是一回事,应该是多船连续碰撞的另一种状态。海事调查实务中,也确有A、B轮碰撞,B轮下沉,约七分钟后,C轮经过此地,与正在下沉的B轮发生碰撞,造成B轮即刻坐沉,C轮搁浅于B轮之上,约3分钟后,D轮航经事故水域时碰撞搁浅的C轮这种情况的发生,海事局认定三次碰撞存在一定的因果关系,即之前碰撞事故的结果在一定程度上诱发后续碰撞事故的发生,而后续碰撞事故对之前碰撞所致损害也产生影响,因此将四船先后发生的碰撞认定为一次碰撞事故。[2]但从该四船先后发生碰撞的原因上去分析,很难说三次碰

---

[1] 蒲小勇:《船舶连环碰撞事故法律问题研究》,上海海事大学2010年硕士学位论文。

[2] 夏大荣、赵玉:《在航多船连续碰撞事故调查处理疑难探析》,载《中国海事》2015年第9期。

撞系同一疏忽行为所致。因此,将其认定为一次事故,值得商榷。况且,作为前一次碰撞的结果,除了船舶沉没之外,还会产生碰撞船舶航向改变等不同的结果,该研究者所称的前一次碰撞结果,是否包含这些结果,不得而知。

就本案来看,"浙象988"轮在雾中航行期间,未保持正规瞭望,未及早地发现并判明与锚泊船"鼎衡9"轮之间的碰撞危险,未能采用安全航速航行并及早采取有效的避让行动,是其与锚泊船"鼎衡9"轮发生碰撞的原因。而同样是这一系列疏忽行为,导致其在短时间内继续与"舟海油9"轮发生碰撞。也就是说,在发生第一次碰撞之后,"浙象988"轮还未进行新一轮的瞭望,还没有采取过针对"舟海油9"轮的任何避碰措施,就与该轮发生了碰撞,或者此时虽然发现了该轮并采取了相应的避碰行为,但与该轮的碰撞已经不可避免,第二次碰撞的原因仍归于前一系列疏忽行为。因此,根据一个原因一次事故的标准,本案三船碰撞应认定为一次碰撞事故。

当然,一船与其他两船先后发生碰撞的间隔时间长短,对一次碰撞事故或两次碰撞事故的认定,具有重要的参考意义。"浙象988"轮与"鼎衡9"轮、"舟海油9"轮先后发生碰撞的间隔时间约为两分钟,具有连续性。第一次碰撞发生后,驾驶人员难免惊慌,在如此之短时间内,即使驾驶人员及时发现了第二艘船舶,也难以以良好的船艺避免第二次碰撞的发生。因此,两次船舶碰撞可以认定为一次碰撞事故。如果"浙象988"轮与"鼎衡9"轮、"舟海油9"轮先后发生碰撞的间隔时间达十分钟以上,两次碰撞便不具有连续性。因为第一次碰撞之后,"浙象988"轮的驾驶人员如果能够及时发现第二艘船舶,便有较为充裕的时间以良好的船艺避免第二次碰撞的发生。此时两轮如果发生第二次碰撞,其原因就属于新的未保持正规瞭望,未及早地发现并判明与"舟海油9"轮之间的碰撞危险,并及早采取有效的避让行动等另一系列疏忽行为。因此，其发生的两次碰撞，应该认定为两次碰撞事故。

本案两次碰撞认定为一次碰撞事故，三船按一次事故的过失程度比例分担责任，这对于发生两次碰撞的原告来说，其损失要求其他碰撞两方承担，没有什么问题。但对"鼎衡9"轮、"舟海油9"轮来说，他们之间没有发生过碰撞，要求对方按过失责任比例赔偿其损失，似乎有所不妥。这个问题如何理解和解决，值得深入研究。

二、本案应否追加第三方作为当事人参加诉讼

根据中国《海商法》第一百六十九条关于"互有过失的船舶，对碰撞造成的船舶以及船上货物和其他财产的损失，依照前款规定的比例负赔偿责任"的规定，不管本案三船碰撞是一次碰撞事故还是两次碰撞事故，原告在与"舟海油9"轮相关利益方达成和解的基础上，再起诉"鼎衡9"轮一方，完全符合法律规定，就其诉请来看，原告仅要求被告按其责任比例承担赔偿责任，并不构成重复起诉。

那么在本案诉讼中，法院应否追加"舟海油9"轮一方作为当事人参加诉讼呢？笔者认为，不管本案三船碰撞是认定为一次碰撞事故，还是认定为两次碰撞事故，都必须追加其为当事人参加本案的诉讼。理由如下：

1. 三船碰撞认定为一次碰撞事故，涉及三船碰撞责任比例的确定。本案虽系"浙象988"轮与"鼎衡9"轮双方的诉讼，但"鼎衡9"轮方应承担的赔偿责任，取决于三船在一次碰撞事故中过失程度比例的确定。这必然涉及"舟海油9"轮一方过失比例的多少，从而影响其利益。根据中国2007年修订的《民事诉讼法》第五十六条关于"对当事人双方的诉讼标的，第三人虽然没有独立请求权，但案件处理结果同他有法律上的利害关系的，可以申请参加诉讼，或者由人民法院通知他参加诉讼。人民法院判决承担民事责任的第三人，

有当事人的诉讼权利义务"的规定，法院应当通知"舟海油9"轮一方作为无独立请求权的第三人参加本案的诉讼。一审法院未通知其参加诉讼，程序上确实存在瑕疵。

2. 本案三船碰撞如果认定为两次碰撞事故，则涉及将"浙象988"轮的最后损失划分成第一次与第二次碰撞所造成两个部分。两次碰撞事故下，尽管"浙象988"轮与"鼎衡9"轮的碰撞责任比例的确定并不涉及"舟海油9"轮一方，但双方碰撞的损失，也限于本次碰撞所造成的损失，并不是两次碰撞所造成的总损失。也就是说，第二次碰撞发生后的总损失，应该分成第一次与第二次碰撞所造成两个部分，分别由两次碰撞的双方分摊。总损失的划分，必将涉及第二次碰撞双方的利益，根据中国《民事诉讼法》第五十六条之规定，法院也应当通知"舟海油9"轮一方作为无独立请求权的第三人参加本案的诉讼。

第一次与第二次碰撞所造成的损失能否具体区分，取决于两次碰撞的具体情况。如本案第一次碰撞，致使"浙象988"轮驾驶台和救生艇架受损，可以通过评估鉴定的方法确定其损失。如果确实无法具体区分，可以平均分摊损失。

当然，本案三船碰撞认定为一次事故，对"浙象988"轮的损失来说，就无须区分为第一次碰撞所造成，还是第二次碰撞所造成。

三、试航船舶发生碰撞的责任主体

涉案"鼎衡9"轮为在建船舶，在试航过程中发生碰撞事故，应由谁承担赔偿责任，曾有不同观点。一种观点认为，根据最高人民法院颁布的《关于审理船舶碰撞纠纷案件若干问题的规定》第四条关于"船舶碰撞产生的赔偿责任由船舶所有人承担，碰撞船舶在光船租赁期间并经依法登记的，由光船承租人承担"的规定，本案应由"鼎衡9"轮的所有权人承担赔偿责任。故本案应向海事行政部门调取"鼎衡9"轮的建造合同，根据双方对该轮建造期间的所有权约定，确定该轮的碰撞责任主体。合同未作约定的，根据中国法下船舶建造合同归属加工承揽合同的定性，确定委托建造人为船舶所有人，承担船舶碰撞责任。另一种观点则认为，本案应根据"谁控制操作船舶，谁承担风险"的原则，确定造船厂为"鼎衡9"轮的碰撞责任主体，因为在建船舶由造船厂控制，并由造船厂聘用船员进行试航操作，期间发生碰撞事故，造船厂应当承担责任。法院根据第二种观点，确定造船厂对碰撞事故承担责任。

笔者认为，法院对"鼎衡9"轮责任主体的确定是正确的。船舶碰撞通常发生在船舶营运过程中，在建船舶试航中发生碰撞事故，较为少见，故现有法律和司法解释对在建船舶试航中发生碰撞的责任主体，没有明确规定。《关于审理船舶碰撞纠纷案件若干问题的规定》，主要针对船舶营运过程中发生的船舶碰撞，以船舶所有权和光船租赁登记为要件。"鼎衡9"轮尚在建造当中，并未取得所有权登记，即使进行权属登记，也是在建船舶所有权登记，而非船舶所有权登记。因此，《关于审理船舶碰撞纠纷案件若干问题的规定》，不能直接适用于在建"鼎衡9"轮试航期间发生碰撞的责任主体确定。

但我们可以从《关于审理船舶碰撞纠纷案件若干问题的规定》第四条中，归纳出确定船舶碰撞责任主体的基本原则，即谁控制操作船舶，谁承担船舶碰撞责任。因为中国法下，船舶通常由船舶所有人控制和操作，包括期租情况下，只有光船租赁情况下，船舶才由光租人控制和操作。该基本原则可运用于在建船舶试航期间发生船舶碰撞时的责任主体确定。因为"鼎衡9"轮在建期间由造船厂控制，并由造船厂聘用船员进行试航操作，且其临时船舶国籍证书也将其登记为经营人，故法院确定造船厂为"鼎衡9"轮碰撞责任主体，无疑是正确的。

当然，如果原告在诉讼中主张船舶优先权，鉴于船舶优先权系法定担保物权，且具有随船转移的特性，法院就应将"鼎衡9"轮的所有权人上海鼎衡公司列为被告，并判决其承担船舶优先权的担保责任。

（撰稿人：宁波海事法院　吴勇奇　张建生）

7. 职能部门在台风季节对无人值守的锚泊船舶采取安全防范措施构成海难救助

——嵊泗县人民政府防汛防旱防台指挥部办公室诉帝远股份有限公司海难救助纠纷案

案件索引：宁波海事法院（2017）浙72民初290号，2017年10月10日判决。

基本案情

"帝乾"轮与"帝和"轮系被告帝远股份有限公司（以下简称帝远公司）所有的船舶，分别为14428总吨和13972总吨的散货船，因公司资金链断裂，于2016年初处于停运状态，锚泊于舟山北鼎星附近水域。同年6月上旬，舟山嵊泗海事处（以下简称嵊泗海事处）经实船核查，发现该两船处于无人看管状态，遂分别于同年6月7日、6月23日发通知给被告，要求尽快配备两船的值班船员，消除安全隐患，但被告均未予回应与落实。同年7月7日，因受1号超强台风"尼伯特"外围环流影响，嵊泗海事处再次致函被告，责令尽快落实安全防范措施或令两船离开嵊泗水域，并告知嵊泗县人民政府防汛防旱防台指挥部办公室（以下简称嵊泗县三防办）已采取安排职务船员上船值守等应急处置措施，必要时将两船拖至船厂上排（进

7.职能部门在台风季节对无人值守的锚泊船舶采取安全防范措施构成海难救助

坞）或拖至安全水域灌水沉底，由此引起的一切后果，可能造成对船舶的损害和产生的费用全部由被告负责。

同年7月8日，原告嵊泗县三防办协调嵊泗县农林水利围垦局（以下简称嵊泗县农林局）与舟山市海联船舶工程有限公司（以下简称海联公司）签订《"帝乾"、"帝和"轮管理合同》，约定由海联公司为每船配备6—7名船员，于当日登船对"帝乾"、"帝和"轮进行管理，并对船只设备试运行，如需修理及时报告原告，使船舶达到抗台要求等，并对船员工资、船员及船舶管理费等进行了约定。至同年8月9日管理结束，共产生船舶修理费、加油费、加水费、船员工资、船员及船舶管理费等467 971.2元。其间，舟山海事局于同年7月20日致函汕头海事局，恳请该局协调被告及相关利益方尽快落实安全管理责任，派遣足够适任船员上船值守并尽快驶离。但被告帝远公司仍未采取任何有效措施。

同年8月28日1530时，因受10号台风"狮子山"和冷空气共同影响，"帝乾"、"帝和"轮分别发生走锚，其中"帝和"轮走锚10多海里，触损嵊泗南长涂至大衢48芯海底光缆。为此，嵊泗海事处立即通知宝山钢铁股份有限公司嵊泗马迹山港区（以下简称宝钢马迹山港区）调派拖轮参与救助，并要求海联公司组织船员上船值守。同年8月30日，嵊泗海事处再次致函被告帝远公司，希望尽快落实值班船员，避免再次发生事故，并于1600时召集嵊泗县三防办主要领导、东晨海运公司、嵊泗县同舟客运轮船有限公司两位资深船长等相关人员召开"帝乾"、"帝和"轮冲滩方案评审会，确定了于同年9月1日1000时左右在李柱山南侧水域对"帝和"轮进行冲滩的最优方案，"帝乾"轮看情况而定，在9月2—3日冲滩，冲滩位置和计划与"帝和"轮相同，视情况再做调整。同年8月31日上午，嵊泗县政府召开了"帝和"、"帝乾"两轮应急处置专题会议，决定成立应急处置领导小组,对"帝和"、"帝乾"两轮采取冲滩灌水坐底措施,冲滩方案由嵊泗海事处负责制定并组织实施,嵊泗县三防办及有关单位协助,所需费用先由县政府垫付,具体由嵊泗县三防办落实,事后再通过合适途径向船东索回等。同日,嵊泗海事处致函被告帝远公司,告知嵊泗县政府经研究决定将于近日对"帝乾"、"帝和"两轮采取冲滩的防范措施。被告也于同日致函舟山海事局,表示其在无资金来源及无营运的情况下,已丧失维持船舶安全的能力,鉴于目前事态的严重性和紧迫性,望海事局能协调由汕头建行或委托第三方代为管理,避免事故的发生。同年9月1日至3日,"帝和"、"帝乾"两轮在救助拖轮的协助下完成冲滩,嵊泗腾达船务清仓有限公司(以下简称腾达公司)、陈富伟随即根据嵊泗海事处及原告的安排,对两船进行抽水压载,并于同年9月28日完成抽水压载工作。期间,共产生加油费、船员工资、船员和船舶管理费等222 406元,拖轮费用348 016.5元,以及抽水压载费用202 600元。

因被告帝远公司未能支付上述费用,原告嵊泗县三防办遂提起诉讼,请求判令:1.被告支付原告救助"帝乾"轮、"帝和"轮所需支出的各项费用1 762 513.7元;2.原告就上述救助款对"帝乾"轮、"帝和"轮享有船舶优先权。

为行使船舶优先权,原告于2017年9月14日向法院提出扣押"帝乾"、"帝和"两轮申请,要求被告提供180万元或其他可靠担保,法院裁定予以准许。

被告帝远公司答辩称:一、本案原、被告之间并不存在海难救助关系,原告所主张的法律关系没有事实与法律依据,2016年8月31日之前,宜定性为无因管理;二、2016年8月31日之后,被告已与舟山海事局建立了船舶委托管理合同关系,本案原告主体不适格,相关请求应予驳回;三、关于原告诉请第1项,其中2016年8

7.职能部门在台风季节对无人值守的锚泊船舶采取安全防范措施构成海难救助

月31日之前的费用，存在诸多不合理，应予剔除，理由包括原告并未付清全部费用，与海联公司签订船舶管理合同的相对方为嵊泗县农林局，海联公司并无船舶看管及船员派遣资质，即使法院认为该部分费用已经发生，被告认为还应根据原告的过错，将其中合理费用按50%的比例进行酌定；2016年8月31日之后的费用，如果法院认为原告有权主张，也不具有合理性，当时台风已经过去，没必要冲滩，冲滩后的监护费用也不合理。关于原告诉请第2项，因本案不存在海难救助，法院也以海事海商纠纷立案，故本案的费用不具有船舶优先权。

判决与理由

宁波海事法院经审理认为，被告所有的涉案船舶锚泊于原告管辖的海域，台风季节无人看管，原告为了公共安全，依其职能指挥、协调、配合相关部门落实涉案船舶的救助措施，并承担相关费用，双方构成海难救助关系；原告的救助行为取得保全涉案船舶的效果，依法享有救助报酬的请求权；原告以其支出的费用行使请求权，并无不当，但不合理的支出应予剔除；依据法律规定，原告的诉讼请求对涉案船舶享有船舶优先权。原告诉请有理部分，予以支持。被告抗辩有理部分，予以采纳。根据《中华人民共和国海商法》第二十二条第一款第四项、第一百七十一条、第一百七十九条、第一百八十条、第一百九十二条之规定，作出判决：

一、被告帝远公司应在本判决生效后十日内支付原告嵊泗县三防办救助款项1 240 993.7元；

二、原告的上述款项，其中767 127.1元对"帝和"轮享有船舶优先权，473 866.6 元对"帝乾"轮享有船舶优先权；

三、驳回原告的其他诉讼请求。

判决后，原、被告均没有提出上诉，该判决已发生法律效力。

评 析

海难救助是海商法所特有的一种法律制度。海难救助又称海上救助，是指在海上或者与海相通的可航水域，对遇险的船舶和其他财产包括运费，由外来力量对其进行救助的行为。中国《海商法》第一百七十一条规定：本章规定适用于在海上或者与海相通的可航水域，对遇险的船舶和其他财产进行的救助。本案属非典型的海难救助纠纷案件，其特殊性表现为：在实施救助行为时，涉案两轮并不存在真实的危险；双方当事人之间没有救助协议；请求支付救助费用的主体为行政职能部门；救助人的行为类似无因管理。因而，对本案法律关系的定性似是而非，双方当事人争议较大，需要从理论上加以厘清。

一、真实存在的危险与不可避免的危险

理论学说认为，海难救助法律关系的成立，应具备如下要件：一是被救物必须是法律所承认的标的；二是被救物处于危险之中；三是救助行为系自愿的行为，或者说救助人对遇险财产不负有任何义务；四是救助行为必须发生在海上或者其他可航水域；五是救助取得效果。[①] 其中，被救物处于危险之中，是海难救助的前提，是构

---

① 参见司玉琢：《海商法专论》，中国人民大学出版社2007年版，第九章；司玉琢主编：《海商法》，法律出版社2018年版，第九章；傅廷中：《海商法论》，法律出版社2007年版，第九章；贾林青：《海商法》，中国人民大学出版社2017年版，第十章。

7.职能部门在台风季节对无人值守的锚泊船舶采取安全防范措施构成海难救助

成海难救助的重要条件。但对于何种危险属于海难救助的危险,国际公约没有统一规定,各国海商法一般也未列明,中国亦然。英国海事法虽列举了26种海上危险,但也未能穷尽海上的所有危险。

对于构成海难救助的危险,学术上通常认为:危险必须是真实存在或不可避免的。[①]也就是说,构成海难救助的危险,除了当时真实存在的危险之外,还包括当时并不存在,但在不远的未来将会发生的危险。

真实存在的危险比较容易判断和定性,例如船舶碰撞进水,船舶触礁破损,发生火灾等,如不及时采取救助措施,船舶就会沉没、烧毁。因此,这些危险都是客观真实的,而不是臆想的。

如果在采取措施时,危险尚未真实存在,但是不采取措施危险将不可避免,这种情况仍视为危险,构成海难救助的要件。[②]例如,在 The Troilus 案中,船舶在印度洋航行中丢失了螺旋桨而又无替代品,在此况下,请求另一艘船舶将其拖至希腊雅典的一个安全锚地,这一拖带行为被视为海难救助。该船舶面临的就是不可避免的危险。对此,我们可以理解为,该船舶当时只是失去动力处于漂航状态,并不存在真实的危险,但随着时间的流逝,船舶既可能因漂航而触礁,也可能因遭遇恶劣天气而倾覆,总之,这些危险不可避免,因此构成海难救助的要件。

就本案来看,在嵊泗县三防办对"帝乾"轮和"帝和"轮采取系列安全措施时,除"帝和"轮因走锚触损海底光缆外,该两轮尚

---

① 参见司玉琢:《海商法专论》,中国人民大学出版社2007年版,第466页;司玉琢主编:《海商法》,法律出版社2018年版,第252页;傅廷中:《海商法论》,法律出版社2007年版,第342页;贾林青:《海商法》,中国人民大学出版社2017年版,第263页。

② 司玉琢:《海商法专论》,中国人民大学出版社2007年版,第466页。

无真实危险存在。但该两轮系无人值守的锚泊船舶，以一个理性人的认知判断，它们无法应对各种突发事件，避免包括被撞在内的种种危险，尤其是在台风季节，当台风来临时，两轮无法采取各种抗台措施，避免船舶走锚、碰撞、触礁、搁浅等危险。这些危险，均成为两轮不可避免的危险，构成海难救助的条件。而"帝和"轮因走锚触损海底光缆的事实，恰恰证明了这些危险并非臆想虚构，具有客观真实性。嵊泗县三防办针对这些危险采取了相应的安全措施，故其主张的海难救助成立。

二、纯救助与合同救助

在本案中，嵊泗县三防办并未与帝远公司订立海难救助合同，但这并不影响其海难救助的成立。

海商法理论将海难救助的形式分为纯救助、合同救助、雇佣救助三种。海难救助是从纯救助开始的，后来发展成合同救助。[①]

所谓纯救助，是指船舶遇险后，未向救助方请求救助，救助方自行进行救助的行为。其特点：一是救助方与被救助方之间没能签订任何救助协议；二是实行"无效果，无报酬"原则，这是《1910年救助公约》[②]确立的原则。当遇险船舶不同意救助方的救助时，必须明确表示拒绝，否则有可能构成纯救助。在现代通信技术条件下，纯救助已经不多见了，只有在特殊场合才会产生，比如遇险船上无人，过路船拖带了遇险船等。

所谓合同救助，是指以"无效果，无报酬"为原则订立救助协

[①] 参见司玉琢：《海商法专论》，中国人民大学出版社2007年版，第452—454页；傅廷中：《海商法论》，法律出版社2007年版，第334—336页。

[②] 全称为《关于统一海上救助某些法律规定的公约》，正式确立了"无效果，无报酬"这一海难救助制度最著名的原则，新的《1989年国际救助公约》突破了这一原则，增加了"特别补偿"。

7.职能部门在台风季节对无人值守的锚泊船舶采取安全防范措施构成海难救助

议后进行的救助行为。

所谓雇佣救助,又称实际费用救助或固定费率救助,是指按救助方与被救助方约定,不管救助是否取得效果,被救助方均按约定的方法支付救助报酬而进行的救助行为。传统海商法理论将其视为合同救助的一种形式,但现代海商法理论已倾向于不把其列为海难救助的范畴,而是归于海上服务项目。

综观本案,在海事部门发现涉案两船处于无人看管状态,多次发函要求帝远公司尽快配备两船的值班船员,消除安全隐患,被告均未予回应与落实的情况下,嵊泗县三防办为了公共安全,依其职能指挥、协调、配合相关部门落实涉案船舶的救助措施,并承担相关费用,符合纯救助的特征,与帝远公司构成海难救助关系。

对于纯救助,当遇险船舶不同意救助方的救助时,尽管可以明确表示拒绝,但本案的救助不仅仅关乎帝远公司的财产,主要以公共安全为目的,具有强制救助的性质,因此,帝远公司不得拒绝救助。这也是本案的特殊之处。

三、平等主体实施的救助与行政主管部门实施的救助

法国国王路易十四于1681年颁布的《海事条例》,设有对遇难物的救助给予奖励的规定,开辟了海难救助的新纪元。此后,欧洲国家纷纷效仿,将海难救助和救助报酬制度列入其海商法典。但因各国政治经济制度不同,有关规定不尽统一。进入20世纪以后,国际社会开始了海难救助的统一立法,先后形成了《1910年救助公约》和《1989年国际救助公约》,中国于1993年加入《1989年国际救助公约》。[①]

[①] 参见司玉琢:《海商法专论》,第451—452页;傅廷中:《海商法论》,第333—334页;贾林青:《海商法》,第255页。

海商法上的海难救助主要调整平等主体之间的海难救助关系。关于行政主管部门实施的救助，源于《1989年国际救助公约》，《1910年救助公约》规定的救助，都是平等主体之间的救助，以自愿救助为原则。《1989年国际救助公约》第五条共三款规定："本公约不影响国内法或国际公约有关公共当局实施或控制的救助作业的任何规定；然而，实施此种救助作业的救助人，有权享有本公约所规定的有关救助作业的权利和补偿；实施救助作业的公共当局所能享有的本公约规定的权利和补偿的范围，应根据该当局所在国的法律规定。"该条是在沿海国普遍加强了对海难救助行政干预的情况下作出的，是对自愿救助要件的有限突破。

中国《海商法》参考该内容，作出了第一百九十二条规定："国家有关主管机关从事或控制的救助作业，救助方有权享受本章规定的关于救助作业的权利和补偿。"因本案不属涉外救助关系，故适用中国《海商法》的规定。

《1989年国际救助公约》第五条及中国《海商法》第一百九十二条项下的救助作业，又分为两种：一是主管机关直接从事的救助作业，主管机关即救助方；二是主管机关控制的救助作业，救助方系被指挥、被控制的作业者。两者享受救助作业权利和补偿的主体不同。

那么在本案中，嵊泗县三防办是直接从事救助作业者，还是指挥、控制救助作业者呢？从表面现象看，可能更像是指挥、控制海联公司、宝钢马迹山港区、腾达公司进行救助作业者。但只要我们透过现象看本质，注意向这些单位支付作业费用的主体，就能确认本案救助作业的"实施者"为嵊泗县三防办。根据嵊泗县三防办协调其成员单位嵊泗县农林局与海联公司签订《"帝乾"、"帝和"轮管理合同》，以及嵊泗县政府召开"帝和"、"帝乾"两轮应急处置专题会议时所形成的关于"所需费用先由县政府垫付，具体由县三防办落实，事

7.职能部门在台风季节对无人值守的锚泊船舶采取安全防范措施构成海难救助

后再通过合适途径向船东索回"意见,本案应定性为嵊泗县三防办雇请相关单位为其进行救助作业,由其承担被雇请单位的作业费用,因救助作业对帝远公司产生的权利和补偿由其享有,被雇请单位对帝远公司不享有任何权利和补偿。因此,嵊泗县三防办应视为实施救助的一方,系本案的适格原告。

根据中国《海商法》第一百七十九条的规定,嵊泗县三防办对涉案船舶的救助取得效果,有权获得依照第一百八十条第一款共十项所确定的救助报酬,包括第(六)项所规定的"支出的费用"。但在本案中,嵊泗县三防办仅要求帝远公司偿付其所支出的费用,并未要求帝远公司支付其他救助报酬,属于处分自己的权利,并无不当,故法院判决予以支持,其中不合理的费用支出,已予剔除。

至于嵊泗县三防办最后采取的冲滩沉底救助措施,系对事故船舶、无人船舶等特殊船舶所采取的安全防范措施之一,在涉案船舶所有人经海事部门催告无效、时值台风季节、涉案船舶已经走锚危及海底电缆的情况下,应急处置专题会议决定采取冲滩沉底方案确保公共安全,并无不当,从长远看,该方案并不比调派船员管理船舶成本高,具有合理性,帝远公司认为冲滩没有必要,理由不足。

四、海难救助与无因管理

海难救助的法律制度来自实践,是救助方与被救助方之间的一种法律关系,其法律关系的性质有不同学说,包括无因管理说,准契约说,不当得利说,特殊事件说等。其中无因管理说为主流观点。[①]

所谓无因管理是指没有法定或约定义务的人,为了他人的利益免受损失而自愿为他人管理必要事务的行为。[②]中国《民法通则》第

---

① 司玉琢:《海商法专论》,第452页。
② 张俊浩编著:《民法简明教程》,中国人事出版社2001年版,第256页。

九十三条规定："没有法定或者约定的义务，为避免他人利益受损失进行管理或者服务的，有权要求受益人偿付由于某种原因此而支付的必要费用"。无因管理的构成要件：一是必须管理他人事务；二是须有为他人谋利益的意思；三是管理行为无法律上的义务。[1]

作为海难救助性质的无因管理说认为，救助人未因被救助人委任，亦无法定义务，为被救助人管理照料财产上的紧急事务，因而符合无因管理的构成要件。作为无因管理人的救助人有权要求受益人——被救助人偿付由此而支付的必要费用。因此，海难救助关系是一种无因管理法律关系。[2]

从海难救助和无因管理的概念、构成要件及相关规定看，两者既有联系，又有区别。

海难救助与无因管理的联系表现在：（一）行为人对事务（救助与管理本身）都无法律上的义务；（二）行为人都为他人进行了管理或提供了服务；（三）行为人的行为都是自愿的；（四）他人都有向行为人支付必要费用或赔偿所受损失的义务。

海难救助与无因管理的区别表现在：（一）行为的对象不同，海难救助的对象为法律规定的特定财产，而无因管理的对象泛指一切可以满足人们生活利益各方面需要的事项；（二）针对的情况不同，海难救助的对象须处于危险之中，而无因管理的对象则不一定处于危险之中；（三）行为的地域不同，海难救助必须发生在海上，而无因管理则不一定发生在海上；（四）报酬请求权不同，海难救助取得效果行为人享有报酬请求权，而无因管理不管效果如何行为人均无报酬请求权；（五）特殊权利不同，海难救助的救助款项给付请求具

---

[1] 江平主编：《民法学》，中国政法大学出版社2007年版，第601—604页。
[2] 刘刚仿：《海难救助法初论》，对外经济贸易大学出版社2014年版，第29页。

7.职能部门在台风季节对无人值守的锚泊船舶采取安全防范措施构成海难救助

有船舶优先权,且不受海事赔偿责任限额的限制,而无因管理的费用给付请求则不存在船舶优先权和海事赔偿责任限制。

根据上述比较和分析,可以得出如下结论:海难救助具有无因管理的一些属性,是一种特殊的无因管理,有专门的构成要件和法律规定,独立于无因管理,只要符合海难救助的特殊构成要件,就成立海难救助,而不认定为无因管理。这也是特别法优先适用的要求,因为相对于《民法通则》,《海商法》属于特别法。

本案原告嵊泗县三防办的行为,符合海难救助的构成要件和法律规定,故应定性为海难救助,不能定性为无因管理,尽管其行为也符合无因管理的构成要件。被告帝远公司仅仅关注了嵊泗县三防办依职能对涉案船舶进行了管理,以及无因管理的构成要件,未考虑其行为的地域为海上,管理的对象是船舶,而且船舶处于危险之中,以及海难救助的构成要件与法律规定,因而主张嵊泗县三防办的行为属于无因管理,这是不全面的,也是不准确的,故其主张未被采纳。

综上,宁波海事法院对本案法律关系的定性是准确的,对案件的处理也是恰当的,完全符合中国《海商法》的相关规定。

(撰稿人:宁波海事法院　吴勇奇)

8. 环境损害共同侵权的认定及责任承担

——中山市海洋与渔业局诉彭伟权、冯喜林等污染海洋环境责任纠纷民事公益诉讼案[①]

案件索引：广州海事法院（2017）粤72民初541号，2018年6月13日判决；广东省高级人民法院（2018）粤民终2065号，2018年10月28日裁定。

基本案情

2016年8月30日，原告中山市海洋与渔业局工作人员在辖区海域巡查时发现"恒辉20"轮在中山市民众镇横门东出海航道12号灯标堤围处倾倒废弃垃圾，涉嫌犯罪，向中山市公安机关报警后，公安机关立即派员到场进行了调查，并传讯了船上的相关人员。经侦查查明，在2016年7、8月期间，被告彭伟权、冯喜林、何伟生、何桂森、袁茂胜五人为谋取非法利益，以加高加固堤围为借口，从东莞市中堂镇码头将造纸厂的垃圾通过船舶运往中山市民众镇横门东出海航道12号灯标堤围处进行倾倒，对周围海域造成极大的环境污染。该堤围东边是海域，南边是横门水道，西边是民众镇裕安围，北边是河道。根据广东省人民政府2017年9月发布的《广东

[①] 该案例分析获全国法院系统2018年度优秀案例分析评选活动二等奖。

省海洋生态红线图件、登记表》，本案倾倒垃圾的堤围及其周边海域属于重要河口生态系统，禁止排放有害有毒的污水、油类、油性混合物、热污染物及其他污染物和废弃物。受中山市环境保护局环境监察分局委托，广州中科检测技术服务有限公司（以下简称中科公司）对五被告倾倒的上述垃圾进行了检测，该司在检测后作出了《废物属性鉴别报告》。该鉴别报告认定所检"横门东出海航道12号灯标堤围倾倒未知物"为含有害有毒物质的混合废弃物。2016年11月，中山市环境保护局委托环境保护部华南环境科学研究所（以下简称环科所）就五被告倾倒的垃圾对周边海域的环境污染损害情况进行评估鉴定，该所鉴定后作出了《中山市横门东出海航道12号标堤围垃圾倾倒污染事件环境损害鉴定评估报告》。该评估报告载明：垃圾中含有一定的有毒有害物质，对土壤和周边的地表水都造成了严重的污染；垃圾中含有大量的病原微生物，在腐败过程会产生大量的有机污染物等，对当地的水体造成重大的污染，也给渔业造成重大的损失，同时通过生物富集作用，给人体健康带来极大的隐患；垃圾露天堆放，受雨水淋溶会产生垃圾渗滤液，渗滤液中含有大量的有机污染物、重金属等污染物，进入海水后会造成海水污染，海洋生态系统被打乱等严重后果；该环境污染事件造成的相关经济损失为3 862 716.50元，其中包括事务性费用330 968元；该环境污染事件的生态修复费用为3 751 941.78元。中山市环境保护局为此向环科所支付鉴定费35万元。就该垃圾倾倒行为，彭伟权、冯喜林、何伟生、何桂森被以污染环境罪追究刑事责任，广东省中山市第一人民法院作出的（2017）粤2071刑初1293号生效刑事判决书（以下简称1293号刑事判决），认定彭伟权、冯喜林、何伟生、何桂森无视国家法律，违反国家规定，结伙倾倒、处置有毒有害物质，后果特别严重，其行为均已构成污染环境罪，并依法判处相应刑罚。冯喜林、何伟生、何桂森不服一审判决，提出上诉。广东省中山市中级人民法院作出（2017）粤20刑终306号生效刑事裁定书（以下简称306号刑事裁定），驳回上诉，维持原判。原告为提起本案诉讼，与广东悦盈律师事务所签订民事案件委托代理合同，为此向该所支付律师代理费2万元。原告起诉认为，被告彭伟权、冯喜林、何伟生、何桂森的行为对本案堤围周边的海洋生态功能、海洋水产资源造成极其严重的破坏，治理成本巨大，应连带赔偿生态修复费用3 725 589.78元、经济损失3 531 748.50元、鉴定评估费35万元、检测费192 800元、律师代理费2万元；被告袁茂胜参与倾倒其中250立方米垃圾，应在相应损失范围内承担连带赔偿责任。支持起诉人广东省中山市人民检察院称，广东省中山市第一市区人民检察院在办理彭伟权等人涉嫌污染环境一案时，将案件所涉海洋生态环境公益诉讼线索移送该院，该院依法进行了审查，督促原告中山市海洋与渔业局对本案提起诉讼，并决定支持起诉。

判决与理由

广州海事法院经审理认为，原告中山市海洋与渔业局负责事发海域和河道的海洋环境保护和修复工作，是行使海洋环境监督管理权的部门，有权代表国家提起本案民事公益诉讼，广东省中山市人民检察院可以依法支持中山市海洋与渔业局起诉；1293号刑事判决和306号刑事裁定已认定彭伟权、冯喜林、何伟生、何桂森违反国家规定，结伙倾倒、处置有毒有害物质，污染环境，根据上述两份刑事判决与裁定的认定及袁茂胜的陈述，可以认定袁茂胜受彭伟权委托，用其所有的"恒辉20"轮从东莞市中堂镇码头运输一船废胶纸至中山市横门东出海航道12号灯标堤围进行倾倒，与本案其他四被告构成共同侵权，应在其参与运输和倾倒的该部分废胶纸造成的损害范围内，与其他四被告承担连带赔偿责任；现有证据不能确定五被告以外还有明确的侵权行为人；原告诉称的损失，有环科所作出的评估报告等作为依据，证据充分，其中未倾倒的有毒有害物质所致损失应予扣除；袁茂胜参与倾倒有毒有害物质数量根据相关证据予以认定。依照《中华人民共和国侵权责任法》第八条、第六十五条，《中华人民共和国海洋环境保护法》第八十九条，《中华人民共和国民事诉讼法》第五十五条、第六十四条第一款，以及《最高人民法院关于审理环境民事公益诉讼案件适用法律若干问题的解释》第二十条、第二十一条、第二十二条的规定，判决如下：一、被告彭伟权、冯喜林、何伟生、何桂森连带赔偿生态修复费用3 725 589.78元，被告袁茂胜在353 297.68元范围内承担连带赔偿责任，以上款项上交国库，用于修复被损害的生态环境；二、被告彭伟权、冯喜林、何伟生、何桂森连带赔偿因环境污染产生的各项经济损失3 531 748.50元，被告袁茂胜在334 915.71元范围内承担连带赔偿责任，以上款项上交国库，用于修复被损害的生态环境；三、被告彭伟权、冯喜林、何伟生、何桂森连带赔偿鉴定评估费35万元、检测费192 800元、律师代理费2万元，被告袁茂胜在53 370.32元范围内承担连带赔偿责任，以上款项上交国库；四、驳回原告中山市海洋与渔业局的其他诉讼请求。

袁茂胜不服一审判决，提起上诉，但未在规定期限内预交二审案件受理费。广东省高级人民法院作出民事裁定：本案按自动撤回上诉处理。

评　析

本案是民事诉讼法于 2017 年 6 月 27 日修改施行后，全国首例由检察机关支持起诉的海洋环境民事公益诉讼案件。该案的审理有利于严厉打击在珠江口及粤港澳大湾区海域倾倒废弃物的行为，提升公众的环境保护意识和环境法治观念，对建设美丽中国、打好污染防治攻坚战、服务粤港澳大湾区建设具有重要意义。

与本案环境污染相关的刑事案件在中山市两级法院审理，彭伟权等 4 人因犯污染环境罪，终审被判 3 年 3 个月至 3 年 7 个月不等的有期徒刑，并处 6 万元至 8 万元不等的罚金。污染者在承担了刑事责任后，还须依法承担民事责任，故由行使海洋监督管理权的部门依法提起本案民事公益诉讼。本案采取"先刑后民"处理模式，涉及原告主体资格、刑事裁判既判力范围、共同侵权认定、环境损失鉴定等法律问题。

一、关于原告的诉讼主体资格问题

本案废胶纸等垃圾虽然倾倒在中山市横门东出海航道 12 号灯标堤围，没有直接倾倒入海，但该堤围东边是海域，南边是横门水道，北边是河道，该堤围及其周边海域属于重要河口生态系统，在此倾倒垃圾直接污染了海域和河道，破坏了河口生态系统，造成海洋环境污染损害，给国家造成了重大损失。原告提交的《广东省海洋生态红线图件、登记表》显示，本案倾倒垃圾的堤围及其周边海域属于重要河口生态系统，为原告的管理区域和职责范围。因而，法院认为原告是行使海洋环境监督管理权的部门，根据《中华人民共和国海洋环境保护法》第八十九条第二款关于"对破坏海洋生态、海洋水产资源、海洋保护区，给国家造成重大损失的，由依照本法规定行使海洋环境监督管理权的部门代表国家对责任者提出损害赔偿要求"的规定和《中华人民共和国民事诉讼法》第五十五条第一款关于"对污染环境、侵害众多消费者合法权益等损害社会公共利益的行为，法律规定的机关和有关组织可以向人民法院提起诉讼"的规定，中山市海洋与渔业局有权代表国家提起本案民事公益诉讼。袁茂胜以本案垃圾不是直接倾倒入海为由，对中山市海洋与渔业局的主体资格提出异议，缺乏事实和法律依据。

根据《中华人民共和国民事诉讼法》第十五条关于"机关、社会团体、企业事业单位对损害国家、集体或者个人民事权益的行为，可以支持受损害的单位或者个人向人民法院起诉"的规定和第五十五条第二款关于"人民检察院在履行职责中发现破坏生态环境和资源保护、食品药品安全领域侵害众多消费者合法权益等损害社会公共利益的行为，在没有前款规定的机关和组织或者前款规定的机关和组织不提起诉讼的情况下，可以向人民法院提起诉讼。前款规定的机关或者组织提起诉讼的，人民检察院可以支持起诉"的规定，本案倾倒的垃圾污染了海洋环境，负责海洋环境保护和修复工作的中山市海洋与渔业局提起本案诉讼，广东省中山市人民检察院依法可以支持中山市海洋与渔业局起诉。

二、关于生效刑事裁判对民事审判的既判力问题

近年来，人民法院审理了较多的民刑交叉案件。针对此类案件的处理模式，学术界存在"先刑后民""先民后刑""民刑并行"等观点。就环境民事公益诉讼而言，通常是刑事案件已启动或者审结后，原告或公益诉讼起诉人才提起民事诉讼，民事案件审理法院被动选择"先刑后民"的处理模式，并由此形成生效刑事裁判对环境侵权案件的既判力问题。根据《最高人民法院关于适用〈中华人民共和

国民事诉讼法〉的解释》第九十三条的规定，已为人民法院发生法律效力的裁判所确认的事实，当事人无须举证证明，当事人有相反证据足以推翻的除外。该规定中的"裁判"当然包括刑事案件的生效裁判。因此，生效刑事裁判对民事案件审理的影响是客观存在的，问题的关键是既判力的范围应限定在何种程度较为合理。既判力的范围包括客观范围、主观范围、时间范围等。客观范围是指裁判中哪些判断事项具有既判力；主观范围是指既判力作用的主体范围是否存在扩张性；时间范围是裁判在何时对后诉具有约束力。对环境侵权案件而言，如何确定生效刑事裁判既判力的客观范围是审理中的难点。生效刑事裁判往往对环境损害的基本事实、主要的侵权人、因果关系等作出认定，对这些法院已查明的事实、认定的罪名、判处的刑罚等对民事案件的审理当然具有拘束力。在"先刑后民"模式下，生效刑事裁判认定数名被告人（民事案件中的被告）在污染环境罪范围内构成共同犯罪的，综合考量民事案件采信的证据、查明的事实及刑事裁判的既判力等因素，在环境侵权案件中一般应认定该数名被告构成共同侵权。但由于民事案件和刑事案件在证明标准、举证责任、证据排除等方面的差异（如刑事案件的证明标准更高），刑事裁判对某一行为人并不认定构成共同犯罪人，并不妨碍其在民事案件中被认定为共同侵权人。因此，生效刑事裁判对环境侵权案件的既判力范围不宜过大，也不宜过小，要兼顾司法的效率与公平，做到节约司法资源与保护当事人权利的价值平衡。

具体到本案当中，1293号刑事判决和306号刑事裁定已认定彭伟权、冯喜林、何伟生、何桂森违反国家规定，结伙倾倒、处置有毒有害物质，污染环境。根据《最高人民法院关于适用〈中华人民共和国民事诉讼法〉的解释》第九十三条的规定，已为人民法院发生法律效力的裁判所确认的事实，当事人无须举证证明，当事人有相反证据足以推翻的除外。彭伟权对该刑事判决和刑事裁定认定的上述事实没有异议。冯喜林、何伟生、何桂森否认其实施了本案污染环境行为，辩称其未与彭伟权结伙倾倒、处置有毒有害物质，但他们提出的抗辩意见已在刑事案件中提出，并经过广东省中山市第一人民法院和广东省中山市中级人民法院审理，在1293号刑事判决和306号刑事裁定中均已作出分析和认定，他们未能提交新的相反证据推翻该刑事判决和刑事裁定确认的事实，故法院对该刑事判决和刑事裁定确认的事实予以采信，冯喜林、何伟生、何桂森提出的其未实施污染环境侵权行为的抗辩，与查明的事实不符，不予支持。根据《中华人民共和国侵权责任法》第八条关于"二人以上共同实施侵权行为，造成他人损害的，应当承担连带责任"的规定和第六十五条关于"因污染环境造成损害的，污染者应当承担侵权责任"的规定，彭伟权、冯喜林、何伟生、何桂森应对本案污染环境造成的损害承担连带赔偿责任。冯喜林、何伟生、何桂森提出的各被告应承担按份责任的抗辩，缺乏法律依据，不予支持。

三、关于五被告应否承担赔偿责任问题

根据上述1293号刑事判决、306号刑事裁定的认定和袁茂胜的陈述，可以认定袁茂胜受彭伟权委托，用袁茂胜所有的"恒辉20"轮从东莞市中堂镇码头运输一船废胶纸至中山市横门东出海航道12号灯标堤围。袁茂胜明知船上装载的货物为废胶纸，且在当地渔政部门执法人员告知不能将废胶纸卸载并倾倒至堤围的情况下，仍应彭伟权的要求，配合其他被告将部分废胶纸卸载并倾倒至堤围，袁茂胜的上述行为与本案其他四被告的行为已构成共同侵权，袁茂胜应在其参与运输和倾倒的该部分废胶纸造成的损害范围内与其他四被告承担连带赔偿责任。故袁茂胜虽未被生效刑事裁判认定为污染环境的共犯，但法院仍认定其为共同侵权人。袁茂胜提出的其运输

废胶纸仅是在履行运输合同义务,没有配合参与倾倒废胶纸,其不是本案侵权行为人的抗辩,与查明的事实不符,不予支持。至于袁茂胜提出的鉴定人员没有对船上未卸载的货物取样进行鉴定,无法认定袁茂胜运输的废胶纸是否为含有有毒有害物质的混合废弃物的抗辩,因鉴定人员已在堤围多点采样,而从"恒辉20"轮卸下的废胶纸已和之前倾倒至堤围的垃圾混合在一起,鉴定机构根据采样情况综合分析得出的结论足以证明袁茂胜运输的废胶纸是含有毒有害物质的混合废弃物。退一步讲,即使袁茂胜运输的废胶纸不是含有毒有害物质的混合废弃物,但其运输的废胶纸本身就是本案海洋环境的污染物,且袁茂胜运输的废胶纸与之前倾倒的垃圾混合后,已经无法准确区分各部分垃圾污染环境的程度,故袁茂胜的该项抗辩,缺乏事实和法律依据,也不予支持。

关于何伟生、何桂森提出的本案还有其他共同侵权行为人的抗辩,根据本案现有证据并不能确定五被告以外明确的侵权行为人,况且,即使本案存在其他共同侵权行为人,根据《中华人民共和国侵权责任法》第十三条关于"法律规定承担连带责任的,被侵权人有权请求部分或者全部连带责任人承担责任"的规定,原告在本案中请求五被告连带承担责任并无不当,故何伟生、何桂森的该项抗辩,缺乏事实和法律依据,不予支持。

至于被告冯喜林辩称其仅提供租赁场地,被告何伟生、何桂森辩称其仅提供钩机,均否认其实施了本案污染环境行为,并认为其未与彭伟权结伙倾倒、处置有毒有害物质,但三被告的抗辩意见已在刑事案件中提出,并经过中山市第一人民法院和广东省中山市中级人民法院审理,在生效刑事裁判中均已作出分析和认定,故法院均不予采纳。

四、关于原告主张的各项损失是否合理问题

污染海洋环境责任纠纷是人民法院近年来受理的新类型案件,

污染海洋环境造成的损失往往缺少直接、具体、可量化的计算标准，需要有专门知识的人作出鉴定意见。本案污染事件发生后，中山市环境保护局委托环科所对中山市横门东出海航道12号灯标堤围垃圾倾倒污染事件环境损害进行鉴定评估，环科所鉴定后作出了评估报告。环科所是我国环境保护部推荐的第一批环境损害鉴定评估推荐机构名录中的鉴定机构，具有环境损害鉴定评估资质。该评估报告是彭伟权、冯喜林、何伟生、何桂森刑事案件中的证据，该评估报告为广东省中山市第一人民法院和广东省中山市中级人民法院所采信，并作为认定刑事案件事实的依据。在本案审理过程中，作出评估报告的鉴定人员陈琛出庭接受质询，环科所还就合议庭和各方当事人提出的疑问作出书面答复。在五被告仅对评估报告提出异议，但未能提供相反证据予以证明的情况下，法院采信环科所作出的评估报告，并将其作为认定本案事实的依据。

评估报告认定本案环境污染事件造成经济损失为3 531 748.50元，生态修复费用为3 751 941.78元。因评估报告认定生态修复费用的可处置垃圾收集转运费用和垃圾处理费用两个项目时将"恒辉20"轮上尚未卸载的200立方米废胶纸计算在内，而"恒辉20"轮上尚未卸载的200立方米废胶纸已由袁茂胜自行处理，故应将该200立方米废胶纸的可处置垃圾收集转运费用和垃圾处理费用从生态修复费用总金额中扣减。根据评估报告确定的生活垃圾平均密度每立方米为0.488吨，200立方米废胶纸换算为97.60吨可处理类垃圾，可处置垃圾收集转运费用的单价为每吨180元，垃圾处理费用的单价为每吨90元，据此可以计算出97.60吨可处理类垃圾的可处置垃圾收集转运费用和垃圾处理费用共计26 352元，因此，本案环境污染事件的生态修复费用应为3 725 589.78元。根据《最高人民法院关于审理环境民事公益诉讼案件适用法律若干问题的解释》第二十条关于"原告请求恢复原状的，人民法院可以依法判决被告将生态环境修复到损害发生之前的状态和功能。无法完全修复的，可以准许采用替代性修复方式。人民法院可以在判决被告修复生态环境的同时，确定被告不履行修复义务时应承担的生态环境修复费用；也可以直接判决被告承担生态环境修复费用。生态环境修复费用包括制定、实施修复方案的费用和监测、监管等费用"的规定和第二十一条关于"原告请求被告赔偿生态环境受到损害至恢复原状期间服务功能损失的，人民法院可以依法予以支持"的规定，原告请求彭伟权、冯喜林、何伟生、何桂森连带赔偿生态修复费用3 725 589.78元和经济损失3 531 748.50元，具有事实和法律依据，予以支持。

本案垃圾倾倒事件发生后，中山市环境保护局环境监察分局委托中科公司进行倾倒垃圾组成分析及废物属性鉴别检测，中山市环境保护局环境监察分局为此向中科公司支付检测费192 800元。中山市环境保护局委托环科所对中山市横门东出海航道12号灯标堤围垃圾倾倒污染事件环境损害进行鉴定评估，中山市环境保护局为此向环科所支付鉴定评估费35万元。原告为提起本案诉讼，委托广东悦盈律师事务所律师担任其委托诉讼代理人，原告为此向广东悦盈律师事务所支付律师代理费2万元。根据《最高人民法院关于审理环境民事公益诉讼案件适用法律若干问题的解释》第二十二条关于"原告请求被告承担检验、鉴定费用，合理的律师费以及为诉讼支出的其他合理费用的，人民法院可以依法予以支持"的规定，原告请求彭伟权、冯喜林、何伟生、何桂森连带赔偿鉴定评估费35万元、检测费192 800元和律师代理费2万元，具有事实和法律依据，予以支持。冯喜林、袁茂胜提出的原告无权请求鉴定评估费、检测费和律师代理费的抗辩，缺乏事实和法律依据，不予支持。

关于袁茂胜参与倾倒的废胶纸数量，1293号刑事判决、中山市公安局民众分局刑事侦查大队出具的说明、袁茂胜的陈述、"恒辉20"轮船员陈美兰、温祥发的陈述各不相同。考虑到中山市公安局民众分局刑事侦查大队出具的说明、袁茂胜的陈述、"恒辉20"轮船员陈美兰、温祥发的陈述均是刑事案件的证据，广东省中山市第一人民法院和广东省中山市中级人民法院在综合分析上述证据后，认定"恒辉20"轮运输废胶纸约400立方米至堤围，倾倒了约200立方米废胶纸，在本案没有新的证据推翻生效裁判确认事实的情况下，本案认定从"恒辉20"轮卸下的废胶纸为200立方米，即袁茂胜参与倾倒的废胶纸为200立方米。根据评估报告确定的生活垃圾的平均密度每立方米0.488吨，可计算出从"恒辉20"轮上卸载并倾倒至堤围的可处理类垃圾为97.60吨，评估报告以全部1 029.192吨的可处理类垃圾确定生态修复费用和经济损失，故袁茂胜应在总赔偿额9.483%的范围内与其他四被告承担连带赔偿责任，即袁茂胜应连带承担的生态修复费用为353 297.68元，应连带承担的经济损失为334 915.71元，应连带承担的鉴定评估费、检测费和律师代理费为53 370.32元。

（撰稿人：广州海事法院　吴贵宁　谭学文）

9. 货主追偿打捞费损失请求的海事赔偿责任限制

——华泰财产保险股份有限公司嘉兴中心支公司诉林占和船舶碰撞损害保险代位求偿纠纷案[①]

案件索引：宁波海事法院（2009）甬海法事初字第42号，2009年10月26日判决。

基本案情

2008年9月24日，上海品润商贸有限公司（以下简称品润公司）委托"金冠99"轮将122.65吨冷轧钢卷从上海运往广东佛山。该批货物由华泰财产保险股份有限公司嘉兴中心支公司（以下简称华泰保险）承保国内水路、陆路货物运输险。同月27日，"金冠99"轮装载包括涉案122.65吨冷轧钢卷在内共1 377吨货物从上海淞沪港开航。该轮于同月30日1528时许因受台风影响在象山港水域锚泊时，与林占和所属"浙奉渔17080"船（以下简称"17080"船）发生碰撞，品润公司托运的货物均随"金冠99"轮沉没。

事故发生后，"金冠99"轮船东与南通市航务工程有限公司镇

[①] 该案例评析入选浙江省高级人民法院参考性案例，载浙江省高级人民法院《案例指导》2010年第2期。

海分公司约定按每吨500元的价格打捞沉没货物，122.65吨冷轧钢卷被全部打捞上岸后运回上海港以减少损失并处理残值。品润公司因此产生打捞费及运费、码头费等损失每吨560元，合计68 684元。同年12月，华泰保险根据保单约定向品润公司进行货损理赔，对于货物的打捞等费用的理赔款为68 669.21元。该款通过直接支付给垫付单位上海鹿冶钢铁物资有限公司的方式向品润公司赔付，华泰保险取得品润公司权益转让书并依法取得代位求偿权。

涉案碰撞事故经宁波鄞奉海事处调查后认定：林占和所属"17080"船系钢质渔船，船籍港奉化，总吨198吨，船长36.3米，主机功率287千瓦，2005年9月建造。该船当班驾驶员在发觉船舶没有舵效的情况下未能运用良好船艺及早采取包括停车倒车等一切有效的避碰措施；在两船相距约150米才发现锚泊的"金冠99"轮且错误地判断"金冠99"轮为航行中的船舶致未能对当时的局面与碰撞危险作出充分的估计，瞭望疏忽；当班驾驶员在决定航速时未能充分考虑当时正受台风影响象山港锚泊船舶较多的情况，致在临近碰撞前采取减速、倒车等措施仍未能将船停住，故本起碰撞事故的发生完全是"17080"船的过失所造成。"金冠99"轮为进港避风的锚泊船，在锚泊期间按规定昼夜显示锚泊信号，驾驶台有专人值班；值班人员在第一时间发现来船即进行联系，因联系未果，又鸣放声号，同时作好了准备起锚避让的措施，"金冠99"轮已尽到锚泊船所应有的戒备。结论："17080"船的过失是造成本起事故的全部原因，应承担本起事故的全部责任。

2009年8月20日华泰保险起诉称：2008年9月24日，品润公司委托"金冠99"轮将一批冷轧钢卷从上海运输至广东佛山。同月30日"17080"船与"金冠99"轮发生碰撞，品润公司托运的所有货物均随"金冠99"轮沉没。冷轧钢卷经打捞，产生打捞费及抢险费计人民币 68 684 元。华泰保险根据保单约定赔付了上述打捞费、抢险费 68 669.21 元后依法取得代位求偿权。华泰保险认为上述债权系非限制性债权，故诉至法院请求判令林占和赔偿上述损失 68 669.21 元及相应利息。

林占和答辩称：1. 华泰保险未能证明已经赔付本案打捞费，并未取得本案诉权；2. 华泰保险诉请的打捞费依据不足，证据之间互相矛盾且与本案没有关联；3. 如果存在损失，应属限制性债权；4. 其有权享受海事赔偿责任限制并在 58 000 个特别提款权范围内承担赔偿责任。

判决与理由

宁波海事法院经审理认为：本案系船舶碰撞引起的保险追偿纠纷。华泰保险作为沉没货物的保险人，在对涉案货物的打捞等费用进行理赔并取得权益转让书后，依法取得代位求偿权。

根据中国海商法的规定，对船舶碰撞造成的船上货物和其他财产的损失，碰撞船舶互有过失的，各船按照过失程度的比例负赔偿责任，碰撞由于一船过失造成的，由有过失的船舶负赔偿责任。华泰保险按照损失的全额向林占和主张全部赔偿责任，林占和未就两船碰撞的责任比例提出异议，对宁波鄞奉海事处的事故责任认定书亦无异议，故法院对涉案两船碰撞的责任比例按海事处的调查结论予以认定，即林占和所属"17080"船对本次碰撞事故负全部赔偿责任。

对于林占和主张可以享受海事赔偿责任限制而华泰保险抗辩认为其无权享受的问题，法院认为：涉案碰撞事故调查结论并未认定"17080"船存在船员配备不足，亦未认定船舶配员问题与事故发生存在因果关系，而华泰保险虽抗辩林占和无权享受海事赔偿责任限制，但其依据的理由及提供的证据并不能证明涉案碰撞系被告故意或者明知可能造成损失而轻率地作为或不作为所造成，故法院认定林占和作为船舶所有人有权享受海事赔偿责任限制。具体的责任限额，应根据"17080"船198总吨位适用交通部《关于不满300总吨船舶及沿海运输、沿海作业船舶海事赔偿限额的规定》加以确定。依照该规定，"17080"船对非人身伤亡赔偿请求的赔偿限额为58 000个特别提款权，按照事故发生当日即2008年9月30日特别提款权与人民币1∶10.7101的汇率，折算成人民币为621 185.8元。

对于华泰保险诉请的68 669.21元债权是否属于限制性债权问题，华泰保险认为：根据《最高人民法院关于审理船舶碰撞纠纷案件若干问题的规定》（以下简称《碰撞纠纷规定》）第九条关于"因起浮、清除、拆毁由船舶碰撞造成的沉没、遇难、搁浅或被弃船舶及船上货物或者使其无害的费用提出的赔偿请求，责任人不能依照海商法第十一章的规定享受海事赔偿责任限制"之规定，其诉请的打捞费及抢险费属于该规定中"因起浮由船舶碰撞造成沉没船舶及船上货物或者使其无害的费用"，林占和作为碰撞事故责任人不能依照海商法第十一章的规定享受海事赔偿责任限制。林占和则认为：该费用应当属于船舶碰撞所造成的损失，属于限制性债权。法院认为：碰撞规定第九条是针对打捞清除人起诉打捞清除责任人而言的。而本案货主品润公司既不是涉案沉船沉物打捞清除责任人，也不是打捞清除人，故不能适用该规定第九条。本案货主支付打捞费，可视为货主委托打捞，应属于《中华人民共和国海商法》（以下简称《海商法》）第二百零七条第一款第四项规定的"责任人以外的其他人，为避免或者减少责任人依照本章规定可以限制赔偿责任的损失而采取措施的赔偿请求，以及因此项措施造成进一步损失的赔偿请求"，该请求对作为碰撞对方船舶的林占和而言，当属限制性债权。由于林占和在本案中并不存在丧失责任限制的事由，故有权援引海商法上述条款享受海事赔偿责任限制。

综上，依照《中华人民共和国海事诉讼特别程序法》第九十三条、《海商法》第一百六十八条、第二百零七条第一款第四项之规定，判决如下：一、被告林占和于本判决生效后十五日内赔偿原告华泰保险 68 669.21 元及该款自 2008 年 12 月 31 日起至判决确定的履行日止按中国人民银行同期贷款利率计算的利息；二、上述款项应在"浙奉渔 17080"船非人身伤亡赔偿请求的 621 185.8 元赔偿限额内受偿；三、驳回原告华泰保险的其余诉讼请求。

判决后，双方当事人均未提出上诉，上述判决书发生法律效力。

评 析

本案涉及海事赔偿责任限制中一个似是而非的问题：即货主承担随船沉没货物打捞费用后，向碰撞责任人追偿，碰撞责任人是否可以享受海事赔偿责任限制。宁波海事法院对此作出了正确的判定。该问题的判定，关系到对中国法律就沉船沉物打捞所作的特殊处理以及对《碰撞纠纷规定》第九条、《海商法》第二百零七条第一款第四项的准确把握。

一、关于沉船及随船沉没货物的打捞责任人

根据《中华人民共和国海上交通安全法》（以下简称《海上交通安全法》）第四十条"对影响安全航行、航道整治以及有潜在爆炸危险的沉没物、漂浮物，其所有人、经营人应当在主管机关限定的时间内打捞清除。否则，主管机关有权采取措施强制打捞清除，其

全部费用由沉没物、漂浮物的所有人、经营人承担。本条规定不影响沉没物、漂浮物的所有人、经营人向第三方索赔的权利"之规定，沉船的打捞责任人是明确的，即沉船的所有人或经营人。但对于随船沉没货物的打捞责任人，是货物的所有人或经营人，还是沉船的所有人或经营人，可能会有不同理解。

就相关法律规定来看，此种情况不应再区分船舶和货物的所有人或经营人，分别确定打捞清除责任人，而应统一由沉没船舶所有人或经营人承担沉船沉物的打捞清除责任。其理由是：

（一）《中华人民共和国打捞沉船管理办法》第二条规定：除军事舰艇和木帆船外，在中华人民共和国领海和内河的沉船，包括沉船本体、船上器物以及货物都适用本办法。该条规定表明，随船沉没的货物，属于沉船的打捞范围。虽然该管理办法发布于1957年10月11日，但目前仍然有效。

（二）从《海上交通安全法》第四十条第一款的规定看，沉没物、漂浮物的所有人或经营人是分别针对沉没物和漂浮物而言的，也就是说，沉没物归沉没物的所有人或经营人打捞清除，漂浮物归漂浮物的所有人或经营人打捞清除。当船舶沉没时，所载货物一并沉没（包括船舶沉没时漂浮出来的货物），沉船沉物均为沉没物，《海上交通安全法》没有再细分打捞清除责任人。

（三）从《第二次全国涉外商事海事审判工作会议纪要》第一百三十八条[①]和《海上交通安全法》第四十条规定的内容来看，沉船沉物打捞清除适用无过错责任原则。据此，确定船舶所有人或经营人为沉船沉物的打捞清除责任人也无不妥，其承担责任后可以向

[①] 《第二次全国涉外商事海事审判工作会议纪要》第一百三十八条为："强制打捞清除沉船沉物而产生的费用，由沉船沉物的所有人或者经营人承担"。

包括货物所有人或经营人在内的、对船舶和货物沉没负有责任的第三人追偿。

（四）货物沉没或漂浮，是由于船舶沉没所致，船舶沉没是"因"，货物沉没或漂浮是"果"，确定一个打捞清除责任人，宜根据原因来确定，而不能根据结果来确定，即应该确定沉船所有人或经营人为沉船沉物的打捞清除责任人。

（五）如果确定沉船沉物具有不同的打捞责任人，这对沉船沉物的打捞清除是不利的。首先是船舶所有人、经营人与货物所有人、经营人会产生推诿现象，如船舶所有人会以货物所有人打捞结束后才能进行打捞为由进行推诿；其次是会产生牵扯现象，如货物打捞必然牵扯船舶处理，而船舶打捞又必然影响货物；再次是船舶与货物的顺利打捞清除，有赖于双方的协作与合作，而由于打捞费的分担、确定等利益关系，双方难以协作与合作。

（六）船舶与货物由不同的所有人承担打捞清除责任，实质在于由不同的人承担打捞清除费用。而一般情况下，货物运输途中随船沉没，依运输合同关系，作为承运人的船舶所有人、经营人应赔偿货主的损失，包括打捞清除费用损失。在这种情况下，先由货主承担打捞清除费用，再由其向承运人索赔，不如由作为承运人的船舶所有人、经营人直接承担打捞清除费用来得科学合理，能够避免许多矛盾。

（七）从强制性的打捞清除实践来看，在货物随船沉没的情况下，海事主管部门从未分别要求船舶所有人、经营人和货物所有人、经营人对船舶和货物进行限期打捞清除，继而实施强制打捞清除，而都是要求船舶所有人、经营人对沉没船舶及货物进行限期打捞清除，继而实施强制打捞清除。

二、关于沉船沉物打捞责任限制的特殊规定

对于可以限制赔偿责任的海事赔偿请求，《海商法》借鉴了《1976

年海事赔偿责任限制公约》（以下简称《1976年责任限制公约》），规定了责任人可以依照海商法第十一章的规定享受海事赔偿责任限制的几种海事赔偿请求，包括：（一）在船上发生的或者与船舶营运、救助作业直接相关的人身伤亡或者财产的灭失、损坏，包括对港口工程、港池、航道和助航设施造成的损坏，以及由此引起的相应损失的赔偿请求；（二）海上货物运输因迟延交付或者旅客及其行李运输因迟延到达造成损失的赔偿请求；（三）与船舶营运或者救助作业直接相关的，侵犯非合同权利的行为造成其他损失的赔偿请求；（四）责任人以外的其他人，为避免或者减少责任人依照本章规定可以限制赔偿责任的损失而采取措施的赔偿请求，以及因此项措施造成进一步损失的赔偿请求。对于《1976年责任限制公约》所规定的就"有关沉没、遇难、搁浅或者被弃船舶的起浮、清除、拆毁或者使之无害提起的索赔"、"有关船上货物的清除、拆毁或者使之无害提起的索赔"可以限制赔偿责任的内容，立法时，出于对中国基本国情的考虑，为确保资金到位从而有效地打捞清除沉船沉物，保护航道安全，《海商法》第二百零七条在参照《1976年责任限制公约》规定的同时，对这两项海事赔偿请求作出了保留，从而形成了沉船沉物打捞清除责任人不能限制赔偿责任的特殊规定。

三、对《碰撞纠纷规定》第九条的理解

《碰撞纠纷规定》第九条关于"因起浮、清除、拆毁由船舶碰撞造成的沉没、遇难、搁浅或被弃船舶及船上货物或者使其无害的费用提出的赔偿请求，责任人不能依照海商法第十一章的规定享受海事赔偿责任限制"的规定，就是对《海商法》第二百零七条第一款第一项例外情况的解释。该责任人毫无疑问就是上述沉船及船上货物的打捞责任人，即沉船的所有人或经营人，而不是货物的所有人。也就是说，《碰撞纠纷规定》第九条是针对打捞清除人起诉打捞清除

责任人而言的，在这种情况下，责任人不能依照海商法第十一章的规定享受海事赔偿责任限制。

至于因船舶碰撞导致一方船舶及船上货物沉没，碰撞对方是否也是沉船及船上货物的打捞责任人，《碰撞纠纷规定》未作具体解释，《碰撞纠纷规定》出台前后，学术界和审判实践中对此均有不同认识。但不管如何，该责任人均不包括货物的所有人。

四、货主追偿打捞费损失请求的责任限制问题

既然货物的所有人不是随船沉没货物的打捞责任人，其为什么又要进行打捞呢？答案是明确的：因为对碰撞所造成的损失，碰撞双方都能限制赔偿责任，货主的损失便得不到足额的清偿，而打捞货物能够减少货主的实际损失〔货主出于经济利益上的考量，只会在打捞费用加上货物损失（即货值减去货物残值）小于货物全损的情况下，才会实施打捞〕。

《海商法》第二百零七条第一款第四项规定："责任人以外的其他人，为避免或者减少责任人依照本章规定可以限制赔偿责任的损失而采取措施的赔偿请求，以及因此项措施造成进一步损失的赔偿请求。"对照该款规定，本案货主系责任人以外的其他人；责任人是向货主承担赔偿责任的承运船舶所有人、经营人或碰撞双方的船舶所有人、经营人（此处的责任人与《碰撞纠纷规定》第九条所规定的责任人是不同的，两者既有联系又有区别）；货主打捞的目的虽在于减少自己的损失，但客观上也减少了责任人可以限制赔偿责任的损失，故本案原告代位货主追偿货物打捞费损失，完全符合该款规定的条件，被请求人可以限制赔偿责任。

《海商法》第二百零七条第一款第四项的规定，似乎也适用于打捞人起诉打捞责任人索要打捞费的情况，因为在非强制打捞的情况下，沉船所有人或者经营人会出于经济上的考量对沉船及船上货物

实施打捞。此时，打捞人系责任人以外的其他人，其打捞的目的是为了减少责任人依照本章规定可以限制赔偿责任的损失，故打捞人起诉责任人索要打捞费，责任人也可以限制赔偿责任。但这样理解是片面的，我们还应注意《海商法》第二百零七条第二款的规定："但是，第（四）项涉及责任人以合同约定支付的报酬，责任人的支付责任不得援用本条赔偿责任限制的规定。"也就是说，《海商法》已对这两种情况的法律适用作了明确的规定。

（撰稿人：宁波海事法院　吴勇奇）

10. 碰撞沉没船舶打捞费损失的海事赔偿责任限制

——郭水景、石狮市恒达船运有限公司诉南安市轮船有限公司船舶碰撞损害赔偿纠纷案

案件索引：宁波海事法院（2006）甬海法事初字第4号，2006年5月12日判决；浙江省高级人民法院（2006）浙民三终字第152号，2006年9月20日判决。

基本案情

2005年4月29日0545时，原告郭水景所有、石狮市恒达船运有限公司（以下简称恒达公司）经营的"新万兴"轮装载135个集装箱从福州港起航开往上海港，于30日0552时在浙江大陈岛以西附近水域，与被告南安市轮船有限公司（以下简称轮船公司）所有、装载着石头、钢材等货物从青岛港开往福建后渚港的"成功62"轮发生碰撞，"成功62"轮船艏以接近90度角碰撞"新万兴"轮左舷前舱后部。同日0730时，"新万兴"轮在"成功62"轮的护航下，抢滩成功，并抛右锚固定船舶，此时船舶第一舱进水，第2舱部分进水。因船体不断下陷及潮水变大，5月2日上午"新万兴"轮沉没。为抢救船舶和船员，两原告支付施救、抢险费99 990元、应急处置

费 153 000 元。

2005 年 5 月 6 日两原告与台州市椒江海鑫水下工程有限公司（以下简称海鑫公司）签订《"新万兴"轮沉船整体打捞合同》，约定船舶整体打捞费用为 270 万元，在合同生效后由两原告预付 20%，余款 80% 在沉船交接时一次性付清，款均汇椒江海事处，由椒江海事处支付给海鑫公司，打捞过程由海事部门监督指导，合同自签字盖章起生效等。同日，两原告与被告就船舶碰撞所造成的损失达成一份《协议书》，约定：被告在责任限制基金限额内（以实际计算为准）先付人民币 170 万元给原告，原告的船、货损失不再向被告追偿；协议签订后，原告应出具书面证明给椒江海事处，同意放行"成功 62"轮；付款方式为三期等。

2005 年 5 月 19 日"新万兴"轮打捞完毕，两原告支付探摸费 2 万元和打捞费 270 万元；同年 6 月 4 日原告恒达公司出具了收到被告碰撞事故赔款 170 万元的收条。

2005 年 7 月 28 日，被告向宁波海事法院申请设立海事赔偿责任限制基金，该院于 10 月 20 日作出（2005）甬海法限字第 8 号民事裁定，准许被告设立总额为 2 177 319 元的责任限制基金。同年 11 月 9 日，宁波海事法院作出（2005）甬海法权字第 52 号民事判决书，认定两原告对碰撞事故承担 40% 的责任，被告对碰撞事故承担 60% 的责任。

原告郭水景、恒达公司就前述船舶碰撞引起的部分经济损失进行债权登记并提起确权诉讼，但对于碰撞事故所涉"新万兴"轮救助打捞等费用，两原告依据中国相关法律规定，认为被告不能限制赔偿责任，故诉请法院判令被告赔偿原告因船舶碰撞而遭受的经济损失 1 783 794 元及自 2005 年 4 月 30 日起至判决履行之日止的利息（按中国人民银行企业同期贷款利率计算）。

被告轮船公司辩称：两原告明确其诉讼请求系船舶碰撞所造成的经济损失，同时明确碰撞事故因船员过失所致，碰撞双方均负有责任，这已被法院判决所确认；船舶碰撞是船舶营运中伴随的风险，根据《中华人民共和国海商法》（以下简称《海商法》）的规定，因船舶碰撞造成的损失属于限制性债权，并非原告主张的非限制性债权；被告已经向法院申请设立了海事赔偿责任限制基金，法院也发布了公告，如果是因本次事故引起的损失，应该向法院申请债权登记；事故发生后，原、被告双方已就本次事故的损失达成了和解协议，约定在救助打捞完工后付170万元，被告已据此支付了款项，双方纠纷已经解决。故请求法院驳回原告的诉讼请求。

判决与理由

宁波海事法院经审理认为：本案系船舶碰撞引起的损害赔偿确权纠纷，原、被告双方对碰撞事实和碰撞责任均无异议，两原告对被告设立海事赔偿责任限制基金也无异议。根据《海商法》第二百零七条第一款第一项的规定，在船上发生的或者与船舶营运直接相关的财产灭失、损坏，以及由此引起的相应损失，责任人均可限制赔偿责任。依照《最高人民法院关于船舶碰撞和触碰案件财产损害赔偿的规定》（以下简称《船舶碰撞和触碰损害赔偿规定》）第三条第三项的规定，合理的救助费，沉船的勘查、打捞和清除费用，设置沉船标志的费用属于船舶损害赔偿的范围。本案船舶发生碰撞后，为了抢救船、货、人以减少损失，两原告支出相应的施救、抢险费用和应急处置费用是合理的，也是必要的，否则有可能会造成更严重的后果。船舶沉没后，若不打捞，势必会对海洋环境和航行安全带来一定的影响，同时也是为了减少损失，原告对沉船进行了探摸、打捞，产生费用也是必然的。故原告这些费用的产生具有合理性和必要性，依法应列入船舶损失的范围，被告也有权对原告主张的这些费用享受海事赔偿责任限制。

本案被抢救和打捞的是"新万兴"轮，无论此次抢救、打捞是否属于强制，所有费用均系因抢救和打捞"新万兴"轮而产生，两原告作为"新万兴"轮的船舶所有人和经营人，是费用支付的主体，对两原告而言，此费用属非限制性债权，两原告不能享受海事赔偿责任限制。而该两项费用对被告而言属船舶碰撞所造成的损害赔偿，两原告向被告主张的也是船舶碰撞所造成的损失，因此"新万兴"轮的抢救和打捞费用属被告因船舶碰撞造成原告损失的赔偿范围，被告有权援引《海商法》第二百零七条第一款第一项的规定，享受海事赔偿责任限制。原告关于其诉请的打捞费用等被告不能享受海事赔偿责任限制的主张，无法律依据，法院不予支持。至于两原告与被告事后达成《协议书》，因双方已在厦门海事法院提起诉讼，故法院不再对《协议书》进行审理，且《协议书》的效力如何，不影响本案的审理结果。

原告的损失包括打捞费 270 万元及利息，因本案费用较多，发生的时间不一，但大多数发生于 2005 年 6 月 16 日，故统一从该日起算利息。原告总损失为 2 972 990 元，被告应承担 60% 的赔偿责任，计 1 783 794 元。

综上，依照《海商法》第一百六十九条第一款、第二款，第二百零七条第一款第一项的规定，判决如下：一、被告轮船公司赔偿原告郭水景、恒达公司经济损失 1 783 794 元，该款自本判决生效后十日内履行完毕，并承担自 2005 年 6 月 16 日起至本判决确定的履行日止按中国人民银行同期贷款利率计算的利息；二、上述债权应在被告轮船公司设立的海事赔偿责任限制基金内受偿。

判决后,原告郭水景和恒达公司提出上诉,其理由是:(一)一审法院所认定的部分事实不清,具体表现为:1. 原判虽确认了台州椒江海事处出具的情况说明,但未认定"新万兴"轮沉船打捞属于强制性打捞。2. 原判未能查明"成功62"轮从青岛港开航时船舶是否处于适航状态的事实及轮船公司是否具有丧失责任限制的事由。(二)原判适用法律错误,具体表现为:1. 原判对《海商法》第二百零七条第一款第一项规定的理解有错误,"新万兴"轮沉船打捞属于强制性打捞,其打捞费用不是与"成功62"轮船舶营运直接相关的,而是依据行政机关的行政行为而产生的,因此本案沉船打捞费用并不适用《海商法》第二百零七条第一款第一项的规定。2. 原判认定被告轮船公司可以享受海事赔偿责任限制有错误。3. 由于"新万兴"轮与"成功62"轮均是船舶碰撞的肇事船,原判未依法认定轮船公司也是"新万兴"轮沉船打捞的责任主体不当。4. 原判将"新万兴"轮沉船打捞费用认定为限制性债权有悖于社会公共利益和公平原则。

二审法院经审理,依法驳回两原告的上诉,维持了原判。

评 析

本案涉及两个法律没有明确规定的程序和实体问题:一是两原告认可被告申请设立海事赔偿责任限制基金并享有海事赔偿责任限制的权利,但认为其追偿打捞费损失的海事请求,被告不能限制赔偿责任,因而在提起确权诉讼的同时,又提起了普通诉讼,这是否允许？二是《第二次全国涉外商事海事审判工作会议纪要》[①]对强制打捞清除沉船沉物费用的承担主体以及就沉船沉物强制打捞清除费用提出的请求，责任人不能享受海事赔偿责任限制作出了明确规定，却未对沉船方就打捞清除费用损失向碰撞对方追偿时，被追偿人能否限制海事赔偿责任作出明确规定，这是否意味着被追偿人也不能限制赔偿责任？关于上述问题，笔者完全赞同宁波海事法院的判决观点。

一、关于原告在提起确权诉讼的同时，又提起了普通诉讼的问题

（一）对限制性债权提起确权诉讼，对非限制性债权提起普通诉讼，这在法律上是明确的。根据《中华人民共和国海事诉讼特别程序法》（以下简称《海事诉讼特别程序法》）第一百一十二条、第一百一十六条之规定，债权人就限制性债权申请债权登记后，应向受理债权登记的海事法院提起确权诉讼。海事法院对确权诉讼作出的判决、裁定具有法律效力，当事人不得提起上诉。因为债权登记和确权诉讼是为海事赔偿责任限制基金分配做准备的，因而依法走特殊的诉讼程序。如果债权人的债权是非限制性的，则不参与海事赔偿责任限制基金的分配，故应依法走普通的诉讼程序。

（二）对是否属于限制性债权并不明确或有争议的，该如何诉讼，法律并无明确规定。海事事故发生后，会产生限制性债权，也会产生非限制性债权，前者如碰撞所导致的货物损害赔偿请求，后者如碰撞导致的沉船打捞费支付请求。但对于沉船方就打捞清除费用损

[①] 《第二次全国涉外商事海事审判工作会议纪要》第138条规定：强制打捞清除沉船沉物而产生的费用，由沉船沉物的所有人或者经营人承担。第139条规定：就沉船沉物强制打捞清除费用提出的请求为海事赔偿请求，责任人不能依照《中华人民共和国海商法》第十一章的规定享受海事赔偿责任限制。

失向碰撞对方追偿时，被追偿人能否限制海事赔偿责任问题，法律并无明确的规定。对此，当事人会有不同主张，审判实践中也会有不同认识，适用什么程序进行审理，也是个问题。

（三）对不明确属于限制性债权的海事请求，适用普通诉讼程序进行审理，是公平、合理的。其理由是：

1. 对不明确属于限制性债权的海事请求，经法院审理后，有可能判定为非限制性债权。此时如果适用确权诉讼程序，就违反了确权诉讼程序仅适用于限制性海事请求的属性。据此可能，就不应适用确权诉讼程序，而应适用普通诉讼程序。

2. 对不明确属于限制性债权的海事请求，经法院审理后，如果判定为限制性债权，此时虽可适用确权诉讼程序，但适用普通诉讼程序，也不违反法律规定。因为在没有设立海事赔偿责任限制基金的情况下，限制性的海事请求适用的就是普通的诉讼程序。这就说明，限制性债权并不排斥普通程序的适用。在这种可能性之下，既可适用确权诉讼程序，也可适用普通诉讼程序。

3. 对不明确属于限制性债权的海事请求，如果债权人主张其债权属于非限制性的，即使一审法院认为其债权应属限制性债权，也不可适用确权诉讼程序。因为此时如果适用确权诉讼程序，无疑会强行剥夺债权人对债权属性的上诉权，这在程序上是不公平的。

基于上述考虑，选择适用普通程序审判不明确属于限制性债权的海事请求，无疑是正确的。

4. 这里需要解决的另一个相关问题是：对不明确属于限制性的债权，如何进行债权登记？本案债权人是否进行债权登记，有其两难：如果进行债权登记，则等于承认其债权是限制性的，依《海事诉讼特别程序法》的相关规定，债权登记后就必须提起确权诉讼，这违背其主张和意愿；如果不进行债权登记，万一该债权最终被法院判定为限制性的,就有可能因为没有进行债权登记,就不能参与基金分配了。

笔者认为,解决的方法有二:一是要求债权人进行债权登记,并允许其提起普通诉讼,如果法院最后判定其债权属于限制性的,则参与基金分配,如果法院最后判定其债权属非限制性的,则不参与基金的分配,可另行执行。二是作为债权登记的例外情况,当法院最后否定债权人的主张,判定债权人的债权属于限制性债权时,直接参与基金的分配。宁波海事法院实际采用的是第二种方法。但相比较而言,第一种方法较为科学、合理,有利于法院对限制性债权的全面把握及基金的分配,避免限制性债权的遗漏。

二、关于两船碰撞导致一船沉没,沉船方就打捞费损失向碰撞对方追偿时,被追偿人能否限制海事赔偿责任的问题

(一)沉船打捞费对碰撞双方而言均属碰撞造成的财产损失。从《海商法》的规定看,对船舶碰撞所造成的财产损失,应归入第二百零七条第一款第一项关于"在船上发生的或者与船舶营运、救助作业直接相关的人身伤亡或者财产的灭失、损坏,包括对港口工程、港池、航道和助航设施造成的损坏,以及由此引起的相应损失的赔偿请求"的范围,责任人能够限制赔偿责任。据此规定,两船碰撞导致一船沉没,沉船打捞费对碰撞双方来说,都属于碰撞所造成的财产损失,对该项赔偿请求,碰撞双方应该都可以限制赔偿责任。

(二)中国对《1976年海事赔偿责任限制公约》(以下简称《1976年责任限制公约》)所规定的沉船沉物打捞清除费用可享受责任限制作了保留。从立法的角度考查,关于可以限制赔偿责任的海事赔偿请求,《海商法》虽借鉴了《1976年责任限制公约》的规定,却未吸纳《1976年责任限制公约》所规定的就"有关沉没、遇难、搁浅或者被弃船舶的起浮、清除、拆毁或者使之无害提起的索赔"、"有

关船上货物的清除、拆毁或者使之无害提起的索赔"可以限制赔偿责任的内容。根据国务院法制局局长杨景宇在第七届全国人民代表大会第二十六次会议上就起草《海商法》所作的说明："《1976年责任限制公约》规定'有关沉没、遇难、搁浅或被弃船舶（包括船上的任何物件）的起浮、清除、毁坏或使之变为无害的索赔'，'有关船上货物的清除、拆毁或使之无害的索赔'，船方可以享受海事赔偿责任限制。但公约同时规定，缔约国可以对上述规定提出保留。草案没有采纳这两项规定，因此在中国沿海发生这两种情况，不应享受责任限制"，对船舶碰撞所造成的财产损失，能够限制赔偿责任的，却不包括沉船沉物的打捞清除费用。《海商法》之所以未吸纳该两项规定，出于对中国基本国情的考虑，为确保资金到位从而有效地打捞清除沉船沉物，保护航道安全。

（三）沉船沉物打捞清除费用不享受责任限制针对的是沉船沉物所有人或经营人。根据《中华人民共和国海上交通安全法》第四十条关于"对影响安全航行、航道整治以及有潜在爆炸危险的沉没物、漂浮物，其所有人、经营人应当在主管机关限定的时间内打捞清除。否则，主管机关有权采取措施强制打捞清除，其全部费用由沉没物、漂浮物的所有人、经营人承担。本条规定不影响沉没物、漂浮物的所有人、经营人向第三方索赔的权利"之规定，以及《第二次全国涉外商事海事审判工作会议纪要》第138条关于"强制打捞清除沉船沉物而产生的费用，由沉船沉物的所有人或者经营人承担"之规定，沉船沉物的打捞清除费用的承担主体是沉船沉物的所有人或经营人。因此，为确保资金到位从而有效地打捞清除沉船沉物，保护航道安全，从而排除其赔偿责任限制的，只能是沉船沉物的所有人或经营人。碰撞对方由于不是沉船打捞清除的直接责任主体，因此，不在排除赔偿责任限制的范围之内。

10.碰撞沉没船舶打捞费损失的海事赔偿责任限制

（四）沉船沉物打捞清除费用相对不同主体的债权属性差异决定了责任限制的区别。对沉船方来说，沉船打捞清除费用是打捞清除合同项下劳动报酬的支付义务，根据《海商法》第二百零七条第二款关于"前款所列赔偿请求，无论提出的方式有何不同，均可以限制赔偿责任。但是，第（四）项涉及责任人以合同约定支付的报酬，责任人的支付责任不得援用本条赔偿责任限制的规定"之规定，沉船沉物的所有人对打捞清除费用的支付责任，不能援用赔偿责任限制的规定[①]。如果这种支付义务能够限制责任的话，就没人愿意与沉船沉物所有人订立打捞清除合同并对沉船沉物实施打捞清除了。而对于碰撞对方而言，沉船沉物打捞清除费用则是侵权项下的赔偿义务，《船舶碰撞和触碰损害赔偿规定》第三条第三项明确规定：打捞清除费用应属于船舶损害赔偿范围，该项赔偿请求完全符合《海商法》第二百零七条第一款第一项所规定的责任限制条件，且没有法律规定排除该赔偿义务责任限制的适用，故而沉船沉物所有人就打捞清除费用向碰撞对方追偿时，碰撞对方可依法限制赔偿责任。

上述分析表明，宁波海事法院的判决结果是正确的。

（撰稿人：宁波海事法院 吴勇奇）

[①] 参见《中华人民共和国法律诠释》编写委员会：《中华人民共和国海商法诠释》，人民法院出版社 1995 年版，第 382 页之诠释：但是，第（四）项涉及责任人以合同约定支付的报酬，因其不属于损害赔偿，而属合同下的"商品交换"，故本法参照《1976 年责任限制公约》的规定，责任人在履行支付责任时，不得援引责任限制的规定。同时，考虑到沉船沉物的打捞清除工作关系到社会公众利益，且《1976 年责任限制公约》又允许缔约国对此提出保留，故本法基于我国国情，未把对沉船沉物的打捞清除费用之赔偿请求列入责任限制的范围，责任人对此费用不能限制其赔偿责任。

11. 承运人侵权责任的认定

——江西稀有稀土金属钨业集团进出口有限公司诉宏海箱运支线有限公司等海上财产损害责任纠纷案[①]

案件索引：广州海事法院（2009）广海法初字第493号，2012年8月27日判决；广东省高级人民法院（2013）粤高法民四终字第31号，2013年9月13日判决；广东省高级人民法院（2013）粤民再字第69号，2016年7月18日判决。

基本案情

2009年5月9日，江西稀有稀土金属钨业集团进出口有限公司（以下简称稀土公司）与美国阿莫公司签订废铜买卖合同，约定：稀土公司向后者采购2号废铜6 000吨，首批500吨，单价为作价期内伦敦金属交易所公布的A级铜现货平均结算价的93%，CFR厦门或广州，作价期为信用证开证日前6个工作日。货物在装货港需由通标标准公司、中国检验认证集团或其他同等检验机构出具运往中国的废物原料装运前检验证书、数量及质量确认书。

2009年5月27日，斯马特公司代表玛比利达公司向宏海箱运支线菲律宾有限公司（以下简称宏海菲律宾公司）订舱，要求于6

[①] 该案例分析获全国法院系统2016年度优秀案例分析评选活动二等奖。

月7日把19个内装废金属的40英尺集装箱装上"宏中"轮，从菲律宾运往中国广东南海，并要求由曼因货运公司提取该批空集装箱。5月29日至6月4日，19个空集装箱从集装箱码头公司提取，每一个集装箱车司机都收到一份集装箱设备交接单，记载了有关集装箱编号、卡车司机、使用货车的车牌号码和船封号序号等内容。

　　中国检验认证集团菲律宾公司（以下简称中检菲律宾公司）在检验之前，收到了一封申请人为德明公司的申请函，申请对500吨不含铁的废铜进行检验，地点为拉古那市圣佩德罗国家高速公路的菲律宾楼。2009年6月1日，阿兹加德运输服务公司的经营者伊米尔达·欧特加在中检菲律宾公司办公室把检验员杰·坎波斯接走，并送到帕西格市珍妮大街附近的一间仓库。杰·坎波斯称并非所有的装填袋都在仓库内，因为装填袋在被运到仓库的同时也在被装运出去，该仓库面积只有100平方米，装不下500吨废铜。集装箱装货后，封了中检菲律宾公司铅封和另外一个不知名的铅封，但没有船公司铅封。6月8日，伊米尔达·欧特加代表金球公司取走了中检菲律宾公司为本次检验出具的品质证书、数量证书以及环境影响评价证书。根据品质证书和数量证书记载，供应方是金球公司，托运人是德明公司，收货人为稀土公司。

　　2009年6月2日至6日，19个载货集装箱被运至马尼拉码头，并装上"宏中"轮。根据码头集装箱设备交接单的记载，所有载货集装箱抵达马尼拉码头时，都只有船封，并无中检菲律宾公司的铅封。集装箱车公司签发的运单，也只记载了船封号，没有中检菲律宾公司的铅封号。

　　2009年6月9日，宏海菲律宾公司代表宏海箱运支线有限公司（以下简称宏海公司）签发了以宏海公司为抬头的提单及提单附件，记载：托运人德明公司，转交金球公司，收货人及通知方为稀土公司，

海事纠纷

承运船"宏中"轮，装货港菲律宾马尼拉港，卸货港中国广东南海平洲码头，收货地菲律宾马尼拉集装箱堆场，发货地为南海平洲港集装箱堆场；19个40英尺的集装箱，由托运人装箱、盘点及铅封，据托运人描述，集装箱内货物为503.46吨2号紫杂铜，标准铜含量96%，最低铜含量94%；箱号/封号栏备注整箱货必须注明标志与数量，此栏中注明了19个集装箱的箱号和船公司的铅封号，并注明完整的集装箱资料请看附件。提单附件记载了19个集装箱的集装箱号、船封号、中检菲律宾公司的铅封号及每个载货集装箱的重量。

2009年6月9日，"宏中"轮到达香港。6月15日，REGU4999571号集装箱在中转卸箱过程中意外受损。6月17日，在宏海菲律宾公司、宏海公司、宏海箱运私人有限公司（以下简称宏海私人公司）的代理人宏海香港公司委托的标准公证行的监装下，该集装箱货物被转移到REGU4213152号集装箱内，并加封了编号为075153的中国检验认证集团的铅封，且在标准公证行出具的检验证书中，记载了被转载货物犹如"土壤及石块"。受损集装箱货物在香港被发现不是提单记载的货物后，宏海公司将相关情况通知了托运人，未通知收货人。6月30日，稀土公司收到了在香港受损涉案集装箱货物已转装的邮件，并附有转装货物的照片，该照片显示，货物疑似泥土。

2009年7月12日，19个集装箱经"兴航921"轮由香港运往广东南海平洲港。7月14日，稀土公司、中检菲律宾公司的代表、宏海公司代表等在平洲港联合对19个集装箱进行了外观、开箱查验：每一个集装箱都有船封，REGU4213152号集装箱还有中国检验认证集团075153号铅封；集装箱外观清洁未受损，无撬动痕迹，铅封完好，箱体结构、箱门各部件均未损坏；每一个集装箱内装运的都是泥土、石块、铁锈块和废铁渣，而不是提单记载的废铜。

2009年5月19日,应原告的要求,中国建设银行南昌洪都支行(以下简称建行洪都支行)开具一份不可撤销信用证。信用证列明所需单据有全套清洁的已装船提单(显示运费预付及船名,通知方和收货人为信用证申请人)、签字商业发票、签字装箱单、通标标准公司、中国检验认证集团或者装运港其他同等机构出具的品质及数量证明、中国检验认证集团装船前检验证书、受益人出具的原产地证明及托运人的境外企业登记证书。6月15日,建行洪都支行收到了议付行国泰银行寄来的面函及信用证要求的单据。6月20日,原告向建行洪都支行支付了货款,并取得了正本提单。

2009年8月14日,宏海菲律宾公司向菲律宾国家调查局要求协查涉案集装箱的案件。2010年2月8日,菲律宾国家调查局出具了调查报告。

该调查报告认为,依据查明情况判断,数人合谋欺诈了稀土公司。托运人金球公司是一家以犯罪为目的成立的公司,其注册登记的公司地址为虚假地址,且无经营业务的办公室。废铜的装载工作在帕西格市珍妮大街第8号的一家租来的仓库进行,而集装箱车公司签发的运单显示集装箱装载地为水道而非珍妮大街。申请中检菲律宾公司检验的地点为拉古那市圣佩德罗国家高速公路的菲律宾楼,而实际检验地却为珍妮大街。储存货物的仓库明显不能储存500吨废铜,且通过照片观察,小仓库里根本就没有储存废铜,当集装箱装满被运走后,一辆无篷卡车会把装有废铜的大袋子运来。集装箱装满废铜之后被封上带"SSSI"字样的铅封,并没有封宏海公司的船封,之后,杰·坎波斯再封上中检菲律宾公司的铅封。因为只关心中检菲律宾公司的铅封,杰·坎波斯没有注意到集装箱本该封上宏海公司船封却被封上了其他的铅封,他对铅封情况拍了照片。集装箱装载完毕之后,集装箱车原本应立即开往马尼拉码头,却开到了离珍妮大街3公里远的水道，在此中检菲律宾公司的铅封和伪造的铅封都被破坏，集装箱里的废铜被替换成其他物质，欺诈者通过水道的桥秤来计算替换物质的重量，使其与本应装载的货物重量大致相当。在替换废铜之后，集装箱封上宏海公司的船封。封船封是关键所在，当货物装填进集装箱之后，金球公司故意不在中检菲律宾公司的铅封旁边封上船封的行为，是导致宏海公司无法确定货物是否被替换的一个主要原因。如果在货物装填完之后就封上船封，在从仓库到码头的运输途中，任何替换货物的企图都会毁坏船封，被毁船封在装运港会轻易地被发现。

稀土公司2009年8月3日向广州海事法院起诉称："宏中"轮的所有人为宏海私人公司。承运人宏海公司和实际承运人宏海私人公司在其责任期间未尽到照看、保管货物的义务，致使集装箱的中检菲律宾公司铅封灭失，造成原告货物损失，应当承担侵权赔偿责任。宏海公司在签发提单时，记载的中检菲律宾公司铅封号为虚假信息，导致信用证下的货款被支付。请求判令：三被告宏海公司、宏海菲律宾公司、宏海私人公司连带赔偿原告稀土公司装船时货物价值2 084 973.86美元、保险费1 376.08美元和运费11 400美元，共计2 097 749.94美元及其利息；三被告连带支付检验费及杂费人民币24 770元、港杂费人民币85 500元和律师费人民币80万元；三被告连带承担案件受理费和诉讼保全申请费。

第一次庭审经法院释明，原告坚持选择侵权为责任基础起诉三被告。2012年4月23日，在经过两次庭审后，原告向法院提出延期判决的申请，并于5月15日申请将起诉三被告的责任基础变更为违约。三被告不同意原告变更责任基础，并拒绝以违约作抗辩。

三被告共同辩称：涉案货物损失是贸易欺诈所致，中检菲律宾公司对欺诈的发生具有过错。原告在知道货物被调换的情况下依然付款，应为自身错误付款行为负责。货物在到达装货港堆场前已经被调换，货损发生在承运人责任期间之外。集装箱船封在目的港与装货港是一致的，被告已完成正确交付货物的义务，提单附页记载内容不构成被告据以交付货物的依据。即使承担货损赔偿责任，被告也享有责任限制。

判决与理由

广州海事法院经审理认为：本案为一宗海上财产损害责任纠纷。涉案货物于目的港广东南海平洲码头被发现货损，即侵权结果发生地为目的港。侵权行为的损害赔偿，适用侵权行为地法律。侵权行为地的法律包括侵权行为实施地法律和侵权结果发生地法律，如果两者不一致时，人民法院可以选择适用，故本案适用中华人民共和国法律进行审理。

原告对外签订买卖合同，开具信用证，并向银行支付货款后，取得以原告为收货人的记名提单。为此，原告即合法取得并持有涉案提单，并取得提单项下的相关权利。

关于货损的事实，菲律宾国家调查局作出了调查报告。根据查明的事实，涉案货物在始发港交付承运人前已被调换，且在交付时集装箱不存在中检菲律宾公司铅封号，三被告没有实施破坏该铅封的侵权行为。所以，原告关于三被告破坏了涉案集装箱的中检菲律宾公司铅封，导致其无法在目的港提取提单项下货物的诉讼主张，没有事实依据，不予支持。

在集装箱上没有中检菲律宾公司铅封号的情况下，提单附件中予以了记载，足以认定被告宏海菲律宾公司错误签发了提单。提单

海事纠纷

签发是宏海菲律宾公司接受被告宏海公司委托而实施的行为，故宏海公司应承担错误签发提单的法律责任。在没有证据证明存在签发提单过错的情况下，被告宏海菲律宾公司不承担责任。被告宏海私人公司没有实施签发提单的行为，不对错误签发提单承担责任。原告要求被告宏海菲律宾公司和宏海私人公司承担侵权赔偿责任，没有事实依据，不予支持。

原告信用证付款所需要的单据中，对提单的要求只是全套清洁的已装船提单（显示运费预付及船名，通知方和收货人为原告），并没有要求提单记载中检菲律宾公司铅封号，提单是否记载了该铅封号都不影响信用证付款，即被告宏海公司错误签发提单的侵权行为与原告信用证付款不存在因果关系。因此，原告要求被告宏海公司承担侵权赔偿责任，没有事实及法律依据，不予支持。

依照《中华人民共和国民事诉讼法》第六十四条第一款的规定，判决驳回原告稀土公司的诉讼请求。

稀土公司不服一审判决提出上诉。广东省高级人民法院经审理认为，本案提单关于货物的描述及集装箱详细信息均是宏海公司根据托运人要求记载的，提单附页虽记载了相关铅封号码，但未注明该号码是中检菲律宾公司的铅封号，且交货方式为FCL/FCL（整箱货交接），在此集装箱运输方式下，宏海公司接收整箱货物后，无需检查德明公司托运的货物是否与其申报货物一致，仅需对集装箱的整箱状况负责。本案集装箱到达目的地交付给稀土公司时，外观清洁未受损，箱体未受损，船舶铅封完好，可以认定宏海公司已经按提单的记载完成了交付。稀土公司关于宏海公司在承运期间实施了侵犯其货物所有权的行为、应承担赔偿责任的上诉主张，没有事实和法律依据。原审法院认定事实清楚，适用法律正确，处理结果得当，终审判决：驳回上诉，维持原判。稀土公司认为判决有错误申请再审，广东省高级民法院经最高人民法院指定再审后认为，本案提单是否记载中检菲律宾公司的铅封号不影响信用证付款，原审认定错误签发提单的行为与稀土公司信用证付款不存在因果关系并无不当，稀土公司主张宏海公司、宏海菲律宾公司及宏海私人公司承担侵权赔偿责任缺乏事实依据与法律依据，原二审判决认定事实清楚，适用法律正确，再审判决维持原二审判决。

评 析

本案是一宗典型的海上货物运输侵权纠纷。原告稀土公司作为提单收货人，在目的港提货时经开箱查验发现货物并非提单记载的废铜，其选择以侵权为诉因起诉宏海公司等三被告。当事人争议的焦点为，在涉及国际贸易合同欺诈的情况下，宏海公司作为承运人签发提单是否有过错，是否应承担货物被替换的赔偿责任。

一、违约责任与侵权责任竞合时原告的选择权

违约责任与侵权责任的竞合是指行为人的某一民事行为具有违约和侵权之双重特征，从而导致违约责任和侵权责任在法律上并存的一种法律现象。"责任竞合并非反常现象，因为社会生活千姿百态，无论法律规定如何精细，责任竞合都是不可避免的。"①《合同法》第一百二十二条规定："因当事人一方的违约行为，侵害对方人身、财产权益的，受损害方有权选择依照本法要求其承担违约责任或者依照其他法律要求其承担侵权责任。"这是我国法律首次赋予当事人违

---

① 王利明：《侵权责任法与合同法的界分——以侵权责任法的扩张为视野》，载《中国法学》2011年第3期。

约之诉或侵权之诉的选择权。确立责任竞合制度的目的在于强化对受害人的救济，最大限度地保护受害人的权利和利益，受害人所受到的限制仅在于"不得就同一法律事实或法律行为，分别以不同的诉因提起两个诉讼"，[①]即不能双重请求。本案原告稀土公司作为涉案提单的收货人，在持有提单向承运人主张提取货物之时，便与承运人建立了海上货物运输合同法律关系，原告为收货人，被告宏海公司为契约承运人，被告宏海私人公司为实际承运人。在发生货损时，根据上述法律规定，原告有权以违约作为责任基础提起诉讼，也可以作为提单持有人以提单项下的权益受到侵犯为由，以侵权为责任基础提起诉讼。

原告稀土公司作为海上货物运输合同的提单持有人和收货人，虽有权选择以侵权为诉因要求被告承担赔偿责任，但这一选择权并非在诉讼的整个期间、每一阶段都可行使，而有一定的时间限制。这种限制有利于对方当事人的抗辩准备和法院审判工作的顺利开展，也是原告对诉讼风险评估做出抉择后所应承担的守信义务。由于不同的请求权其构成要件、赔偿范围、举证责任、诉讼管辖等方面均有所不同，倘若允许原告无时间限制地选择诉因，可以在诉讼进程中根据被告的抗辩理由变换诉因，则既违背了诉讼诚信的要求，又无端地使亮出底牌的对方当事人陷于被动境地，不利于案件的公正审判。原告第一次开庭时选择依据侵权为责任基础起诉三被告，在两次庭审之后，原告申请变更责任基础为违约起诉三被告。根据最高人民法院《关于适用〈中华人民共和国合同法〉若干问题的解释（一）》第三十条"债权人依照合同法第一百二十二条的规定向人民

[①] 1989年6月12日最高人民法院下发的《全国沿海地区涉外、涉港澳经济审判工作座谈会纪要》。

法院起诉时作出选择后,在一审开庭以前又变更诉讼请求的,人民法院应当准许。对方当事人提出管辖权异议,经审查异议成立的,人民法院应当驳回起诉"的规定,法院不予准许,从而保证了审判程序的公正。

需要注意的是,在海上货物运输中,法律特别赋予了承运人航海过失、火灾等造成货损的免责权和限制赔偿责任的权利。就海上货物运输合同所涉及的货物灭失、损坏或者迟延交付对承运人提起的任何诉讼,不论原告是否为合同的一方,也不论是根据运输合同提起违约之诉还是依侵权行为提起侵权之诉,作为被告的承运人均可援引和适用《海商法》第四章关于承运人的抗辩理由和限制赔偿责任的规定。这是海事法律制度的特色之一,避免了通过诉因选择规避法律对承运人特别保护的规定。

二、集装箱提单中"不知条款"的效力

根据《海牙规则》第三条和《维斯比规则》第一条的规定,提单正面关于货物品名、标志、包数或者件数、重量或者体积等的记载,以及关于货物外表状况的记载,在承运人和托运人之间是表面证据,反证有效;"当该提单已被转让与诚实行事的第三方时,便不能接受与此相反的证据",[1]即在承运人和提单受让人、收货人之间是绝对证据,反证无效。然而,随着集装箱运输的发展,提单上的这种关于货物情况的记载,其证据效力也在发生着微妙的变化。

在集装箱整箱货物运输的情况下,若承运人未参与货物的装箱、封箱,则提单上有关货物的品名、标志、包数、重量等详细情况均是由托运人提供,为了避免收货人的索赔,承运人通常在集装箱提单正面加注"发货人装箱、计数并加封"、"据称内装"、"据货主称"、

---

[1] 《维斯比规则》第一条。

"整箱货托运",在提单背面印有"不知条款",如"货物是由发货人或其代理人装箱并加封,本提单正面所列内容(货物的标志、包数、件数、重量等),本公司均不知悉。"

在司法实践中,已倾向于认可上述"不知条款"的效力。在整箱货托运的情况下,承运人未参与货物的装箱、封箱,也不可能检查每一个集装箱内货物的实际装载情况,承运人在起运港接收箱体外表状况良好、铅封完好的集装箱后,在目的港交付相同状况的集装箱,即可认定承运人适当履行了货物运输义务,对箱内货物的短少、灭失、毁损不负赔偿责任。但对于拼箱货提单中"不知条款"效力的认定,则应区别情况予以对待。如果集装箱货运站由货主委托,代表货主拼、装箱,则视同货主本人装箱,提单中的"不知条款"有效。反之,集装箱货运站由承运人委托,代表承运人拼、装箱,则提单加注"不知条款"与事实不符,应认定其无效。

本案集装箱是由托运人装箱并施加铅封,宏海公司在签发提单时注明完整的集装箱资料请看附件,并有"不知条款"的批注。提单附件记载了19个集装箱的箱号、重量、船封号、中检菲律宾公司的铅封号。该附件系托运人提供,但承运人对于附件记载的集装箱铅封号可以通过观察集装箱外表进行核实,宏海公司在起运港接收的集装箱除船封外并无其他铅封,却未将此情况如实在提单附件上记载,一审判决认定其签发提单的行为存在过错是正确的。

三、本案货损事实的认定

关于本案货损的事实,菲律宾国家调查局作出了调查报告,事实表明,涉案货物在始发港交付承运人前已被调换,且在交付时集装箱不存在中检菲律宾公司铅封号,三被告没有实施破坏该铅封的侵权行为。该调查局系隶属于菲律宾司法部的机构,主要职能是积极主动调查犯罪及其他违反菲律宾法律规定的活动,维护公共利益。

此外，还负责协助其他执法部门开展调查或犯罪侦查活动。菲律宾国家调查局作出的调查报告，证据详实、具体，具有客观性和合理性，在没有相反证据的情况下，应认定该份调查报告中相关事实的真实性。本案虽然没有涉案货物在装货港交付之前就已经被掉包的直接证据，但调查报告在详实、清楚的事实下进行了客观、合理的分析，根据高度盖然性原则来判断，应当认定涉案货物在交付承运人前已经被调换。

四、承运人侵权行为责任的承担

在一般侵权行为中，行为人承担侵权责任的构成要件为：有加害行为，有损害事实的存在，加害行为与损害事实之间有因果关系，行为人有主观过错四个方面。具体到本案而言，宏海公司有签发与货物外表状况不完全相符的提单这一加害行为，签发提单时未尽适当谨慎义务，说明其存在主观过失，稀土公司未收到约定的货物遭受了货款损失，但如果要求宏海公司承担侵权责任，还需证明宏海公司签发提单的行为与货款损失之间存在因果关系。因果关系是确定侵权责任的重要条件，判断加害行为与损害事实之间是否存在因果关系，通常采取"如果不存在加害行为，损害就不会发生，则认定该行为是损害结果发生的原因；如查不存在该行为，损害依旧发生，则该行为不是损害发生的原因"这一标准。

涉案货物在起运港承运人接收前就已被调换成泥土、石块、锈蚀的铁块和废渣，货损的原因是贸易合同一方当事人的欺诈，而货损发生的时间是在承运人责任期间开始之前。稀土公司约定的信用证付款条件是清洁已装船提单，不论宏海公司签发的提单有无正确的铅封号，稀土公司都应按信用证要求支付货款，并收到被调换后的货物。即宏海公司的侵权行为对损害结果的发生并不存在影响，其签发提单的行为与稀土公司未收到约定货物的损害事实之间并无法律上的因果关系。本案是因国际贸易合同欺诈引起，对于在买卖环节发生的欺诈，除非承运人和卖方存在共同致害的意思联络或有共同过错，构成共同侵权，否则稀土公司只能向买卖合同的相对方索赔，而不能将风险转嫁给运输合同的承运人。

（撰稿人：广州海事法院　倪学伟　付俊洋）

12. 出口押汇的性质及押汇行处分权的行使

——中国农业银行象山县支行与象山县兴业航运有限公司提单质押权利损害赔偿纠纷案[①]

案件索引：宁波海事法院（2004）甬海法商初字第139号，2004年7月30日判决；浙江省高级人民法院（2004）浙民三终字第114号，2004年10月26日判决。

基本案情

2003年5月2日，象山宇翔菜业有限公司（以下简称宇翔公司）与韩国东杨贸易公司签订一份销售合同，由宇翔公司向东杨贸易公司销售23吨活鲈鱼，总价78 200美元，支付条件为100%即期、可转让、不可撤销信用证。同年5月9日，东杨贸易公司申请韩国工业银行开立受益人为宇翔公司、金额为78 200美元的M04D6305NS00089号不可撤销、自由议付信用证。同年5月11日，宇翔公司与象山县兴业航运有限公司（以下简称兴业公司）签订包船运输合同，约定由兴业公司"金飞鱼"轮将宇翔公司23.5吨活水鲈鱼从中国宁波象山西沪港运至韩国统营港。

2003年5月14日，中国农业银行象山县支行（以下简称象山

[①] 该案例评析获评2005—2006年度《人民法院案例选》"十佳案例"。

海事纠纷

农行）与宇翔公司签订一份《出口押汇合同》，约定宇翔公司因经营所需，在最高融资额 50 万美元限额内向象山农行逐笔申请出口押汇融资，押汇行即象山农行凭宇翔公司出具的出口押汇申请书及信用证项下单据逐笔审核并确定是否提供融资。融资期限从 2003 年 5 月 14 日起至 2003 年 12 月 31 日止。其中约定："如因单据有不符点，……等非押汇行本身过错导致国外银行拒绝付款、承兑或迟付、扣付，以及遇到开证行无理拒绝付款、承兑或迟付、扣付，押汇行可立即向申请人追索全部或不足部分本息、费用和一切损失。押汇行亦可选择自行处理出口押汇项下的单据及货物，从所得款项中受偿，不足部分再向申请人追索""押汇行在向申请人给付押汇融资后至开证行/偿付行/保兑行付款前，全套单据及货物所有权归属押汇行，押汇行有权自主处理单据和货物，并可向申请人补收不足之差额"等。同日，宇翔公司向象山农行出具出口押汇申请书一份，并将 M04D6305NS00089 号信用证项下、开证金额为 78 200 美元的出口单据包括汇票二份、提单、发票、装箱单各三份提交象山农行，叙作出口押汇，押汇金额 75 000 美元，押汇期限 60 天。经审批同意，象山农行于同日转账支付宇翔公司押汇款 75 000 美元（扣除手续费、邮电费、押汇利息、其他费用计 381.88 美元后，到账 74 618.12 美元）。同年 5 月 15 日，舟山中外运船务代理有限公司代理承运人兴业公司签发了全套正本提单，提单载明：托运人宇翔公司；收货人凭韩国工业银行指示；通知人东杨贸易公司；装货港中国舟山港；卸货港韩国统营港；承运船"金飞鱼"轮；货名 23 000 千克活鲈鱼等。货物报关数量为 23 567 千克，报关金额 80 127.8 美元。同年 5 月 19 日，"金飞鱼"轮船长何分田在韩国统营港未凭正本提单或担保，将上述 23 567 千克活鲈鱼放给东杨贸易公司郑雄奎先生。同年 6 月 2 日，开证行韩国工业银行以单证不符为由向象山农行发出拒付通知，并于同年 6 月 10 日退回全套单据。

2004 年 5 月 8 日，象山农行以兴业公司无单放货直接导致其丧失对货物控制并遭受巨大经济损失为由，向宁波海事法院提起诉讼，请求判令兴业公司赔偿其损失人民币 622 500 元（75 000 美元按 8.3 汇率折合）及自 2003 年 5 月 20 日起至实际支付之日止，按中国人民银行逾期贷款利率标准计付的利息。

兴业公司辩称：1. 象山农行无权向兴业公司主张权利，其原告主体不符。理由是宇翔公司向象山农行申请押汇融资，还款义务人是宇翔公司，象山农行只能向宇翔公司主张权利，而与兴业公司无关。2. 象山农行应对融资损失承担完全过错责任。理由是象山农行在审核信用证真实性时认识错误，根据拒付通知可看出单据不符之处是单据在提单日后 20 天内提交，而非信用证要求的"单据在提单日 20 天后并在信用证有效期内提交"。假如象山农行当时仔细审查信用证就可看出其中的不信用之处，活鱼货须到岸两天放行，而单证在提单日 20 天后提交，完全可看出韩国客户的恶意欺诈行为，而这样的信用证象山农行都同意押汇，完全置国家利益于不顾。因此，造成融资损失的责任应由象山农行自行承担。3. 兴业公司放货由宇翔公司法定代表人陈翔指示并由其具体经办放货手续，故兴业公司不应承担无单放货的赔偿责任。4. 象山农行曾将押汇的全套单据原件返还给宇翔公司，象山农行丧失占有，不再具有本案的诉权。

判决与理由

宁波海事法院经审理认为，象山农行根据其与宇翔公司签订的出口押汇合同，将融资押汇款垫付给宇翔公司后，依约持有包括正本提单在内的全套信用证项下的单据。对于作为押汇行的象山农行来说，其是以担保融资为目的而持有提单，并无就此取得提单项下货物所有权的意图，即象山农行持有提单，体现的是以提单作为质押的一种担保物权。故本案出口押汇合同中关于象山农行在获得偿付之前取得货物所有权的约定条款，违反了中国《担保法》第六十六条的规定，应确认无效。但该条款的无效，不影响整个出口押汇合同的效力。因单证不符被拒付导致收款不着时，象山农行既可以选择依据出口押汇合同向宇翔公司追索，也可以选择自行处理出口押汇项下的单据及货物，从所得款项中受偿。象山农行因质押权遭到侵害，有权对侵权人提起损害赔偿之诉。

根据中国《海商法》和国际航运惯例，凭正本提单交付货物是承运人的一项基本义务，在货物早于提单到达卸货港的情形下亦是如此。承运人应充分意识到，提单作为物权凭证，并非仅在托运人与收货人之间流转，故其无单放货的行为很可能侵犯提单相关权利人如善意持有正本提单的第三人，包括进、出口押汇行的权益。故而，无论是托运人、收货人都无权要求或指使承运人无单放货。本案的活鲈鱼早于提单到达韩国统营港，兴业公司未凭正本提单即行放货，造成象山农行对押汇项下单据所代表的货物丧失控制，应赔偿由此给象山农行造成的押汇款损失、利息损失以及实现质权的财产保全费用。本案信用证虽因单证不符被退回，但并非造成象山农行质权落空的直接原因，故兴业公司关于象山农行应自行承担审单不严法律责任的抗辩，理由不足，不予支持。至于兴业公司辩称无单放货是受托运人宇翔公司法定代表人陈翔指使，并由陈翔具体经办放货手续，不仅没有证据证明，即便事实如此，也不能免除兴业公司因无单放货行为导致象山农行质权无法实现的损害赔偿责任。象山农行因出口押汇而合法持有全套信用证项下单据原件，起诉时仍合法持有之，兴业公司辩称押汇单据曾脱离象山农行占有，故象山农行已丧失质权，没有证据证明，不予采纳。象山农行诉请有理，应予支持。依照《中华人民共和国担保法》第六十七条、第七十五条第（一）项、第八十一条、《中华人民共和国海商法》第七十一条、《中华人民共和国民法通则》第一百零六条第二款之规定，判决兴业公司于判决生效后十日内支付象山农行款项 75 000 美元（按支付日汇率折合人民币后支付）及利息（自 2003 年 5 月 20 日起至实际支付日止按中国人民银行规定的同期逾期罚息计算标准计收）。

一审宣判后，兴业公司不服，向浙江省高级人民法院提出上诉。

兴业公司上诉称：（一）一审法院认定事实有误。兴业公司放货由宇翔公司法定代表人陈翔指示并由其具体经办放货手续，且象山农行已于 2003 年 6 月 18 日将全套单据（原件）交回宇翔公司，一审法院对上述事实却未予认定。（二）一审法院对本案定性错误。象山农行与宇翔公司之间并未形成提单质押关系，双方只是一般的债权债务关系。即使提单质押关系成立，提单的所有权仍属于宇翔公司，兴业公司凭宇翔公司指示，将货物交付给宇翔公司指定的人并无过错。象山农行只能先向宇翔公司追偿，只享有对质押提单的优先受偿权，不能直接行使提单的所有权。况且象山农行已于 2003 年 6 月 18 日将全套单据（原件）交还给了宇翔公司，质押关系消灭。（三）一审法院适用法律错误。即使兴业公司侵犯了象山农行的提单质权，损害的也只是质物的全部价值，至多承担质物全部价值损失，超出质物价值部分无法受偿。因此原审法院适用《担保法》第六十七条显然不当。请求二审法院依法改判，驳回象山农行的诉讼请求。

浙江省高级人民法院经审理，认为原判认定事实清楚，适用法律正确，兴业公司提出的上诉理由均不能成立，依法判决驳回上诉，维持原判。

评　析

　　国际结算是国际贸易活动中的重要环节之一。通常情况下，银行在结算货款和提供融资过程中，操纵或控制着国际海上货物运输合同项下的各种单据，并不时涉足于海上货物运输等国际贸易的各个环节，在单据流转过程中占据举足轻重的地位。本案即是一例涉及银行融资利益保护的典型案件，银行作为提单权利人对承运人提起了无单放货侵权赔偿之诉。双方当事人在该案审理中的不同意见，成为此类案件的普遍争议问题。

（一）如何认定出口押汇合同的性质

　　所谓"押汇"，一般是指银行在实现货款支付结算之前，接受贸易一方所提供的完备有效的货运单据，并以此单据作为质押，向贸易方兑付货款的一种融资方式。押汇分为进口押汇和出口押汇，其中出口押汇行一般是一家国内银行，在信用证自由议付或指定议付时，该国内银行通常还是一家议付行。但与议付不完全等同的是，出口押汇是基于出口人与银行间明确达成的协议，并通常是在开证行完成审单之前即直接对汇票进行贴现，从而更具鲜明特性。

　　关于信用证交易流程下的押汇行在控制代表货物的单据时具有何种权利，贸易界、海运界、银行界和司法界一直存有争议。通常有物权说、质押权说、留置权和抵押权说等几种观点。

　　对于押汇行因持有正本提单故取得货物所有权的观点，反对者较多。因为实践中几乎少有当事人会合意将提单项下货物的所有权转移给银行，银行一般也无意购入提单或货物，而只关心提单所能提供的付款保障。本案中象山农行在做出口押汇时，却与宇翔公司明确约定"全套单据及货物所有权归属押汇行，押汇行有权自主处理单据和货物……"，这一约定似乎欲使银行成为受让提单等全套单据的一方。但即便双方该意思表示真实，这样的条款也使得双方的协议名不符实，实际上违背了签订出口押汇协议的初衷。另外，如象山农行既已受让提单等单据，其作为提单所有权人则必须自受让之日起自行承担提单项下货物的一切权利义务及法律后果，无权再将未能收汇的风险转嫁至申请方，而本案的押汇合同却又明确约定象山农行还有向押汇申请人宇翔公司进行追索的权利，这不仅违背权利转让的风险承担原则，还形成了条款间的相互矛盾，从而影响对整个协议的正确理解。根据中国《担保法》第六十六条的规定，这种约定在债务履行期届满质权人未受清偿时，质物的所有权转移为质权人所有的条款应确认无效。也即，在出口押汇合同下，银行持有提单所取得的财产权并不是货物所有权，而是一种担保物权。就该担保物权的具体属性而言，由于银行通过占有提单而拟制占有货物，故银行对押汇合同的担保物权是质押权而非抵押权。最高人民法院（2000）交他字第1号对福建省高级人民法院的请示复函中，认可银行控制提单的行为体现的是一种以提单作为质押的担保物权。在《中国建设银行股份有限公司广州荔湾支行与广东蓝粤能源发展有限公司等信用证开证纠纷再审案》中，最高人民法院也认为开证行建行广州荔湾支行作为提单持有人享有提单权利质权，从而认定进口押汇情形下开证行对提单享有质权。

象山农行与宇翔公司签订了《出口押汇合同》，从该合同的内容以及实际操作分析，象山农行对宇翔公司做出口押汇融资，在将押汇款垫付给宇翔公司之后，依约获得了包括正本提单在内的全套信用证项下的单据，并依此单据在信用证法律关系中作为通知行向信用证开证行提示付款。象山农行作为本案中的押汇行，其目的在于附有单据质押以担保融资款,因此象山农行与宇翔公司之间形成的是一种以提单为质押物的担保物权关系。象山农行国际业务部的情况说明,没有明确正本单据已由宇翔公司取回。原审法院在对宇翔公司法定代表人陈翔的调查笔录中,陈翔陈述他们只持有副本复印件,正本一直在象山农行,况且象山农行在起诉时仍持有全套单据原件。因此,象山农行与宇翔公司之间的质押关系并未消失。

(二)出口押汇行应如何行使对货物或单据的处分权

既然出口押汇的性质是一种质押权,那么作为押汇行应如何行使处分权呢?

出口押汇最为突出的特征是,双方明确约定一旦开证行拒绝对跟单汇票予以承兑或付款,或法院止付信用证,押汇行即有权依据押汇合同向受益人进行追索,并有权依约处置该单据及货物,行使质押权以保障其权利。根据中国《担保法》的规定,质权人行使处分权的方式主要是将质物折价或者以拍卖、变卖质物的价款优先受偿。因此押汇行的追索权可以延伸到押汇项下单据或货物,包括对货物侵权人行使损害赔偿救济手段。

根据最高人民法院《关于适用〈中华人民共和国担保法〉若干问题的解释》第一百零六条关于"质权人向出质人、出质债权的债务人行使质权时,出质人、出质债权的债务人拒绝的,质权人可以起诉出质人和出质债权的债务人,也可以单独起诉出质债权的债务人"的规定,象山农行作为提单的质权人直接向出质债权的债务人,即兴业公司主张权利,符合法律的规定。

本案象山农行对兴业公司提起诉讼,是针对兴业公司的侵害行为,而不是依据提单物权关系起诉。兴业公司辩称象山农行权利受损的根本原因在于单据不符被退回,其仅能向受益人宇翔公司进行追索,但这并不排斥象山农行在权衡利益之后,选择对承运人提起侵权之诉。事实上，从质权保障角度而言，兴业公司对于货物在运输途中包括交付环节上的掌控，才是决定质权能否得以保障的关键因素。

（三）托运人等是否有权指示承运人无单放货

承运人凭单交货是提单三功能的根本要求，也是被普遍接受的国际海运惯例。本案兴业公司辩称其放货是按照宇翔公司法定代表人的指示并由其具体经办放货手续，故兴业公司无需承担无单放货的赔偿责任。但原审法院在对陈翔的调查笔录中，陈翔这该节事实予以否认，兴业公司也未提供相关证据证明宇翔公司曾指示其无单放货。且不论兴业公司此抗辩的证据是否充分，即便是曾持有正本指示提单的托运人，在提单进入流转程序后，是否有权指令承运人无单放货，也是值得研究的。

在近洋短途尤其在鲜活货品运输过程中，由于货物的时间性要求较高，面对船到卸货港而正本提单未到的矛盾，贸易双方为了维系和发展彼此的关系，有时也会要求或允诺承运人无单放货或电放货物。对承运人来讲，只有在未签发正本提单或已收回正本提单的情形下按托运人指示放货，或者凭银行保函放货，才可能避免其中的风险。而一旦签发了用于结汇和提货的全套提单，凭单交货便成为承运人对提单应承担的最重要和最主要责任。提单所涉及的当事人并不仅限于运输合同的当事人双方，还可能是买方、银行、担保人等其他国际贸易关系的各当事人。可以说，与票据行为一样，只要提单一刻不停止流转，其所牵涉到的利益关系就一刻不会消停，这不是作为曾经持有正本提单的托运人所能对抗或左右的。因此，任何人包括托运人均无权要求承运人无单放货，否则就有可能损害相关权利人的权益，包括银行的担保物权。承运人如果向用提单以外的方式证明其为货物所有权人的人交付货物，完全可能承担无单放货的风险。本案中，兴业公司作为承运人负有凭正本提单交付货物的义务，其将货物交付给了非提单持有人，即使该人为贸易合同的买方，其仍然侵犯了在提单流转过程中的其他提单合法持有人的权益，应承担无单放货的赔偿责任。

综上，在出口押汇协议下，银行享有对提单的质押权，有权行使担保法所规定的质权人的权利。而无单放货行为会影响到提单债权人的合法利益，故承运人在从事运输过程中，尤其是在放货环节，应尽到足够的谨慎注意义务。

（撰稿人：宁波海事法院 史红萍）

13. 无单放货纠纷中承运人单方回运货物情况下的责任认定

——绍兴县奢客纺织品有限公司与上海欧达国际货运代理有限公司等海上货物运输合同纠纷案[①]

案件索引：上海海事法院（2015）沪海法商初字第2888号，2016年12月20日判决。

基本案情

2015年8月，涉案货物的国外买方CONNECTION18公司订舱后，原告绍兴县奢客纺织品有限公司根据其指定，委托被告上海欧达国际货运代理有限公司（以下简称上海欧达公司）将货物从中国上海运至美国纽约，交易方式为FOB。被告上海欧达公司分别于同年8月26日和8月31日代表承运人签发并向原告交付了两套正本记名提单，抬头为被告欧达国际货运代理有限公司（以下简称欧达公司）。被告欧达公司在中国交通运输主管部门登记备案。提单载明托运人为原告，收货人和通知方为CONNECTION18公司，起运港为中国上海，卸货港为美国纽约，货物为CONNECTION18品牌紧身裤，

[①] 该案例分析获全国法院系统2017年度优秀案例分析评选活动二等奖。

运输方式 CY/CY（堆场至堆场），运费到付。两套提单项下货物价值分别为 112 261.08 美元和 88 399.51 美元。涉案两个集装箱分别于 9 月 22 日和 9 月 26 日到港卸货并随即被拆箱，于 9 月 22 日及 10 月 7 日清关入境，由被告欧达公司作为收货人的代理进行申报，收货人支付了关税并向被告欧达公司支付了海运费以及第二票货物的码头滞期费等费用。

在第二票货物到港当日，原告致函被告上海欧达公司，要求停止向记名收货人交付涉案两票货物，并配合原告修改收货人名字。9 月 29 日，原告再次致函被告上海欧达公司，称其持有两票货物的全套正本提单，要求被告上海欧达公司不能放货，并告知货物下落。原告于 10 月 8 日查询到第二票货物已被拆箱。次日，原告再次来到被告上海欧达公司要求告知货物现状，并称如果收货人不要该两批货物，要求安排所有货物回运至中国，请被告上海欧达公司就此报价。被告上海欧达公司将上述情况发邮件告知被告欧达公司，被告欧达公司将该封邮件转给了收货人，称"此问题需要尽快解决"，并询问其付款时间。但两被告始终未告知原告货物情况。

10 月 15 日，收货人给原告发电子邮件并抄送被告欧达公司称，其向所有的客户推荐了涉案货物，但客户说可在别处以更低的价格获得相同的货物，无人愿意购买，并称"货物已经受到损害"，因此"会指示货代回运你们所有的货物"。10 月 22 日，收货人指示被告欧达公司将货物回运，并表示原告需要为此向其赔偿关税、海运费、滞期费等费用。

两被告称将涉案货物装载到另外两个集装箱内运回上海，分别于 11 月 9 日及次日交承运人。被告欧达公司在诉讼过程中提交了回运提单，但确认从未向任何人交付。该提单载明托运人和收货人均为原告，承运人为被告欧达公司。12 月 26 日，货物运抵上海港。

2016年1月6日和1月7日，CONNECTION18公司在上海的代表泰拉公司的两名工作人员与公证员一起到保税仓库进行拆箱公证，确认箱内货物比出运件数少了6小箱。

2016年1月19日，被告上海欧达公司告知原告已将涉案货物运回上海并存放于某保税仓库中，两被告称已垫付的费用包括但不限于装卸费、清关费、仓储费等合计4 513美元及人民币31 967元，原告可以付款提货。1月22日，原告回函，称原告从未就涉案货物的回运与两被告进行过接洽，认为两被告前述函件中所提到的货物并非原告原出运的货物，应由该批货物的托运人承担相关费用及风险。

原告起诉要求两被告连带承担无单放货赔偿责任，并申请了诉讼保全。

两被告辩称，涉案货物在目的港拆箱后始终在被告方的实际控制之下，并不成立无单放货；即使存在无单放货，涉案货物已按原告要求办理回运，原告损失仅为丢失的6小箱货物，被告欧达公司仅应赔偿649.80美元。

判决与理由

上海海事法院经审理认为：涉案海上货物运输合同无单放货纠纷中，货物交易方式为FOB，由收货人指定承运人并订舱。在准据法为中国法的情况下，承运人应当依据法律规定凭正本提单交付货物。原告仍持有全套正本提单，并在货物到港时即一再向承运人被告欧达公司强调其正本提单持有人的权利，明确要求被告欧达公司停止向记名收货人交付货物。现已查明约定整箱交接的涉案货物在目的港已被无正当理由拆箱，并由收货人完成进口清关，收货人还向被告欧达公司付清了相关运输费用，而被告欧达公司未提供任何有效证据证明涉案货物拆箱后仍在其持续控制之下，已构成无单放货。即使涉案货物目前在被告欧达公司控制之下，也不影响对被告欧达公司已经实施无单放货行为的认定。被告欧达公司无单放货后，未在合理时间或者原告接受的时间内追回并交付涉案货物，并在未与原告达成退运协议的情况下擅自回运货物，原告作为正本提单持有人有权拒绝提货并要求被告欧达公司承担全部货物的赔偿责任。为此判令被告欧达公司向原告赔偿全部货物损失200 660.59美元及其利息。

一审宣判后，被告欧达公司自觉履行，服判息诉。

评　析

无单放货纠纷是海上货物运输合同纠纷大类中的一个常见类型。中国《海商法》关于提单项下货物交付的规定比较原则，仅涉及货物交付环节的一般性规定，没有无正本提单交付货物的相关规定。2007年3月和6月，上海市高级人民法院分别发布了《涉及无单放货纠纷案件审理若干问题的问答》（一）和（二）〔以下简称《问答（一）》和《问答（二）》〕；2009年2月，最高人民法院出台《关于审理无正本提单交付货物案件适用法律若干问题的规定》（以下简称无单放货司法解释），使无单放货纠纷案件的裁判标准日益明确和统一。但是，本案涉及的问题，即承运人在无单放货之后单方回运货物，对其无单放货责任及赔偿范围的影响，在现有的相关规定中均未有涉及。

一、无单放货纠纷中"货物交付"的核心是货物支配权的转移

近期的海事审判实践显示，无单放货纠纷中明确证明承运人已经实施无单放货的直接证据,比如原告在货物交付地提货不着的证明、承运人或者其代理人、受雇人对放货的确认以及货物买方或者其他相关方对已经提货的确认等难得一见,无单放货的事实往往需要通过在案诸多间接证据形成的证据链来证明,很多时候需要适用《最高人民法院关于适用〈中华人民共和国民事诉讼法〉的解释》第一百零八条规定的优势证据规则来推定。此时,首先需要明晰"货物交付"的概念,即何种情形下可以认为承运人已经将货物交付给了非正本提单持有人?

中国法律及相关规定没有对"货物交付"作出具体界定。国际公约中的相关定义很有参考价值。

(一)1978年《汉堡规则》对"交付"的界定

《汉堡规则》第4条第2款第(b)项以列举形式界定了三种"交付"方式:1.把货物交给(handing over)收货人;2.收货人不自承运人处收取货物时,按照合同或者卸货港适用的法律或特定行业惯例,把货物留给收货人处置(at the disposal of the consignee);3.把货物交给依据卸货港适用的法律或规章货物必须交给的当局或者其他第三方。其中,第一种方式指的是货物在承运人和收货人之间存在物理性的实际转移;第二种方式则强调的是虽然货物没有物理性的转移,但对货物的支配权从承运人转移至了收货人;第三种交付方式是属于无单放货司法解释第七条明确规定承运人可以不承担无正本提单交付货物民事责任的情形。

(二)1973年《多式联运单证统一规则》对"交付"的界定

《多式联运单证统一规则》在其规则二(e)项中对"交付"作出的定义:是指将货物交给有权取货的一方或将货物置于其支配之下。与《汉堡规则》界定的前两种交付方式是一致的。

(三)1991年《多式联运单证规则》对"交付"的界定

《多式联运单证规则》对"交付"的定义为:1.将货物交给收货人,

或者 2. 按照多式联运合同或者交付地适用的法律或者特殊贸易习惯，将货物置于收货人的支配之下，或者 3. 根据交付地适用的法律或规定，将货物交给必须交给的当局或第三方。这一定义与《汉堡规则》的措辞略有不同，但实质内容是完全一致的。

可见，无单放货纠纷中对承运人交付货物的认定，不应局限于物理性转移的实际交付，而更应注重对货物支配权转移与否的审查，即货物从承运人的掌控下变为在收货人的掌控下即完成了货物的交付。后一种交付更为隐蔽，也是无单放货纠纷查明事实的难点所在。

二、承运人单方回运货物的仍应依照证明责任的规定认定无单放货事实是否成立

本案中由于承运人单方回运货物，更进一步加重了无单放货事实的认定难度。有观点认为，货物已经回运的事实即证明了承运人对涉案货物具有控制权，无单放货不成立。笔者认为，在承运人单方回运货物的情况下，仍应当按照证明责任的规定逐步加以分析认定。

（一）承运人未完成证明货物拆箱后在其持续控制之下的证明责任

涉案提单为记名提单，但被告欧达公司作为承运人依法仍负有凭单交货的义务。在双方约定交货方式为 CY/CY 即整箱交货方式情况下，擅自拆箱行为违反了海上货物运输合同约定。涉案两票货物到港后立即被无正当理由拆箱，因此货物被无单放行的初步证明已经成立，举证责任因此发生转移，应由被告欧达公司证明拆箱后的货物始终在其持续控制之下。对此被告欧达公司辩称，涉案货物拆箱后被存放于其关联公司租赁的仓库中，直至被重新装入集装箱运回上海，因此货物始终在其控制之下。

上海市高级人民法院《问答（一）》明确了承运人辩称没有实施

无单放货行为应当提供的反驳证据,并分别对目的港海关监管仓库出具的证明、证明货物存放于承运人自有或者租用仓库的证据以及目的港海关处理货物的证明的审查标准作出了规定。被告欧达公司提供的证据材料未满足证明标准。被告欧达公司在庭后提交了一组未经公证认证的证据材料,用以证明涉案货物拆箱后存放在其关联公司租赁的仓库中。但该组证据材料全部由两被告或其关联公司单方出具,且证明内容与在案证据矛盾(比如租赁合同的签订时间与回运时间矛盾、货物的进出库时间与货物清关及回运时间矛盾),并且两被告提供的其他证据中再无任何可以印证涉案货物存储于该仓库的信息,因此被告欧达公司始终未有效证明涉案货物在拆箱以后的状态,并无有效证据证明被告欧达公司所辩称的事实。

(二)证明收货人已经取得货物控制权的证据占优势

本案中,原告在涉案货物到港后不久就要求承运人停止向提单记名收货人交付货物,并希望承运人配合其变更收货人,但被告欧达公司对原告要求其就变更收货人立即进行报价的行为未予回应;原告还一再向承运人询问货物状态,但被告欧达公司却始终未告知原告货物存放之处,反而将原告的要求转发给收货人,要求收货人尽快解决该问题;在实施所谓"回运"时,未与原告进行提单和费用确认,所谓回运货物拆箱时也不通知原告到场,直至拆箱后十多天,才发函告知原告货物在上海的存放地点。上述种种有违承运人在正常履约情况下的应有反应。同时有证据表明,涉案货物到港后不久,收货人就已付清了关税,并向被告欧达公司支付了海运费和码头滞期费等费用。再从收货人发出的电子邮件看,收货人给其客户展示了涉案货物,并称原告"托运的所有货物存在隐藏问题"、"货物已经受到损害",最终收货人因转卖不成还明确指示被告欧达公司退运货物。

被告欧达公司辩称,回运货物是听从了原告的指示,因原告所要求的原集装箱回运已无实现可能,并且原告已经采取了诉讼保全措施,因此未与原告就具体细节达成一致即匆忙回运。在此需要注意的是,在收货人已经就涉案货物完成进口清关并向被告欧达公司付清运输费用的情况下,原运输合同已经履行完毕,将涉案货物回运是另外一个运输合同关系调整的对象。而原告提出的回运请求有其具体的语境,并明确要求原装原箱退回货物,双方就回运合同价款、提单确认等关键内容均未达成一致意见,两被告也确认事实上根本无法和原告就退运事宜达成一致,因此原告与被告欧达公司之间的回运协议并未达成。同时,2015年10月22日,收货人给予了被告欧达公司更为明确的退货指令。从被告欧达公司运回货物的过程看,不符合原告要求退运的正常流程,而更像是在帮助收货人行使买卖合同项下的退货权,更加佐证了收货人已取得货物控制权的事实。

笔者认为,在常见的 FOB 贸易方式下引发的无单放货纠纷中,承运人由国外收货人指定,与国外收货人关系密切,双方容易就货物的物理控制方式达成某种默契(比如只拿走部分货物试卖)。因此,在此类案件中,以中国法为准据法的情况下,判断无单放货是否成立的关键事实要素是:货物在目的港是否已被清关以及收货人是否已经付清到付运费[①],因为此时货物已获得海关放行并脱离海关的监管和控制,使货物处于可以自由流通和处分的状态;运费付清,原运输合同已履行完毕,非正本提单持有人对货物已具有完全的控制权、处分权或使用权。

(三)承运人单方回运不构成证明无单放货不成立的"回运"

上海市高级人民法院《问答(二)》专门对允许承运人(被告)

---

① 可参考原告美优电子(南京)有限公司诉被告先达国际货运(上海)有限公司、被告道达尔运输公司海上货物运输合同无单放货纠纷案,二审法院也持类似立场。

将货物回运举证方式的适用条件进行了明确。首先,《问答(二)》明确了将货物回运是一种比较特殊的有条件限制使用的举证方式。原则上,在原告以拆箱事实作为初步证明提起无单放货之诉,而承运人已经穷尽了其他常用的举证方式仍未完成其举证责任,承运人提出以货物回运的方式举证且陈述了该举证方式确实可行的理由的情况下,法院可以准许承运人使用这种举证方式。法院在准许承运人将货物回运的申请时,应当向各方当事人释明采用该举证方式可能产生的后果。其次,《问答(二)》进一步就如何确定回运所需的合理时间、货物回运费用的计算标准、货物回运的费用由谁承担、承运人能否要求原告预支回运费用、原告是否有义务配合承运人将货物回运、告知原告给予配合的程序、原告不配合承运人回运货物所应承担的后果以及如何处理原告对运回的货物所提的异议等问题一一进行了明确。

可见,海事司法实践中,在无单放货纠纷案件中存在由承运人将货物回运的举证方式,但一般属于在法院主导下实施的比较特殊的有条件限制使用的举证方式。法院判断是否给予承运人此种举证权利的前提在于现有证据表明涉案货物在承运人持续控制之下的可能性较大,比如目的港长期无人提货、存在目的港货物仍在承运人掌控下的初步证据、并不存在先放货后退货的嫌疑,而如前文分析,本案证据显示涉案货物系先被无单放行后再被退回,因此即使运回的货物为涉案货物,也不影响被告欧达公司无单放货责任的成立。因此,本案中承运人的单方回运不是证明无单放货不成立的证明方式,对认定无单放货是否成立没有影响。

三、承运人单方回运货物对其赔偿责任范围的影响

被告欧达公司辩称,即使其无单放货行为成立,但其已将涉案货物回运,原告没有损失(忽略欧达公司承认短少的6小箱货物),

因此被告欧达公司无需承担无单放货的赔偿责任。司法实践中也有人持这一观点，认为承运人在无单放货之后又重新取得货物的，正本提单持有人没有损失，因此不应获得赔偿。这一观点隐含的前提是，在此情况下，正本提单持有人必须受领承运人重新取回的货物。当然，如果正本提单持有人愿意接受货物的，承运人的无单放货赔偿责任自然免除。但是，正本提单持有人（尤其是持有提单的托运人）出于种种原因拒绝受领货物的，此时承运人的赔偿责任应当如何确定，这是值得讨论的问题。笔者认为，应当赋予正本提单持有人选择权，除非承运人在正本提单持有人同意或接受的时间内追回全部或部分货物，否则正本提单持有人有权拒绝接受承运人返还追回的部分货物，继而要求赔偿无单放货的全部货物损失。

（一）在原运输合同下正本提单持有人已无提货义务

在原海上运输合同项下，正本提单持有人负有的提货义务和承运人的运送、交货义务是一对对等义务，亦即只有在承运人按约履行运送和交货义务的同时，正本提单持有人才负有提货义务。现承运人向未持有正本提单的收货人交付货物，违反了其在原海上货物运输合同项下的凭单交货义务，在履约过程中存在过错，在其无单放货的同时，正本提单持有人在原运输合同项下的提货义务也相应解除。承运人在无单放货以后又追回货物的，是对其在原运输合同下违约行为采取的补救措施，需要与作为守约方的正本提单持有人协商，并且要在合理的时间内。本案中，被告欧达公司始终向原告隐瞒货物状况，未在合理时间内在卸货港向原告交付追回的货物，因此原告在原运输合同下有权拒绝提货。

（二）在回运合同下原正本提单持有人无提货义务

在原运输合同已经履行完毕的情况下，将涉案货物回运是另外一个运输合同关系调整的对象。原告与被告欧达公司并未就货物回运事宜达成一致,因此原告与被告欧达公司之间的回运协议并未达成。被告欧达公司虽然单方在回运提单上将原告记载为托运人和收货人,但对原告不具有约束力,被擅自记载为收货人的原正本提单持有人在回运合同下没有提货义务。事实上,本案情况并非承运人追回货物,而是承运人根据收货人指示退货,因此回运合同下该"收货人"的地位就转化为"托运人",此时如果目的港无人提货的,承运人应当向国外的托运人主张相关责任。

(三)正本提单持有人拒绝受领退回的货物不属于扩大的损失

有观点认为,中国《合同法》第一百一十九条规定守约方防止损失扩大的义务,正本提单持有人拒绝受领退回的货物,导致损失扩大,不得就扩大的损失要求赔偿。

笔者认为,从国际贸易角度而言,托运人持有提单主要是为保障贸易货款的支付,承运人无正本提单交付货物的后果是造成贸易合同目的无法实现,正本提单持有人因之无法收回货款。因此,在承运人实施无单放货行为之时,正本提单持有人的货款损失已经产生,此后的货物回运既非正本提单持有人的运输合同项下义务,也未经正本提单持有人同意,当然也就谈不上"拒绝受领退回的货物导致损失的扩大"。如果没有承运人的违规操作,收货人不会随意不赎单或轻易不要货,如果允许承运人在未收回正本提单的情况下向收货人放行货物再收回货物,托运人的权益将得不到保护。货物虽然仍在目的港,但托运人基于贸易合同所预期的目的无法实现,同时还要承担履行贸易合同和回运货物等产生的成本以及后续处理货物的负担,今后将对托运人合法权益的保护极为不利。

本案中,涉案货物是定制品牌服装,存在知识产权保护的法律问题,原告即使取得货物也不能合法地另行转售,而承运人赔付以后可以转而向收货人追偿,有收货人的配合,处理货物也更为方便,加之承运人是在运输合同项下对原告违约,而收货人是在国际贸易合同项下违约在先,这一处理结果是公平合理的。

(四)司法导向问题

在海上货物运输合同关系中,承运人的基本义务就是在卸货港完好地向正本提单持有人交付全部承运货物。承运人无正本提单交货,构成违约。托运人持有正本提单主要是为保障贸易货款的支付,正常情况下,收货人必须先付清货款再取得货物,如贸易双方有其他争议,应由贸易双方根据贸易合同约定另行解决。如果允许承运人在未收回正本提单的情况下向收货人放行货物再收回货物并擅自回运,既损害了提单的可靠性,破坏了国际贸易规则,使托运人订立的国际贸易合同和海上货物运输合同的目的全部落空,正本提单持有人的合法权益将得不到保护,这对无任何过错的守约方也是不公平的。即使货物最终仍回到承运人掌控之下,但因承运人违约在先,在此情况下让承运人承担责任有助于形成制止该类情况发生和维护航运正当秩序的司法导向。

(撰稿人:上海海事法院 杨婵)

14. 承运人无单放货后对追回货物应承担的赔偿责任及提单持有人应承担的迟延提货责任

——千禧国际货运代理（深圳）有限公司诉宁波和泰进出口有限公司海上货物运输合同纠纷案

案件索引：宁波海事法院（2016）浙72民初670号，2016年11月29日判决。

基本案情

被告宁波和泰进出口有限公司（以下简称和泰公司）向买方波兰蚱蜢工具有限公司（Grasshopper Tools Poland Sp.z o.o.，以下简称蚱蜢公司）销售了一批电焊机、松土机、花园泵、汽油发电机等货物，交由原告千禧国际货运代理（深圳）有限公司（以下简称千禧公司）承运，原告分别于2015年2月6日和16日向被告签发了五份提单，提单号分别为MNGBHAM1500166、MNGBHAM1500206、MNGBHAM1500207、MNGBHAM1500208、MNGBHAM1500209，提单记载的托运人均为和泰公司，收货人与通知人均为蚱蜢公司，目的港代理均为Tirsped公司，船名航次均为ESSEN EXPRESSI V.009W06，装货港均为宁波，卸货港均为汉堡，

海事纠纷

集装箱号与铅封号分别为 TTNU9175013/E544822、FCIU5153790/E561591、TEMU2244589/E525901、TCLU4184985/HD3280554、DFSU2041173/E567601，运输条件均为堆场至堆场，运费均由收货人支付，集装箱内货物贸易价值分别为 27 230 美元、17 871 美元、24 708 美元、65 597.12 美元、30 580 美元，但分别报关为 27 230.50 美元、15 774.37 美元、24 708 美元、57 951.61 美元、29 310 美元。

货物出运后，被告在实际承运人网站对集装箱流转记录进行了查询，结果显示前述五个集装箱均被提取并空箱返场。

2015 年 4 月 16 日，原告宁波分公司向被告发送通知函称：贵司通过我司代为订舱出运多票货物至汉堡，具体提单号与箱型为 MNGBHAM1500166（1×40'GP）、MNGBHAM1500206（1×20'GP）、MNGBHAM1500207（1×20'GP）、MNGBHAM1500208（1×40'GP）、MNGBHAM1500209（1×20'GP），到港时间分别为 2015 年 3 月 20 日、3 月 24 日、3 月 24 日、3 月 24 日、3 月 24 日。我司于同年 4 月 1 日通知贵司因收货人凭伪造的提单将货物提走，建议贵司报警。为了贵司的货物和资金安全，我司建议贵司尽快联系当地警局报警，并按照贵公司与收货人之间的合同向收货人提起诉讼，减少和阻止损失的扩大。同时截至 2015 年 4 月 16 日，贵司货物到港后在目的港已产生 8 600 美元费用，并且该费用每日在增加。请贵司给予明确指示，如何处理这些货物，若贵司需要办理退运，除应付清目的港费用之外，所需的退运费预计为 16 700 美元。为防止损失扩大，请贵司于 2015 年 4 月 20 日之前给予书面回复等。但并无证据表明此时原告已经收回被提走的货物。

2015 年 4 月 17 日，Tirsped 公司向波兰华沙警察局报警称：蚱蜢公司在 2015 年 2 月 9 日至 4 月 17 日期间，为了非法获取 Tirsped 公司从和泰公司处购买的不少于 77 万兹罗提（波兰货币单位，下同）

14.承运人无单放货后对追回货物应承担的赔偿责任及提单持有人应承担的迟延提货责任

货物以牟取私利,而通过提供伪造的提单误导 Tirsped 公司的员工他们已经付过款的假象,并由此导致 Tirsped 公司遭受了不少于 6 万兹罗提的损失以及原告不少于 77 万兹罗提的损失。但没有证据显示波兰警方已对此立案调查及收货人凭伪造提单向原告提取货物。

2015 年 4 月 24 日,被告以原告无单放货为由,就上述五票货物向法院提起诉讼,案号分别为(2015)甬海法商初字第 382 号、383 号、384 号、380 号、381 号。

诉讼中,原告代理律师于 2015 年 5 月 26 日致函被告称:在获得贵司同意的情况下,千禧公司已经通过 Tirsped 公司协助贵司向收货人追讨货款。与此同时,Tirsped 公司已经取回了收货人未付款部分的所有货物,该货物存放在 Tirsped 公司的仓库,贵司可以随时与其联系并查看任何货物。目前,我们已经申请了当地的 SGS 对货物进行详细查勘和清点并制作一份 SURVEY REPORT。正如千禧公司已告知的,货物在目的港已经产生了大量的费用,目前的费用为 25 000 美元(包括宁波到波兰的海运费、目的港操作费、堆存费、仓储费等),之后仍将以每周 555 美元递增。千禧公司可以向贵司以及任何提单合法持有人交付货物。并特别函告:请贵司立即告知货物的处理方案,无论是转卖、回运等,千禧公司将提供一切配合,相关的费用双方可以进一步协商。如果贵司延时处理货物,将势必导致货物在目的港的费用与日俱增。就截至目前已经增加的费用以及之后仍将增加的费用,贵司应当予以承担。

2015 年 6 月 19 日,原告代理律师致函被告代理律师称:2015 年 5 月 29 日,SGS 已经对货物根据相关单证进行了查勘清点,并出具了 SURVEY REPORT,详见附件。Tirsped 公司也对本次事件和货物情况出具一份报告,详见附件。上述两份文件,如有必要,相关方均可以进行公证认证。截至目前,贵司尚未给出任何处理货物的方案。因为贵司怠于给出处理货物的方案,因此相关的货物堆存费均应当由贵司承担。并再次函告:请贵司立即给出货物的处理方案。

SGS波兰公司2015年6月1日出具的编号为352的检验报告显示:检测日期为2015年5月29日,检测地点位于波兰华沙班迪希亚街22号,涉及提单号MNGBHAM1500166、MNGBHAM1500206、MNGBHAM1500207、MNGBHAM1500208。

2015年10月21日,宁波海事法院(2015)甬海法商初字第382号、383号、384号、380号、381号五案作出一审判决,其中第382号判决书认定:第MNGBHAM1500166号提单项下货值(按报关货值认定,下同)总计27 230.50美元,未追回部分货值1 678.8美元(追回货值比例为93.83%),故判决千禧公司赔偿和泰公司货款损失1 678.8美元,折合人民币10 309.51元;第383号判决书认定:第MNGBHAM1500206号提单项下货值总计15 774.37美元,未追回部分货值1 371.68美元(追回货值比例为91.30%),故判决千禧公司赔偿和泰公司货款损失1 371.68美元,折合人民币8 422.38元;第384号判决书认定:第MNGBHAM1500207号提单项下货值总计24 708美元,未追回部分货值3 886美元(追回货值比例为84.27%),故判决千禧公司赔偿和泰公司货款损失3 886美元,折合人民币23 860.81元;第380号判决书认定:第MNGBHAM1500208号提单项下货值总计57 951.61美元,未追回部分货值6 011.56美元(追回货值比例为89.63%),故判决千禧公司赔偿和泰公司货款损失6 011.56美元,折合人民币36 912.18元;第381号判决书认定:第MNGBHAM1500209号提单项下货值总计29 310美元,均未追回,和泰公司已收货款23 800美元,故判决千禧公司赔偿和泰公司货款损失5 510美元,折合人民币33 832.50元。

和泰公司不服前述五案的一审判决,向浙江省高级人民法院提

14.承运人无单放货后对追回货物应承担的赔偿责任及提单持有人应承担的迟延提货责任

出上诉,二审案号分别为(2015)浙海终字第 296 号、297 号、298 号、294 号、295 号。

原、被告往来电子邮件显示:2015 年 10 月 27 日,被告致函原告:需提取 MNGBHAM1500166、MNGBHAM1500206、MNGBHAM1500207、MNGBHAM1500208 号提单项下追回的货物,请告诉我司需提交哪些资料,并询问新的提货人能否凭现有提单提货。同年 10 月 29 日原告回复:我们代理的意思是他们需要先核算好费用,你们确认了费用,才能进行下一步的安排。同年 11 月 19 日,原告回复具体提货手续建议,并明确新的收货人提取货物时需支付已经产生的合理运费和其他合理费用,请贵司提供预期提货时间,之后我司会尽快提供相关费用清单给贵司。同年 11 月 20 日被告回复:预计提货时间 12 月 5 日左右,因我司与几个新的收货人正在商谈,所以新的收货人信息需要落实后再提供。同年 11 月 25 日原告回复:海运费 10 012.23 美元,具体说明如下:所涉四个集装箱宁波到波兰的运费,约定到付而收货人尚未支付,未收回部分货物的运费不收取,简单按照收回货物的件数占发运件数的比例进行计算;货物仓储费截止到 2015 年 12 月 5 日共计 92 344.04 欧元。具体说明如下:我们愿意从 2015 年 4 月 21 日开始计算,仓储费是 2.6 欧元/立方米/天,收回货物一共约 155 立方米,该仓储费是当地的普遍价格标准,贵司如有异议,可以向当地其他仓库询问价格标准。同日被告回复:货物已经被收货人提取,海运费与我司无涉;货物的仓储是贵司单方行为,是贵司无单放货行为的结果,仓储费应由贵司承担。为避免错过这次转卖机会,建议双方搁置费用争议,等货物转卖后再商议。

2015 年 12 月 7 日,在二审法院主持下,和泰公司与千禧公司就(2015)甬海法商初字第 382 号、383 号、384 号、380 号、381 号五案达成调解协议:在千禧公司确认五案判决中确定因无单放货应向和泰公司赔偿货款损失 18 454.04 美元及利息的前提下，和泰公司承诺于 2015 年 12 月 14 日前就提取千禧公司掌控货物所需支付的仓储费、运费等相关费用向千禧公司提供由中国境内银行出具的总金额不超过 78 087 美元的担保函或现金担保；千禧公司向和泰公司交付其掌控的五案项下货物，和泰公司应尽快安排客户提货，最晚不超过同年 12 月 30 日之前提清，否则应承担每日 403 欧元的仓储费用；和泰公司确认千禧公司应支付给其的全部款项及利息，待相关目的港费用和海运费的诉讼案件确定后再予以抵扣、履行或执行等。同年 12 月 9 日，五个二审案件以调解方式结案。

2015 年 12 月 21 日，被告依据调解协议向原告提供担保函后，由 BLACK S.C.A.S.（以下简称 Black 公司）向 Tirsped 公司提取了 MNGBHAM1500166、MNGBHAM1500206、MNGBHAM1500207、MNGBHAM1500208 提单项下追回的货物。依据同年 12 月 30 日被告与 Black 公司的售货确认函，MNGBHAM1500166、MNGBHAM1500206、MNGBHAM1500207、MNGBHAM1500208 提单项下追回货物价值 112 716.44 美元，转售价为 85 708.50 美元，下跌 23.96%。

2016 年 2 月 14 日，原告根据调解协议的约定，就涉案货物的运费和仓储费向法院提起诉讼。

另查明：原告已于 2016 年 2 月 19 日通过千禧国际货运代理（中国）有限公司向 Tirsped 公司支付了 96 642.81 美元（折合 87 857.1 欧元）的仓储费。

根据原告目的港代理 Tirsped 公司与收货人蚱蜢公司的约定，MNGBHAM1500166、MNGBHAM1500206、MNGBHAM1500207、MNGBHAM1500208 号提单项下集装箱宁波至汉堡的海运费分别为 1 900 美元、975 美元、975 美元、1 860 美元。

14.承运人无单放货后对追回货物应承担的赔偿责任及提单持有人应承担的迟延提货责任

原、被告所举证据显示,2015年下半年至2016年上半年,华沙的仓储公司有以递增费率经营的,也有以固定费率经营的,包括Tirsped公司;30天以内至90天以上的递增费率有分为三档的,也有分为四档的,费率从0.2欧元/天/立方米到4.0欧元/天/立方米不等。固定费率低的0.076欧元/天/立方米,高的0.2276欧元/天/立方米,Tirsped公司的固定费率均为0.1248欧元/天/立方米。

被告同期销售给蚱蜢公司的第SHAM5020349号提单项下第MSKU0473816、MSKU0360770号两集装箱内的手推割草机,贸易货值合计60 807.50美元,报关货值合计57 804美元。该两箱货物未被无单放货,被告和泰公司在目的港提取后,于2015年4月转售给NORTH SOLUTION S.R.O.,售价合计49 290美元,相对于报关货值下跌了14.73%。

基于上述事实,原告千禧公司向宁波海事法院提起诉讼,请求判令:1.被告向原告支付运费计10 012.23美元(约合人民币61 355元)及其利息(自2015年4月21日起计算至判决确定的履行之日止);2.被告向原告支付仓储费98 840.38欧元(折合人民币696 034元)及其利息(自2015年4月21日起计算至判决确定的履行之日止);3.被告承担本案诉讼费用。

被告和泰公司辩称:1.关于运费,涉案提单是到付运费,原告箱子已经放出,再向我们收运费不应支持;即使还没有收取运费,向我们收取高于市场行情的运费也不合理;未追回部分货物的运费,不应收取;原告与原来的买家应达成运费协议,有义务披露这方面的材料;原告已经预付的运费,应当扣除。2.关于仓储费,是由无单放货造成的,应由原告承担;退一步讲,即使有一部分仓储费需要被告承担,由于原告未谨慎处理,导致高于市场价的仓储费应由原告承担;由于无单放货致使货物拆散且错过销售旺季,增大了货物转卖的难度，应给予被告合理的时间去处理货物，该合理时间内的仓储费应由原告承担。

被告和泰公司提出反诉，请求判令：1. 原告赔偿被告货物差价损失 36 481.48 美元（折合人民币 237 129.62 元）及其利息；2. 反诉诉讼费用由原告承担。

原告千禧公司辩称：1. 货物差价损失并非无单放货引起，两者间没有因果关系。原告因虚假提单交付货物后，无论是在取回货物，还是在试图向被告交付货物的环节上都尽到了谨慎快速义务，并不存在迟延交付的情况。之后因被告未能及时处理货物一直在堆存，因此即使存在差价损失，也应当由被告自行承担。2. 被告的差价损失，并无相应的依据。一是被告所主张的货物出售价格与出运价格的差价，不能反映原告违约行为所导致的损失，原告能交付货物的时间远远早于被告出售货物的时间；二是货物在 2015 年 12 月出售，是由被告未能及时提取货物引起的，责任在于被告，原告能够交付货物的 4、5 月份的货物价格，被告没有举证证明；同样收货人的另一票货物，即使原告没有无单放货，因为收货人不收货，被告提货后也是按 8 折出售，这说明，一旦收货人不收货，贬值是必然的。

判决与理由

宁波海事法院经审理认为：本案系承运人无单放货后，向托运人交付追回货物而引发的海运费、仓储费承担以及货价下跌损失赔偿的海上货物运输合同纠纷。本案海运费为到付运费，应由提取货物的被告按提取货物的比例支付。涉案货物在华沙的仓储费，本不应由被告承担，鉴于原告在华沙储存涉案货物，客观上减少了涉案货物在汉堡

14.承运人无单放货后对追回货物应承担的赔偿责任及提单持有人应承担的迟延提货责任

的仓储费,故对原告合理的仓储费用请求,予以支持。涉案货物相对于原贸易价,价格一直在下跌,2015年4月至12月,涉案货物下跌了9.23%。期间,既有原告无单放货的影响因素(30+31+19=80天),也有被告怠于提货的影响因素(130天),还有原、被告协商处理具体提货事宜的影响因素(各28天),原告应对其无单放货造成的货物价格下跌承担赔偿责任。酌定原告对该期间的下跌损失承担40%的责任,计(112716.44-85708.50)×9.23%×40%=997.13美元。

综上,被告应支付原告涉案货物的海运费5 161.7美元,该海运费本应于被告提货日即2015年12月21日付清,鉴于被告怠于提取涉案货物,当被告准备提货时,原、被告协商处理具体提货事宜时又拖延了一段时间,酌定该海运费应于2015年7月20日付清,故按该日的兑换率1:6.1197折合成人民币并开始计息;被告应支付原告涉案货物的仓储费4 408.2欧元,该仓储费应在被告提货日即2015年12月21日付清,故按该日的兑换率1:7.0420折合成人民币并开始计息。原告诉请有理部分,予以支持。

原告应赔偿被告涉案货价损失997.13美元,该赔款自涉案货物转卖时产生,可从2015年12月21日交付涉案货物时开始计息,故按该日的兑换率1:6.4753折合成人民币并开始计息。被告反诉有理部分,予以支持。

根据《中华人民共和国海商法》第六十九条、第七十八条第一款、《中华人民共和国合同法》第一百一十九条第一款、《最高人民法院关于审理无正本提单交付货物案件适用法律若干问题的规定》第二条、第五条、《中华人民共和国民事诉讼法》第六十四条第一款之规定,判决如下:

一、被告和泰公司支付原告千禧公司海运费人民币31 588.06元及利息(按中国人民银行公布的同期贷款基准利率从2015年7月

20日起计算至判决书确定的支付日止）；

二、被告和泰公司支付原告千禧公司仓储费人民币31 042.54元及利息（按中国人民银行公布的同期贷款基准利率从2015年12月21日起计算至判决书确定的支付日止）；

三、原告千禧公司赔偿被告和泰公司货价损失人民币6 456.72元及利息（按中国人民银行公布的同期贷款基准利率从2015年12月21日起计算至判决书确定的支付日止）；

四、驳回原告千禧公司的其他诉讼请求；

五、驳回被告和泰进公司的其他反诉请求；

六、以上二、三两项相抵后，被告和泰公司尚需支付原告千禧公司海运费人民币31 588.06元及利息（按中国人民银行公布的同期贷款基准利率从2015年7月20日起计算至判决书确定的支付日止），仓储费人民币24 585.82元及利息（按中国人民银行公布的同期贷款基准利率从2015年12月21日起计算至判决书确定的支付日止），该两款项应于本判决生效后十日内付清。

宣判后，双方均未提出上诉，一审判决发生法律效力。

评 析

本案审判，涉及《最高人民法院关于审理无正本提单交付货物案件适用法律若干问题的规定》未明确的承运人无单放货后又追回货物的相关问题的处理：承运人无单放货后又追回了货物，是否无需承担无单放货责任？提单持有人迟延提取无单放货后追回的货物，是否也无需赔偿承运人的相关损失？宁波海事法院合情合理合法地解决了当事人的一系列争议，确立了该类型案件审判的一些规则。

14.承运人无单放货后对追回货物应承担的赔偿责任及提单持有人应承担的迟延提货责任

一、承运人无单放货后又追回部分货物，提货人应按比例支付到付运费

对涉案货物运费是否应由被告支付，如需被告支付应付多少的问题，原告认为，其已经履行了货物运输和交付义务而未能收取运费，有权向被告收取。被告则认为，涉案货物运费是到付，原告放货时应收取运费，不应再向被告收取运费。即便法院判决由被告承担部分运费，也应是到汉堡的海运费，被告有权要求原告将追回的货物运回汉堡，只是为了减少双方的损失才在华沙就地处理追回的货物。运费按追回部分的比例收取被告无异议。

经审理法院认为，本案海运费为到付运费，应由提取货物的人支付。原告无单放货后，已经追回绝大部分货物并交付给被告，被告应按交付货物的比例承担提单项下的海运费，具体比例可按交付货物的价值比例计算。本案海运费虽由收货人与承运人的代理人约定，但运价与市场价基本相当，被告作为提货人，应当予以支付。至于被告支付的人民币费用，已查明与海运费无关。被告应承担的海运费共计 $1\,900 \times 93.83\% + 975 \times 91.30\% + 975 \times 84.27\% + 1\,860 \times 89.63\% = 5\,161.7$ 美元。

笔者进一步认为，到付运费的本意是由收货人提取货物时支付运费，涉案货物已被无单放货，被告由此推断千禧公司已从蚱蜢公司收取涉案货物的运费，可以成立。但关键是：千禧公司已将无单放货的部分货物追回，相应的，千禧公司也应将追回部分货物的运费退还给蚱蜢公司，相对涉案货物来说，重回尚未提货状态。而和泰公司凭提单提取涉案货物，理应根据到付运费的本意，支付涉案货物的运费。

二、无单放货所产生的费用，应由承运人承担

首先是，涉案货物被蚱蜢公司在德国汉堡港提取后，由千禧公

海事纠纷

司的目的港代理 Tirsped 公司运往波兰华沙。原告认为，本案中的运费包括汉堡到波兰的内陆运费及报关清关费用，尽管除海运费外并非提单项下必然产生的费用，但基于原告在事实上已经提供相应的运输、报关等服务，而被告指定的提货人是在波兰内地进行了提货，不需要进行额外的清关及内陆运输，故原告主张除海运费外的额外相关费用也是合理的。被告则认为，由汉堡到华沙的费用不应由被告承担。

经审理法院认为，涉案提单的目的港均为汉堡，汉堡到华沙的内陆运费及报关清关费用，系无单放货所造成，应由原告自行承担。被告在华沙提货并转售货物，虽然在客观上减少了被告从汉堡到华沙的内陆运费，但同样减少了原告将货物从华沙运回汉堡的内陆运费，被告并未从中获得更多的利益，故原告不能以此为由要求被告分担从汉堡到华沙的内陆运费。

笔者认为，这样处理不仅符合过错责任原则，而且符合情理。事实上，如果千禧公司将追回的货物运回汉堡，在货物运输的目的港交付给和泰公司，所产生的内陆运费也应由其承担，理由同上。

其次是，千禧公司将追回的货物仓储在华沙而产生的仓储费。对此，原告认为，其虽然受骗将货物放给了原收货人，但随即就向警察机构进行了报案，并取回了绝大部分的货物，要求被告进行提货，具体时间是在 2015 年 4 月 16 日。被告对原告的提货要求置之不理，并提起了诉讼，导致货物积压在目的港，直到相关无单放货案件一审败诉后才开始要求提货，货物在目的港的积压完全是由被告的过错引起的。原告主张的仓储费从 4 月 21 日起算，已经给予了合理的提货时间。至于仓储费的费率，结合 Tirsped 公司的说明及本案货物特殊的存储状况，提出较高的要求也是合理的。被告则认为，仓储费是由原告无单放货造成的，应由原告自行承担，包括承担进一步

14.承运人无单放货后对追回货物应承担的赔偿责任及提单持有人应承担的迟延提货责任

损失的责任。即便部分仓储费应由被告承担，其费率也应是固定费率且是最低的，因为双方均有减损的义务。被告获取的相关证据表明，华沙的仓储费包括Tirsped公司的仓储费均为固定费率，且费率较低。原告2015年6月19日向被告出具SGS报告，被告才知道货物的具体情况，才有可能启动转卖程序，故从无单放货之日起至6月19日的仓储费应由原告承担。2015年10月27日至11月25日的迟延是由原告造成的，应由原告承担。同年12月14日原告突然要求被告提交提货申请，又迟延一周，这部分的仓储费也应由原告承担。涉案货物为除草及相关设备，由于无单放货错过了4月份的销售旺季，增大了转卖难度，同时因为货物拆散不配套，导致货物转卖难度增加，合计应给予2个月的转卖时间，这期间的仓储费也应由原告承担。

经审理法院认为，涉案货物的目的港为汉堡，被告拒不提货应承担的仓储费，应是汉堡的仓储费。涉案货物在华沙的仓储费，系储存无单放货后追回的货物而产生，本不应由被告承担，鉴于原告在华沙储存涉案货物，客观上减少了涉案货物在汉堡的仓储费，且诉讼中被告也有承担合理仓储费用的意思，故对原告合理的仓储费用请求，予以支持。

关于仓储时间的计算，原告2015年4月16日的通知函，因没有证据显示原告已于4月16日前追回货物，且前后意思矛盾，不能作为被告承担仓储费的起算时间点。虽然原告的代理律师于同年5月26日致函被告告知Tirsped公司已经取回了收货人未付款部分的所有货物，该货物存放在Tirsped公司的仓库，但直到同年6月19日原告才向被告提供了SGS检验报告，明确了追回货物的品种和数量。因此，2015年6月19日可以作为被告承担仓储费的起算时间点（计至2015年10月27日共计130天）。从2015年10月27日被告向原告表示要提取涉案货物，到同年12月21日（共计56天）被告提取涉案货物,综合考虑原告明确提货手续迟缓,且提出不合理的运费和仓储费支付要求,被告又拒不承担合理的海运费和仓储费,以及无单放货对转售的影响、被告实际转售涉案货物的时间等因素,酌定该期间的仓储费由原、被告各承担一半。

关于仓储费率,原、被告双方的举证表明,华沙的仓储公司2015年下半年到2016年上半年各以不同的费率在经营。鉴于华沙当时有较低且固定仓储费率的仓储公司在经营,原告未尽谨慎选择仓储公司以减少仓储费损失的义务,酌定被告按0.18欧元/天/立方米的固定费率向原告支付仓储费用。

至于涉案货物的仓储体积为155立方米,被告并无异议,被告应承担的仓储费共计155×158×0.18=4 408.2欧元。

三、无单放货所造成的迟延交付损失,承运人应当赔偿

本案无单放货后又追回,客观上拖延了千禧公司交付货物的时间。和泰公司决定提取货物后,双方当事人又为费用计算及承担争议拖延了一段时间。根据《中华人民共和国海商法》(以下简称海商法)第五十条第三款关于"除依照本章规定承运人不负赔偿责任的情形外,由于承运人的过失,致使货物因迟延交付而遭受经济损失的,即使货物没有灭失或者损坏,承运人仍然应当负赔偿责任"的规定,千禧公司应当对其无单放货及其他过错所导致的延迟交付而造成的损失承担赔偿责任。

本案和泰公司因货物延迟交付所遭受的损失,是货物的市场价格下跌。对此,被告认为,由于涉案货物为除草设备,错过4月份销售旺季,必然导致价格的下降。原告无单放货后,于6月19日才向被告递交SGS报告告知追回货物的情况,此时距4月份有2个月之久,故涉案货物的差价损失是无单放货造成的直接结果,应由原告承担。同时,被追回货物拆散不成配套、华沙当地经销商较少、

14.承运人无单放货后对追回货物应承担的赔偿责任及提单持有人应承担的迟延提货责任

仓储成本随着时间在增加,均会影响销售价格,由此导致的差价损失也应由原告承担。差价损失的计算,应按商业发票的价格及实际转售价格的差值计算,数量按SGS清点的数量。原告则认为,被告主张货物的差价损失,首先应确定差价损失与无单放货行为是否有必然的因果关系。事实上,如果涉案货物没有被无单放货,只要在目的港无人提货,也会贬值。被告未被无单放货的两个集装箱,同样是以接近8折的价格出售,那时货物已经贬值20%。涉案货物的差价损失,很大的原因在于货物在目的港积压了近1年,这不是原告无单放货引起的,而是被告怠于履行提货义务引起的。

经审理法院认为,从被告转售涉案货物以及未被无单放货的相关货物来看,相对于原贸易价,价格一直在下跌。至2015年4月,货价已经下跌了14.73%,到同年12月下跌了23.96%。据此推算,2015年4月至12月,涉案货物下跌了9.23%。期间,既有原告无单放货的影响因素(80天),也有被告怠于提货的影响因素(130天),还有原、被告协商处理具体提货事宜的影响因素(各28天),原告应对其无单放货造成的货物价格下跌承担赔偿责任。酌定原告对该期间的下跌损失承担40%的责任,计(112 716.44-85 708.50)×9.23%×40%=997.13美元。

法院根据双方当事人的行为对延迟交付时间的影响,合理判定了千禧公司应承担的赔偿责任,无疑是公平合理的。

四、提单持有人迟延提取追回的货物,应承担相应的责任

和泰公司在获知相关货物被无单放货后,即对千禧公司提起了诉讼,要求赔偿因无单放货而遭受的货款损失。诉讼中,在千禧公司明确告知其已经追回大部分货物并要求其作出处理安排的情况下,仍不提取涉案货物,直至一审作出对其不利的判决,才表示要提取涉案货物。根据海商法第八十六条关于"在卸货港无人提取货物或者收货人迟延、拒绝提取货物的,船长可以将货物卸在仓库或者其

海事纠纷

他适当场所，由此产生的费用和风险由收货人承担"之规定，和泰公司理应承担涉案货物在目的港因迟延提取而产生的仓储费。同时，在实际提取涉案货物之前的协商中，也有和泰公司过错及选择货物买家所导致的迟延提取，对此，和泰公司也应承担相应的仓储费。

  本案的问题是，千禧公司追回涉案货物后并未将货物运回目的港汉堡。因此，涉案货物在目的港并无仓储费用。鉴于千禧公司在华沙仓储涉案货物，客观上使涉案货物在目的港的仓储费用不再产生，且和泰公司不仅在华沙提取并转售了涉案货物，而且也有承担涉案货物在华沙的合理仓储费的意思，故法院以涉案货物在华沙的仓储费取代涉案货物在汉堡的仓储费，判决和泰公司承担因迟延提取涉案货物而产生的仓储费，不仅合情合理，而且符合法律规定。

（撰稿人：宁波海事法院 吴勇奇）

15. 海事赔偿责任限制与连带赔偿责任同时适用的规则

——吴世亮、彭金芳与 ETHIOPIAN SHIPPING LINES SHARE COMPANY、陈雁平、舟山市海腾渔业有限公司海上人身伤亡损害赔偿纠纷系列案

案件索引：宁波海事法院（2007）甬海法事初字第 66-72 号，2008 年 12 月 19 日裁定。

基本案情

2006 年 12 月 11 日 18 时 50 分，ETHIOPIAN SHIPPING LINES SHARE COMPANY（埃塞俄比亚公司）所属的"ABBAY WONZ"轮在从也门驶往中国大连途中航经浙江沿海水域时，与陈雁平所有、挂靠舟山市海腾渔业有限公司经营的"浙普渔72329"轮发生碰撞，事故造成"浙普渔72329"轮沉没，八名船员失踪（后被法院宣告死亡）。宁波海事局的碰撞事故调查报告认定，两船过失相当，承担对等责任。

2007 年 10 月 26 日，七名失踪船员的亲属以 ETHIOPIAN SHIPPING LINES SHARE COMPANY 为被告（以下简称被告 A），向宁波海事法院提起诉讼，分别请求判令被告 A 赔偿其收入损失、安抚费、丧葬费、误

工费、交通费等各项经济损失计80万元及逾期付款利息5万元。

2008年10月9日，宁波海事法院根据被告A的申请，追加陈雁平、舟山市海腾渔业有限公司为本案共同被告（以下简称被告B）。七案原告遂要求三被告连带赔偿其经济损失80万元及逾期付款利息5万元。

被告A答辩称：其所属的"ABBAY WONZ"轮并非本案肇事船舶，不应承担赔偿责任；在坚持上述答辩的前提下，原告诉请的损失明显偏高且缺乏法律依据，请求法院公正裁决。

被告B答辩称：舟山市海腾渔业有限公司系被挂靠经营单位，不应承担赔偿责任；"浙普渔72329"轮系141总吨的沿海作业船舶，船舶所有人有权享受海事赔偿责任限制。

裁定与理由

2008年12月19日，七案原告分别向法院提交撤回起诉申请。宁波海事法院经审查认为，各原告以其已与三被告达成和解协议为由申请撤诉，理由正当，应予支持，遂裁定予以准许。

评　析

该系列案（以下称为案例一）的审判涉及海事赔偿责任限制与连带赔偿责任同时适用问题。而海事赔偿责任限制与连带赔偿责任是立法宗旨根本对立的两项法律制度，由于《海商法》没有明确何者优先适用，当两项制度同时适用于一个案件时，便会产生互相否定和互相排斥现象，给审判和执行工作带来困惑。尽管该系列案最终以撤诉方式结案，但法院已对案件处理研究出具体的方案。特作如下评析：

一、案件形成的疑难问题

该系列案在审理过程上，出现了许多疑难问题：

（一）七案原告单独起诉 A，意在规避 B 的海事赔偿责任限制，法院是否允许？

（二）被告 A 申请追加 B，意在避免 B 因海事赔偿责任限制而不承担的责任转嫁到自己的身上，法院应否准许？

（三）被告 A 与被告 B 的连带赔偿责任，必须先分摊责任份额再连带，还是直接连带（相对于不分摊责任份额的连带方式而言）？

（四）被告 A 与被告 B 的连带赔偿总额是 80 万元，还是 579 781 元[①]？

（五）直接连带赔偿 80 万元，如何体现被告 B 的海事赔偿责任限制？如何参与被告 B 所设基金的分配？

为研究所需，设想审判实践中出现这样的案例（以下称为案例二）：甲所有的 200 总吨沿海运输船舶与乙所有的 141 总吨渔船发生碰撞，造成渔船沉没，八名船员死亡。假设按照《关于审理人身损害赔偿案件若干问题的解释》的规定，每位死者应获得 50 万元的赔偿，海事局同样认定两船负对等责任。

因甲对本事故的人身伤亡损害赔偿限额为 116 500 计算单位约 1 281 500 元，平均可赔偿每位死者 160 188 元，不足部分的差额参与非人身伤亡损害赔偿责任限额 58 500 计算单位约 643 500 元的分

---

① 该 579 781 元的来源是：被告 A 与被告 B 应各赔偿原告 40 万元，但被告 B 由于海事赔偿责任限制，只能实际赔偿原告 179 781 元，以此确定被告 A 与被告 B 的连带赔偿责任，双方连带赔偿的总额即为 579 781 元。

配，假设可得 42 000 元（因有乙船船舶损失的存在），合计 202 188 元，即平均只能实际赔偿每位死者 202 188 元。甲为此申请设立了一个金额为 1 925 000 元的人身伤亡损害赔偿责任限制基金（其数额同样为人身伤亡损害赔偿责任限额与非人身伤亡损害赔偿责任限额之和）。乙申请设立了一个金额为 1 438 250 元的人身伤亡损害赔偿责任限制基金，平均只能赔偿每位死者 179 781 元。

在这种情况下，八名死者继承人又该如何进行诉讼？法院又该如何进行处理？

二、海事赔偿责任限制与连带赔偿责任同时适用的困惑

海事赔偿责任限制是指在发生重大海损事故时，作为责任人的船舶所有人、经营人和承租人等，根据法律的规定，将自己的赔偿责任限制在一定范围内的法律制度，它是海商法中特有的并区别于民法一般损害赔偿原则的一项特殊法律制度[1]，其目的是为了保护特定的海事债务人的利益[2]。

连带债务、连带责任、连带赔偿责任是从不同角度、不同层面来规定义务和责任承担方式的，其"连带"的涵义是相同的[3]。所谓连带赔偿责任是指受害人有权向共同侵权人中的任何一人或数人请求赔偿全部损失，而任何一个共同侵权人都有义务向受害人负全部的赔偿责任[4]。连带责任是各国侵权法中普遍采用的一种责任形式，而且一直以能够最大限度地保护受害人的利益而为世人称道。因为任何一个承担连带责任的侵权人都负有赔偿受害人全部损失的义务，

---

[1] 司玉琢、胡正良等：《海商法详论》，大连海事大学出版社 1995 年版，第 403 页。
[2] 司玉琢：《海商法专论》，中国人民大学出版 2007 年版，第 83 页。
[3] 邱业伟：《论连带债务与连带责任的关系》，《河北法学》2007 年第 6 期。
[4] 王利明：《侵权行为法归责原则研究》，中国政法大学出版社 1992 年版，第 304 页。

15.海事赔偿责任限制与连带赔偿责任同时适用的规则

这就使得受害人赔偿目标落空的可能性显著降低[①]。

显而易见,该两项制度的设置宗旨是相悖的:海事赔偿责任限制着重保护的是责任人的利益,而连带赔偿责任着重保护的则是受害人的利益。

根据《海商法》第一百六十九条[②]的规定,船舶发生碰撞,互有过失的船舶,对造成的第三人的人身伤亡,负连带赔偿责任。一船连带支付的赔偿超过本条第一款规定的比例的,有权向其他有过失的船舶追偿。而根据《海商法》第二百零七条[③]第一款第一项的规定,

---

[①] 胡海容:《扩张与限制之间:我国连带责任的新发展》,《社会科学家》2008年第7期。

[②]《中华人民共和国海商法》第一百六十九条规定:船舶发生碰撞,碰撞的船舶互有过失的,各船按照过失程度的比例负赔偿责任;过失程度相当或者过失程度的比例无法判定的,平均负赔偿责任。

互有过失的船舶,对碰撞造成的船舶以及船上货物和其他财产的损失,依照前款规定的比例负赔偿责任。碰撞造成第三人财产损失的,各船的赔偿责任均不超过其应当承担的比例。

互有过失的船舶,对造成的第三人的人身伤亡,负连带赔偿责任。一船连带支付的赔偿超过本条第一款规定的比例的,有权向其他有过失的船舶追偿。

[③]《中华人民共和国海商法》第二百零七条规定:下列海事赔偿请求,除本法第二百零八条和第二百零九条另有规定外,无论赔偿责任的基础何有不同,责任人均可以依照本章规定限制赔偿责任:

(一)在船上发生的或者与船舶营运、救助作业直接相关的人身伤亡或者财产的灭失、损坏,包括对港口工程、港池、航道和助航设施造成的损坏,以及由此引起的相应损失的赔偿请求;

(二)海上货物运输因迟延交付或者旅客及其行李运输因迟延到达造成损失的赔偿请求;

(三)与船舶营运或者救助作业直接相关的,侵犯非合同权利的行为造成其他损失的赔偿请求;

(四)责任人以外的其他人,为避免或者减少责任人依照本章规定可以限制赔偿责任的损失而采取措施的赔偿请求,以及因此项措施造成进一步损失的赔偿请求。

前款所列赔偿请求,无论提出的方式有何不同,均可以限制赔偿责任。但是,第(四)项涉及责任人以合同约定支付的报酬,责任人的支付责任不得援用本条赔偿责任限制的规定。

责任人对在船上发生的或者与船舶营运直接相关的人身伤亡的赔偿请求，可以限制赔偿责任。因此，海事赔偿责任限制与连带赔偿责任同时适用于案例一和案例二。也就是说，案例一和案例二的原、被告都面临海事赔偿责任限制和连带赔偿责任的适用问题。

由于海事赔偿责任限制与连带赔偿责任制度设置宗旨是根本对立的，故在同时适用时，便会产生互相否定和互相排斥现象：

（一）如果满足了受害人对连带赔偿责任人诉讼形式（单一诉讼形式和共同诉讼形式）的选择权[①]，则在单一诉讼中，就难以体现事故涉及的海事赔偿责任限制问题，例如案例一中的原告单独起诉不享有海事赔偿责任限制一方的被告A。

（二）在共同诉讼中，如果强调了连带赔偿责任对受害人的着重保护，则无法落实具体责任人的海事赔偿责任限制，例如案例一中的被告A和被告B直接连带赔偿各原告80万元。

（三）如果为了落实具体责任人的海事赔偿责任限制而追加其他责任人参加共同诉讼，则有损受害人对连带赔偿责任人诉讼形式的选择权，例如案例一中法院追加了被告B。

（四）在共同诉讼中，如果为了落实具体责任人的海事赔偿责任限制而先分摊被告A与被告B的具体责任份额，再确定连带赔偿总额，则无法充分保护受害人的利益，例如案例一中的被告A与被告B按过失程度比例分摊责任并限制被告B的赔偿责任后，连带赔偿

[①] 参见吴勇奇：《连带之债诉讼形式的可选择性》，《律师与法制》2001年第8期，文中笔者认为：实体法和程序法的关系是确定连带之债诉讼方式的基本准则。《民法通则》第八十七条关于"享有连带权利的每个债权人，都有权要求债务人履行义务；负有连带义务的每个债务人，都负有清偿全部债务的义务"的规定，是连带之债债权人实体权利选择性的依据。连带之债债权人实体权利的选择性，决定了债权人在程序上也享有选择以一般诉讼形式（或叫单一诉讼形式，相对共同诉讼形式而言）或者共同诉讼形式来实现自己实体权利的权利。

的总额为 579 781 元。

（五）在共同诉讼中，如果不按责任人的过失程度比例分摊各自应承担的责任并限制享有海事赔偿责任限制的责任方的责任，就无法参与享有海事赔偿责任限制的责任方所设基金的分配，因为直接连带赔偿总额是双方共同赔偿的数额，而且是非限制性的，不能直接参与享有海事赔偿责任限制的责任方所设基金的分配。

在《海商法》的规定中，船舶优先权制度是保护特定债权人利益的，而海事赔偿责任限制制度则是保护特定债务人利益的，两者的立法目的也是相互对立的[①]，故在同时适用时，也会发生矛盾与冲突。但《海商法》第三十条对此作了协调，明确规定：本节（即第二章第三节船舶优先权）规定不影响本法第十一章关于海事赔偿责任限制规定的实施。

然而，《海商法》条款中，却没有协调连带赔偿责任与海事赔偿责任限制冲突与矛盾的规定。因此，在同时适用时，审判人员便会陷于茫然与困惑。

由于船舶碰撞致第三人人身伤亡的连带赔偿责任和海事赔偿责任限制均出自《海商法》的规定，既没有特别法与普通法之分，也不构成特别条款与一般条款的关系，故也无法得出何者优先适用的结论。

三、海事赔偿责任限制与连带赔偿责任同时适用的利益平衡与协调

根据有法律依照法律、没有法律依照法理、没有法理依照公平原则的审判规则，在案例一和案例二的审判中，可以依照法理和公平原则来处理海事赔偿责任限制与连带赔偿责任的同时适用问题。

---

① 司玉琢：《海商法专论》，第 82—83 页。

（一）同时适用的诉讼形式协调

既然《海商法》未规定海事赔偿责任限制与连带赔偿责任何者优先适用，则案例一和案例二的审判中必须同时适用、同时体现海事赔偿责任限制与连带赔偿责任。为此，案例一中的原告单独起诉A，意在规避B的责任限制，就不应被允许。也就是说，船舶碰撞造成第三人人身伤亡，其中责任人享有海事赔偿责任限制的，受害人不能选择单一诉讼形式仅起诉不享有海事赔偿责任限制的碰撞方，而只能进行共同诉讼，起诉所有碰撞各方，以便落实事故所涉及的海事赔偿责任限制与连带赔偿责任。换言之，审判中同时适用、同时体现海事赔偿责任限制与连带赔偿责任，必须牺牲受害人对连带赔偿责任人诉讼形式的选择权。

对于案例一的处理，有人提出：原告可以单独起诉A，先让A承担80万元的赔偿责任。A向B追偿时，B再享受海事赔偿责任限制。这也是一种既体现海事赔偿责任限制，又体现连带赔偿责任的方式。

但笔者认为，该观点存在三方面的问题：

1. 案例一的处理必须同时适用、同时体现海事赔偿责任限制与连带赔偿责任，关键在于"同时"两字，而不是分别适用、分别体现。

2. 持这种观点，在案例二的情况下，由于碰撞双方都享有海事赔偿责任限制，受害人便无从选择先起诉谁了。

3. 下文将论及，该观点也有违海事赔偿责任限制与连带赔偿责任同时适用的平衡原理。

（二）同时适用的连带方式协调

船舶碰撞导致的海事赔偿责任限制，是与责任人各自所属的船舶联系在一起的，责任人各有其海事赔偿责任限额。为了落实具体碰撞责任人对人身伤亡赔偿的海事赔偿责任限制，必须按碰撞各方的过失程度比例分摊各自对伤亡人员应负赔偿责任的份额，在此基础上再限定享有海事赔偿责任限制的责任方的实际赔偿数额。因此，案例一和案例二中的碰撞双方，必须先分摊责任份额再负连带赔偿责任，而不能承担直接连带赔偿责任。这在法律根据上，是没有问题的，因为《海商法》第一百六十九条第一款就规定：船舶发生碰撞，碰撞的船舶互有过失的，各船按照过失程度的比例负赔偿责任；过失程度相当或者过失程度的比例无法判定的，平均负赔偿责任。

因船舶碰撞致人身伤亡赔偿涉及海事赔偿责任限制的，必须先分摊碰撞各方的责任份额，再确定各方应负连带赔偿责任的数额，这样做可能会损害受害人的诉讼效率利益，因为分摊碰撞各方的责任份额必须查清碰撞各方的过失程度比例，比起无需查清碰撞各方过失程度比例的直接连带赔偿责任来，诉讼耗时无疑要长得多。但这是因为事故涉及海事赔偿责任限制所致，不可避免。

对船舶碰撞致人身伤亡赔偿涉及海事赔偿责任限制，也有人持各责任人之间应承担直接连带赔偿责任的观点。但在如何限制各方的赔偿责任，该直接连带责任又如何参与其中一方或双方责任人所设立的海事赔偿责任限制基金的分配，持该观点的人又茫然了。因为直接连带赔偿额，系双方的责任，不是享有海事赔偿责任限制一方的限制性债权，不能参与该方所设基金的分配。即使是碰撞双方都享有海事赔偿责任限制并都设立了海事赔偿责任限制基金，该直接连带赔偿额能否参与双方基金的分配？又该如何参与双方基金的分配？如果参与其中一方基金分配，相对其应承担的份额多分了该如何处理？参与另一方基金分配，相对其应承担的份额少分了又该如何处理？所有这些既有疑问，又难以解决。

（三）同时适用的利益平衡

1.几种不同的处理方法

以案例一为例说明，侧重点不同，结果也会不同。试以碰撞双方应赔偿各原告 80 万元，各承担 50% 并互负连带责任，分析如下：

（1）根据《海商法》第一百六十九条第三款的规定，重点考虑连带赔偿责任。此时，应判决被告 A 与被告 B 赔偿各原告 80 万元，各承担 40 万元并互负连带责任，确认 B 对各原告的赔偿责任限额为 179 781 元。执行后可能出现的情况是：

①如果被告 A 先支付了 80 万元，则有权就 40 万元向被告 B 追偿。但由于被告 B 的海事赔偿责任限制，只能偿付被告 A 179 781 元。这样，被告 A 实际上就多承担了 220 219 元。尽管一般情况下，由于被告 B 的履行能力不足，被告 A 实际上也会产生多承担责任的现象，但两者的基础是不一样的。

②如果法院先执行被告 B 80 万元，则被告 B 便会就其多承担的 620 219 元向被告 A 追偿。由于被告 A 应承担的赔偿额是 40 万元，只能偿付被告 B 40 万元。这样，被告 B 实际上丧失了海事赔偿责任限制。

（2）根据《海商法》第二百零四条的规定，优先适用海事赔偿责任限制。此时，案件的判决应为：被告 A 与被告 B 赔偿各原告 40 万元，但由于被告 B 享有海事赔偿责任限制，其实际赔偿各原告 179 781 元，故被告 A 与被告 B 对赔偿总额 579 781 元负连带责任。执行后可能出现的情况是：

①先执行被告 A，由于被告 B 的实际赔偿额为 179 781 元，被告 A 连带赔偿各原告的总额是 579 781 元，并有权就多承担的 179 781 元向被告 B 追偿。

②先执行被告 B，又可能出现：

a. 被告 B 连带赔偿各原告 579 781 元，并有权就多承担的 40 万元向被告 A 追偿。

b. 由于受海事赔偿责任限制，被告 B 只能向各原告赔偿 179 781 元，各原告还可就 40 万元向被告 A 申请执行。这种情况下，被告 A 与被告 B 显然没有负连带赔偿责任。

比较（1）（2）两种情况，显然第（1）种情况下各原告的利益得到了充分的保护，但面临海事赔偿责任限制得不到落实或第三方当事人利益受到损害的窘态；第（2）种情况下，各原告的利益未得到充分的保护，但第三方当事人利益没有受到损害，海事赔偿责任限制也得到了落实。

2. 同时适用的利益平衡点

从法理上讲，共同诉讼形式下的连带赔偿责任，对受害人的连带赔偿总额而言，其中有连带责任方因履行能力不足不能清偿其应承担责任的，其他有履行能力的连带责任方均应予以清偿，体现了法律对受害人的重点保护，相对责任方来说，它可能产生责任转嫁，受损的是有履行能力的责任方的利益。而海事赔偿责任限制则是从限制责任人赔偿责任的角度作出规定的，限制后实际赔偿不足部分，就不予赔偿了，这是法律对特定责任人的特殊保护，受损的是受害人的利益，相对责任方而言，不产生责任的转嫁。综合两者的特点，我们便可以找出海事赔偿责任限制与连带赔偿责任同时适用的利益平衡点：责任转嫁与利益受损。从利益平衡的角度看：

第一，适用海事赔偿责任限制，不能形成因责任限制而减少赔偿部分责任的转嫁，因为责任限制而减少赔偿部分责任的承担者应是受害方。

第二，适用连带赔偿责任，转嫁的只能是其中连带责任方因履行能力不足而产生的责任，该责任的承担者应是有清偿能力的连带责任的其他方。

案例一的几种处理方法中，符合上述利益平衡的，只有第（2）

种方法中的①和②中的 a，第（1）种情况中的①形成了因责任限制而减少赔偿部分责任的转嫁，第（1）种情况中的②限制了海事赔偿责任限制的适用，均不符海事赔偿责任限制及连带赔偿责任的利益平衡，而第（2）种情况②中的 b，因没有体现连带责任也不符两者的利益平衡。

经利益平衡后，从法律适用的角度看，案例一第（2）种处理方法中的①和②中的 a，既基本符合《海商法》第二百零四条关于海事赔偿责任限制的规定，又基本符合《海商法》第一百六十九条第三款关于船舶碰撞致第三人损害承担连带赔偿责任的规定，具体分析如下：

（1）被告 B 依法享受责任限制后，对各原告的实际赔偿额为 179 781 元。

（2）各原告获得的实际赔偿总额受被告 B 的海事赔偿责任限制，只能得到 579 781 元，因责任限制而减少赔偿的 220 219 元只能由各原告承担。

（3）被告 A 与被告 B 承担的连带赔偿总额为各自应实际承担的赔偿金额的总和，即 579 781 元，已经大于其各自应实际承担的赔偿金额，体现了连带责任对受害方的重点保护。

（4）被告 A 与被告 B 连带赔偿超过其应实际承担数额的，可依法进行追偿。只有因为对方的履行能力不足，才会产生责任转嫁和多承担责任的问题，符合连带赔偿的立法本意。

前述原告先单独起诉 A 的观点，如同案例一第（1）种处理方法中的①，形成了责任人 B 因海事赔偿责任限制而减少赔偿部分，不是由受害原告承担，而是转嫁到责任人 A 身上的结果，不符海事赔偿责任限制与连带赔偿责任平衡原理。

（四）同时适用的方法规则

综上论证，综合案例一和案例二的情况，可以得出因船舶碰撞致人身伤亡损害赔偿时，海事赔偿责任限制与连带赔偿责任同时适用的方法规则为：因船舶碰撞致人身伤亡损害赔偿，其中责任人享有海事赔偿责任限制的，应先按照过失程度的比例确定各责任人的赔偿数额，再限定享有海事赔偿责任限制的责任人的赔偿责任；各责任人互负连带赔偿责任的总额，为不享有海事赔偿责任限制方的赔偿数额与享有海事赔偿责任限制方限制赔偿责任后的实际赔偿数额的总和；各责任人均享有海事赔偿责任限制的，互负连带赔偿责任的总额为各责任方限制赔偿责任后的实际赔偿数额的总和。该规则可概括为"先限制，后连带"。

鉴于《海商法》未对海事赔偿责任限制与连带赔偿责任的同时适用进行协调，建议在相关司法解释中对此作出具体规定。①

四、海事赔偿责任限制与连带赔偿责任同时适用的裁判表述

上述论证是建立在案例一和案例二所有索赔案件作出处理之上的，因此可以具体算出平均个案的应赔偿数额及限制赔偿责任之后的实际赔偿数额。在个案审判当中，实际上只能算出碰撞各方应当赔偿受害人的总额以及各方应当承担的数额，也可以根据船舶总吨位计算出责任人所属船舶的赔偿责任限额。而享有海事赔偿责任限

---

① 在起草《最高人民法院关于审理海事赔偿责任限制相关纠纷案件的若干规定》的过程中，对于如何协调适用连带赔偿责任与海事赔偿责任限制的问题，第四稿第二十二条曾规定："因船舶碰撞致海上人身伤亡，其中一方享有人身损害赔偿责任限制的，各船方按各自的过错对受害人承担赔偿责任。责任限制方按限制后的数额承担实际赔偿责任，各船方承担连带责任的总额为非责任限制方承担的赔偿额与责任限制方实际承担的赔偿额的总和。"但由于征求意见中对此认识不一，司法实践中也少有类似案件发生，该条解释缺少实际判例的检验和支持，故正式颁布的司法解释删除了该条，等待审判实践的进一步总结。参见万鄂湘主编：《〈最高人民法院关于审理海事赔偿责任限制相关纠纷案件的若干规定〉的理解与适用》，大连海事大学出版社2013年版，第167页。

制的责任方限制责任后应实际赔偿受害人的数额，以及碰撞各方赔偿受害人的连带赔偿总额，要待所有案件处理完毕后，才能计算出来。这是在运用海事赔偿责任限制与连带赔偿责任同时适用的方法规则制作裁判文书时应当注意的事项。

举例来说，案例一个案（原告为丙）裁判文书的主文表述如下：

（一）被告 A 按责任比例应赔偿原告丙 40 万元；

（二）被告 B 按责任比例应赔偿原告丙 40 万元，实际赔偿额受本事故海事赔偿责任限制，该 40 万元参与人身伤亡赔偿限额 957 000 元分配后，不足部分再按比例参与非人身伤亡损害赔偿限额 481 248 元的分配，合计所得为实际赔偿额；

（三）被告 A 与被告 B 以 40 万元与实际赔偿额的总和对原告丙承担连带赔偿责任。

案例二个案（原告为丙）裁判文书的主文表述如下：

（一）被告甲按责任比例应赔偿原告丙 25 万元，实际赔偿额受本事故海事赔偿责任限制，该 25 万元参与人身伤亡损害赔偿限额 1 281 500 元分配后，不足部分再按比例参与非人身伤亡损害赔偿限额 643 500 元的分配，合计所得为实际赔偿额；

（二）被告乙按责任比例应赔偿原告丙 25 万元，实际赔偿额受本事故海事赔偿责任限制，该 25 万元参与人身伤亡损害赔偿限额 957 000 元分配后，不足部分再按比例参与非人身伤亡损害赔偿限额 481 248 元的分配，合计所得为实际赔偿额；

（三）被告甲与被告乙以各自实际赔偿额的总和对原告丙承担连带赔偿责任。

这样的表述看起来十分复杂，但即使是不涉及连带赔偿责任，只要人身伤亡赔偿纠纷案件涉及海事赔偿责任限制，其裁判文书的主文表述都会相当复杂[①]，这是《海商法》第二百一十条第一款第三项[②]的规定使然。

五、连带赔偿责任下的海事赔偿责任限制如何参与基金的分配与执行

解决了海事赔偿责任限制与连带赔偿责任同时适用的冲突与矛盾，连带赔偿责任下的海事赔偿责任限制参与基金的分配与执行问题便迎刃而解了。

（一）仅一方责任人设立了基金的分配与执行

以案例一为例，有以下几种不同的分配与执行方式：

1.每个案件都先从被告B设立的基金中分得179 781元，再去执行被告A各40万元。如果执行不到位，可就不到位部分再回头执行被告B。这种超过被告B责任限额、在被告B基金外的执行，显然是由于被告A履行能力不足所造成的，符合连带赔偿的责任转嫁、受损的是有能力的责任方的原理。

2.每个案件都先执行被告A各579 781元。则可能产生以下几种情况：

（1）每个案件的579 781元均执行到位。由于被告B设立了基金，被告A超过其应承担部分各179 781元可以通过基金分配追回，其效果等同于先执行被告A各40万元，各179 781元参与被告B所

[①] 参见宁波海事法院（2008）甬海法事初字第29号民事判决书，其裁判主文的表述为：一、被告林某某于本判决生效后十五日内支付原告李某某人身损害赔偿款694 627.04元，该款项在"浙奉渔13004"轮920 819.60元人身伤亡赔偿请求赔偿限额内受偿，不足部分有权在该轮非人身伤亡赔偿请求的463 234.40元赔偿限额中受偿；二、……；三、……。

[②] 《中华人民共和国海商法》第二百一十条：……；（三）依照第（一）项规定的限额，不足以支付全部人身伤亡的赔偿请求的，其差额应当与非人身伤亡的赔偿请求并列，从第（二）项数额中按照比例受偿。……。

设基金的分配。

（2）执行款平均分配后，每个案件均超过40万元，不到579 781元，则被告A超过其应承担部分与每个案件需执行部分合计179 781元，可参与被告B所设基金的分配。

（3）执行款平均分配后，每个案件均不超过40万元，则不足部分参与被告B所设基金分配后仍未得以清偿，还需执行被告B基金外的其他财产，其效果等同于第（1）种分配与执行方式。

3.能否每个案件就连带赔偿总额579 781元都先参与被告B所设基金的分配，分配不足部分再执行被告A呢？回答应是否定的。因为对被告B来说，只有其应承担部分179 781元才是限制性的，能够参与基金的分配，其连带责任部分，系非限制性的，不能参与基金的分配。

综上分析，只要被告A有履行能力，被告B所设基金分配后，就无需再执行被告B基金外的其他财产了。故从执行程序的科学性和合理性来安排，在一方责任人设立了基金的情况下，连带赔偿总额中其应实际赔偿部分先参与基金的分配，然后执行其他连带责任方，执行不到位部分，再回头执行基金设立一方基金外的其他财产，尽量避免不必要的追偿。

（二）双方责任人都设立了基金的分配与执行

以案例二为例，很显然，在这种情况下，只要将被告甲与被告乙应实际赔偿给死者的款项都参与各自所设基金的分配，受害人的权利便得到了充分的保护，无需再执行双方基金外的其他财产了。

这表明，责任人设立了基金，相当于提供了担保，连带责任下，只要双方责任人都提供了担保，执行起来要比仅一方责任人提供了担保要简单得多。

需要注意的是，在责任人双方都设立了海事赔偿责任限制基金的情况下，我们不能将双方连带责任总额先参与一方基金的分配，因为相对被告甲与被告乙来讲，除了其应实际赔偿部分属限制性的以外，连带赔偿部分都是非限制性的，故不能参与其所设立基金的分配。

（撰稿人：宁波海事法院　吴勇奇）

海商纠纷

16. 目的港收货人拒绝提货纠纷民事责任的司法审查

——泛太集运公司诉青岛诺克来公司、乐克来公司海上货物运输合同纠纷案[①]

案件索引：青岛海事法院（2013）青海法海商初字第302号，2014年12月5日判决；山东省高级人民法院（2015）鲁民四终字第146号，2016年6月16日判决。

基本案情

2012年1月26日，青岛诺克来公司代乐克来公司向青岛德迅公司租船订舱，青岛德迅公司传真了一份提单格式，载明乐克来公司为托运人，VIBERTI S.R.L.为收货人，右下角载明承运人为BLUE ANCHOR LINE，货物名称为镜子。货物出运后，青岛诺克来公司支付了起运港人民币杂费2 150元，乐克来公司支付了海运费1 800美元。

就涉案货物泛太集运公司没有证据证明曾将正本提单签发给青岛诺克来公司。泛太集运公司的提单背面条款为印刷的格式条款，

[①] 该案例分析获全国法院系统2017年度优秀案例分析评选活动三等奖。

规定：本提单并入适用的承运人运价表的规定。

BLUE ANCHOR LINE 系泛太集运公司在交通部登记备案的提单格式中的承运人名称，青岛德迅公司系其签单代理。为完成涉案货物的运输事宜，青岛德迅公司向法国达飞轮船有限公司（CMA CGM，以下简称达飞公司）租船订舱，达飞公司向其出具了海运单，载明托运人为青岛德迅公司，收货人为德迅 SRL，海运单正面明确载明运输中产生的费用按照达飞公司的网站或其代理的标准征收。

2012年2月28日，涉案货物抵达目的港意大利热那亚，之后青岛德迅公司与收货人 VIBERTI S.R.L. 联系提货事宜，直至2013年4月12日，收货人不再有提取货物的意愿，申请青岛德迅公司根据程序对货物进行销售。

2013年5月29日，德迅 SRL 向达飞公司发出弃货函。关于涉案货物的目的港处理情况，泛太集运公司称最终达飞公司对货物进行了处理，但什么时间处理的、处理后货物的残值为多少均不清楚。涉案货物出口时的价值为 74 359.47 元，泛太集运公司与青岛诺克来公司均确认涉案货物为不会腐败变质的货物。

泛太集运公司主张达飞公司向其收取了涉案货物在目的港产生的费用为集装箱超期使用费（以下简称滞箱费）13 130 欧元、码头堆存费 47 720 欧元、其他费用 1 527.52 欧元。

青岛诺克来公司提交四家公司的集装箱报价单作为证据证明涉案集装箱的市场价值为 18 000 元人民币，泛太集运公司没有相反证据证明涉案集装箱的市场价值。

原告泛太集运公司诉称，2012年1月26日，两被告委托泛太集运公司运输一票货物，从中国青岛至意大利热那亚。上述货物运抵目的港后，一直无人前往提货，致使货物长期滞留码头，期间产生集装箱超期使用费、码头堆存费等费用，请求依法判令两被告支付目的港滞箱费、码头堆存费等费用 62 377.52 欧元及利息,并处理目的港堆存的货物。审理过程中,泛太集运公司放弃处理目的港堆存货物的诉讼请求。

被告青岛诺克来公司辩称:第一,泛太集运公司主体不合格,应予驳回。提单显示的承运人是 BLUE ANCHOR LINE,实际承运人是 CMA CGM,泛太集运公司既不是无船承运人又不是实际承运人,也不是青岛诺克来公司的代理人,其无权起诉青岛诺克来公司,不具备诉讼主体资格。第二,青岛诺克来公司只是乐克来公司的代理人,不是涉案货物的托运人,青岛诺克来公司在本案中不应承担任何责任。第三,泛太集运公司主张的滞箱费与堆存费不能成立。泛太集运公司与乐克来公司及其代理人青岛诺克来公司双方对滞箱费及标准并没有任何约定,其与实际承运人之间关于滞箱费的约定对被告没有效力。泛太集运公司主张的滞箱费过高,也不合理。根据《海商法》第八十八条的规定,泛太集运公司应当对涉案货物先进行处理,否则无权主张本案的堆存费用。涉案货物价值 74 359.47 美元,不属于易腐烂变质的货物,价值不会贬值,泛太集运公司应当举证证明涉案货物已经没有任何价值或价值不足以补充其损失才能向托运人追偿。

被告乐克来公司辩称:第一,关于托运人及相关诉讼主体问题。青岛诺克来公司并非涉案货物的托运人,提单载明的托运人为乐克来公司,订舱时青岛诺克来公司是其代理,青岛诺克来公司作为被告主体不适格,应予驳回。第二,泛太集运公司应当向收货人主张损失。泛太集运公司在被告已经指示可以采取措施处理货物后,仍不及时处理货物,而是与收货人达成待其付费后放货的约定,直到起诉后,泛太集运公司仍与收货人联系,导致货物在目的港存放超过一年之久。由于泛太集运公司与收货人达成合意,同意收货人支付目的港费用才迟迟不处理货物，导致产生巨额费用之后又向被告索要，其请求应当被驳回。其余答辩意见同被告青岛诺克来公司。

判决与理由

青岛海事法院经审理认为：BLUE ANCHOR LINE 系泛太集运公司在交通部登记备案提单中的承运人名称，故泛太集运公司应为涉案提单项下货物的承运人，提单明确载明乐克来公司为托运人，乐克来公司应为涉案提单项下货物的托运人。青岛诺克来公司在租船订舱时是乐克来公司的代理，并以乐克来公司的名义订舱，其只是乐克来公司的订舱代理人，不是涉案货物的托运人，既非契约托运人，也非交货托运人。

乐克来公司与泛太集运公司之间存在合法有效的国际海上货物运输合同关系，乐克来公司是否承担因目的港无人提取货物产生的费用，应当依照双方之间的合同约定来判断。本案中双方约定泛太集运公司将乐克来公司的货物从青岛港运至意大利热那亚港交付给收货人VIBERTI S.R.L.，VIBERTI S.R.L. 系乐克来公司指定的收货人，记载于证明合同内容的提单之上，货物到达目的港后收货人拒绝受领到港货物，拒不履行协助义务致使承运人泛太集运公司无法完成运输合同下的交付义务以实现运输合同的目的，因此本案目的港无人提取货物是运输合同下当事人的一种违约行为，乐克来公司作为托运人应当向作为承运人的泛太集运公司承担违约责任。故对乐克来公司关于泛太集运公司应当向收货人主张费用的抗辩，不予支持。

货物运到目的港后，承运人在无人提取货物或收货人拒绝提取货物的情况下，应该在不违反目的港所在国家法律的基础上对货物进行处理。中国《海商法》第八十八条规定的本意并不只有在承运人留置并拍卖货物，所得价款不足以清偿应当向承运人支付的费用时，承运人才有权向托运人追偿。中国《海商法》之所以将留置拍卖货物与向托运人追偿按时间顺序先后规定，是因为中国《海商法》赋予了承运人在中国港口对进口货物予以留置的权利，使承运人的债权得以担保并优先受偿。当承运人从中国运输出口货物到外国港口时，其依据当地法律可能无权以留置货物的方式获得债权的担保，但其仍然有权依据中国《海商法》的规定，向海上货物运输合同的国内托运人索要应向其支付的费用。当然，按照权利义务对等的原则，乐克来公司也有权另行提起诉讼，向泛太集运公司主张货物的所有权和货物的残余价值。

关于泛太集运公司主张的13 130欧元的滞箱费，焦点为双方是否达成合意，泛太集运公司所主张费用金额是否合理。泛太集运公司不能证明其已经向乐克来公司签发了正本提单，更不能证明乐克来公司看到过提单背面条款，因此其主张构成合意的提单背面条款也不能适用于乐克来公司。而且从该背面条款本身不能看出作为承运人的泛太集运公司与托运人达成了滞箱费具体费率标准的合意，因为泛太集运公司据以主张费用的依据为实际承运人达飞公司的费率标准。首先在提单中并未将承运人明确披露为达飞公司，必然也未告知托运人费用标准为达飞公司的费率，更谈不上达成合意。再者泛太集运公司与达飞公司之间的费用协议和费率标准能够约束泛太集运公司，对乐克来公司没有约束力。根据合同的相对性原理，即使泛太集运公司依据其与达飞公司的约定支付了相关费用，乐克来公司仍没有义务按该数额向泛太集运公司进行支付。因双方未达成合意，泛太集运公司不能依据13 130欧元向被告主张滞箱费。泛太集运公司向乐克来公司提供集装箱装运货物，因乐克来公司指定的收货人未能及时提取货物，导致乐克来公司违约占用集装箱，给泛太集运带来了集装箱不能正常营运所产生的收益损失，该损失确实存在，但应以合理为限，扩大的损失不予保护。因为集装箱是种类物，在泛太集运公司已经预见到使用人无法短期内归还集装箱的情况下，泛太集运公司应当采取减少损失的措施，另行购置或租用其他集装箱代替运营。本案中同类型集装箱的市场价值为 18 000 元人民币，因此法院认定乐克来公司应当支付的 2 个集装箱的超期使用费为 36 000 元人民币及利息。

关于泛太集运公司主张的 47 720 欧元堆存费及 1 527.52 欧元其他费用。泛太集运公司未能提交经公证认证的达飞公司收费费率依据和明细，且该费用属于泛太集运公司与达飞公司之间的约定，乐克来公司与泛太集运公司之间并没有就上述费用达成合意，也没有约定计费标准，泛太集运公司以此向乐克来公司主张费用没有依据。对于 1 527.52 欧元的其他费用，泛太集运公司也未能提交证据证明确实支付给了发票明细中载明的有权收取相关费用的人。故法院对该两项请求均不予支持。

青岛海事法院一审判决乐克来公司于本判决生效之日起十日内向泛太集运公司支付滞箱费人民币 36 000 元及利息，驳回泛太集运公司的其他诉讼请求。

泛太集运公司不服一审判决，向山东省高级人民法院提起上诉。二审庭审中，青岛诺克来公司认可涉案货物是其将货物装箱后放到场站发货的事实。二审查明：泛太集运公司称其在与达飞公司协商优惠费率的情况下，达飞公司要求泛太集运公司出具涉案货物弃货函，最终达飞公司处理了货物，达飞公司拒绝披露货物的处理情况。其他事实与一审认定一致。

山东省高级人民法院二审认为，泛太集运公司为涉案货物的无船承运人，青岛德迅公司代为传真发送了无船承运人提单，提单显示托运人为乐克来公司，因此，乐克来公司为涉案货物的契约托运人。青岛诺克来公司主张其与乐克来公司之间存在买卖合同关系，其为履行双方之间的买卖合同而将货物交到场站，但青岛诺克来公司未提交证据证明其与乐克来公司之间存在买卖合同关系，也未能提交乐克来公司指示其交付货物或委托其订舱的证据，因此对青岛诺克来公司关于其只是乐克来公司订舱代理的主张不予支持。无论青岛诺克来公司与乐克来公司为何种关系，均不能否认涉案货物由青岛诺克来公司根据青岛德迅公司的指示将货物装箱，并交付场站待运的事实。一审法院认定涉案货物为乐克来交付不当。青岛德迅公司为泛太集运公司的代理人，青岛诺克来公司将货物交付青岛德迅公司指定的场站，因此青岛诺克来公司为实际托运人。对于一审以新的同类型集装箱的价值认定泛太集运公司的损失予以认可。对于目的港港杂费因泛太集运公司没有证据证明最终收取方收取的数额，不予支持。涉案货物为不容易腐败变质的货物，货物在目的港已被处理，处理货物的残值应首先冲抵堆存费及港杂费，冲抵后的差额才能向托运人主张。泛太集运公司没有提供证据证明处理货物的情况，无权直接依据其与达飞公司之间的结算要求托运人支付相关费用。综上，一审判决认定事实清楚，但对青岛诺克来公司的法律地位认定不当，应予纠正。判决青岛诺克来公司、乐克来公司于本判决生效之日起十日内向泛太集运公司支付滞箱费人民币 36 000 元及利息，其余维持一审判决。

评　析

对目的港收货人拒绝提货纠纷民事责任的司法审查主要涉及以

下三个方面：

一、对目的港收货人拒绝提货纠纷中责任主体的司法审查

《海商法》第八十六条规定，在卸货港无人提取货物或者收货人延迟、拒绝提取货物的，船长可以将货物卸在仓库或者其他适当场所，由此产生的费用和风险由收货人承担。该条明确了目的港无人提货、收货人拒绝提货和迟延提货三种情形下产生的费用和风险的承担问题，但收货人迟延提货与目的港无人提货、收货人拒绝提货的性质完全不同，后果也不尽相同，而目的港无人提货的法律后果等同于收货人拒绝提取货物。

（一）是收货人还是托运人作为责任主体的司法审查

本案中两被告抗辩依据《海商法》第八十六条的规定，涉案货物的目的港费用应当由收货人负担，因为并未签发正本提单，收货人为提单格式载明的记名收货人，泛太集运公司自货物抵港后一直与收货人协商提货事宜，长达一年之久，即使对两被告提起诉讼后仍然同收货人协商，直至收货人出具弃货声明才停止。

笔者认为，在收货人拒绝提货情形下，承运人仍然可以向收货人主张目的港费用的依据，应为收货人负有无条件的提货义务。但在国际海上货物运输中，收货人是否负有提取货物的义务，中国《海商法》未有明确的规定。有观点认为，《海商法》第八十六条主要解决了有关费用和风险的负担问题，从其本身不能得出收货人必须提货的结论。如果以该条为据，认为收货人负有提货义务，其结果将是在收货人违反该项义务时，收货人应当承担因此而产生的一切责任，包括承运人留置拍卖货物所得不足以弥补承运人的损失时，就差额部分向承运人承担责任。但这样做又与《海商法》第八十八条规定的部分内容相悖。因此，不能以有关费用和风险由收货人承担

的规定作为收货人提货义务的根据。总之，收货人没有提货义务。[①]

中国民事立法未对受领的一般法律性质做出规定，仅仅规定特定合同中债权人负有受领义务，如《合同法》第三百零九条规定，货物运输到达后，承运人知道收货人的，应当及时通知收货人，收货人应当及时提货。收货人逾期提货的，应当向承运人支付保管费等费用。受领性质上为一种权利，但因法律规定或依当事人之间的约定，也可使债权人负接受履行的义务。此时的受领，应认为是债权人权利与义务的融合。[②]

《鹿特丹规则》第43条（接受交货的义务）规定，当货物到达目的地时，要求交付货物的收货人应在运输合同约定的时间或期限内，在运输合同约定的地点接受交货，无此种约定的，应考虑到合同条款和行业习惯、惯例或做法以及运输情形，在能够合理预期的交货时间和地点接受交货。该条虽然名为"接受交货的义务"，但应注意的是负有该义务的收货人是"要求交付货物的收货人"，这就意味着收货人接受交货的"义务"是由收货人自己引发的：如果收货人不要求交货，那么他就没有接受交货的义务。[③]

综上，笔者认为收货人主张权利即应承担义务，不主张权利即不承担义务，因此，收货人的提货义务为附条件的提货义务。

然而在本案中，2012年2月28日货物到达目的港，至2013年4月12日收货人VIBERTI S.R.L.明确表示不再提取货物，收货人一直与承运人代理沟通提货事宜。那么如何看待收货人曾经与承运人沟通提货事宜，最终拒绝提货的行为？此时的责任承担主体是收货

[①] 司玉琢：《海商法专题研究》，大连海事大学出版社2002年版，第170页。
[②] 王家福：《民法债权》，法律出版社1991年版，第172页。
[③] Yvonne Baatz, etc. *The Rotterdam Rules: A Practical Annotation*, Informa Law, 2009, pp.124-125.

人还是托运人？对此，笔者认为可以参照英国 1992 年《海上货物运输法》第 3 条[①]的规定，曾经向承运人要求提货的情形下，要求提单持有人或收货人就必须实际去提货而不得再反悔并不适当。[②]在 1998 年的"The Berge Sisar"一案中[③]，英国上诉法院多数意见认为，采取了 1992 年《海上货物运输法》第 3 条第 1 款中所规定的三种行动的提单持有人，并非是无可挽回地要承担合约责任；如果他将提单又背书转让给了第三方，则该提单持有人就将被免除责任。因此，笔者认为本案中收货人 VIBERTI S.R.L. 虽然曾经要求提货，而且是适格的收货人，但其最终放弃该票货物，不再有主张权利的意愿，附条件提货义务的条件最终没有成就，其没有提取货物的义务。再者可以从收货人对承运人权利来源的角度进一步分析，收货人的权利来源根据司玉琢教授的总结有"为第三人利益说、合同转让说、证券关系说和法律规定说"四种。[④]笔者认为应当兼采合同部分转让说与法律规定说。按照合同部分转让说理论，在收货人拒绝提货的情况下，运输合同并没有发生转让，提取货物的义务仍然在托运人一方，其责任主体是托运人。[⑤]按照法律规定说，其实托运人因运送契约所

[①] 英国 Carriage of Goods by Sea Act 1992 第 3 条"航运单证项下的责任"规定，向承运人提取或要求提取该任何单证项下的货物时：就任何此项货物向承运人按运输合同提出索赔时；或者在其被赋予这些权利之前，即是向承运人提取或要求提取任何货物的人时，该人则（因其提货或要求提货或提出索赔，或在本项范围内，因其被赋予了权利）须像该合同原缔约人一样，承担该合同项下的同样责任。

[②] 许俊强：《目的港受领迟延法律问题研究》，大连海事大学 2011 年博士学位论文。

[③] [1998] 2 Lloyd's Rep. 475.

[④] 参见司玉琢：《海商法专论》，中国人民大学出版社 2007 年版，第 259—261 页。

[⑤] 余妙宏：《论收货人的附条件提货义务——以《联合国国际贸易委员会运输法草案》为视角》，载《2007 海商法国际研讨会论文集》。

生之权利,与收货人因法律规定所取得的权利,并非两个权利,而是一个权利,只是在收货人取得权利时,托运人对于承运人依据运送契约所得行使与之有关的权利,处于休止状态,不能再予行使而已。如果货物被拒收或者因其他情况,提单转回为托运人所有时,则上述"休止状态"结束,托运人的权利恢复。[1]也有学者从另一个角度看,持有提单就享有权利,不过持有人可以不行使权利,也不承担义务;收货人放弃权利而不提货,运输合同的权利义务复归托运人。[2]

因此对于本案而言,当收货人最终做出放弃提货的意思表示时,托运人的权利义务均恢复,自然而然成为责任主体。

(二)契约托运人还是交货托运人作为责任主体的司法审查

前已述及目的港收货人拒绝提货时的责任主体为托运人。但是中国《海商法》第四十二条规定了两种托运人,托运人是指:1.本人或者委托他人以本人名义或者委托他人为本人与承运人订立海上货物运输合同的人(以下简称契约托运人);2.本人或者委托他人以本人名义或者委托他人为本人将货物交给与海上货物运输合同有关的承运人的人(以下简称交货托运人)。该定义是参照了《汉堡规则》第一条第三款的规定,但又有所不同。《汉堡规则》中两种托运人之间用"或者"连接,司玉琢教授认为这种规定是有别于中国海商法上述规定的,它表明在履约过程中的某特定时间只有一个托运人,要么是缔约托运人,要么是发货人,两种托运人的权利、义务是相互衔接的,不是重叠的。[3]但中国的托运人不同,分号代表并列关系,因此两个托运人是可以同时并存于一个运输合同项下的,打破了合同相对性原理。从交货托运人的上述定义可看出,构成交货托运人

---

[1] 杨仁寿:《海商法论》,台湾三民书局1990年版,第279页。
[2] 邢海宝:《从运输合同到提单债权》,载《法学杂志》2007年第4期。
[3] 司玉琢:《论发货人的权利、义务和责任》,载《中国海商法年刊》第12卷。

的要件是:(1)不是与承运人签订货物运输合同的当事方,其地位是法定的;(2)实际交付了货物,包括本人、代理人或受委托人交付。既然交货托运人地位法定,就应该对其权利、义务做出明确的法律规定。但遗憾的是,不论是《汉堡规则》,还是中国《海商法》,对交货托运人的权利义务规定得都不是十分清晰,造成了两种托运人各自权利、义务、责任不能明确划分,实践中两种托运人经常混淆,这种立法上的缺漏也是本案纠纷争议的主要原因。

本案一审认为乐克来公司系契约托运人和交货托运人,二审庭审中青岛诺克来公司认可涉案货物是其将货物装箱后放到场站发货的事实,二审法院根据青岛诺克来公司的自认及举证责任的分配认定其为交货托运人,因此本案同时存在两个不同的托运人。此时两个托运人如何承担责任?需要考量托运人的责任基础。根据《海商法》第七十条的规定:"托运人对承运人、实际承运人所遭受的损失或者船舶所遭受的损坏,不负赔偿责任;但是,此种损失或者损坏是由于托运人或者托运人的受雇人、代理人的过失造成的除外。托运人的受雇人、代理人对承运人、实际承运人所遭受的损失或者船舶所遭受的损坏,不负赔偿责任;但是,这种损失或者损坏是由于托运人的受雇人、代理人的过失造成的除外。"综合本条规定以及第六十六条、第六十七条和第六十八条的规定,托运人对承运人承担赔偿责任的基础是过失责任制。涉案货物在目的港被拒绝提货系买卖合同纠纷所致,长时间堆存与青岛诺克来公司、乐克来公司寻求新的买家有关,因此契约托运人与交货托运人对产生的费用均有过错。故二审判令该两个托运人共同承担滞箱费的支付义务,即为共同责任主体。应该说这种判决方式突破了合同相对性原则,但这种突破并不违反法律规定,中国交货托运人的设定就是为了赋予其一定的利益请求权。交货托运人是所运输货物的利益承受者,当然也应承担与现实利益有关的义务。经由契约托运人与承运人订立的海上货物运输合同，在交货托运人参与时，原来的当事方契约托运人并没有脱离运输合同，仍然承担着合同义务，而交货托运人在享有了运输合同权利的同时，也承担了运输合同的部分义务，形成了与契约托运人一起分担运输合同下全部义务的局面，学界将这种情形称之为"并存的债务承担"[1]，即"原债务人并没有脱离债的关系，而第三人加入债的关系，并与债务人共同向同一债权人承担债务"。[2]

二、对目的港收货人拒绝提货产生的滞箱费的司法审查

滞箱费是指在海上货物运输合同项下，收货人、提单持有人及托运人超期使用集装箱而向承运人支付的运费，其收取先是规定于部门规章，后来形成一种行业惯例。[3]《海商法》《合同法》的相关规定可以作为收取滞箱费的法律依据。目的港收货人先协商提货后拒绝提货情形下，发生了收货人受领迟延，属于债权人迟延，债权人迟延的责任是一种法定责任而非债务不履行责任，如果法律另有特别规定或者当事人有特别约定，以债权人迟延负债务不履行之后果，则应当承认在这些特别场合的债权人的债务不履行责任，此时的受领迟延便属于违约行为。[4]因此未及时返还集装箱属于违约行为，应当按约定支付费用或者赔偿损失。

关于滞箱费的计算标准，国际公约和中国法律都没有加以规定，各航运公司以自己单方制定的标准计算出来的费用数额往往过高，而且在收取过程中也自愿给予货方一定折扣，因此在案件审理过程中对滞箱费的计算存在较大争议。因1992年的《国际集装箱超期使

---

[1] 王利明：《论合同的转让》，法律出版社1999年版，第567页。
[2] 王家福：《民法债权》，法律出版社1991年版，第86页。
[3] 许俊强：《集装箱超期使用费的法律问题》，载《人民司法》2014年第23期。
[4] 韩世远：《合同法总论》，法律出版社2011年版。

用费计收办法》已被废止，故在缺乏立法指导的情况下，为均衡各方利益，各海事法院均会根据具体情况以不同方式对滞箱费的数额加以确定。主要有以下做法：1. 以一个新箱价值为限；2. 综合各种因素，酌定新箱重置价值的一定比例为限；3. 以能够处理货物的时间为限；4. 以同期、同类型、同数量集装箱的租金损失为限。2011年6月23日，青岛海事法院审判委员会通过了《关于海事审判若干问题的指导意见》，对滞箱费的诉求在何种情况下应予支持及其计算标准问题做出了规定。具体为："滞箱费请求人举证证明当事双方约定了滞箱费以及费率标准，或将网站信息或公告中的相关内容并入合同的，该项诉求依约定予以支持。滞箱费请求人仅提供船公司网站或其他信息载明的滞箱费收取公告的，认定当事人双方在滞箱费事项上未达成合意，此时只能支持其实际损失，即同期同地租用同类型集装箱所需要的租金损失，并且计费额度以应当返还集装箱时同类型集装箱本身的价值为限。"该指导意见兼具约定说、租金说、集装箱重置价格说等不同观点，但又层层递进，具体分三个层次予以分析。

（一）第一层次的审查标准

承运人公布的费率标准能够证明系双方之间运输合同一部分的，则予以认定。这种标准既考虑了集装箱免费使用的合理期间，又考虑了滞箱费的梯级费率，只要这种收费标准不违反国家法律的强制性规定，即可认定是合理的，并予以支持。该层次思路认可滞箱费的法律性质为合同订立时约定的损害赔偿计算方法，类似于船舶滞期费属约定的损害赔偿。《民法通则》第一百一十二条第二款规定，当事人可以在合同中约定对于违反合同而产生的损失赔偿额的计算方法。《合同法》第一百一十四条第一款也有相似规定。约定损害赔偿是一种附条件的从合同，这种方式从其产生的主要目的来说，就是为了避免事后确定损害赔偿范围的困难，因而不应要求受害人证明具体损害，损害一旦发生，受害人就可以要求债务人支付约定赔偿额而不考虑实际损害的大小。[①]但是收取滞箱费的目的是敦促使用人积极履约、及时返还集装箱，而非支持承运人消极等待，如果按照承运人费率一直计算滞箱费至还箱之日止，因为承运人能够得到全额赔偿，其将缺少动力去积极采取行动，进而导致整个社会资源的浪费，不符合经济效益论。因此承运人应当负有减损义务，以激励其按照促进经济效益的方式行动。故法院应当根据损失发生的实际情况以能够处理货物的时间为限酌情考量滞箱费。

然而当承运人不能证明双方达成合意时，该约定的损害赔偿方法则不能适用。本案即为此例，泛太集运公司并未签发正本提单，托运人并未看到过提单背面条款，不能证明双方构成合意。而且泛太集运公司作为无船承运人，没有自己独立的滞箱费收费费率，其提单背面条款载明的运价表也表明需根据不同实际承运人的不同费率另行索取。

（二）第二层次的审查标准

该审查标准认为在未达成合意情形下法院只能支持实际损失，即同期同地租用同类型集装箱所需要的租金损失。《合同法》第一百零七条规定："当事人一方不履行合同义务或者履行合同义务不符合约定的，应当承担继续履行、采取补救措施或者赔偿损失等违约责任。"该层次思路认可滞箱费的法律性质为违约损失赔偿。

（三）第三层次的司法审查标准

该审查标准认为计费额度以应当返还集装箱时同类型集装箱本身的价值为限，该层次思路认可滞箱费的法律性质为违约金。《合同

---

① 王利明：《违约责任论》，中国政法大学出版社2003年版，第531—533页。

法》第一百一十四条规定："当事人一方因另一方违反合同受到损失的，应当及时采取措施防止损失的扩大；没有及时采取措施致使损失扩大的，无权就扩大的损失要求赔偿。"该条规定是承运人减损义务的法律依据。按照诚实信用原则，滞箱费一般认为系因集装箱长期被占用而无法流转所致承运人的经济损失，但托运人或收货人违约后，承运人在能够阻止滞箱费进一步累积的情况下，应当采取措施购置一个同类型的新箱投入运营来减少损失，因此滞箱费的计算不应超过重置一个同类集装箱的价值。本案判决即为第三层次的审查标准。本案如此判决还有一个重要原因，原告为无船承运人，涉及无船承运人依据其与船公司之间海上货物运输合同支付滞期费后，再依据其作为承运人的海上货物运输合同向货主索赔的问题，正如有学者所称的，对于无船承运人来说，通过向船公司购买涉案集装箱的方式以阻止滞期费继续产生是最好的减损方式。[1]

上述三个层次的审查标准有利于统一裁判尺度，督促承运人及时采取措施处理货物。

三、对托运人与实际承运人之间是否存在合同相对性突破关系的司法审查

前面述及审查收货人、交货托运人的责任主体地位时，均存在合同相对性原则的突破，收货人、交货托运人参与至运输合同中享有权利承担义务。这种合同相对性突破的特征为合同相对人之外的第三人对合同法律关系有一定的利益请求权[2]。合同相对性的突破是为了解决合同涉及的第三人利益的保护及赋予该利益请求权的问题，

---

[1] 郑才荣、陈龙杰：《论减损义务与海上货物运输合同下滞箱费限制完全赔偿——以目的港产生的滞箱费为研究对象》，载《中国海商法研究》第27卷第4期。

[2] 李天生：《论国际海运中的合同相对性突破与诉因》，载《天津大学学报（社会科学版）》第15卷第3期。

基于法律的明确规定。但在本案的审理过程中，托运人一直尝试将其与无船承运人的运输合同突破至实际承运人，希冀直接向实际承运人主张目的港货物的处分权并发出指示；无船承运人一直尝试将其与托运人的运输合同突破至实际承运人，希冀将实际承运人与其约定的滞箱费、堆存费直接转嫁于托运人，而无需举证证明其与托运人在运输合同中已经达成合意。显然，与实际承运人发生合同关系的当事人只有无船承运人，而实际承运人与发货人、收货人、托运人之间不存在合同关系。[①]那么，实际承运人与托运人之间是否存在合同相对性突破的关系？两审法院均认为不存在，具体而言：

（一）托运人与无船承运人的运输合同不能突破到实际承运人

本案无船承运人通过班轮进行集装箱运输，托运人获得的是无船承运人签发的提单（"House 单"）；无船承运人以自己的名义向实际承运人租船订舱，实际承运人向其签发提单（"Ocean 单"），两个提单代表两个完全独立的运输合同。托运人与无船承运人之间的运输合同成立是为了实现贸易目的，即为了收货人或交货托运人利益，这是一个为第三人利益的合同，构成对合同相对性的突破。但是，托运人与无船承运人之间的运输合同并不包含为实际承运人设立某种利益或为给付的直接目的，订立该运输合同时可以不考虑实际承运人的问题。实际承运人权利义务由其与无船承运人之间的运输合同调整，也不存在"不公平境遇"。因此，托运人与无船承运人的运输合同不能突破到实际承运人。本案托运人只能依据其与泛太集运公司之间的运输合同与提单向泛太集运公司发出指示，无权向实际承运人达飞公司发出指示，无权向达飞公司主张目的港货物所有权，并要求其处分或返还，也无权直接要求达飞公司减免目的港费用。

---

① 司玉琢：《海商法专论》，中国人民大学出版社 2010 年版，第 209 页。

（二）无船承运人与实际承运人之间的运输合同不能突破至托运人

无船承运人与实际承运人签订的运输合同，尽管内容上包含了部分托运人利益，但并不是为作为第三人的托运人设立利益或为给付，因为托运人的利益已经由其与无船承运人之间的运输合同与提单（"House 单"）给予保障，不需要再重复"设立利益或为给付"。因此，无船承运人与实际承运人之间的运输合同不能突破至托运人。本案中，泛太集运公司不能依照其与达飞公司之间约定的滞箱费费率向托运人索赔，而应当在自己出具的提单正面明确载明该票货物的滞箱费费率，而非在提单背面记载不确定的船公司的费率，如此方能证明达成合意。对于目的港堆存费，泛太集运公司基于对达飞公司的信任而不予审查是否为仓储方实际收取的费用，但其对托运人索赔时必须证明费用的接受主体为仓储方。对于货物的处理，泛太集运公司主张因收货人向达飞公司发出弃货函，达飞公司拒绝披露货物的处理情况，但该主张不能突破至托运人。对托运人而言，其有权要求泛太集运公司首先处理货物，当货物残值不足以冲抵堆存费、港杂费时有权再向托运人索赔。

（撰稿人：青岛海事法院　王爱玲）

17. 承运人在运输途中将危害运输安全的危险品卸下可不负赔偿责任

——宁波奥燃新能源科技有限公司诉以星综合航运有限公司海上货物运输合同纠纷案

案件索引：宁波海事法院（2011）甬海法商初字第46号，2011年7月11日判决；浙江省高级人民法院（2011）浙海终字第101号，2011年11月11日判决。

基本案情

2009年11月21日，原告宁波奥燃新能源科技有限公司（以下简称奥燃公司）与美洲发展公司签订销售合同，以C&F510美元/吨的单价购买780吨不饱和无环烃，合同约定允许溢短装+/-5%，装货港委内瑞拉关塔，目的港宁波。

2009年12月31日，被告以星综合航运有限公司（ZIM INTEGRATED SHIPPING SERVICES LTD.，以下简称以星公司）接受30个40尺集装箱货物从委内瑞拉关塔运到中国宁波，并签发了ZIMUGUT10221号提单，提单载明：船名航次为"Z SAO PAULO Ⅱ"轮640/E航次，托运人为PROJECT公司，承运人为本案被告，收货人凭指示，通知人为奥燃公司，"出口指令"栏记载为美洲发展公司，货物为 773.197 吨不饱和无环烃。货物在牙买加的金斯敦港转船后装载于"ZIM HAIFA"轮第 022W 航次。在驶往美国长滩的途中，船员发现上述提单项下的货物严重泄漏。2010 年 2 月 15 日，船舶抵达长滩港，经开箱查验，发现每个集装箱内有两个软囊，囊内货物均在泄漏。被告报请美国有关机构及公司对货物进行采样，并对船舶、货舱、其他集装箱进行防污、清洁，对剩余货物做了卸载、转移、标识等处理。经过对货物样品进行化验并对包装软囊进行检验分析，初步证明软囊的气密性很差，软囊材质与货物不相兼容，导致货物向外渗漏。经以星综合航运（美国）有限公司委托 Exponent 公司进一步分析显示，货物为《联合国关于危险货物运输的建议书》中第 3082 号危险品，即对环境有害的液态物质。

"ZIM HAIFA"轮抵宁波港后，原告持有美洲发展公司背书的 ZIMUGUT10221 号正本提单而未能在目的港提到货物，故提起本案诉讼，认为被告一直未能交付上述货物，违反了承运人的义务，造成原告合法权益受损。为此，原告请求法院判令：1. 被告立即向原告交付货物 768.35 公吨不饱和无环烃；2. 若被告不能交付货物，则判令赔偿原告等值货款总额 397 800 美元。

被告以星公司辩称：1. 本案原告仅为提单的通知人，并非收货人，原告提供的提单未经连续背书，背书无效，所以原告不是提单的合法持有人，不能向作为承运人的被告主张提货；2. 本案货物属于第九类危险品，联合国编号为 UN3082，但货方没有如实申报，在运输途中因包装不当引起货物泄露造成被告经济损失，根据中国《海商法》第六十八条规定，作为承运人的被告可以任意处置货物而不负赔偿责任。为此，请求驳回原告的诉讼请求。

被告以星公司反诉称：船员发现涉案货物严重泄漏后，在长滩港对货物进行了无害化处理，分析发现该类货物的联合国编号为

UN3082，属于第 9 类危险品即海洋污染物，但货方没有履行危险品申报义务。被告认为，因货方未如实申报货物，且包装不当造成货物泄漏，作为收货人和托运人的原告对此应负责任。因此，被告提起反诉，请求判令原告赔偿被告经济损失 1 791 400.87 美元（按汇率 6.6 折合成人民币 11 823 245.74 元）。

针对被告的反诉，原告奥燃公司辩称：1. 原告合法持有提单，是涉案货物实际收货人，但是，原告不是反诉的适格被告。2. 被告的反诉已过诉讼时效。3. 被告主张的损失，证据与理由不足。

判决与理由

宁波海事法院经审理认为：本案海上货物运输的目的港为宁波，故本院对本案享有管辖权。原、被告双方在诉讼中均引用中华人民共和国法律来支持各自的主张，故双方当事人默示本案适用中华人民共和国法律。原告奥燃公司系涉案提单的合法持有人，有权向被告以星公司主张提单项下的物权。但提单项下的货物为不饱和无环烃，是一种液态石油化工品，属于《联合国关于危险货物运输的建议书》中的第 UN3082 号危险品，托运人在托运该批货物时未向承运人进行危险品申报，运输途中，因包装货物的软囊气密性很差，材质与货物不相兼容，导致涉案货物向外渗漏，污染船舶和其他货物，被告因此在美国长滩将货物卸下，使之不能为害，系正当的处置措施，依法不负赔偿责任。涉案货物虽然造成被告以星公司经济损失，但原告奥燃公司不是涉案货物的托运人，只是涉案提单持有人，对货物包装不当造成的损失不承担赔偿责任。同时，被告的反诉也已超过一年诉讼时效。依照《中华人民共和国海商法》第六十六条第一款、第六十八条，《中华人民共和国民事诉讼法》第六十四条第一款,《最高人民法院关于承运人就海上货物运输向托运人、收货人或提单持有人要求赔偿的请求权时效期间的批复》的规定,判决如下:一、驳回原告(反诉被告)奥燃公司的本诉请求;二、驳回被告(反诉原告)以星公司的反诉请求。

宣判后,奥燃公司不服,上诉至浙江省高级人民法院,浙江省高级人民法院经审理后认为一审判决认定事实清楚,适用法律正确,依法驳回上诉,维持原判。

评　析

本案是一起危险品海上货物运输合同纠纷案,双方当事人的争议涉及以下四个问题:1.原告奥燃公司是否合法持有提单;2.被告以星公司将货物卸在长滩港作无害化处理从而导致未交付货物是否对奥燃公司承担赔偿责任;3.以星公司对奥燃公司是否可以提起赔偿请求;4.以星公司的反诉是否超过诉讼时效。但综合全案来看,最核心的争议是第二个问题,因为正是以星公司未向提单持有人交货导致本案诉讼,其他三个问题是在诉讼过程中派生出来的争议。

一、危险货物的定义

中国《海商法》未对危险货物作出定义,一般认为,危险货物是指具有易爆、易燃、毒害、腐蚀、放射性等性质,在运输、装卸和存储保管过程中容易造成人身伤亡和财产损害而在生产、运输、装卸、储存、使用等环节需要采取必要的特别措施予以防护的货物。根据国际海事组织(IMO)制定的《国际海运危险货物规则》的定义,凡是具有燃烧、爆炸、腐蚀、有毒、放射性或其他危险性质,在运输、装卸、保管过程中易造成人身伤亡和船货损害的物质,均为危险货物。这一定义,已被国际航运界普遍接受。涉案货物不饱和无环烃是一种液态石油化工品,可与沥青调和后作为防水材料使用,该产品属于《联合国关于危险货物运输的建议书》中的第3082号危险品,即对环境有害的液态物质。

二、托运人托运危险货物时的义务

中国《海商法》关于海上危险货物运输中托运人的义务规定在第六十八条,该条第一款规定:托运人托运危险货物,应当依照有关海上危险货物运输的规定,妥善包装,作出危险品标志和标签,并将其正式名称和性质以及应当采取的预防危害措施书面通知承运人;托运人未通知或者通知有误的,承运人可以在任何时间、任何地点根据情况需要将货物卸下、销毁或者使之不能为害,而不负赔偿责任。托运人对承运人因运输此类货物所受到的损害,应当负赔偿责任。该款的制定参照了《汉堡规则》第十三条第1、2项的规定,但某些方面更加细致。从该款规定来看,托运人托运危险货物时有三项义务:1.依照有关海上货物运输的规定,妥善包装;2.作出标识;3.将危险品的正式名称和性质以及应当采取的预防危害措施通知承运人,并且这种通知应当以书面形式作成。这三项义务具有不同的法律意义。

第1项义务是关于托运人的妥善包装义务。妥善包装应当理解为对所托运的危险货物来说是恰当的包装,其重点在于包装应当具有正常的防护作用,防止危险货物对人身、船舶和其他货物产生危害。如果托运人包装不善,承运人可以拒绝承运,在运输途中方才发现的,应当有权可以在任何时间、任何地点根据情况需要将货物卸下、销毁或者使之不能为害,而不负赔偿责任。虽然第六十八条第一款并未作如此规定,但应当是该条关于托运人妥善包装义务的应有之义。

第2项义务是关于托运人的标识义务。标识的目的,按照一般理解是为了引起所有除承运人外其他有可能从事危险货物处理的人（还包括装卸、保管、理货、其他运输方式的承运人在内的各方）的注意，以便在处理危险货物时能采取必要的合理措施，防止其为害。这相当于一种合理的公示。如果因没有作出明确标识而使得相关处理货物的人未能合理注意以采取必要措施以致发生损害的，托运人应当承担赔偿责任。

第3项义务是关于托运人对海运承运人的通知义务。条文直接规定托运人违反此项义务的，承运人可以无条件地（在任何时间、任何地点）将货物卸下、销毁或者使之不能为害，而不负赔偿责任。虽然从实际来看托运人未尽通知义务，运输途中也未必发生损害事故，但为海上运输安全计，海商法对托运人苛以此项重责。

联系第六十八条上下文来看，对于承运人而言，如果托运人虽未作出危险货物标识，但已通过书面方式将危险货物正式名称和性质以及应当采取的预防危害措施书面通知承运人的，承运人不能无条件地将货物卸下、销毁。否则，在承、托双方之间，会显失公平。但是，第六十八条第二款规定，承运人知道危险货物的性质并已同意装运的，仍然可以在该项货物对于船舶、人员或者其他货物构成实际危险时，将货物卸下、销毁或者使之不能为害，而不负赔偿责任。显然，出于海上运输安全的考虑，作出这样的规定也是合理的。

三、被告是否应对未向原告交付货物承担赔偿责任

庭审查明，本案货物不饱和无环烃是一种液态石油化工品，可与沥青调和后作为防水材料使用，根据被告提供的检验报告，该产品属于《联合国关于危险货物运输的建议书》中的第3082号危险品，即对环境有害的液态物质。本案中没有任何证据表明，托运人奥燃公司在托运这批货物时向承运人以星公司做过危险品申报，将不饱和无环烃的性质以及应当采取的预防危害措施书面告知承运人。

运输途中，因包装货物的软囊的气密性很差，材质与货物不相兼容，导致货物向外渗漏，污染船舶和其他货物，被告在美国长滩将货物卸下，使之不能为害，是正当的处置措施，依法不负赔偿责任。原告认为货物泄漏系被告在货物转船时野蛮装卸或其他不当的管货行为所致，但没有提供任何证据支持其主张，一审法院不予采信。

四、原告是否为涉案提单的合法持有人

被告认为涉案提单为空白指示提单，背书人应当是提单上载明的托运人PROJECT公司，但提单的背书却显示背书人为美洲发展公司，因此原告不是提单的合法持有人，不能向作为承运人的被告以星公司主张提货。原告则称其是涉案货物实际收货人，已经支付相应货款给卖方美洲发展公司，合法取得涉案提单。一审法院经审理认为，提单上记载的托运人为PROJECT公司，美洲发展公司作为涉案销售合同的卖方，在提单上记载于"出口指令"栏，因此，若无相反证据，应视为美洲发展公司有权代表提单上的托运人PROJECT公司作出指令，因此美洲发展公司在提单上背书并无不妥，原告系合法持有涉案提单。

五、被告以星公司是否可向原告奥燃公司主张赔偿

针对以星公司提起的反诉，原告奥燃公司辩称其不是反诉的适格被告，因为即使反诉的事实与理由成立，也应该是由托运人承担赔偿责任，与原告无关。一审法院认为，经查明货物泄漏是因为包装不当所致，依照中国《海商法》第六十六条第一款和第六十八条第一款的规定，包装不良对承运人造成损失的，托运人应当负赔偿责任。而以星公司并未提供充分的证据证明奥燃公司是本案货物的托运人，奥燃公司在本案中只是提单持有人，对货物包装不当造成的损失不承担赔偿责任。

六、被告以星公司的反诉是否超过诉讼时效

原告奥燃公司辩称被告以星公司提起反诉的时效为一年，从货物

应当交付之日起算，本案应当交付货物的时间是 2010 年 3 月 15 日左右，故以星公司提起反诉时已超过法律规定的承运人向收货人索赔的一年时效。对此，被告以星公司称直到 2010 年 10 月，以星公司还在不断地因涉案货物对外支付费用，可见在此之前以星公司无法确切知道其因运输本案货物所受损失的具体金额，且以星公司直到 2011 年 1 月 31 日收到本案本诉起诉状前，也无法得知奥燃公司持有正本提单。

一审法院认为，承运人就海上货物运输向托运人、收货人或提单持有人要求赔偿的请求权，时效期间为一年，自权利人知道或应当知道权利被侵害之日起计算。被告以星公司认为其受损金额确定后才能起算时效的主张，于法无据，不予支持。根据被告以星公司提供的检验报告，以星公司于 2010 年 2 月上旬"ZIM HAIFA"轮抵美国长滩前发现货物泄漏，此时已知其权利受到侵害。检验报告还载明，2010 年 2 月 17 日，检验人员会见了代表收货人利益的赵培丽女士。又根据被告以星公司证据 5 中证人 AURELIO FERNANDEZ-CONCHESO 的证词，在 2010 年 2 月 18 日前后，该证人当时作为一名律师为保护以星公司的利益而进行了相关调查，得到了被告证据 5 中的供应协议复印件，虽然该供应协议的真实性未获法院确认，但对于以星公司而言，其既然以该供应协议上记载的买方和提单上记载的通知人为原告奥燃公司为由，认为奥燃公司是涉案货物的托运人，并据此提起反诉，则至少说明如果奥燃公司应对以星公司所受损失负责，以星公司在 2010 年 2 月 18 日前后对此已然知晓，但以星公司至 2011 年 5 月 5 日才对奥燃公司提起反诉。综上分析，一审法院认为，即使原告奥燃公司作为提单持有人或收货人应对被告以星公司提起的索赔负责，以星公司提起的反诉也已超过一年时效。

（撰稿人：宁波海事法院 李锋）

18. 船舶保险合同中关于"逾期不支付保险费，保险合同自逾期之日起自动终止"特别约定的效力

——香港金禧船务有限公司诉中国大地财产保险股份有限公司宁波分公司船舶保险合同纠纷案

案件索引：宁波海事法院（2009）甬海法商初字第276号，2010年1月22日判决；浙江省高级人民法院（2010）浙海终字第126号，2011年3月3日调解。

基本案情

原告香港金禧船务有限公司（HONGKONG JINXI SHIPPING LIMITED.，以下简称金禧公司）所有的巴拿马籍"金山"轮系散货船，1976年建造于日本，总吨11 729吨，净吨6 823吨。2007年8月30日，根据金禧公司的投保，中国大地财产保险股份有限公司宁波分公司（以下简称大地保险宁波公司）签发了编号为PCAC200733020010000003的远洋船舶全损险保险单一份。保险单记载：被保险人为金禧公司，船舶名称为"金山"轮，保险金额为人民币1 500万元，航行范围为全球，保险期限自2007年9月4日00时起至2008年9月3日24时止。保险单所附"特别约定清单"

载明：本保单保费分3次缴清，2007年9月10日前支付15万元；2007年12月10日前支付15万元；2008年3月10日前支付15万元。同时载明：1.本保单适用船舶保险86条款，且该条款中全损险责任范围内第4点至第7点，属除外责任，保险人不承担责任；2.全损或推定全损免赔率为30%，本保单不适用条款：关于全损无免赔规定；3.施救、救助、共同海损承保比例为75%，每次事故免赔额为人民币10万元或绝对免赔率为20%，两者以高者为准；4.逾期不支付保险费，保险合同自逾期之日起自动终止；5.制造厂家：NARASAKI SHIPBUILDING CO.，LTD。

2007年9月12日，金禧公司通过他人电汇了第一期保费15万元，大地保险宁波公司予以接受，保险合同未按自动终止处理。2008年2月1日，"金山"轮装载15022.985立方米圆木从所罗门群岛驶往中国。2月17日下午，船舶航行至菲律宾吕宋岛以北洋面，遭遇8至9级大风恶劣天气，船舱破损进水，虽经船员奋力施救，但最终于2月18日凌晨3时20分沉没，船上26名船员被日本籍油轮"TOWADA"轮搭救，船长和轮机长不幸殉职。同年2月19日，金禧公司通过他人向大地保险宁波公司电汇了第二期保费，并向其报案索赔。同年3月11日，大地保险宁波公司通过转账退回了这笔保费，并以保险合同已经自动终止为由拒绝赔付。

原告金禧公司认为，原、被告之间的远洋船舶保险合同合法有效，"金山"轮在正常航行途中遭遇恶劣天气而沉没，属被告承保责任范围，被告应按保险合同的约定及时支付原告保险赔偿款项。为此，原告诉请法院判令被告立即支付原告船舶保险赔偿款人民币1 500万元，并支付原告自2008年3月1日起至实际支付日止的利息，本案诉讼费用由被告承担。

被告大地保险宁波公司辩称：1.根据保险合同约定，金禧公司没

18.船舶保险合同中关于"逾期不支付保险费,保险合同自逾期之日起自动终止"特别约定的效力

有提供任何证据证明事故当时存在"恶劣天气",也未能证明是因为"恶劣天气"直接造成了船舶沉没,故其船舶损失不属保险责任范围;2.根据保单"特别约定"条款,金禧公司未按时支付保险费,保险合同已经自动终止,船舶沉没发生于保险责任期间之外,故被告可以依法拒赔;3.金禧公司不能证明涉案船舶构成全损,也不能证明其已履行减损义务,无权就扩大的损失向大地保险宁波公司索赔;4.涉案船舶船龄超过三十年,出现大面积裂缝,且无圆木适载证书,未配备积载手册,构成不适航。请求法院驳回金禧公司的诉讼请求。

判决与理由

宁波海事法院经审理认为:金禧公司与大地保险宁波公司签订的保险合同依法成立并于2007年8月3日生效。根据保险合同的约定,大地保险宁波公司于同年9月4日00时起开始承担保险责任,金禧公司应于同年9月10日前支付第一期15万元保费。但金禧公司于同年9月12日方才支付第一期保费,大地保险宁波公司予以接受,保险合同未按自动终止处理。第二期保费应于同年12月10日前支付,但金禧公司未予支付,直至2008年2月18日"金山"轮遭遇大风恶劣天气而沉没后,金禧公司才于同年2月19日向大地保险宁波公司汇付了第二期保费。对此,大地保险宁波公司不予接受,保险合同依约于同年12月10日自动终止。由于沉船事故发生在保险合同终止之后,故大地保险宁波公司无需承担保险责任,金禧公司依据保险合同的约定要求大地保险宁波公司赔偿"金山"轮的损失,理由不足,不予支持;大地保险宁波公司抗辩保险合同已依约自动终止,理由充分,予以采纳。遂判决驳回原告金禧公司的诉讼请求。

判决后，金禧公司提出上诉，其理由是：一、一审判决错误地认定了特别约定清单的效力：1.是否是格式条款应严格依据《合同法》第39条的标准来认定，不能妄加判断；2.是否是格式条款应从能否达到免除保险人责任的后果来判断，不能擅作缩小或狭义解释，无效条款从订立合同时就无效；二、一审判决认定合同变更事实错误，适用《合同法》第78条不当；三、从合同履行过程来看，上诉人与被上诉人的真实意思表示是要继续履行合同，而不是要解除合同，被上诉人以自己的实际行为表明，逾期支付保险费，保险合同不但没有自动终止，反而是在继续履行，表现在：1."逾期不支付保险费，保险合同自逾期之日起自动终止"条款在保险合同实际履行过程中并没有被双方真正执行；2.被上诉人至今没有收回过第二期保险费发票，双方的法律关系已转化为保费发票项下普通的债务关系，保险合同并没有自动终止；3.被上诉人从来没有以任何形式通知过上诉人终止保险合同；四、本案中被上诉人违反了保险法中最大诚信原则。

经浙江省高级人民法院主持调解，双方当事人自愿达成如下协议：一、大地保险宁波公司在收到调解书之日起十五个工作日内向金禧公司支付人民币320万元，该款汇至金禧公司指定帐户；二、上述款项支付完毕，双方就本案再无纠纷；三、本案一审案件受理费人民币120 700元，由金禧公司负担；二审案件受理费人民币120 700元，减半收取60 350元，由大地保险宁波公司负担；四、调解协议经双方签字后即生效。该协议得到二审法院的认可，本案以调解方式结案。

评　析

本案处理的关键在于如何看待"逾期不支付保险费，保险合同

18.船舶保险合同中关于"逾期不支付保险费，保险合同自逾期之日起自动终止"特别约定的效力

自逾期之日起自动终止"的特别约定。

一、关于本案事实的认定

首先是"金山"轮是否遭遇了"恶劣天气"这一"其他海上灾害"。对此，被告认为原告投保的是全损险，全损险是列明风险，列明风险的举证责任在原告，但原告却没有提供任何证据证明事故当时存在"恶劣天气"，也未能证明是因为"恶劣天气"直接造成了船舶沉没。

经审理法院认为，浙江省高级人民法院（2009）浙海终字第104号民事判决书对此已经认定：金禧公司提供了中央气象台的海洋天气预报《中国南部海域有大风》，该材料载明"2月17日下午2时，……菲律宾以东洋面出现了7—9级东北风"。金禧公司还提供了"金山"轮大副韩士奎出具的《事故报告》及申请证人陈志宇出庭作证，该《事故报告》与青岛海事法院向宁波海事局查阅、摘抄的《事故报告》内容一致，可认定其真实性，证人陈志宇已当庭接受双方当事人质询，且其证言与《事故报告》描述的事实相吻合，该证人证言的真实性也可以认定。《事故报告》及证人证言均证实当日（下午）2点多时"风力8—9级，涌浪7级以上，风力、涌浪持续增强，阵风10级以上，海面状况恶劣"、"船体受损"、"船长以及轮机长没有上救生艇"等事实。在船舶进水后，船员们全力施救，船长和轮机长在弃船后仍然坚守，但由于海况恶劣，最后船沉货损人亡，这一事实也反映当时遭遇了特殊的风险。本案综合原、被告提供的证据，据此予以认定。

至于在"恶劣天气"导致"船舱破损"导致"船舶沉没"的因果关系链条中，因"恶劣天气"属于"其他海上灾害"的范畴并属于船舶全损险的列明风险，系"船舶沉没"的决定性原因，中间并无其他除外原因的插入，因此构成保险法上的近因。

其次是涉案船舶是否全损及原告是否履行了减损义务。经审理法院认为："金山"轮沉没，已为众多证据所证实，双方当事人对此

没有争议。对沉没船舶认定全损，是没有问题的，关键在于该沉没船舶是否还有打捞价值，也就是为避免发生实际全损所需支付的费用是否会超过保险价值。沉船打捞并非易事，而且打捞费高昂，本案"金山"轮系30多年的老龄船，又沉没在菲律宾吕宋岛以北大海中，依据海事审判实践经验，可以推定全损，除非被告举证证明"金山"轮有打捞价值。被告虽主张原告没有履行减损义务，却没有证据加以证明，故法院不予采纳。

再次是"金山"轮是否适航。经审理法院认为，浙江省高级人民法院（2009）浙海终字第104号民事判决书对此已经认定：金禧公司一审中提供了全套船舶证书，证明"金山"轮有关证书齐备，且均在有效期内，因此，"金山"轮虽为1976年建造的老龄船，但其船籍国允许其经营航运，其应属适航船舶。金禧公司还提供了船员名单，证明"金山"轮在开航前已妥善配备了合适的船员及供应品等，虽然其未能提供装货港离港手续及有关材料，但由于"金山"轮遭遇风浪后，船、货均已沉没，有关材料无法取得也在情理之中。何况，各国港口当局依法对船舶进行相关检验检查，对于不适合出海航行的船舶会限制其离港，而涉案"金山"轮已安全离港，至发生事故时已航行了17天。因此，原判认定"金山"轮在开航前和开航时适航，并无不妥。本案据此予以认定。

对于"金山"轮是否配备了圆木适载证书和积载手册问题：首先，被告没有提供相关依据证明运载圆木必须取得圆木适载证书并配备积载手册；其次，与上述理由相同，各国港口当局依法对船舶进行相关检验检查，对于不适合运载圆木出海航行的船舶也会限制其离港，而涉案"金山"轮已安全离港，应当认定"金山"轮适合于运载圆木。

二、关于保险单所附特别约定清单的效力

对此，原告认为：特别约定清单的不公平、违法和无效表现在：

18.船舶保险合同中关于"逾期不支付保险费,保险合同自逾期之日起自动终止"特别约定的效力

(1)保费高,是一般保险公司的3倍,因为是老龄船,他们早就预计了风险,免赔率是30%,7项保险责任免除了4项,这样的条款和内容是不公平的;(2)保费的支付也不公平,约定分三期支付,就是9个月要付清12个月的保费;(3)特别条款的内容是违法无效的,特别约定第1—3点违反了船舶保险条款第1、3、10条,违反了合同法第四十条、保险法第十八条、新保险法第十七条、第十九条、合同法司法解释第六条的规定,保险费逾期支付保险合同自动终止,这是免除被告责任,排除原告权利,所以无效。被告则认为:特别约定清单是保险合同以外的双方合意,并不是针对所有人使用的,仅针对"金山"轮承保,不属格式条款,而且我们将特别约定交予原告时,原告从未提过异议。特别约定清单并不符合合同法关于合同无效的任何一种情形。原告所列的法律条款是关于说明义务和免除责任的,针对格式条款,不适用于特别约定条款,而且新保险法尚未生效。

双方的争议点在于:1.特别约定清单,尤其是关于"逾期不支付保险费,保险合同自逾期之日起自动终止"的条款,是否属格式条款;2.关于"逾期不支付保险费,保险合同自逾期之日起自动终止"的约定,是否属免责条款。至于被告对老龄船收取较高费率的保险费,原告先交保费被告再承保风险,既公平合理,又符合《海商法》第二百三十四条的规定,并不导致保险合同无效或可撤销。

(一)对于特别约定清单及其条款是否属格式条款问题。法院经审理认为:首先,从本案保险合同的组成来看,本案保险合同由远洋船舶全损险保险单正面内容、所附中国大地财产保险股份有限公司船舶保险条款、特别约定清单三部分所组成,从内容上看,只有船舶保险条款系被告为重复使用而预先拟定、印就的条款,并不专门针对"金山"轮的保险,符合格式条款的基本特征;而保险单正

面内容及特别约定清单都是针对"金山"轮而订立的，不适用于其他船舶的保险，故不符格式条款的特征。其次，从三部分内容的关联上看,正如原告所述,特别约定第1—3点改变了船舶保险条款第1、3、10条的部分内容，这不仅说明了双方对船舶保险条款进行了协商，而且说明了特别约定条款系协商后达成的条款，从而改变了船舶保险条款的一些内容，这也排除了保险条款属于格式条款的定性。特别约定第1条将船舶保险86条款全损险责任范围第4点至第7点，改为除外责任，明确保险人不承担保险责任，尽管该约定的效力值得研究，但本案应否予以赔偿的争议并不涉及该条约定，故无需论述。最后，从本案保险合同的订立过程来看，尽管反映不出原告向被告投保，原、被告双方协商的过程和所达成的承保条件，但即使是被告所承保的条件与原告所投保的要求不同，被告将该三部分合同内容邮寄给被告，也可视为被告提出新的要约、只要原告作出承诺，保险合同也可成立。而原告根据特别约定条款的约定履行分期支付保费义务的情况说明，该合同内容已经被原告所接受，合同已经成立。事实上，原告对保险合同的成立也没有提出异议，也不可能提出异议，因为如果原告对保险合同的成立有异议，那就不是索赔的问题了。换言之，只要符合要约和承诺的相关规定，保险合同就成立了，作为保险合同的非格式条款，无需提请对方注意并给予说明。

（二）对于"逾期不支付保险费，保险合同自逾期之日起自动终止"的约定是否属免责条款问题。法院经审理认为：首先，从文义上理解，该条款为保险合同权利义务终止条款，属于当事人约定终止的其他情形，符合《合同法》第九十一条第（七）项的规定。其次，所谓免责条款，以责任存在为前提，而保险责任的存在，以保险合同的存在为前提。本案保险合同终止后，被告对原告就不存在保险

18. 船舶保险合同中关于"逾期不支付保险费，保险合同自逾期之日起自动终止"特别约定的效力

责任，也就不存在免责问题。换言之，本案被告不承担保险赔偿责任，其依据是保险合同在事故发生前已经终止，而不是保险责任期间的责任免除；本案是原告通过自身行为将自己置于不利地位，而不是被告通过约定将其置于不利地位。因此，该条款不属于免责条款。

（三）对于"逾期不支付保险费，保险合同自逾期之日起自动终止"的约定是否有效问题。因为该条款是本案被告应否承担保险赔偿责任的关键，即使不是免责条款，也应审查其约定的有效性。对此，法院认为：该条约定，并不违反禁止性法律规定，依据契约自由原则，应该确认其效力。具体分析如下：

《最高人民法院关于审理海上保险纠纷案件若干问题的规定》第五条明确规定："被保险人未按照海商法第二百三十四条的规定向保险人支付约定的保险费的，保险责任开始前，保险人有权解除保险合同，但保险人已经签发保险单证的除外；保险责任开始后，保险人以被保险人未支付保险费请求解除合同的，人民法院不予支持。"此处的"解除保险合同"、"解除合同"，与上述条款中的"保险合同自逾期之日起自动终止"，显然是等效的。本案无论是从"保险人已经签发保险单证"的角度，还是从"保险责任开始后"的角度，认定保险合同自逾期之日起终止，似乎都与该条规定相抵触。换言之，本案似乎应当认定投、承保双方关于"逾期不支付保险费，保险合同自逾期之日起自动终止"的约定无效。

但依据司法解释起草人在《〈最高人民法院关于审理海上保险纠纷案件若干问题的规定〉的理解与适用》一文中所述[1]："海上保险合同成立、保险费的支付以及保险责任开始可以是不同的时间。依

---

[1] 万鄂湘主编：《涉外商事海事审判指导》2007年第1辑，人民法院出版社2007年版，第153页。

照海商法的规定，一旦保险责任开始，保险人不得解除合同。保险责任开始之前如果被保险人未履行支付保险费的义务，应当赋予保险人解除合同的权利。但海上货物运输保险与船舶保险的情况不同，海上货物运输保险中的保险单是可以转让的，向保险人要求保险赔偿的被保险人可能不是与保险人签订保险合同的人，如果保险人已经签发了可转让的保险单，即使被保险人（签订保险合同的人）未支付保险费，在保险责任开始前保险人也无权解除保险合同。因此规定被保险人未按照《海商法》第二百三十四条的规定向保险人支付约定的保险费的，保险责任开始前，保险人有权解除保险合同，但保险人已经签发保险单证的除外；保险责任开始后，保险人以被保险人未支付保险费请求解除合同的，人民法院不予支持。这样的规定既强调了被保险人支付保险费的义务，也考虑到海上货物运输保险中的特殊性，保证了保险单证依法可以转让的性质。"《最高人民法院关于审理海上保险纠纷案件若干问题的规定》第五条的规定是针对海上货物运输保险的，而不针对船舶保险。也就是说，对于海上货物运输保险而言，是不允许投、承保双方约定"逾期不支付保险费，保险合同自逾期之日起自动终止"的，或者说这种约定违反了《最高人民法院关于审理海上保险纠纷案件若干问题的规定》第五条的强制性规定，应当认定无效。但本案是船舶保险合同纠纷，不适用《最高人民法院关于审理海上保险纠纷案件若干问题的规定》第五条的规定。

  上述理解，完全符合《海商法》的相关规定。《海商法》第二百二十七条第一款规定："除合同另有约定外，保险责任开始后，被保险人和保险人均不得解除合同。"《海商法》第二百二十八条则规定："虽有本法第二百二十七条规定，货物运输和船舶的航次保险，保险责任开始后，被保险人不得要求解除合同。"很明显，本案投、

18.船舶保险合同中关于"逾期不支付保险费，保险合同自逾期之日起自动终止"特别约定的效力

承保双方约定"逾期不支付保险费，保险合同自逾期之日起自动终止"，属于《海商法》第二百二十七条第一款所规定的"合同另有约定"的情况，由于是在船舶保险合同下作此约定，故该约定并不违背《海商法》第二百二十八规定的精神。

从公平、合理的角度进行衡量，原告按期交纳保费，被告才承担保险责任，原告不按期交纳保费，保险合同自动终止，被告不承担保险责任，并无不公平、不合理可言，原告不能获得赔偿，完全由于其违约所造成。

三、原、被告双方在履行保险合同过程中是否变更了"逾期不支付保险费，保险合同自逾期之日起自动终止"的约定

本案审理过程中，宁波海事法院还考虑了这一问题。对此，原告认为：该条约定从实际履行来看，双方并未执行，原告第一期保费就逾期支付，被告也没有终止保险合同；保险责任期间与保费的支付也没有必然的联系，被告9月4日开始承担保险责任，而要求原告付费的时间却是9月10日；原告第二期保费逾期支付，被告既未通知终止保险合同，也没有收回发票，还未退还多收的一个月保费，明显没有终止合同的意思。被告则认为：原告第一期保费晚两天支付，按理保险合同应该自动终止，但双方选择了继续履行，这是可以的，但不能因为第一期逾期付款被接受，第二期、第三期也可以违约了，根据特别约定，原告未按期支付保费，只要被告未表示接受，保险合同就自动终止。

经审理法院认为：从本案保险合同的履行情况看，原告第一期保费逾期支付，被告选择继续履行合同，原告据此认为"逾期不支付保险费，保险合同自逾期之日起自动终止"的约定已经作了变更，不能说没有道理，但被告关于原告未按期支付保费，只要被告未表示接受，保险合同就自动终止的观点，也不能说没有道理。至于原

告主张被告未通知终止保险合同，也没收回发票，还未退还多收的一个月保费，因与保险合同约定的自动终止相对立，或保险合同对此没有明确约定，不能说明被告没有终止合同的意思，如有纠纷，可另行解决。

但《合同法》第七十七条第一款明确规定："当事人协商一致，可以变更合同。"《保险法》第二十一条也规定："在保险合同有效期内，投保人和保险人经协商同意，可以变更保险合同的有关内容。变更保险合同的，应当由保险人在原保险单或者其他保险凭证上批注或者附贴批单，或者由投保人和保险人订立变更的书面协议。"《合同法》第七十八条进一步规定："当事人对合同变更内容约定不明确的，推定为未变更"。对照本案来看，原、被告未对变更"逾期不支付保险费，保险合同自逾期之日起自动终止"条款进行明确的约定，仅根据各自对保险合同履行情况的理解，对该条款是否变更作出了不同的判断。由于对"原告第一期保费逾期支付，被告未按合同自动终止处理"这组行为，确实可以作不同的解释和理解，因而，以此说明"逾期不支付保险费，保险合同自逾期之日起自动终止"的约定已经变更是不明确的，根据《合同法》第七十八条规定的立法精神，应该推定该条款没有变更。

四、被告不接受原告第二次逾期交付的保险费，也不违背最大诚信原则

有观点认为：被告接受原告第一次逾期交付的保险费后，又拒不接受原告第二次逾期交付的保险费，违背了保险法的最大诚信原则，对其主张不应予以支持，本案应判被告按约予以赔偿。

该观点值得商榷。诚实信用是民事法律的一项基本原则，由于保险合同属于射幸合同，故对双方当事人的诚信要求更加严格，最大诚信原则也就成为保险合同的基本原则。该原则体现在合同订立

18.船舶保险合同中关于"逾期不支付保险费，保险合同自逾期之日起自动终止"特别约定的效力

阶段，要求被保险人履行如实告知义务，在合同履行阶段，要求被保险人履行保证义务。当然，我们也可将保险人按约履行义务归入最大诚信原则的覆盖范畴，而被告接受原告第一次逾期交付的保险费，是否也应接受原告第二次逾期交付的保险费，取决于对被告接受原告第一次逾期交付保险费行为的判断。该行为如果变更了原、被告双方关于"逾期不支付保险费，保险合同自逾期之日起自动终止"的约定，则按最大诚信原则的要求，被告也应接受原告第二次逾期交付保险费的行为。但问题是被告接受原告第一次逾期交付保险费的行为，并不表明原、被告变更了双方关于"逾期不支付保险费，保险合同自逾期之日起自动终止"的约定，因此，被告拒不接受原告第二次逾期交付保险费的行为，属于按约履行，也就不违背保险法的最大诚信原则。

从按约履行义务的角度看，恰恰是原告一而再的逾期交付保险费的行为，才真正违背了保险法的最大诚信原则，这也给予了被告拒绝赔偿的正当依据。

本案如果要说被告的行为有何不妥的话，那就是原告第一期保费晚两天支付，被告也应终止该保险合同，另订一份相同的保险合同继续承保该船舶。或者双方按实际付款情况变更一下第一期保费的支付时间，以引起原告对按时支付保费的重视，或避免对逾期支付保费后果的误解。正是基于这一点，二审法院通过调解，让被告给予原告一定的补偿，是十分合理的。

（撰稿人：宁波海事法院　吴勇奇）

19. 对船舶一切险保险价值的认定

——香港东盛航运有限公司诉中国平安财产保险股份有限公司浙江分公司海上保险合同纠纷案[1]

案件索引：宁波海事法院（2013）甬海法商初字第563号，2014年5月20日判决；浙江省高级人民法院（2014）浙海终字第82号，2014年10月17日判决。

基本案情

"东盛（Dong Sheng）"轮曾用名"舟山18"，为柬埔寨籍钢质散货船，总长86.2米，型宽13.2米，型深6.7米，2 157总吨，属原告香港东盛航运有限公司（Hong Kong Dong Sheng Shipping Limited，以下简称东盛公司）所有。2011年12月，东盛公司就"东盛"轮向被告中国平安财产保险股份有限公司浙江分公司（以下简称平安财保浙江分公司）投保船舶一切险，投保单上"保险价值"一栏未填。平安财保浙江分公司于该月28日签发保险单，保险单编号为11209601900021903924，载明保险责任从2012年1月1日0时起至2012年12月31日24时止，承保险别船舶一切险，保险金额

---

[1] 该案例评析2015年获"促公正·中国梦"第二届全国青年法官优秀案例评选活动特等奖。

1 000万元，保费85 000元，"保险价值"一栏空白未填；每次事故绝对免赔额为人民币5万元或损失金额的10%，两者以高者为准，全损免赔为保险金额的10%。东盛公司已按约支付了保费。2012年12月9日，"东盛"轮到达韩国当今港，于1255时开始装货，12月10日2140时完货，装船用钢板2 398.911吨；12月11日0050时上引水，0250时引水下船，该轮按计划航线驶往烟台。当时气象海况较好，偏北风5—6级，浪高2米，航向285度，航速7节，船舶横浪航行。1540时左右，"东盛"轮航行至37°16.88′N，124°20′E，由于横浪航行，船舶左右摇摆，致使货物突然发生移位，造成船舶右倾35度，右甲板通气管淹没，船舶立即改向0度顶浪微速航行，并报告公司及附近船舶请求救助。随着海水逐渐浸没"东盛"轮右侧甲板空气管，威胁船员生命，船长被迫下令弃船。1810时，全体船员被路过的"海至达"轮救起，"东盛"轮沉没。东盛公司向平安财保浙江分公司报告了海上遇险情况并提出保险理赔请求，平安财保浙江分公司于2013年1月18日表示需对事故原因作进一步调查，后于2013年6月13日正式通知东盛公司，因涉案事故不属于保险责任范围，对该索赔予以拒赔。

东盛公司认为，"东盛"轮因遭受冬季风浪和涌浪、浸入海水等原因而沉没，显属海难范畴，系保险单列明的"其他海上灾害"，平安财保浙江分公司应当承担船舶全损以及因不及时理赔所引起的营运损失等赔偿义务。东盛公司请求法院判令平安财保浙江分公司赔偿船舶全损保险赔款1 000万元，因其未及时核定保险标的损失造成的营运损失195.3万元（自2013年1月13日至2013年6月14日），以及上述本金1 195.3万元自2013年1月13日算至判决之日的银行企业同期贷款利息。

平安财保浙江分公司答辩称，东盛公司主张"东盛"轮全损事故属于保险单列明的其他海上灾害，属主观猜测，不能证明船舶沉没的原因属于保险责任范围，保险人无需赔付。涉案保险单中"保险价值"一栏为空白，东盛公司主张的船舶全损损失金额为1 000万元的证据不足，营运损失与保险合同无关。综上，请求驳回东盛公司的全部诉讼请求。

判决与理由

宁波海事法院经审理认为，本案争议焦点集中在：1.原、被告保险合同关系是否成立；2.涉案船舶沉没事故发生的原因及责任；3.保险赔款、营运损失的认定等。

一、关于原、被告间的保险合同关系是否成立

东盛公司虽否认投保单签字栏上的签字非本人所签，但对于保险单所显示的保险合同条款并无异议，按约交纳了保费，并依据该保险单提起了本案诉讼，可以视作已追认该签名的效力。原、被告之间的海上船舶保险合同关系成立且依法有效。该保险单的保险责任期间为2012年1月1日0时起至2012年12月31日24时止，涉案沉船事故发生于2012年12月11日，属于保险责任期间内发生的保险事故。

二、涉案沉船事故发生的原因及责任

东盛公司要求平安财保浙江分公司承担保险责任的理由有两点，其一为"东盛"轮遇到了恶劣天气，遭遇了不可预测的较大涌浪；其二为船员疏忽行为，分别属于保险单背面条款第一条第（一）项之"2.搁浅、碰撞、触碰任何固定或浮动物体或者其他物体或其他海上灾害"以及"7-（4）船长、船员和引水员、修船

人员及租船人的疏忽行为"。对于第一个理由，根据法院的认定，2012年12月11日当天气象海况较好，偏北风5—6级，浪高2米，也没有任何证据显示有较大的涌浪，故东盛公司称当时的气象条件构成"其他海上灾害"证据不足，不予支持。对于第二个理由，法院已认定涉案事故是由于船舶横浪航行，左右摇摆，致使货物突然发生移位，造成船舶右倾所致；该货物移位的发生，既可能是因为装船时钢板捆扎不当所引起，也可能是船长、船员在驾船时横浪航行，船舶遭受长时间左右摇晃所致，不管是哪一个原因或兼有两个原因，都可归因于保险单条款中的"7-（4）船长、船员和引水员、修船人员及租船人的疏忽行为"，且该种疏忽行为不是由于被保险人、船东或管理人未克尽职责所致，不属于"被保险人在船舶开航时知道或应该知道装载不妥的不适航"及"被保险人及其代表的疏忽或故意行为"等保险人享有的除外责任。因此，法院认定涉案事故属于保险责任范围之内的事故，保险人应当予以赔偿。

三、关于涉案沉船事故造成的经济损失

关于保险赔偿的数额，"东盛"轮涉案保险单记载的保险金额为1 000万元而没有保险价值数额的约定。东盛公司主张保险价值为1 000万元，而平安财保浙江分公司以其评估报告为据，主张保险价值为560万元。对此法院认为：首先，船舶的保险价值，是指保险责任开始时的船舶的价值，包括船壳、机器、设备的价值，以及船上燃料、物料、索具、给养、淡水的价值和保险费的总和。平安财保浙江分公司提供的船舶评估报告的估价基准日为2011年12月11日即涉案事故发生之日，不是保险责任开始时的价值，不能认定为船舶的保险价值。其次，根据海商法的规定，海上保险合同的内容应包括保险人名称、被保险人名称、保险标的、保险价值、保险金额、

保险责任和除外责任、保险期间、保险费等各要素，平安财保浙江分公司作为专业的保险人，理应对上述各合同必备要素进行全面审核并加以确定；涉案保险单亦为平安财保浙江分公司方的格式文本，缺少保险价值一栏未填，应作对平安财保浙江分公司方不利的解释。再次，根据东盛公司提供的"东盛"轮2010、2011年度的保险单、船舶估价报告以及同类船舶的市场价格等因素，法院认定该轮保险责任开始时的价值即保险价值为1 000万元。由于保险单约定了全损免赔额为损失金额的10%，故该免赔额100万元应在赔偿款中扣除。

东盛公司所主张的另一项请求即因平安财保浙江分公司未及时核定保险标的损失造成东盛公司的营运损失195.3万元，并非涉案船舶沉没事故所导致的直接损失，不属保险单约定的赔偿范围，且法律规定保险人赔偿保险事故造成的损失，以保险金额为限，故对该项损失不予保护。但根据法律规定，保险人应及时赔付东盛公司的损失，故对东盛公司所主张的利息损失，予以保护，酌定该利息起算日为涉案保险事故发生后两个月即2012年2月11日。

综上，东盛公司起诉有理部分，予以保护。依据《中华人民共和国合同法》第四十一条、第一百零七条，《中华人民共和国海商法》第二百一十七条、第二百一十九条、第二百三十七条、第二百三十八条的规定，判决如下：平安财保浙江分公司于本判决生效后十日内支付东盛公司保险赔款900万元，并支付该款自2012年2月11日至判决确定的履行之日止按中国人民银行同期贷款基准利率计算的利息，驳回东盛公司的其余诉讼请求。

平安财保浙江分公司不服提起上诉，浙江省高级人民法院经审理后，认为原判认定事实清楚，适用法律正确，判决驳回上诉，维持原判。

评 析

本案对于船舶保险合同纠纷的典型法律问题均有涉及，包括：（1）保险单未约定船舶的保险价值，投保时的船舶价值与船舶沉没时的价值有较大差异时，能否以后者为准限定保险赔偿责任？（2）对证人证言的综合审查，对船舶沉没的直接原因与保险责任近因的理解。（3）对保险人拒绝赔付带来的间接损失是否保护？分析如下：

一、船舶保险价值未约定时船舶价值的认定

在船舶保险合同中，船舶价值是合同的主要内容之一，一般在合同中作出明确约定。其法律意义在于：因船舶保险价值低于、等于或高于船舶保险金额而出现超额保险、足额保险和不足额保险三种形态，其中超额保险因违反损失填补原则，根据《中华人民共和国保险法》第五十五条和《中华人民共和国海商法》第二百二十条的规定，超过船舶价值部分的保险金额无效，保险人无须赔偿。东盛公司委托他人投保时未填写保险价值，平安财保浙江分公司在签发保险单时划掉了这一栏，表明双方对船舶的保险价值没有进行协商和约定。从双方提交的评估报告来看，"东盛"轮在投保和沉没时的价值相差450万元左右，如以2012年12月11日船舶沉没时的实际价值作为保险价值，则涉案船舶保险为超额保险，保险人仅按照保险价值赔付。

作为1995年制定的调整一般保险合同关系的《中华人民共和国保险法》和1993年制定的专门调整海上保险合同关系的《中华人民共和国海商法》对此有不同规定。《中华人民共和国海商法》第

二百一十九条第二款规定，保险人与被保险人未约定保险价值的，保险价值依照下列规定计算：（一）船舶的保险价值，是保险责任开始时船舶的价值，包括船壳、机器、设备的价值，以及船上燃料、物料、索具、给养、淡水的价值和保险费的总和；……。《中华人民共和国保险法》第五十五条第二款规定，投保人和保险人未约定保险标的保险价值的，保险标的发生损失时，以保险事故发生时保险标的的实际价值为赔偿计算标准。两部法律对此有不同规定，如适用前法，则以2012年1月1日保险责任开始时的船舶价值作为保险价值。如适用后法，则应当以船舶沉没时的实际价值作为保险价值。理论上会产生《中华人民共和国立法法》第八十五条"法律之间对同一事项的新的一般规定与旧的特别规定不一致，不能确定如何适用"的问题。事实上，1995年全国人大常委会出台《保险法》时已对此作出规定，该法第一百四十七条规定，海上保险适用海商法的有关规定；海商法未作规定的，适用本法的有关规定。该法在2009年修订后的第一百八十四条更是明确规定，海上保险适用《中华人民共和国海商法》的有关规定，这体现了海上保险纠纷尽量适用海商法解决的导向。

　　据此，生效裁判适用《海商法》第二百一十九条第二款以保险责任开始时的船舶价值为保险价值，法律适用正确。对于具体的保险价值金额，法院根据东盛公司提交的两份"舟山18"轮（"东盛"轮原国内登记名称）评估报告和当地同期同类型船舶的买卖价格以及"东盛"轮在另一保险公司投保的2010、2011年度的保险单（载明保险价值为1 000万元），认定该轮保险责任开始时的价值即保险价值为1 000万元。具体认定理由可以展开为三个层面：（1）东盛公司在投保时未违反如实申报义务。从东盛公司前两年在其他保险公司投保的保险单来看，"东盛"轮的船舶价值均为1 000万元，

2011年12月东盛公司在向平安财保浙江分公司投保时,虽未填写保险价值,但不能由此得出其隐瞒船舶价值的故意。以2012年7月1日为评估基准日的该船评估报告认为裸船价值为943.2万元,表明船舶价值与投保时填写的1 000万元保险金额是相当的。(2)平安财保浙江分公司对于保险单未约定保险价值存在过错。在投保人未申报保险价值时,保险人作为专业人员负有督促、通知的附随义务,要求投保人填写并进行适当审核,必要时可以委托第三方进行评估,以合理确定船舶的保险价值。从专业能力角度,保险人有能力予以审核和补全保险价值。(3)海商法关于船舶保险价值的规定,一定程度上是对船舶所有人权利的适当倾斜。在普通的财产保险合同纠纷中,合同未约定保险价值,以事故发生时的实际价值为赔偿上限,保险人理赔相对简便。船舶保险则以保险责任开始时的船舶价值(包括船壳、机器、设备的价值,以及船上燃料、物料、索具、给养、淡水的价值和保险费)作为保险价值。如果未约定保险价值,则保险责任期间发生的船舶价值大幅下降并不影响船舶的全损理赔,一定程度上由保险人承担了市场风险,客观上引导保险人在承保阶段就注重调查和评估船舶在承保前和保险期间内的价值。平安财保浙江分公司疏于审核,且按照1 000万元保险金额计收保险费,在保险单所附《中国平安财产保险股份有限公司船舶保险条款》第十条第(二)款第一项中明确记载全损或推定全损时按保险金额赔偿,后又在诉讼中坚持认为以船舶沉没之日的价值计算保险赔偿款,于法律事理相悖,依法不予支持。平安财保浙江分公司在二审中提出司法鉴定申请,未被二审法院准许。

二、查明事故原因时对证人证言证明力的审查

东盛公司将事故原因归结为恶劣天气、较大涌浪和船员的疏忽行为,平安财保浙江分公司认为东盛公司的三项事故原因均不存在,

船舶在无大风浪天气下发生右倾沉没，只能是道德风险，但未明确具体的沉没原因以及相应的证据。生效裁判认为，由于船舶沉没，当时的具体船舶状况已无从鉴别，只能依靠有关证言和询问笔录分析。

对于船员证言的审查，要结合涉案事故的特殊性和全面客观原则进行。首先，在无证据表明船员有串通、伪证现象前，对船员证言反映的有关情况应当客观分析。船员系东盛公司雇佣，二者事实上有利害关系。法院调取了多份证人证言，核对发现陈述基本一致。其次，对船员证言，应当根据船员的身份职位考虑其证言的证明力。船长和大副负责船舶驾驶，其均向海事部门称事故原因为货物发生位移，值班轮机长和机工陈述称事故发生时发生巨响和倾斜，这些船员证言的共同指向是货物移动导致船舶倾斜沉没，差异在于船长和大副在甲板以上视野较好，主要依据视觉判断事故情况，轮机长和机工则负责舱内轮机，与舱内货物更近，对货物移动造成的声音比较敏感。相比而言，大厨陈述其正在厨房做饭，突然连续两个浪打到船上，厨房的东西全都滑到地上，对于查明事故原因仅能起到参考作用，因为大厨对船舶的临时状况缺乏专业判断能力，他说的"两个浪打到船上"可能不是亲眼所见，而是一种感觉。再次，对船员证言应当结合其他证据予以认定。对于事发时的海况，事故发生后经过事发海域的"海至达"轮在实施救助后向海事部门提交的报告中提到"当时偏西北风风力 6 级，浪高 2 米"，生效裁判据此对海况予以认定，认为事发时的海况不符合保险单条款列明的"其他海上灾害"。双方对船舶沉没的事实和经过并无争议，对沉没原因有较大争议，船员证言陈述均指向涌浪。对有无横浪航行，生效裁判结合航向为西偏北 285 度，气象为偏北风，对船长"在事故发生后调整了航向，降速顶浪航行"的陈述予以认定，并最终认定船舶沉没的原因为：由于横浪航行，船舶左右摇摆，致使货物突然发生移位，造成船舶右倾35度，右甲板通气管淹没，船舶立即改向0度顶浪微速航行，随后船长弃船船舶沉没。

由上可知，生效裁判认定，货物突然发生移位是造成保险事故的直接原因，而货物发生移位则是装船时钢板捆扎不当、船舶横浪航行驾驶不当中的一个或两个原因导致，这两个原因均符合保险单条款中第一条第（一）款第7-（4）项的"船长、船员和引水员、修船人员及租船人的疏忽行为"，即船上人员的疏忽行为造成船舶沉没才是认定保险人是否承担保险责任的近因。近因虽为法律概念，但已为司法及保险实务所熟知。但何为近因，往往难以作出准确界定。为避免主观臆断和确保逻辑周延，生效裁判没有判定到底是钢板捆扎还是驾驶不当构成船上人员疏忽这一近因的主要内容。仅就文字上而言，证据及事实部分对钢板捆扎没有详述，而是着重认定船舶自东向西横浪航行，航向为西偏北285度，气象为偏北风，事发前的降速顶浪航行等事实。可见，船长驾驶过失对于船舶最终沉没发挥了最主要、最直接的作用，钢板捆扎则处于从属性、补充性的地位。

三、租金收益损失和利息损失的判定

关于平安财保浙江分公司未及时核定保险标的损失造成的营运损失，实为东盛公司调遣他船替代沉没船舶履行租船合同发生的租金收益损失195.3万元。对于船舶损失，《中国平安财产保险股份有限公司船舶保险条款》第十条第（二）款第一项载明"保险船舶发生完全毁损或者严重损坏不能恢复原状，或者被保险人不可避免地丧失该船舶，作为实际全损，按保险金额赔偿"。法院据此按照实际全损认定保险赔偿金。对于租金损失，保险单及所附的《中国平安财产保险股份有限公司船舶保险条款》均未作约定，其与涉案保险

并无直接关联。就法理而言，财产保险仅对约定的保险事故造成的约定损失负责补偿，从而控制总的承保风险和保险费负担。《中国平安财产保险股份有限公司船舶保险条款》有类似规定,第一条第（二）款一切险在第一项碰撞责任中保险不赔偿（1）–b"保险船舶所载的货物或财物或其所承诺的责任"、（1）–e"任何固定的、浮动的物体以及其他物体的延迟或丧失使用的间接费用"，仅赔偿保险船舶碰撞引起被保险人应负的法律赔偿责任。除约定损失外，保险合同对于被保险人为防止或减少保险标的损失（属于保险责任范围）而付出的合理费用，保险人应当予以赔付。本案中船舶已经沉没，东盛公司派遣其他船舶替代而履行租船合同，并非对保险船舶面临沉没风险时的减损行为，保险人当可拒绝赔偿。本案中存在救助行为，但东盛公司未主张该项损失，系对其自身权利的处分，并无不当。

关于利息损失，东盛公司主张自 2013 年 1 月 13 日计算，理由为平安财保浙江分公司应于法定 30 天核定时限即 2013 年 1 月 19 日定损完毕，却拖延至 2013 年 6 月 13 日才完成损失核定决定拒赔。根据《中国平安财产保险股份有限公司船舶保险条款》第八条第（二）款"被保险人向本公司请求赔偿并提供理赔所需资料后，本公司在 60 天内进行核定。"该条款如何适用，生效裁判中双方当事人及法院均未提出该款内容，本例不作分析。中国《海商法》第二百三十七条规定，发生保险事故造成损失后，保险人应当及时向被保险人支付保险赔偿。据此，一审判决综合考虑保险人后续调查耗时近五个月、被保险人期间积极要求理赔等情况，认定保险人应当在事故发生后两个月内完成审核和理赔，是对自由裁量权的合理应用。对此，双方均未提起上诉。

综上所述，本案的参考意义主要有三点：（1）投保人在投保船舶一切险时未注明保险价值，保险人应当要求投保人填写并审核船舶价值合理性，否则应当以保险责任开始时的船舶价值作为保险价值，具体可参照此前承保金额和船舶投保前后的价值以及同期类似船舶的交易价格认定，保险人不得以保险事故发生时船舶价值大幅下降作为抗辩事由；（2）船舶非因碰撞在海上沉没，主要依靠证人证言查明沉没原因和保险事故近因时，应当根据证人的职务、知识和气象水文数据，审查确定证言的证明力，合理确定事故原因是否属于保险责任范围；（3）租金收益损失不属于一切险的责任范围。

（撰稿人：宁波海事法院　陈晓明　罗孝炳）

20. "经谨慎处理仍未发现的船舶潜在缺陷"免责事由的适用

——绍兴县金斯顿针纺织有限公司诉商船三井株式会社海上货物运输合同纠纷案

案件索引：宁波海事法院（2014）甬海法商初字第730号，2016年5月25日判决；浙江省高级人民法院（2016）浙民终480号，2016年10月21日判决。

基本案情

2013年6月，绍兴县金斯顿针纺织有限公司（以下简称金斯顿公司）将其所属的毯子等货物委托商船三井株式会社（Mitsui O. S. K. Lines, Ltd.，以下简称三井会社）出运，三井会社作为承运人于同年6月1日签发编号为MOLU11020554421的提单，载明托运人为金斯顿公司，收货人为Ahmed Md All Al-Bukhari，货物价值49 710.24美元，起运港宁波港，目的港沙特阿拉伯吉达港。同年6月17日，承运船舶"MOL Comfort"轮在印度洋海域因船体中部断裂而沉没，船上货物全部灭失。

另查明，三井会社对"MOL Comfort"轮进行日常保养检修，并委托船级社进行日常检验，均未发现涉案船舶存在设计上的潜在缺陷。事故发生后，日本船级社和国土交通部组织了大量专家对事故进行调查、分析、论证。2014年9月，日本船级社出具调查报告，认为事故当时总纵弯矩的载荷确实可能超过船体梁极限强度，事故船的安全余量与其他船舶存在显著差异，产生屈曲破坏的可能性。2015年3月，日本国土交通部出具调查报告，作出如下调查结果：可以推断的是事故船的船体断裂始自船底外板，对事故船的姊妹船（与事故船设计相同的大型集装箱船）进行的安全检查中发现船底外板存在屈曲变形；通过模拟发现，事故船在事故发生时确有船体断裂的可能性，在姊妹船的船底外板检测到的屈曲变形可通过施加比船体结构强度略低的载荷实现，且变形幅度可通过反复施加载荷而变大；日本船级社中的其他不同于事故船设计的大型集装箱船，安全检查并未发现类似的船底外板变形，同时将它们和事故船的模拟结果进行比较后发现，它们具有更加充足的结构余量。

金斯顿公司向法院起诉称：原告所属货物装上三井会社的"MOL Comfort"轮从中国宁波出运至沙特吉达港，但承运船舶在途中沉没，原告货物落水全损，承运人应对运输期间的货损承担赔偿责任，请求判令三井会社赔偿损失49 710.24美元及利息。

被告三井会社辩称：（一）据以证明原、被告之间海上货物运输合同关系的提单背面条款约定"本提单所证明或包含的合同应依日本法律解释"，根据日本法律，认定涉案提单下的海上货物运输合同关系的责任和义务应适用"海牙－维斯比规则"；（二）三井会社依法免责，具体理由如下：1.涉案船舶是日本三菱重工株式会社（以下简称三菱公司）设计建造的一艘超巴拿马型集装箱船，是同类型设计的姊妹船中的一艘，该船在设计、建造、运营阶段直至事故发生期间均由日本船级社负责船级服务和船旗国法定检验；2.三井会社日常对船舶进行严格的检查、保养，开航前船舶经检查也处于适航状态,故在开航前和开航当时已谨慎处理,未发现存在影响船舶安全的情形;3.涉案船舶在航行途中 6 号舱突然断裂进水,三井会社经多方努力仍无法避免船舶沉没;4.根据调查报告,涉案船舶的船体结构强度低于一般船舶,未充分考虑"横向载荷"等因素,导致安全余量不足,故船舶存在设计上的潜在缺陷。请求驳回原告诉请。

判决与理由

宁波海事法院经审理认为,本案承运船舶存在经谨慎处理仍未发现的潜在缺陷,且该缺陷引起船舶断裂导致船舶沉没、货物灭失,承运人依法不负赔偿责任。因此,三井会社的抗辩符合法律规定,予以采纳。金斯顿公司要求三井会社赔偿货物损失的主张于法无据,不予支持。故判决驳回金斯顿公司的诉讼请求。

宣判后,金斯顿公司不服,提起上诉。浙江省高级人民法院审理后判决:驳回上诉,维持原判。

评 析

本案是航运史上备受关注的"MOL Comfort"轮沉没引起的货主索赔,涉及世界多个国家的多起诉讼,国内亦有多家海事法院受理了相关案件。本案各方对船舶沉没、货物灭失、主体资格均无异议,争议的焦点集中在法律适用和承运人能否免责上。从中国的海事司法实践看,到目前为止,引用中国《海商法》第五十一条第十一项,即经谨慎处理仍未发现的船舶潜在缺陷造成货损而承运人享受免责的案例，在中国并不多见，其原因在于对此承运人负举证责任，而此项证明的难度之大可想而知。本案对于承运人举证需达到怎样的一个"度"，提供了一个很好的范例。

一、船舶及事故概况

"MOL Comfort"轮为钢质集装箱船（8110标准箱），长302米，宽45.6米，深25米，86 692总吨，入日本海事协会船级，悬挂巴哈马船旗，属乌拉尔集装箱运输有限公司所有，三井会社经营，船舶管理公司为商船三井船舶管理（新加坡）私人有限公司。该轮于2008年7月14日由三菱公司长崎造船所建造完工，为2006年开始交付的大型集装箱船系列中的第6艘船舶。2013年6月17日上午，"MOL Comfort"轮在从新加坡驶往沙特阿拉伯吉达港的航程中横渡印度洋时，船舶中部出现裂痕。当时航行速度约17节，主转速为79转/分钟，海况为西南风，风力7蒲福级，有效波高为5.5米。船舶中部货舱进水后，无法自力航行，26名船员通过救生艇逃生后获救。随后，船舶断裂为两半，在漂流了一段时间后沉没于公海。

据网上统计，"MOL Comfort"轮是世界上第一艘从中部直接断裂的超巴拿马型集装箱船，该事故是世界上第一起超巴拿马型集装箱船的海难事故，也是世界上理赔金额最高的集装箱船事故（保险公司赔偿4亿美元左右），引起全球航运界、保险界和船舶制造业界的高度关注，被认为是迄今为止最惨烈的集装箱船断裂事故。

由于"MOL Comfort"轮沉没，船上记录亦随船灭失，无法确认事故船的船体损伤和货载情况，故需通过对事故船的姊妹船进行检验，以获得与事故有关的信息。姊妹船的安全检验结果显示，在船中部船底外板横向截面的中线附近，发现最高达20毫米的屈曲变形（船底外板的凹陷和凸起变形）。"MOL Comfort"轮的六艘姊妹船及与事故船近似大小的其他4艘船舶接受了检验，尽管形状和频率有所不同，但由三井会社经营的六艘姊妹船中，有五艘发现了变形（包括微小变形），只有2013年刚交付的一艘新船没有发现变形；而其他近似大小的四艘船舶中也有一艘发现了变形。

"MOL Comfort"轮作为一艘典型的"5N"船——日本设计，日本建造，入日本船级社，日本船东，日企运营，在运营五年后，以前所未有的一断两截方式沉入大海。而之后的一系列检验均表明，造成一艘大型集装箱船直接断成两截的重大质量事故，却是因为设计错误而引起的，可以毫不夸张地说，"MOL Comfort"轮事故称得上是日本造船业的"耻辱"。事故发生后，作为对姊妹船的安全预防措施，各艘船舶的双层底结构都依次进行了有效加强，以提高船体梁的强度。

二、案件管辖权及法律适用

该案系涉外海上货物运输合同纠纷，货物从中国宁波港运往沙特阿拉伯吉达港，该运输合同始发地为中国宁波，根据《中华人民共和国民事诉讼法》第二十七条之规定，宁波海事法院对该案享有管辖权。

关于法律适用，金斯顿公司主张本案应适用中国法，三井会社则依据提单背面条款主张本案应适用日本法，而依据日本法律冲突规范，本案货物运输合同关系指向适用《海牙-维斯比规则》。经审查，涉案提单背面条款确有适用日本法律的法律适用条款，但提单背面条款系三井会社为重复使用预先拟定的格式条款，其中涉及案件管辖权及法律适用的条款，直接排除了提单托运人对管辖法院和法律适用的选择权，影响到当事人起诉权的行使。尽管在提单正面有粗体字载明"提单条款续于本单背面"，但提单背面字体极小，排布紧密，各条款格式相同，对于限制对方选择权利的条款未有突出显示，不能认定三井会社在合同订立时对该条款采用了足以引起对方注意的文字、符号、字体等特别标识，同时，也无证据表明其就该条款与金斯顿公司进行了协商或予以说明。因此，法院认定该法律适用条款无效，三井会社不得引用该条款主张适用日本法。

该案二审中，各方当事人对于一审法院适用中华人民共和国法律审理本案无异议，二审法院直接予以确认。

随着涉外、涉港澳台案件审理水平的不断提升，中国法院对于管辖权与域外法的适用也在经历一个不断发展的过程。对于管辖权而言，涉及国家主权与司法独立问题，中国法院一般不允许对中国法院的管辖权进行约定排除，但在法律适用上，近年来持越来越开放的态度，尊重当事人的意思自治，尊重当事人对于域外法律的选择。以前如果当事人选择适用外国法但无法查明外国法时，中国法院会以外国法是一个事实问题应由当事人举证，当事人不能完成举证为由来适用中国法，而今也不再将域外法视为事实问题，而视为一个法律问题，倾向于由法官来主动查明。

三、承运人享受免责的条件及证明标准

该案中，承运人三井会社依据中国《海商法》第五十一条第十一项的规定主张对货损免责，即认为本案货损系经谨慎处理仍未发现的船舶潜在缺陷所造成。对此，承运人应当负举证责任，依次证明如下各点成立：（一）船舶存在潜在缺陷；（二）潜在缺陷系经谨慎处理仍不能发现；（三）货损由潜在缺陷所造成。

金斯顿公司在上诉时提出，承运人以中国《海商法》第五十一条规定为由主张免责的，应承担举证责任（火灾除外）。鉴于货物交由承运人运输期间，与运输事故相关的证据材料均由承运人掌握与控制，而且中国《海商法》实行的不完全过失责任制已经给予承运人最大限度的保护，故承运人在援引中国《海商法》第五十一条主张免责时，不能适用优势证据规则，而应对其主张的免责事项履行

严格的举证责任。一审判决以优势证据规则和最大可能来认定设计缺陷与沉船存在法律上的因果关系及承运人已经尽到了谨慎注意义务，属法律适用错误。

由于"MOL Comfort"轮已经一断两截沉入三四千米深的公海，无打捞及潜水进行实船勘验的可能，船上数据也随船舶一起沉没，故本案中日本船级社及国土交通部所作的报告均是基于实验模拟数据以及对姊妹船的安全检验所得。上述调查报告与出庭作证的专家证词一样，均系主观推测，不属直接证据。但笔者认为，首先，无论承运人所负的证明标准有多高，举证责任有多重，本案还是一个民事案件，民事诉讼证据的高度盖然性证明标准仍应适用。中国《海商法》第五十一条第二款关于承运人应对其免责事由承担举证责任的规定，并未突破该举证标准，进而适用超过高度盖然性的证明标准，甚至要达到刑事犯罪的证明标准。其次，中国《海商法》实行承运人不完全过失责任制，与全球各海运大国及现行主要国际公约的规定基本相同，目的是为了支持船东抵御海上风险，保护海运业的有序发展。但不管是不完全过失责任制，还是完全过失责任制，与海事诉讼中通行的民事证据举证标准无关。因此，金斯顿公司关于本案不应适用民事证据高度盖然性证明标准的主张不应得到支持。

四、船舶是否存在潜在缺陷

所谓"潜在"，与"表面"相对应，指船舶内在的材料上、结构上或设计上的瑕疵，该瑕疵通过合格技术人员的检查或者检测难以发现，船舶的自然磨损或者外在的瑕疵不应被认定为潜在缺陷。在本案"MOL Comfort"轮沉没事件中，承运人主张船舶存在潜在缺陷，为此提供了事故调查报告、国际船级社的事故回应、船舶日常保养维修、专家证人证言等证据。因事故船舶已经沉没，船上相关数据及船体已经灭失，法院在认定事故船舶是否存在潜在缺陷时，充分考虑了与涉案船舶同批次、同设计体系姊妹船的实验数据分析。

承运人三井会社的举证有以下几个方向：一是日本船级社和国土交通部出具的书面报告，报告认定在对姊妹船进行的安全检查中发现船底外板存在屈曲变形；通过模拟实验发现，事故船在事故发生时确有船体断裂的可能性，在姊妹船的船底外板检测到的屈曲变形可通过施加比船体结构强度略低的载荷实现，且变形幅度可通过反复施加载荷而变大；日本船级社中的其他不同于事故船设计的大型集装箱船，安全检查并未发现类似的船底外板变形，同时将它们与事故船的模拟结果进行比较后发现，它们具有更加充足的结构余量。二是国际船级社的回应，事故发生后国际船级社亦通知世界各地的协会，要充分注意新型设计体系存在的风险。三是专家证人证言，海事专家出庭作证认为，事故船舶的设计体系未充分考虑载荷和安全余量，与传统的设计体系相比，这类新型集装箱船的安全余量不足，容易形成船底外板的屈曲变形。

上述证据均表明，采用新技术建造的该批新型集装箱船（包括涉案船舶）与传统技术建造的集装箱船相比，存在船底设计缺陷，按新型设计体系设计建造的船舶存在安全余量不足、容易形成船底外板屈曲变形从而给船舶带来断裂的风险。船舶设计上的缺陷是内在的，是使用者及技术人员通常检查与检测难以发现的，有别于船舶的自然磨损或者外在的瑕疵。最终法院认定"MOL Comfort"轮存在设计上的缺陷，这种缺陷属于潜在的缺陷。

五、该缺陷经谨慎处理能否被发现

就该问题，承运人一是提供了"MOL Comfort"轮的日常保养维修记录，证明三井会社按时委托船级社进行日常检验，船级社在检验中从未发现该轮存在设计缺陷，也从未提示承运人该轮存在潜在的缺陷；三井会社亦定期对该轮进行日常保养、维护、检查，虽然在其中的一个保养记录中记载船员曾发现 5 号舱船底存在细微的变形，但根据庭审中海事专家证人的陈述，船舶底板存在轻微变形的情形广泛存在于大型船舶，日常检查即使发现该轻微变形也不会被解读为船舶设计存在缺陷，而且船体断裂的 6 号舱从未发现过变形。二是提供了有效的船员证书和船舶证书，认为承运人尽到了谨慎配备船员和装备船舶、配备供应品的义务，且根据事故航次的装载图和开航声明，"MOL Comfort"轮未存在超载情况，承运人在开航前和开航当时对船舶进行了谨慎处理，使船舶处于适航状态。根据上述证据，法院认为承运人对该轮已经履行谨慎处理义务，确实无法发现船舶存在潜在缺陷。因此，承运人可以引用中国《海商法》第五十一条第一款第十一项的免责规定。

六、船舶沉没是否潜在缺陷所造成

承运人想要根据中国《海商法》第五十一条第一款第十一项的规定免责，除了证明船舶存在潜在缺陷外，还必须证明该潜在缺陷导致了事故的发生，潜在缺陷与货损之间存在法律上的因果关系。综合全案证据，法院认为，由于船舶沉没无法打捞与探摸，船上数据已随船舶一起沉没，调查报告只能对同批次、同设计体系的姊妹船进行检查，并结合模拟实验的数据进行分析论证，该调查报告虽无法排除"MOL Comfort"轮沉没的其他可能性，但民事诉讼的举证达到高度盖然即可；该调查报告认为包括"MOL Comfort"轮在内的同批次、同设计体系的船舶与其他集装箱船相比存在安全余量不足，而安全余量不足容易导致船底外板变形；该调查报告也显示涉案船舶的断裂始自船体中部的船底外板，设计缺陷的后果（船底外板屈曲变形）与事故的客观情况（船底外板断裂引发船体断裂）高度吻合；结合船舶未发生火灾、爆炸、触礁、碰撞等情况，从现有证据分析，设计上的缺陷是"MOL Comfort"轮沉没的最大可能原因。因此，"MOL

Comfort"轮设计上的潜在缺陷导致该轮船体断裂沉没,与本案货损具有法律上的因果关系。

七、判定承运人免责是否违反公平原则

金斯顿公司还提出,如果在本案中判令三井会社因设计潜在缺陷而免责,金斯顿公司将无其他救济途径。而就本次事故,承运人已在日本向造船方提起诉讼。本次事故如果确系设计缺陷所致,则承运人在向金斯顿公司赔付后可向造船方索赔,三井会社不会有损失。故本案判令三井会社承担赔偿责任符合公平原则。

中国《民法总则》第六条规定了公平原则:民事主体从事民事活动,应当遵循公平原则,合理确定各方的权利和义务。民法上的公平是对社会私人生活方面整体公平观的映射,首先体现社会整体利益和长远利益,同时反映立法者的意志,并融入法治秩序、法治精神、市场规则、公序良俗、道德弘扬、人格发展等因素。民法总则强调公平原则,是一种倡导性、宣示性的规定,在什么条件下可以适用公平原则,并无明确规定。一般而言,适用公平原则通常意味着对当事人之前意思表示的否定,需要特别慎重,至少应具备以下两个条件,一是当事人确定的权利和义务不合理,二是当事人所作意思表示不真实或不自由。况且,公平原则属于民法基本原则,在适用上有补充性,即在有明确法律规则的情况下,应优先适用法律规则,适用具体的条文规定。只有在缺乏明确规则的情况下,才适用民法基本原则。[①]承运人免责的事项与条件,在中国《海商法》中有明文规定,已排除了民法基本原则的适用。虽然《海商法》中关于承运人免责的规定与《民法总则》中合同当事人权利义务相对

---

① 沈德咏主编:《中华人民共和国民法总则条文理解与适用》,人民法院出版社 2017 年版,第 127 页。

等的原则有所相悖，但相对于《民法总则》而言，《海商法》属特别法，应优先于《民法总则》适用。故金斯顿公司要求根据公平原则处理本案纠纷，法律依据不足。

（撰稿人：宁波海事法院　陈晓明　夏关根）

21. 不方便法院原则的适用

——巴润摩托车有限公司诉美顺国际货运有限公司海上货物运输合同纠纷案

案件索引：宁波海事法院（2008）甬海法商初字第275号，2009年2月10日裁定；浙江省高级人民法院（2009）浙辖终字第81号，2009年5月5日裁定。

基本案情

2006年7月，原告巴润摩托车有限公司（Baron Motorcycles INC.，系美国注册公司）从春风控股集团有限公司的外贸代理人FREEDMOTOR COMPANY LIMITED处购买一批摩托车及配件等，并由FREEDMOTOR COMPANY LIMITED委托被告美顺国际货运有限公司（Awell Logistics Group, INC.，系美国注册公司）办理上述货物从中国宁波到美国迈阿密的海运事宜。被告于同年7月29日接收货物后，向春风控股集团有限公司签发了原告为收货人的记名提单。

原告以其凭正本提单向被告提货，但被告始终不予交付货物为由，于2008年10月9日向宁波海事法院提起诉讼，要求被告交付提单项下货物或赔偿货款。

被告美顺国际货运有限公司在提交答辩状期间对管辖权提出

异议，认为原、被告都是美国公司，提单按美国法律制作并由被告签发，诉称的事件发生在美国，诉讼标的也在美国，与美国的联系最密切，故应由美国法院管辖，要求驳回原告的起诉。另外，被告还提出原告起诉已过一年法定诉讼时效的抗辩。对此，原告认为，原、被告在交涉过程中，被告一直表示货物在其仓库，可以去提货，被告同意履行义务，故被告不能再以诉讼时效届满为由进行抗辩。

裁定与理由

宁波海事法院经审理认为：管辖争议系诉讼程序问题，适用法院地法，故本案管辖争议应依据中华人民共和国法律进行审查。依据《中华人民共和国民事诉讼法》第二百四十一条的规定，涉案货物是在中国宁波港装运，本院对该案件具有管辖权，但是宁波海事法院系不方便法院，理由有：一是原、被告双方均系美国注册的公司，案件的审理不涉及中国公民、法人或者其他组织的利益；二是原、被告没有约定选择宁波海事法院管辖的协议，且本案争议不属于中国法院专属管辖；三是案件争议的主要事实，即被告是否在目的港无单放货，不在中国境内发生，从证据的公证、认证和证明程序，对可能适用的美国法律的熟悉程度及其查明，裁判等法律文书的承认和执行，以及案件审理的效率等方面考虑，宁波海事法院受理本案非常不便利；四是涉案货物交付地及无单放货争议事实的发生地在美国，美国当地法院对本案享有管辖权，且审理该案件更加方便，更有利于原、被告参加庭审，证人出庭，证据收集和出示，裁判文书的承认和执行等。综上，本案在美国当地法院受理，对双方当事人参加诉讼都较为便利,且不会损害原告方的合法权益,故被告提出的管辖权异议成立,遂作出驳回原告起诉的裁定。

原告不服一审裁定,向浙江省高级人民法院提起上诉称:法院只能依据法律来认定是否有管辖权,没有权利认定管辖权的"方便"与"不方便",一审法院以"不方便"管辖为由,驳回原告起诉,于法无据,请求撤销原审裁定,指定宁波海事法院管辖。

浙江省高级人民法院经审理认为:根据原告的诉称和提供的证据材料,本案系海上货物运输合同纠纷。虽然宁波海事法院作为装货地法院对本案有管辖权,但是本案双方当事人均系美国公司,争议的主要事实即无单放货并非发生在中国境内,双方当事人也未协议选择中国法院管辖,且案件不属于中国法院专属管辖范围,案件存在不方便管辖因素,原审法院依据不方便法院原则驳回原告的起诉并无不当,遂裁定驳回上诉,维持原裁定。

评 析

本案的争议是宁波海事法院应否拒绝行使管辖权,即可否适用不方便法院原则。

一、不方便法院原则的含义

不方便法院原则(Doctrine of Forum Non-conveniens),也称"非方便法院原则"或"不便管辖原则",是指在涉外民事诉讼中,当原告向某国法院提起诉讼时,如被告认为他在该国应诉得不到公正对待,可以该国法院为不方便法院为由,要求中止诉讼;而受诉法院根据当事人的申请,综合考虑由其受理该案件或者在其他国家(或者地区)进行诉讼,对当事人更为方便和公正,运用自由裁量权,决定拒绝当事人的申请或者放弃行使管辖权。[1]简言之，不方便法院原则，是以别国法院比自身审理更为方便为由而放弃司法管辖权。该原则的目的就是为了便利所有当事人以及正义的维护，要求当事人到更为适当的法院诉讼，可以限制过于宽泛的管辖权，解决管辖权的僵硬性问题，防止挑选法院及减轻法院负担，避免矛盾的判决等作用。[2]该原则起源于大陆法系的苏格兰，发展成熟于普通法系国家。英美国家等盛行"长臂管辖原则"，使得适用不方便法院原则有了更为强烈的客观需要。[3]

二、不方便法院原则的适用条件

对于不方便法院原则的适用条件，各国法院做法不一。一般地，法院在适用不方便法院原则时会从公共利益因素和私人利益因素两方面来审查。其公共利益因素包括：（1）法院地的便利；（2）可供选择的法院地；（3）当地争议由当地法院解决所具有的利益；（4）相关国家的公共利益；（5）适用准据法的问题。其私人利益因素包括：（1）原告选择法院地的一般权利；（2）当事人取证来源的简便；（3）证人出庭的机会及费用；（4）当事人的依据；（5）所有其他使审判容易、快速、节省的现实问题，诸如强制执行法院地判决的可能性、原告在本法院地提起诉讼的动因（是挑选法院还是干扰被告），等等。[4]对此，还没有统一的国际公约来调整，不过，国际民商事管辖权和外国判决的承认与执行问题的海牙公约草案就采纳了美国代表团向海牙国际私法会议提出的建议，2001年草案第22条规定"拒绝管辖的例

---

[1] 奚晓明：《不方便法院制度的几点思考》，载《法学研究》2002年第1期。

[2] 李志萍、刘力：《不方便法院原则在中国适用的可行性分析》，载《学习论坛》2008年第10期。

[3] 奚晓明：《不方便法院制度的几点思考》，载《法学研究》2002年第1期。

[4] 胡永庆：《国际民事诉讼中的"不方便法院"原则》，载《武汉大学学报（人文社会科学版）》2000年第2期。

外情况"的基本条件：（1）法院必须是不具有本公约规定的专属管辖；（2）案件必须是涉及"例外情形"；（3）受理法院行使管辖权处理案件是明显的不适当；（4）另一国家的法院具有管辖权；（5）该法院是处理争议的明显更为适当法院。[①]法院还应特别考虑：（1）当事人惯常居所而产生的任何不便；（2）证据的性质和所在地，包括文件和证人，以及获取这些证据的程序；（3）可适用的期限或规定的期间；（4）法院关于该问题的任何决定得到承认与执行的可能性。

三、本案适用不方便法院原则的适当性

虽然不方便法院原则成为国际私法中确定管辖权的一项重要原则，但是由于中国法律没有明确规定，对于中国法院可否适用不方便法院原则拒绝行使管辖权问题，赞成者有之，抨击者亦有之，褒贬不一。[②]总的来说，中国理论界赞成中国法院适用不方便法院原则的占多数。另外，《中华人民共和国国际私法示范法》（第6稿）第五十一条也规定"对本法规定中华人民共和国法院享有管辖权的诉讼，如中华人民共和国法院认为实际行使管辖权对当事人及案件的审理均极不方便，且有其他法院对该诉讼的审理更为方便时，经被

[①] 姚亮：《不方便法院原则的国际法制度》，载《北京邮电大学学报（社会科学版）》2006年第1期；徐伟功、鲍松芬：《妥协的产物：海牙公约中的不方便法院条款》，载《浙江社会科学》2004年第11期。

[②] 赞成中国法院可适用不方便法院原则拒绝行使管辖权的有：奚晓明：《不方便法院制度的几点思考》，载《法学研究》2002年第1期；宋建立：《从中化国际案看不方便法院原则的最新发展》，载《法学评论》2007年第6期；李志萍、刘力：《不方便法院原则在中国适用的可行性分析》，载《学习论坛》2008年第10期；胡永庆：《国际民事诉讼中的"不方便法院"原则》，载《武汉大学学报（人文社会科学版）》2000年第2期；王吉文：《论不方便法院在中国的适用问题》，载《法律适用》2005年第12期，等等。持相反观点的论文有：胡振杰：《不方便法院说比较研究》，载《法学研究》2002年第4期；徐伟功：《不方便法院原则在中国的适用》，载《政法论坛》2003年第2期；等等。

告申请，可以决定不行使管辖权"。

不方便法院原则最本质的功能即为实现诉讼公正与效率，是对原告挑选法院的限制，是对被告权利的保护，是对程序滥用的制止。这是与中国法院在 21 世纪的公正与效率的主题相一致的。[①]在中国司法实践中，已经有个别案件适用了不方便法院原则拒绝行使管辖权，最高人民法院并没有加以反对。最高人民法院关于印发《第二次全国涉外商事海事审判工作会议纪要》的通知（法发［2005］26号）第 11 条明确规定：中国法院在审理涉外商事纠纷案件过程中，如发现案件存在不方便管辖的因素，可以根据"不方便法院原则"裁定驳回原告的起诉。"不方便法院原则"的适用应符合下列条件：（1）被告提出适用"不方便法院原则"的请求，或者提出管辖异议而受诉法院认为可以考虑适用"不方便法院原则"；（2）受理案件的中国法院对案件享有管辖权；（3）当事人之间不存在选择中国法院管辖的协议；（4）案件不属于中国法院专属管辖；（5）案件不涉及中国公民、法人或者其他组织的利益；（6）案件争议发生的主要事实不在中国境内且不适用中国法律，中国法院若受理案件在认定事实和适用法律方面存在重大困难；（7）外国法院对案件享有管辖权且审理该案件更加方便。

可见，在中国适用不方便法院原则，理论上和司法解释上均不存在障碍。就本案而言，虽然提单项下货物由中国宁波港出运，根据《中华人民共和国民事诉讼法》第三十条规定，宁波海事法院享有管辖权。但是，被告在答辩期内提出了管辖权异议，原告（收货人）、被告（承运人）均为美国公司，争议所涉提单由被告签发，是否无单放货的争

---

① 宋建立：《从中化国际案看不方便法院原则的最新发展》，载《法学评论》2007 年第 6 期。

议事实发生在美国，美国法院对案件享有管辖权且审理案件更加方便。本案存在的这些不便审理的因素，完全符合上述会议纪要对适用不方便法院原则的规定，故本案适用不方便法院原则，拒绝行使管辖权是适当的。反之，如果本案不能适用不方便法院原则并由宁波海事法院继续审理，可能会带来诸多不便。主要有：一是适用法律困难。本案是否要适用美国法？如果法院决定适用美国法，则查明相关的美国法有困难。二是域外送达司法文书困难。虽然本案诉状是通过原告提供的电子邮件送达，被告也提出了管辖异议，如果开庭传票也通过电子邮件发送，被告不来出庭，送达效力有问题，法院难以就此缺席裁判，如果根据《海牙送达公约》送达，则至少一年时间。三是当事人参加诉讼极不便利。争议事实和原、被告均在美国，且要到中国诉讼，诉讼成本增加，尤其是被告要出庭抗辩非常不便。四是无单放货的争议查明困难。本案原告主张被告无单放货，而被告认为货物还在目的港，是原告没有去提货。因此，本案对无单放货事实的查明是关键所在，但由于该事实发生在美国，双方当事人提交的证据都必须经公证认证，且必须全部翻译成中文，如果有证人也都是在美国，证人出庭不便。五是裁判文书的承认和执行困难。中国与美国还没有就裁判文书的承认和执行达成双边协议，即使宁波海事法院对本案进行审理并作出判决，也难以到美国申请执行。另外，在中国目前人少案多矛盾突出的情形下，中国法院还对此类不涉及中国公民、法人利益，双方均为外国公司的案件行使管辖权，将极大地浪费中国有限的司法资源。

综上所述，本案适用不方便法院原则，驳回原告的起诉，是正确的。

（撰稿人：浙江省高级人民法院　苗青

宁波海事法院　邬先江）

22. 台风免责抗辩的司法审查

——湖南中联国际贸易有限责任公司等诉上海捷喜国际货物运输代理有限公司等海上货物运输合同纠纷案[1]

案件索引：上海海事法院（2012）沪海法商初字第1208号，2014年5月28日判决；上海市高级人民法院（2014）沪高民四（海）终字第119号，2015年11月12日判决。

基本案情

2011年4月，船东莫曼斯科航运股份有限公司（Murmansk Shipping Company，以下简称莫曼斯科）将"尤利"轮以定期租船方式出租给Kings Ocean（以下简称K公司）。此前的2011年4月7日，K公司将"尤利"轮以定期租船方式转租给HANSSY SHIPPING（HK）CO.，LTD.（以下简称香港恒鑫）。该两份定期租船合同为背靠背签订，条款一致。涉案航次时，香港恒鑫将"尤利"轮以航次租船方式出租给上海恒鑫航运有限公司（以下简称上海恒鑫）；上海恒鑫又以航次租船方式出租给上海捷喜国际货物运输代理有限公司（以下简称上海捷喜）。2011年5月23日，上海捷喜与湖南中联国际贸易有限责任公司（以下简称中联国贸）签订《印度履带吊项目年度运输协议》，

---

[1] 该案例分析获全国法院系统2016年度优秀案例分析评选活动二等奖。

约定由上海捷喜承运中联国贸 2011 年度履带吊运输业务。涉案货物由上海捷喜以自己名义向船方交付。

2011 年 7 月 30 日,"尤利"轮到达涉案航次的第二装货港上海港开始装货作业,由上海恒鑫负责涉案货物的装卸、绑扎和系固,至 8 月 3 日 0500UTC(协调世界时)装货完成。涉案五台履带吊被分别装载于 2 号、3 号和 4 号货舱的二层。考虑到台风"梅花"将正面袭击上海地区,8 月 5 日,"尤利"轮前往济州岛方向避台。8 月 6 日至 7 日,"尤利"轮近距离遭遇台风"梅花",根据航海日志记载、船上拍摄的视频、船员证词以及"尤利"轮向船东莫曼斯科实时进行的"四小时报告":8 月 6 日 0400UTC,"船员加上的链条已无法发挥作用","2 号舱盖上货堆可能倒塌,考虑到船员的安全问题,此时不能对该堆货堆进行加固";0800UTC,"2 号舱盖上货物在船舶横摇的作用下发生位移";0900UTC,"甲板船员在大副的指导下系固 2 号舱舱盖上的甲板货物";1600UTC,"甲板船员已完成甲板货物的系固";1620UTC,"2 号货舱舱盖上大部分甲板货物落海,船舶受损";1650UTC,"1 号和 3 号货舱舱盖上甲板货物落海,5 号货舱舱盖上部分甲板货物散落"。2120UTC 连接在甲板上的吊钩在共振横摇中断裂,船吊 2A 的吊臂随船舱一起转向右侧。2400UTC 频繁遭遇暴风,风力计停留在 36 米/秒(12 级近 13 级)的最大刻度上,无法准确测量风力级别。船舶速度不时降至 0 节。8 月 7 日 0400UTC,每 5—10 分钟遭遇一次暴风,船舶横摇幅度达 40°—45°(最高达 50°),船速降至 0 节,"由于激浪,在半个小时内不能摆脱船舷共振摇摆状态"。0425UTC,4 号货舱舱盖上甲板货物几乎全部落海。5 号货舱舱盖上货物完全倒塌跌落。浪高 12 米。风速超过 50 米/秒(15 级近 16 级)。8 月 6 日下午至 8 月 7 日中午,"尤利"轮不时改变主机速度和航向以避免共振横摇。8 月 7 日 0601 时,"尤利"轮船长通过电子邮件告知K公司、上海恒鑫及莫曼斯科，1至4号货舱舱盖上甲板货物落海丢失，5号货舱盖上货物部分损坏，并造成船舶损坏。8月9日，上海恒鑫指示"尤利"轮开往厦门港。"尤利"轮在厦门港停泊期间，部分货物利益方的检验人员登轮进行了现场查勘。8月24日，根据案外人三一重工股份有限公司申请，厦门海事法院扣押了"尤利"轮。根据中联国贸的申请，"尤利"轮于2011年10月31日被继续扣押。因无法取得当地海关的许可，涉案货物未能在厦门港卸货检验。尽管中联国贸表示反对，"尤利"轮仍于2011年11月2日被解除扣押后离开厦门港继续驶往印度。

厦门海事法院于2011年12月22日受理中联国贸诉上海捷喜、上海恒鑫、莫曼斯科海上货物运输合同纠纷一案，并根据上海捷喜的管辖权异议移送上海海事法院审理。2013年12月30日，苏黎世财产保险（中国）有限公司（以下简称苏黎世中国）、中国平安财产保险股份有限公司湖南分公司（以下简称平安湖南）和阳光财产保险股份有限公司湖南省分公司（以下简称阳光湖南）三家保险公司以其已取得代位求偿权为由，申请作为本案共同原告参加诉讼。2014年1月3日，法院依法裁定准许。

中联国贸、苏黎世中国、平安湖南和阳光湖南等四原告诉称：涉案货损是由于货物积载配载、系固绑扎不当，即承运人和实际承运人管货不当所导致，为此诉请上海捷喜、上海恒鑫和莫曼斯科等三被告连带赔偿各项损失共计2300余万元。

上海捷喜、上海恒鑫和莫曼斯科等三被告提出承运人身份认定、损失金额合理性等多项抗辩。其中，关于事发时的天气情况，三被告分别提出"极端天气"、"恶劣海况"、"不可抗力"、"天灾"等抗辩意见。

判决与理由

上海海事法院经审理认为：综合在案证据可以认定，因近距离遭遇台风"梅花"，"尤利"轮当时长时间遭遇了12级以上风力、船舶横摇35°以上的恶劣海况。其恶劣程度已非属正常的海上风险，足以构成中国海商法下"天灾"性质的"海上风险"，由此造成的损失，承运人依法可以享受免责。法院同时认为，在台风已经有明显的转向趋势时，船长决定向东北济州岛方向离港避台是不够谨慎的，在避台决策上有过失，但属于船长在驾驶或者管理船舶中的过失，依法亦可免责。此外，虽然台风"梅花"带来的恶劣海况系涉案货损的最主要的和决定性的原因，但绑扎系固的缺陷使绑扎系统在恶劣海况面前更加容易受到损坏甚至提前崩溃，加重货损程度，因此认定涉案货损是由于绑扎系固的缺陷以及船舶遭遇恶劣海况的共同原因造成的，并酌定造成涉案货损的80%的原因力为恶劣海况，绑扎系固的缺陷占20%。虽然法院认定由上海恒鑫负责的绑扎系固工作存在缺陷，但基于合同相对性原则以及承运人对全程运输负责的法律规定，应当由上海捷喜作为涉案运输的承运人先行向货方承担赔偿责任。最终判定上海捷喜对货损承担20%的赔偿责任，而船东莫曼斯科免责。

宣判后，四原告和上海捷喜提出上诉。上海市高级人民法院审理后判决驳回上诉，维持原判。

评　析

台风是航海中比较常见的严重自然灾害。船载货物遭遇台风受损引发的海上货物运输合同纠纷中,承运人往往会援引《中华人民共和国海商法》(以下简称《海商法》)第五十一条第一款第三项进行抗辩。该项免责事由为"天灾,海上或者其他可航水域的危险或者意外事故"(以下简称"海上风险"免责条款),吸收的是《统一提单的若干法律规则的国际公约》(以下简称《海牙规则》)第四条第二款第三和第四项免责事由,即"(c)海上或其他能航水域的灾难、危险和意外事故"以及"(d)天灾"。

一、各海事司法大国对"海上风险"免责抗辩的态度

放眼各海事司法大国的态度,在认定"海上风险"免责时是否要求"可预见"上形成两派观点:一种是强调海上风险的不可预测性;另一种是不考虑是否"可预见",而是强调具体事实,是否承运人经谨慎处理(即不存在不适航以及管货过失)仍无法避免的事故。[①]

一派是以美国和加拿大为代表的狭义说,对"不可预见性"要求严格。美国判例始终强调海难(海上风险)的"不可预见"(unforeseen)与"不可预防"(could not be guarded),特别是对"不可预见性"的要求十分严格,导致这项免责很难成立。很多著名判例认定冬季横渡大西洋发生货损,10—11级大风也不能算是"不可预见",承运人不能主张"海难"免责。[②]加拿大法院与美国法院对"海难"的判法历来很接近。在1987年的Kruger案[③]中,加拿大联邦法院的法官认为:"该等12级风绝非不寻常,北大西洋的狂风暴雨是

---

① 参见司玉琢:《海商法专论》,中国人民大学出版社2007年版,第143页。
② 参见 Edmond Weil v. American West African Line 147 F.2d.363 (2 Cir. 1945). Tuxpan Lim. Procs. 1991 AMC 2432 at p. 2438 (S. D. N. Y. 1991). Thyssen Inc. v. S/S Eurounity 21 F. 3d 533 (2 Cir. 1994).
③ 参见 Kruger Inc. v. Baltic Shipping Co. [1988]1 F. C. 262 at p. 280。1982年2月,一艘滚装船Mekhanik Tarasov轮在大西洋航行中,遇12级风、18米高巨浪沉没。专家证明该海域过去的十年中出现过三次12级风浪。

出名的,而海员对此种频繁出现的风暴是熟知的。鉴于该风暴在该年预定的越洋航程中是可以预见的及可以防避的事故,驳回承运人海上风险的抗辩。"

另一派是以澳大利亚为代表的广义说,在认定"海难"时不考虑可预见问题。早期的 Gamlen 案就认为"可以合理地预见并加以防范的海洋天气条件可以构成海难"[①]。此后非常著名的是澳大利亚高等法院在 1998 年 10 月 22 日对大中国五金工业公司诉马来西亚国际运输公司案[②]作出的判决。这篇洋洋洒洒的判决回顾了《海牙规则》的历史、普通法下"海难"概念的沿革、《海牙规则》的结构,审视了 Gamlen 案中确立的澳大利亚对"海难"的认定标准,也考虑了英国、加拿大和美国的相关判例,六位法官一致认为,即使是已被合理预见或预报的天气状况也可能构成"海难",并认为在这个意义上,美国和加拿大所采纳的对"海难"较为狭窄的认定标准是错误的。高等法院不赞同将"海难"限定为只适用于完全无法预见或者无法预报的情况,这样将使恪尽职责使船舶适航的义务转变为绝对适航的义务,这将否定《海牙规则》的发展历史,如果货物受损是由于适航的船舶遇到了天气预报中预报的天气情况而发生,虽然货物积载和操作均属妥当,则要求承运人对此承担责任将有悖于这段发展历史。他们认为恶劣天气是否可预见,在判断船舶适航性、管船义务以及合理绑扎等问题时至关重要,但在认定是否构成"海难"时不应考虑,这样更符合《海牙规则》的历史、规则的各种原始文本以

[①] Shipping Corporation of India Ltd v Gamlen Chemical Co (A/Asia) Pty Ltd (1980) 147 CLR 142.

[②] Great China Metal Industries Co Ltd v. Malaysian International Shipping Corp Bhd [1999] 1 Lloyd's Rep. 512; 1999 A. M. C. 427. 因涉案船舶名为"Bunga Seroja",因此在约翰·F. 威尔逊(John F. Wilson)教授的权威教材《海上货物运输》中被称为 The Bunga Seroja 案。

海商纠纷

及该项抗辩在规则整体中的地位。总之，在澳大利亚高等法院看来，是否构成"海难"不受恶劣天气是否可以被合理预见所影响。关键的问题不是海难是否可以被预见或被预防，而是海上事故是否是偶然的、意外的和突然的。如果是的，进一步审查海上事故是否是货损的有效原因。这一标准认为重要的是去判定，承运人是否违反了《海牙规则》第二条和第三条所规定的义务，在限制承运人的免责权时主要考虑承运人是否有疏忽或过失，而并非海难的不可预见性和严重性。

目前中国海事司法实践中的大多数案件采纳了第一种观点。很多案件中承运人同时提出《海商法》中的"海上风险"以及《中华人民共和国合同法》（以下简称《合同法》）中的"不可抗力"两项免责事由，而法院也基本将"海上风险"免责等同于"不可抗力"免责进行审查，认为承运人主张"海上风险"免责抗辩，必须证明遭遇的恶劣天气是不能预见、不能避免并不能克服的。[①]有的案件中，法院明确提出"所谓'天灾'属于不可抗力的范畴，系指不能预见、不能避免并不能克服的自然现象，即使涉案货损事故发生的当时确实存在海上恶劣天气，但阳明公司未能充分举证证明这种海上恶劣天气已经构成中国《海商法》上具有特定含义的'天灾'，即涉案货损事故达到了不能预见、不能避免并不能克服的程度。"[②]此外，由于缺乏相关立法和司法解释以及权威案例作指引，法院在认定是否

[①] 参见上海明桢进出口贸易有限公司诉太平船务（私人）有限公司海上货物运输合同纠纷案、赞莫锐克斯中国有限公司诉中波轮船股份公司海上货物运输合同纠纷案、中国太平洋财产保险股份有限公司上海分公司诉经伟太平洋班轮公司等海上货物运输合同赔偿纠纷案、中国平安财产保险股份有限公司北京分公司诉智利航运国际有限公司海上货物运输合同纠纷案、山东淄博通宇新材料有限公司等诉永兴航运有限公司等海上货物运输合同损害赔偿纠纷案等。

[②] 参见思玛特有限公司诉阳明海运股份有限公司等海上货物运输合同纠纷案。

构成"海上风险"时具有较大的自由裁量权,一定程度上存在举证标准不够明晰和执法标准不够统一的问题。

二、台风免责的司法审查思路初探

本案审理体现了对"海上风险"免责抗辩的司法审查思路。

(一)"海上风险"免责不应混同于"不可抗力"免责

航海活动自产生以来就是带有特殊风险的冒险行业。随着科技和造船工业的发展,海运行业的危险性有所降低,但依然存在高风险。《海商法》作为重要部门法的特殊性和调整对象的独特性就在于海上特殊风险的存在,列明的十一项承运人免责事由正是对海上特殊风险的回应。根据法律适用原则,海事海商纠纷应当依照"特别法优于一般法"以及"用尽海商法原则",对于《海商法》有特别规定的问题,优先适用《海商法》的规定,而承运人免责事项是《海商法》中最为典型的特别规定之一,在此问题上并无普通民法相关规定的适用空间。在缺乏有权解释的情况下,司法实践中若将"海上风险"免责直接等同于"不可抗力"免责似有不妥,形式上"优先适用"了《海商法》,实质上则是适用了《合同法》。《海商法》的立法渊源不同于《合同法》,前者是以立法当时"海运方面的国际公约为基础,吸收体现国际航运惯例的民间规则,借鉴有广泛影响的标准合同"[①],受英国法的影响很深,而《合同法》主要吸收借鉴的是大陆法系国家的立法技术,因此《海商法》与《合同法》下的免责条款是相互独立、自成一体的。在司法实践中混同适用,忽略了《海商法》下免责条款的独立性特征。

此外,在中国司法实践中并无区分"天灾"与"海难"的必要。

[①] 傅旭梅主编:《中华人民共和国海商法诠释》,人民法院出版社1995年版,前言。

对"天灾"和"海难"所作区别基本都出现在国外相关的案例和论文中,"天灾"通常是指无法抵御的直接造成货损的自然现象;"海难"则仅限于海上危险,不包括陆地运输或其他任何方式运输同样可能遭遇的危险。[①]实践中"天灾"或"海难"有时很难区分,有时相互交织,比如台风,严格说来可能构成的是"天灾",台风带来的"台风浪"则属于"海难"范畴,然而货损是风与浪的相互作用造成的。中国司法实践以及学界中鲜有对两者区别深入阐述的。鉴于中国《海商法》将《海牙规则》中的两项免责事由合并为一项,因此确无必要纠结于将某一恶劣海况定性为"天灾"还是"海难"。[②]

(二)"海上风险"的认定不应强调"不可预见性"

在认定"海上风险"时澳大利亚立场值得借鉴,即不应强调"不可预见性"。因台风虽有预报,但不能被准确预见,仍属典型的海上特殊风险,台风应当被预见的程度可能会影响船舶适航性以及管船或管货过失的认定,但不应影响是否构成"海上风险"的认定;船舶适航且船长船员采取的避台措施不存在管货过失的,承运人应可享受"海上风险"免责。

1. 台风可被预见,但并不能被准确预见

以当今的科学技术,虽然可以对台风进行预报,但对台风未来的位置、进路、速度的预报有误差,甚至是较大的误差。航海上接

---

① 比如英国南安普顿大学海商法研究中心荣誉退休教授约翰·F.威尔逊认为,"海难"免责条款涵盖范围比"天灾"更广,它适用于无法通过合理措施给予避免的海上或海上航行特有的风险所导致的任何货损;另一方面,本免责条款仅限于海上危险,而不包括陆地运输或其他任何方式运输同样可能遭遇的危险。因此,不同于"天灾",海难不适用于因下雨、闪电或火灾导致的损害。详见:John F. Wilson: *Carriage of Goods by Sea* (Seventh Edition), Longman Press, 2010, p. 266。

② 如美国的判例对"天灾"和"海难"并未加以明确区分。许俊强:"论承运人海难免责",下载于"中国审判法律应用支持系统"。

收到的台风预报通常用概率误差圆来表示误差。台风还经常出现迷走、打转、转向等动态,使预报误差增大。例如2010年的台风"圆规",最后一刻时移动路径东移百余公里,使上海有惊无险,而此次预报在气象部门看来仍在误差范围之内。可见,台风强度和路径瞬息万变,虽然可以被预见,但并不能被准确预见。更何况船上通常每6小时才接收一次天气预报,信息具有一定滞后性。预报误差和信息滞后足以严重影响船舶避台决策的效果,因此审判实践中不宜在"可预见"问题上对船方过于苛刻。

2. 台风虽有一定规律可循,但避台措施有限

根据长期的台风历史记录资料,台风在各月份平均移动路径、转向点、登陆点和打转地区等有一定规律可循。船长在避台决策上形成的基本共识是,把自己放在最不利的位置上,用增大安全系数的办法,尽可能地避开台风影响圈,这就是一些船长采取的避台措施在一个外行看来似乎是不必要的保守的原因。然而,即便如此,船舶能做的仍然十分有限,比如根据当下接收到的信息修改航线或者选择抛锚避台的地点,提前将船上所有的锁具、绑扎、救生设备进行加强系固,确保所有水密门、出气口关闭,大风浪来袭时,要争取使船舶顶风顶浪,避免共振横摇等。以上避台抗台措施有可能涉及船舶是否适航、是否存在驾驶船舶过失、管船过失或管货过失的问题,从而对承运人责任产生影响,但对海况是否恶劣到构成"天灾"或者"海难"没有影响。有观点认为,台风预报有误差以及台风具有可能会突然转向的特点是航海常识,船长应当知道。但是,这种常识对于避免海上特殊风险并无太大实质意义。商船不可能因为台风预报有一定的误差或者台风有转向的危险而早早地避台不出,因此种做法既不经济,也不现实。港口不允许船舶滞港,台风登陆点附近的港口为保港口设施安全,也往往会选择关闭港口,不接受船舶进港。

3. "不可预见性"问题上的立场实质是司法政策导向的选择问题

如前所述,关于"海上风险"认定中的"不可预见性"问题,国际上有不同认识。究其实质,是个司法政策导向的选择问题。澳大利亚高等法院的 Callinan 法官曾经说过,虽然不应该采用沙文主义,但是必须牢记的是澳大利亚是个出口大国。本国的司法原则将对他国司法下船货利益的平衡产生影响。[①] 中国既是货主国也是船东国家,还是造船大国,我们具有平衡船货各方利益的天然基因。[②] 中国是世界上少数几个受台风影响严重的国家之一,甚至有说法称中国沿海是世界上台风发生率最高的海域,但《海商法》实施后的二十年间,承运人以"海上风险"免责抗辩成功的案件鲜有耳闻,一定程度上说明中国海事司法在这点上对承运人过于严苛。在"不可预见性"问题上,澳大利亚的立场值得借鉴,在认定"天灾"或"海难"时不考虑是否已接收到天气预报;或者对"不能预见"进行限缩性解释,即认为"不能预见"应包括完全的不能预见和不能准确预见。值得一提的是,威尔逊教授的权威教材对此持相同观点,认为"本免责条款的适用并不要求天气条件是极端或不可预见的"。[③]

(三)"海上风险"事实认定中审查标准的类型化

台风是否构成"天灾"或者"海难"归根到底还是个事实认定问题。通过本案审理,总结出要考虑的主要因素有:

---

① 参见 James Allsop: Maritime Law—the Nature and Importance of its International Character, The 2009 William Tetley Lecture at Tulane University, 15 April 2009, 下载于 http://nswca.jc.nsw.gov.au/courtofappeal/Speeches/allsop150409.pdf, 下载时间:2014 年 9 月 22 日。

② 最高人民法院民事审判第四庭庭长罗东川:"直挂云帆济沧海——纪念中国海事法院成立 30 周年",载《人民法院报》2014 年 9 月 2 日。

③ John F. Wilson: *Carriage of Goods by Sea*(Seventh Edition), Longman Press, 2010, p. 266.

1. 风力及持续时间

事发时船舶遭受的风力大小及其持续时间是判断海况恶劣程度的最重要指标之一。最为常见的证据是航海日志和海事声明，虽然是反映当时海况的原始资料，也是初步证据，除非有充分的相反证据，航海日志的记录应当被充分尊重，但需要注意的是，一方面，航海日志和海事声明实际上都是船员的陈述和记载，另一方面，船员陈述或记载的风力是其根据海况凭经验判断的，且感知的是相对风速，即船舶的航行风与自然风的合成方向与风速，很有可能与实际情况存在误差，不宜单独作为定案依据。因此，这两份证据中记载的风力情况可能会比实际略大。手机的普及使船员当场拍摄视频记录实际海况成为可能。如有相关视频资料，可以请有航海实务经验的专家通过观察海面和能见度情况判断实际风力，形成佐证。比如当海面有白沫、影响能见度的，可以判断风力达到了 11 级或以上。

特别需要注意的是，船舶所处的台风风圈级别不能准确证明船舶遭受的风力情况。首先，根据云图特点推算的风圈半径的不确定性很大。其次，受地球自转的影响，台风通常都不是对称的同心圆结构，处于 7 级大风圈右半圆的船舶很可能已位于 10 级大风圈边缘甚至内侧。再次，气象部门发布的台风风圈半径以及对风力的预报级别，采用的是平均风速值标准，而现实中的风总是忽大忽小地变化即阵风。[1] 船位所处海域有实测资料的固然好，这是最强有力的直接证据。但是很多海域是没有实测数据的。为了评估船舶遇到的阵

---

[1] 所谓"阵风"，是指在给定的某一段时间内的风速的平均值，中国的测量标准是 3 秒内的平均风速，因此阵风仍不是最大风速。在中国气象局观测规范中，以正点前 2 分钟至正点内的平均风速作为该正点的风速。与美国、日本采用的标准不同，因此不同国家预报结果有所误差。"阵风因子"是指最大瞬时风速与平均风速的比值。

风风力等级,首先利用海岛站资料确定船舶所处位置的阵风与平均风的阵风因子,然后通过卫星资料反演海面风场确定船舶所处位置的平均风速,在此基础上估算出船舶所处位置的阵风风速。这项工作是需要专业设备和专业人员才能完成的,可委托气象局或者台风研究中心等机构完成。但是通过风场反演只能推算出一天四个固定时间点的平均风速,不能精确到事故发生时。另外据了解,实际风力大于反演结果的可能性很大,可以说反演结果是偏保守的。通常来说,阵风的级数会比平均风速大 40% 左右,即高出 1—2 级,即航海日志中记录的风力等级如大于反演的结果 1—2 级即为正常。因此可以用风场反演结果印证航海日志和海事声明的可信度。关于多大的风力属于灾害性的问题,对此不能一概而论,与船舶大小及其本身的抗风能力(船型、稳性、强度等)有关。对集装箱轮而言,阵风 8 级在海上仍属比较常见的,而阵风 10 级以上时海况确属比较恶劣,可考虑适用"海上风险"免责的可能性。在考虑风力大小的危害性影响时,应当同时关注的附加因素是风力的持续时间。一方面是增强对海况恶劣程度的内心确信;另一方面,如果船舶不能抵御持续时间很短的强风,则可能要影响对其适航性的判断。

2. 浪高及船舶吨位

浪高与风力大小直接相关,是反映海况恶劣程度的另外一个重要指标。在考虑浪高因素的危害性影响时,船舶吨位是应当同时关注的附加因素。根据航海实务经验,6 米以上波高的海浪对航行在海洋上的绝大多数船只已构成威胁,即使是在大洋航行的巨轮,波高 7—8 米的狂浪和波高超过 9 米的狂涛对其而言亦属灾害性海浪。[1]船员

---

[1] 国家海洋环境预报中心(国家海洋预报台):"海浪灾害概述",下载于 http://www.nmefc.gov.cn/nr/cont.aspx?itemid=4&id=1682,下载时间:2014 年 9 月 22 日。

在航海日志中记录的浪高数据，也是根据其经验判断而成，船舶驾驶舱与海面的垂直落差不同，可能会对视觉效果产生影响。有当事人提供过由国家海洋局东海预报中心出具的风力波高分析报告。报告采集事发海域最近的大型浮标的风浪实况数据，再结合附近国家和地区气象部门提供的海浪实况分析图，在考虑台风结构不对称性的基础上，对比船舶在特定时间点与台风中心的距离及两个浮标的位置关系，推算出船舶遭遇的风浪大小，不失为当事人举证或者法院取证的一个路径。

3. 其他参考指标

还有一些指标可以在判断海况恶劣程度时考虑。较为常见的有能见度、横摇角度以及本船及附近他船的受损程度等。但航海日志中的能见度同样是船员凭经验估算的。横摇角度受船舶自身船型设计，载货情况变化导致的重心高度、吃水变化，是否处于共振（谐摇）等影响较大，而且事发时实际的横摇角度是很难用证据加以固定的（钟表式的横倾仪上指示最大横倾角度的红色指针是可以复位的）。而船舶受损情况与船舶老旧程度、设施维护保养情况也有很大关系。这些指标可以帮助法官审查其他证据的证明力，强化法官内心确信，但在证据链条中不宜赋予过高权重。

对于有些案例中考虑的地区和季节因素，比如特定海域特定季节恶劣海况高发的情况，由于本文不赞同将"不可预见性"因素掺杂进"天灾"、"海难"的认定，因此认为这一因素在是否构成"天灾"或"海难"时无需考虑，但对船舶开航前和开航时是否适航以及货物绑扎是否适合该预定航线可预见风险的认定方面有重大影响，对该特定航次船舶的适航性和货物绑扎强度的要求应相应提高。

最后需要注意的是，"海上风险"免责抗辩常与船舶适航性、管货义务及管理和驾驶船舶过失等问题交织在一起。因此在认定海况是否构成"海上风险"之后，还要进一步审查因果关系，审查造成货损的决定性原因是"海上风险"，还是承运人可免责的过失或不可免责的过失。在多种原因共同作用的情况下，按照各原因力的比例判定责任承担问题。比如本案中，法院认定涉案货损是由于绑扎系固的缺陷以及船舶遭遇恶劣海况的共同原因造成的，并根据各自的原因力大小，酌定承运人上海捷喜承担20%的赔偿责任，而船东莫曼斯科可以免责。

（撰稿人：上海海事法院　杨婵）

23. 多式联运下货物在国外陆运区段遭盗抢的责任认定

——义乌市堆正进出口有限公司诉现代商船株式会社海上货物运输合同纠纷案

案件索引：宁波海事法院（2014）甬海法商初字第639号，2015年5月18日判决。

基本案情

2013年，义乌市堆正进出口有限公司（以下简称堆正公司）接到一笔外贸订单向外商提供各类服装共计137 000件，总额为236 640美元，贸易方式为FOB宁波，收款方式为T/T，交货期为2013年9月2日，装船期为9月5日。此后，堆正公司分别向义乌市睿烁针织厂、义乌市优途服饰厂下订单购货，外贸订单与相应的国内订单在品名、数量、规格、颜色等方面一致，国内订单所要求的交货期与外贸订单约定的交货期、装船期能相互呼应。为出运上述货物，堆正公司委托极东国际货运代理（上海）有限公司向现代商船株式会社（Hyundai Merchant Marine CO., LTK，以下简称商船会社）订舱，涉案集装箱于2013年9月5日在宁波港装船运输。原、被告双方均称涉案运输未签发过纸质提单，但双方均确认的提单复印件（提单编号为 HDMUNXMX0763469）显示，涉案提单系记名提单，托运人为堆正公司，承运人为商船会社，船名航次为"WAN HAI 517"第 002E 航次，装货港为中国宁波港，卸货港为墨西哥曼萨尼约（MANZANILLO），交货地为墨西哥城，交货方式为 CY/DR 即堆场到门，四类货物为女用无缝紧身裤、裤子、衬衫、背心共计 274 件，18 696 千克，68 立方，货物品名之下为运输方式"火车加汽车"（RAIL PLUS TRUCK），集装箱号为 SEGU4328933。上述货物于 2013 年 9 月 18 日分两票报关出运，报关单尾号分别为 098 和 115。前者载明经营单位及发货单位均为堆正公司，货物为女士裤子 60 000 条 10 440 千克 65 400 美元，货源地义乌。后者显示经营单位及发货单位均为厦门宇信兴业进出口贸易有限公司，货物分别为女式裤子 50 000 条 5 000 千克 97 500 美元、女式上衣 19 000 件 1 862 千克 47 500 美元、女式上衣 8 000 件 880 千克 21 600 美元，货源地为江西。两份报关单所载船名航次、提单号、成交方式等均一致，即 FOB 贸易，提单号 HDMUNXMX0763469，集装箱号为 SEGU4328933，均载明货主自己拼散货为整箱。堆正公司在诉讼中两次提交厦门宇信兴业进出口贸易有限公司出具的"情况说明"，内称，尾号为 115 的报关单下的货物是厦门宇信兴业进出口贸易有限公司受堆正公司委托报关出口，要求承运人承担损失赔偿责任的权利归堆正公司。极东国际货运代理（上海）有限公司 2014 年 2 月 10 日分别开具给堆正公司、厦门宇信兴业进出口贸易有限公司的代理海运费发票各两份，各发票备注栏有涉案提单号，费用内容均为"代理海运费"，其中开具给堆正公司的尾号为 041 的发票金额为人民币 3 340 元，尾号为 042 的发票金额为人民币 9 694.82 元，备注栏有美元数额及汇率，开具给宇信公司的尾号为 039 的发票金额为人民币 2 798.97 元，尾号为 040 的发票金额为人民币 8 121.54 元，备注栏有美元数额及汇率。货物出运到港后，2013年11月20日19时商船会社方集卡司机马丁·阿吉雷·莫拉雷斯（Martin Aguirre Morales）向当地警方报案称，当日9时20分在阿兹卡波特萨尔科市巴里亚科工业区西146号处，其所驾卡车连同集装箱被持械劫走。关于所称劫案最终是否破获，特别是涉案货物的最终下落及动态，原、被告均未有主张及证明。堆正公司遂以涉案货物在商船会社责任期间内丢失致其客商无法取得货物为由，提起本案诉讼，请求判令商船会社赔偿其货物损失232 000美元、海运费人民币23 955.43元及两款延期支付违约金。

　　商船会社答辩称：1.在FOB交易下，货物的风险在其装船后即转移给买方，涉案提单为记名提单，堆正公司诉称买方曾尝试提货未成功，说明提单早已流转给买方，提单项下的货物权利也已流转给买方，故堆正公司对诉称的货物灭失无诉权；2.报关单尾号为115的一票货物并非堆正公司出口，且堆正公司不能证明其索赔货价的真实性、合理性；3.在FOB交易下，货物越过船舷其风险即转由买方承担，即使货物短少、灭失，买方仍应支付全部货款，而卖方利益不受影响，且堆正公司未提交有关出口贸易的任何证据；4.商船会社确认收到涉案运费2 866.67美元，但在FOB交易下，运费系由买方支付，即使实际由堆正公司支付，其性质也仅为代付，故堆正公司诉请海运费无法律依据；5.涉案货物已运抵目的地，承运人的责任已终止，其后被抢与商船会社无涉；6.即使堆正公司有权索赔，商船会社有权要求适用货物灭失区段的法律，享有相应的责任限制。综上，请求驳回堆正公司的诉请。

判决与理由

　　宁波海事法院经审理认为，本案商船会社为韩国企业，涉案货物系在至交货地墨西哥合众国墨西哥城的陆运途中被盗抢，故本案属涉外案件。本案原、被告分属涉案货物的托运人和承运人，根据《中华人民共和国涉外民事关系法律适用法》第八条的规定，原、被告间依法成立海上货物运输合同关系。涉案运输的启运港为中国宁波港，位于本院辖区，故本院对本案享有管辖权。关于本案的整体法律适用，商船会社主张适用墨西哥合众国法律，但未主张并证明双方已协议选择适用墨西哥合众国法律，也未提供相应外国法文本，且堆正公司系中国企业，涉案运输的始发地是中国宁波港，商船会社系经中国交通运输主管部门核准的国际班轮业务经营人，中国与原、被告间的海上货物运输合同有最密切的联系，故根据《中华人民共和国涉外民事关系法律适用法》第十条、第四十一条的规定，本案应当适用中华人民共和国法律。

　　本案原、被告之间的海上货物运输合同合法有效，双方均应依法履行。堆正公司作为涉案货运的托运人，在运输合同中依法享有货物控制权及相应的合法权益，涉案货物在交付收货人前被盗抢，侵害了堆正公司的货物控制权及相应的合法权益，堆正公司诉请商船会社赔偿货款损失，合法有理，应予支持。商船会社未签发纸质提单，也未主张并证明货物被盗抢前收货人向其提货所提交的据以判断适格收货人的凭据，故商船会社该项旨在抗辩涉案货物权利已转让给买方的辩称，证据与理由均不充分，不予采纳。对于原、被告间相对独立完整的海上货物运输合同而言，商船会社未主张并证明适用于该合同的相关法律有规定，或该合同当事人间明确约定"货物过船舷则托运人对货物即无权益"以及其他类似内容，在托运人依据海上货物运输合同享有货物控制权的运输法律框架下，对于承、托双方权利与义务的调整，商船会社亦未主张并证明有将相关贸易约定或术语引入本案海上货物运输合同解释的衡平需要，故商船会社该项抗辩无事实与法律依据，不予采纳。商船会社据涉案尾号为115的报关单，辩称该单项下的货物非堆正公司所有，堆正公司对此无诉权。经审查，堆正公司对该单项下货物系其所有的表面证据充分，且据前述合同相对独立及自足的阐述，所有权问题并不当然、直接影响托运人在运输合同中的控货权，故商船会社该项辩称亦无事实与法律依据，不予采纳。

双方当事人均确认涉案货物采取"火车加汽车"的多式联运方式，涉案货物系在运抵交货地墨西哥合众国墨西哥城的陆运途中被盗抢，根据中国《海商法》第四十六条、第一百零三条、第一百零四条、第一百零五条的规定，商船会社作为承运人及该多式联运的经营人应当负赔偿责任，但其赔偿责任和限额应适用调整该陆运区段的有关法律规定。对此，商船会社已提交经公证、认证的法律意见书，证明应适用墨西哥合众国1993年12月22日公布的《道路、桥梁和联邦汽车运输法》及相关赔偿标准。堆正公司主张本案不适用有关赔偿责任限制的规定，应以中国相关公路运输法律确定商船会社对陆运区段的赔偿责任，证据与理由均不充分，不予采纳。

综上，对堆正公司诉请合法有理部分予以支持，判决商船会社赔偿堆正公司货物损失1 391.67美元及该款相应利息，驳回堆正公司的其他诉讼请求。

判决后，双方当事人均未提出上诉，一审判决发生法律效力。

评　析

FOB贸易术语是中国外贸出口企业主要采用的外贸方式。在"走出去"战略影响下，中国中小外贸企业纷纷大力开拓新兴经济体国家市场，承受着外方市场诚信、安全秩序以及目的港政策等多重风险。本案通过依法审理，突出了三个裁判导向：一是明确涉外海商合同纠纷下法律关系认定的四个步骤，认定托运人有权起诉承运人；二是明确 FOB 贸易方式下货物所有权流转与托运人行使海上货物运输合同框架下的权利并无排斥关系，除非承运人证明贸易合同有关条款已并入到运输合同，或者收货人已向其主张权利；三是明确多式联运经营人在货物价值未申报时，可以按照中国《海商法》指向的运输区段相应法律享受责任限制。原本价值 232 000 美元的货物，最后只能得到千余美元赔偿，这为广大中小外贸企业敲响了警钟，务必要求承运人签发提单并要求在提单、内陆运单等单证上记载货物价值。

一、依据四个步骤有序确认涉外海商合同纠纷中的原告诉权

在涉外海商合同纠纷中，判定原告有无权利起诉被告，一般可以遵循如下判定顺序：法律关系性质—法院管辖的依据—认定法律关系的准据法—原告诉称法律关系能否确认。

依据中国《涉外民事关系法律适用法》第八条，涉外民事关系的定性，适用法院地法律，即中国法律。具体而言，从原、被告的诉辩意见可知，双方对于存在提单证明的海上货物运输合同关系并无异议，结合《最高人民法院关于海事法院受理案件范围的规定》对海上货物运输合同的界定，可认定涉案纠纷为含有海运区段的国际多式联运的涉外海上货物运输合同纠纷。

关于管辖权，《最高人民法院关于适用〈中华人民共和国海事诉讼特别程序法〉若干问题的解释》第二条规定，涉外海事侵权纠纷案件和海上运输合同纠纷案件的管辖，适用《民事诉讼法》第二十五章的规定。《民事诉讼法》第二百六十五条规定，因合同纠纷

或者其他财产权益纠纷，对在中华人民共和国领域内没有住所的被告提起的诉讼，如果合同在中华人民共和国领域内签订或者履行，或者诉讼标的物在中华人民共和国领域内，或者被告在中华人民共和国领域内有可供扣押的财产，或者被告在中华人民共和国领域内设有代表机构，可以由合同签订地、合同履行地、诉讼标的物所在地、可供扣押财产所在地、侵权行为地或者代表机构住所地人民法院管辖。宁波港为货物运输启运港，为海上货物运输合同履行地之一，属于本院辖区，故本院有权管辖本案。

关于准据法，依据《涉外民事关系法律适用法》第四十一条，双方并未书面协议选择合同适用的法律，适用履行义务最能体现该合同特征的一方当事人经常居所地法律或者其他与该合同有最密切联系的法律。涉案合同的最主要义务是保管货物，义务人商船会社系韩国企业，经常居住地并非合同履行地，将之作为准据法的取得依据与最密切联系原则不符。商船会社虽主张适用墨西哥合众国法律，但未提供相应的法律文本。此时，是否应当借助外国法查明途径，履行查明墨西哥合众国关于涉外海上货物运输合同的职责，不应一概而论，而是首要考虑适用中国法律是否可行以及方便。鉴于海商法的国际性和完备性，本案诉争法律关系、权利义务以及损失认定可以适用中国《海商法》，对于责任判定，因货物灭失发生于墨西哥陆地运输阶段，《海商法》第一百零五条规定，货物的灭失或者损坏发生于多式联运的某一运输区段的，多式联运经营人的赔偿责任和责任限额，适用调整该区段运输方式的有关法律规定。故就责任而言，依据该法律适用指引规则，已明确指向了墨西哥陆地运输有关法律，商船会社仅需就此举证，法律论证成本下降。综上，鉴于堆正公司为中国企业、商船会社系经中国交通运输主管部门核准的国际班轮业务经营人、双方对于中国法律较为熟悉、减轻诉累、审理便利以及不影响最终责任判定等因素，认定中国法律为与本案有最密切联系的法律。

因双方未签订书面的海上货物运输合同，故法律关系的判定应当依据《海商法》第四十一条关于海上货物运输合同的定义、第四十二条关于托运人的定义、第七十一条关于提单作为海上货物运输合同证明以及第一百零二条关于多式联运合同定义等规定。虽然双方确认未签发纸质提单，但均确认提单复印件的真实性，据其记载，堆正公司为涉案四票货物的托运人，商船会社为承运人，四票货物由堆正公司与案外人各委托他人订舱和报关两票货物，两份报关单记载的船名航次、提单号、成交方式与提单复印件一致，且堆正公司已提交了案外人关于受堆正公司委托报关出口的情况说明，可以认定就提单复印件载明的四票货物而言，堆正公司与商船会社存在提单证明的含海运、陆运方式的海上货物运输合同关系，堆正公司作为托运人，有权以货物在承运期间丢失为由要求商船会社承担赔偿责任。

二、FOB贸易方式下货物风险转移，原则上不影响托运人行使海上货物运输合同框架下的权利

堆正公司以FOB方式出口货物到墨西哥，依据FOB贸易方式的一般原理，堆正公司在宁波港船上交货即可，货物过船舷则货物所有权及货物在运输期间的风险、权利均由国外买家承担。但是从合同关系的角度，基于贸易合同的货物所有权转移与基于海上货物运输合同的托运人权利义务，原则上相互独立。堆正公司与商船会社并未签订海上货物运输合同或以其他方式商定货物出运后，堆正公司行使托运人权利的限制条件，也未在提单中记载"货物过船舷则托运人对货物即无权益"（或其他类似内容），故从合同角度，不能得出堆正公司无权行使托运人权利的结论。

从法律规定来看，堆正公司有权要求商船会社承担赔偿责任。《海商法》第一百零三条规定，多式联运经营人对多式联运货物的责任期间，自接收货物时起至交付货物时止；第一百零四条规定，多式联运经营人负责履行或者组织履行多式联运合同，并对全程运输负责。虽然《海商法》第七十一条规定，提单中载明的向记名人交付货物，构成承运人据以交付货物的保证，国外买方有权依据涉案记名提单的记载要求现代商船公司交付货物并承担货物灭失、交付不能的法律责任。但是，国外买方并无义务提起此项诉讼，商船会社也不能证明该项诉讼已经或必然发生。此时，如果要求堆正公司通过涉外买卖合同纠纷向国外买方主张权利、国外买方继而通过多式联运合同纠纷要求商船会社赔偿，看似合理，却并不符合公平和效率原则，将大大增加托运人、收货人等合同权利人的维权成本，不应予以提倡，而是尽量在海上货物运输合同法律框架内妥善解决因承运人责任引发的货损赔偿纠纷。

三、承运人对多式联运的某区段货物损失的责任及限额，依据中国《海商法》指向的陆运区段所在地相应法律认定

根据中国《海商法》第一百零四条规定，多式联运经营人对全程运输负责，其与各区段承运人对相互之间责任的约定，不得影响多式联运经营人对全程运输所承担的责任。商船会社在提单记载中承诺的交货方式为堆场到门，应当就货物在陆上运输至收货人仓库前发生的货物灭失向托运人承担赔偿责任。关于赔偿责任的计算标准与限额，《海商法》第一百零五条规定，货物的灭失或者损坏发生于多式联运的某一运输区段的，多式联运经营人的赔偿责任和责任限额，适用调整该区段运输方式的有关法律规定。该区段运输发生于墨西哥，应当适用墨西哥法律。对此，商船会社向法院提交的经过当地公证和中国使领馆认证的《法律意见书》中指出，应适用墨西哥合众国1993年12月22日公布的《道路、桥梁和联邦汽车运输法》

（最终修订版于 2014 年 6 月 4 日公布）。该法第一条规定"该法律的目的是规范道路和桥梁的建设、运营、开发、保养和维护，这是指下列章节的第一和第五部分。它们构成了主要的连通道路，以及联邦汽车服务的运营，辅助服务和在该道路上的运输"。该法第六部分"责任"第二章（货物汽车运输的责任）中第六十六条第五项规定"提供货物汽车运输服务的许可持有者，作为所运输的货物或产品的丢失和损毁的责任人，责任期间从收货起至交付到收货人，除下列情况：……5.当服务使用者没有申报货物的价值，责任将被限制在每吨墨西哥联邦区现行的 15 天的最低工资，若不足一吨则按比例"。据同份法律意见书及所附相关材料显示，2013 年墨西哥城的日最低工资为 64.76 比索，2013 年 11 月比索的汇率为 1 美元等于 13.05 比索，堆正公司未主张并证明其在货物装运前已申报货物价值并在提单中载明，根据涉案提单所载货物重量为 18 696 千克，商船会社可限制其赔偿责任数额为 1 391.67 美元。

堆正公司要求商船会社在货物损失之外赔偿运费损失，但中国《海商法》第五十五条规定的货物价值为 CIF 价格，按货物装船时的价值加运费加保险费计算，第五十六条规定的承运人赔偿限额则根据货物数量计算，并未将运费和保险费排除在限额之外，故运费应当计入赔偿责任限额，无需另行赔偿。

关于责任限制，虽然堆正公司提交的报关单显示货物价值共 232 000 美元，与外贸订单记载货值相对应，但是货物价值并未在提单复印件和墨西哥内陆运单中显示，不能证明货物价值已申报且承运人、陆运区段承运人已获知，故承运人的责任应被限制在每吨为墨西哥联邦区现行的 15 天最低工资。

（撰稿人：宁波海事法院　张继林　罗孝炳）

24. 强制性规定的类型及其对合同效力的影响

——孔双燕诉舟山市普陀民欣船务代理有限公司、王剑铭光船租赁合同纠纷案

案件索引：宁波海事法院（2016）浙72民初1212号，2017年2月23日判决。

基本案情

2014年5月10日，舟山市普陀民欣船务代理有限公司（以下简称民欣公司）与孔双燕签订船舶租赁协议，约定：租赁物为"航疏8号"吹沙船，租期自2014年5月15日至2015年5月14日；租金每月15万元，于合同生效后的每月3日前支付，首期租金于该船航行至民欣公司指定地点当日支付；孔双燕安排一名船长为民欣公司工作，船长工资由其支付，除船长外的其他工作人员由民欣公司负责；孔双燕保证该船能够航行至指定地点，保证该船能够正常施工，之后如因民欣公司原因及其他任何事由导致该船无法正常施工，与孔双燕无关；协议签订之日，民欣公司支付保证金20万元，孔双燕收到该保证金后五日内必须起航；任何一方违约，违约方需支付违约金10万元给另一方，如民欣公司违约，保证金不予返还等。王剑铭作为民欣公司的担保人在协议书上签名，承诺承担民欣公司

上述全部责任。同日,王剑铭支付孔双燕押金20万元。"航疏8号"船原停泊于福建省宁德市漳湾镇下塘码头,于2014年6月2日前后到达海南省三亚市,孔双燕未向民欣公司、王剑铭交付该船的所有权证书、国籍证书、检验证书等。之后该船由民欣公司、王剑铭共同使用,用于吸沙工程。同年7月,王剑铭支付孔双燕租金10万元。至同年8月,该船仍由民欣公司、王剑铭使用,期间孔双燕安排一人在该船上看管机器设备及船舶,后该船处于停泊状态。因抗台需要,三亚海事局通知孔双燕到该局接受询问。同年9月18日,孔双燕在三亚海事局陈述:"浙安吉货1911"轮的所有人系其丈夫,该轮船舶证书由其丈夫在浙江省安吉县办理,具体情况不清楚,该轮被民欣公司租赁到三亚从事吹沙作业,其雇佣一人代为管理船舶。后孔双燕自行将该轮自搁浅停泊处拖至三亚中心渔港停泊。"浙安吉货1911"轮无船舶所有权证书、国籍证书、船舶检验证书;"航疏8号"船即为"浙安吉货1911"轮。

原告孔双燕向法院提出诉讼请求:1.判令民欣公司于福建省宁德市漳湾镇下塘码头向原告原状返还"航疏8号"吹沙船;2.判令民欣公司支付船舶租赁费170万元;3.判令民欣公司支付违约金10万元;4.判令王剑铭对民欣公司上述义务承担连带保证责任。庭审中,原告以两被告共同租赁"航疏8号"吹沙船为由,请求判令王剑铭对民欣公司上述义务承担共同责任。

被告民欣公司辩称,涉案船舶租赁是虞建辉联系的,租金由王剑铭支付,相关事宜均由王剑铭负责。

被告王剑铭辩称,1.其不仅支付了租赁费10万元,还于2014年5月10日支付了20万元押金,20万元押金原告应予以返还;2.按照船舶租赁协议约定,原告应保证"航疏8号"吹沙船能够航行至作业地点三亚市中心渔港附近,但该船刚开出宁德主机就出了故障,两被告只能将该船拖至三亚；3.两被告租赁"航疏8号"吹沙船的初衷是吸沙能力达到八千至一万立方，与项目业主签订的工程量为30万立方，但因原告船舶主机故障，只生产了十余天，之后一直闲置，吸沙量远未达到项目要求；4."航疏8号"吹沙船不适航且不具有任何证书，涉案船舶租赁协议违反了法律的强制性规定，该协议无效，由此产生的经济损失应由原告自行承担。

判决与理由

宁波海事法院经审理认为：不具有检验证书的船舶，投入运营会严重威胁到船上人员生命及财产安全，极易出现水域环境污染情况，亦会威胁到其他船舶的航行安全，破坏海上交通管理秩序，即会损害社会公共利益。故涉案船舶租赁协议因船舶不具有检验证书，损害了社会公共利益，应根据《合同法》第五十二条第四项的规定，依法认定为无效。

涉案船舶租赁协议无效，孔双燕无权依据该协议向民欣公司、王剑铭主张租金。但民欣公司、王剑铭亦不得无偿使用涉案船舶，故本院酌定民欣公司、王剑铭按协议约定的每月15万元标准赔偿孔双燕损失。根据涉案船舶租赁协议约定，结合孔双燕在三亚海事局的陈述，可得出涉案船舶交付地点为海南省三亚市，该船舶于2014年6月2日前后到达该市，故损失可自该日起算；孔双燕于同年9月18日确定得知该船舶处于搁浅停泊状态，且孔双燕安排人员看管该船舶，可及时获取该船舶相关信息，其亦已恢复对该船舶的占有，故其损失应计至同年9月18日止，赔偿期间按三个半月计算，金额为525 000元。涉案租赁协议无效，孔双燕依据该协议取得的20万元押金本应依法返还,鉴于王剑铭未通过诉的形式要求返还,为减少诉累,该20万元押金可直接用以抵扣民欣公司、王剑铭应履行的赔偿款项。王剑铭支付的租金10万元,也应用以抵扣赔偿款项。故判决:一、民欣公司、王剑铭于本判决生效之日起十日内共同赔偿孔双燕225 000元;二、驳回孔双燕的其余诉讼请求。

宣判后,双方当事人均未提出上诉,一审判决已发生法律效力。

评 析

本案系光船租赁合同纠纷,光船租赁合同是指船舶出租人向承租人提供不配备船员的船舶,在约定的期间内由承租人占有、使用和营运,并向出租人支付租金的合同。本案争议焦点为孔双燕是否有权要求民欣公司、王剑铭支付租金。其主张租金的前提是涉案租赁协议有效,对该问题作出准确判定后,才能正确厘定双方的权利义务关系。

一、涉案租赁协议的效力问题

对此,王剑铭认为,涉案船舶无国籍证书、所有权证书及检验证书,违反了《海上交通安全法》第四条、第五条即法律的强制性规定,故涉案租赁协议无效。

(一)强制性规定的作用及类型

强制性规定在私法领域发挥着对具体强制行为的指引作用,其更重要的作用在于将公法领域的强制规定导入私法领域,有学者谓之"转介条款",并将其功能界定为:在立法者只从垂直的公法关系去考虑,而未对违反规定的各种可能的法律行为——作法益权衡及私法效果上的评价时,概括的指示由法官就个别情形去权衡决定,是否无效或发生其他效果。①

适用强制性规定，首要问题是如何正确识别之。在中国民法学理上，强制性规定是与任意性规定相对的，但这里存在一处法律概念上的不周延。大陆法系中，与任意性规定相对的概念是强行性规定，②而强行性规定又可分为强制性规定和禁止性规定：强制规定者，法律命令为一定行为之规定也……禁止规定者，法律命令不为一定行为之规定也。③强制性规定，既为法律要求当事人作出的一定行为的规定，当事人据此从事市场交易，签订合同并履行，裁判者却根据"违反法律、行政法规的强制性规定无效"宣告该合同无效，岂不荒谬？所以，《合同法》《民法总则》中的"强制性规定"，应作禁止性规定理解为妥。法律、行政法规禁止从事特定交易，当事人罔顾该规定，从事该特定交易，此时法律对该特定交易行为宣告无效，方为合理有据。实际上，只有违反了法律和行政法规的禁止性规范才有可能构成《合同法》第五十二条第五项"违反法律、行政法规强制性规定"。《合同法》中所说的强制性规定就是一般我们所讲的禁止性规范。④

（二）不同类型的强制性规定对合同效力的影响

为确定法律规定对合同效力的影响，学界对强制性规定作出了分类。如我妻荣教授将强行法规与管制法规作出区分：抽象地说，与管制法规以禁止防止一定的行为现实地实施为直接目的相对，强制法规是国家对当事人依一定行为欲达成的私法上效果的实现不给

---

① 苏永钦：《寻找新民法》，北京大学出版社2012年版，第318页。
② 〔日〕我妻荣：《新订民法总则》，于敏译，中国法制出版社2008年版，第239页。
③ 史尚宽：《民法总论》，中国政法大学出版社2000年版，第329页。
④ 王轶：《合同效力认定的若干问题》，载《国家检察官学院学报》2010年第5期。

予助力为直接目的。① 史尚宽先生将效力规定与取缔规定作出区分：前者着重违反行为之法律行为价值，以否认其法律效力为目的；后者着重违反行为之事实行为价值，以禁止其行为为目的。② 《合同法解释（二）》采纳了史尚宽先生的观点，将"强制性规定"限缩为"效力性强制性规定"，默认了效力性强制性规定与管理性强制性规定的分类。

《民法总则》未延续《合同法解释（二）》的作法，而是吸收了德国民法典及中国台湾地区民事法律规范的合理精神，作了但书规定，即"违反法律、行政法规的强制性规定的民事法律行为无效，但是该强制性规定不导致该民事法律行为无效的除外"。此但书规定，意义有二：一是法律本身明文规定该强制性规定产生其他效力的，从其规定，如《建设施工合同解释》第二条。二是强制性法律规定未对效力作出规定的，应自该强制性规定的目的进行分析，即：若无法依其字面意思推知法律效果，则应依该规定之立法意旨及目的决定之。③ 法律对社会关系进行调整，必有其目的或意义：如该强制性规定旨在惩罚违反者的违法行为，而非否认合同本身的效力，如《合同法》第二百九十七条，则违反此类规定的不影响合同效力；如该强制性规定有其特定的价值基础，系为保护特定的公共利益，对违反该规定的合同法律不会给予助力，拒绝承认此类合同，如《合同法》第二百七十二条第三款，则此类合同即便在当事人间达成了一致，也因不能获得法律的承认而不生效力。

---

① 〔日〕我妻荣：《新订民法总则》，第 239 页。
② 史尚宽：《民法总论》，第 330 页。
③ 台湾大学法律学院、台大法学基金会编译：《德国民法典》，北京大学出版社 2016 年版，第 117 页。

（三）违反强制性规定无效与违背公序良俗无效的适用关系

1.公序良俗的内涵。公序良俗，即公共秩序与善良风俗的简称，为弹性概念，其内涵随社会发展而不断变化，不同时代价值理念、风俗习惯的不同决定了其始终处于变迁之中，但这正是公序良俗作为授权性规范的生命力所在。需说明的是，据此判断合同无效的，并非具体的法律规定，而是表现为公共秩序的法律所遵循的价值体系，以及客观化为伦理秩序的民众所奉行的善良风俗。自罗马法以来，所有的法制均认违反公序良俗的行为无效，但起初仅是以公序良俗限制意思自由，现已认公序良俗为支配整个法律体系的基本理念。"第九十条（日本民法典关于公序良俗的规定）并不是规定了对个人意思自治的例外限制，而可以考虑为不过是偶尔显示出的支配整个法律体系的理念的片鳞。"[1]

中国虽然没有采用公序良俗或者公共秩序的提法，但是中国《民法通则》第五十八条第五项确立了社会公共利益的原则……损害社会公共利益的合同实质上是违反了社会主义的公共道德，破坏了社会经济秩序和生活秩序。[2]中国民法学界通说认为，《合同法》第五十二条中的"社会公共利益"与《民法总则》第一百五十三条中的"公序良俗"本质上是一致的。

公序良俗内涵难以确定，但法律适用应客观化。法官不能以自己的个人价值判断为基础来确定何种行为违背善良风俗，而是应该依据当下人们所具有的价值观念来做出判断。[3]为此不少大家学者考

---

[1]〔日〕我妻荣：《新订民法总则》，第254页。
[2] 胡康生主编：《中华人民共和国合同法释义》，法律出版社1999年版，第92页。
[3]〔德〕维尔纳·弗卢梅：《法律行为论》，迟颖译，法律出版社2013年版，第431页。

察了大量的判例，整理了违背公序良俗行为的具体类型，实值参考。梁慧星研究员将其分为十种；① 王泽鉴教授将其分为六种；② 我妻荣教授将其分为七种；③ 拉伦茨教授将其分为八种。④

2. 两种无效的适用关系。如韩世远教授所言：因立法当时不可能预见一切损害国家利益、社会利益和道德秩序的行为而作出详尽的禁止性规定，故设立公序良俗原则，以弥补禁止性规定之不足。⑤ 自逻辑角度讲，两者系特殊与一般的关系，法律、行政法规的强制性规定以维护公共利益为目的，立法者认为某一特定类型的公共利益成熟固定时，即通过强制性规定予以固定，并规定不得违反，尚处于发展阶段以及难以通过立法作定型化处理的公共利益，则交予公序良俗原则维护。从《民法总则》第一百五十三条一并规定两者，以及将前者作为第一款、将后者作为第二款的安排上，也可窥知一二。故在适用上，应先适用前者，无强制性规定时，方可适用后者。倘若把这两项规定作为同等地位看待，会导致规范上的矛盾或者特别法在客观上被搁置的结果，违反法律体系上的逻辑性。⑥ 另外，自公序良俗判断标准客观化角度讲，可将强制性规定理解为适用公序良俗的前置条件，无强制性规定或自此类规定无法作出判断时，才可求助于公序良俗，以合理限制裁判者。

分析《海上交通安全法》第四条、第五条法律规范构成后可发现，

---

① 参见梁慧星：《民法总论》（第五版），法律出版社2017年版，第208—210页。
② 参见王泽鉴：《民法总则》，中国政法大学出版社2001年版，第293—296页。
③ 参见〔日〕我妻荣：《新订民法总则》，第255—265页。
④ 参见〔德〕卡尔·拉伦茨：《德国民法通论（下册）》，王晓晔等译，法律出版社2003年版，第604—616页。
⑤ 韩世远：《合同法总论》（第二版），法律出版社2008年版，第36页。
⑥ 耿林："强制性规范与合同效力"，清华大学2006年博士学位论文，第79—82页，转引自崔建远主编：《合同法》（第五版），法律出版社2010年版，第104页。

该两条规定并非为控制法律行为而设,其规范结构中不含效力评价因素,侧重的是对事实构成行为的控制,应属强制性规定。根据上述两条规定,船舶必须具有检验证书、国籍证书、所有权证书。但《海上交通安全法》及相关法律、行政法规并未规定,以未取得上述证书的船舶为租赁物的光船租赁合同无效,仅是该法第四十四条规定对违反者可处以警告、罚款。也就是说,违反该两条规定的,可对船舶所有人进行行政处罚,并不能据此直接否定光船租赁合同的效力。故本案不能以孔双燕违反《海上交通安全法》第四条、第五条规定未取得船舶证书为由,径行适用《合同法》第五十二条第五项,得出涉案光船租赁合同无效的结论。

船舶不同于一般动产,法律规定船舶须具有国籍证书、所有权证书,更多的是出于行政管理的需要。法律、行政法规规定船舶必须具有检验证书并要求定期检验,理由则在于船舶作为重要的水上交通运输工具及作业工具,必须通过法定检验这一方法,来保障船舶及人命财产的安全,防止水域环境污染,维护海上交通管理秩序。此结论可自《海上交通安全法》第一条及《船舶及海上设施检验条例》第一条各自规定的立法目的中得出。本案中,涉案船舶不具有检验证书,依法不得下水航行,投入运营会严重威胁到船上人员生命及财产安全,极易出现水域环境污染情况,亦会威胁到其他船舶的航行安全,破坏海上交通管理秩序。故可将涉案光船租赁协议归入损害社会公共利益(公序良俗)之列,依照《合同法》第五十二条第四项(《民法总则》生效后亦可适用该法第一百五十三条第二款)的规定,认定为无效。

二、孔双燕可主张的款项金额

这里主要涉及恶意抗辩、不当得利返还两个问题。当事人明知合同条件以及缔约时的情事,甚至清楚地知晓将要签订的合同存在着无效的原因,而依然缔约。其后,在合同的存续甚至履行阶段,他发现

海商纠纷

合同有效于己不利，便请求法院或仲裁机构确认合同无效，构成恶意之抗辩。[①] 本案中，孔双燕未随船交付相关船舶证书，民欣公司、王剑铭庭审中亦陈述因孔双燕未交付证书，涉案船舶作业中曾多次被海事部门查获并处罚，但民欣公司、王剑铭仍继续使用涉案船舶，该行为足以表明其明知涉案船舶不具有相关证书。双方纠纷成讼后，王剑铭却抗辩涉案船舶无证书因而涉案租赁协议无效，由此产生的损失应由孔双燕自行承担，该抗辩意见显然与诚实信用原则不符，构成恶意抗辩。

合同无效，是法律对各方的合意予以彻底否定的评价，当事人合意的内容不得产生效力，但这并不意味着当事人无须承担任何法律效果。这种行为作为一种"曾经进行过的行为"，作为事件是存在的；只是这种行为的法律后果，即这种行为得出的法律上的结果，是不被承认的。[②] 即便涉案租赁协议无效，民欣公司、王剑铭也不得无偿使用涉案船舶，否则即意味着其可自恶意行为中获益而无需支付任何对价，此与公平原则殊为不符。根据《合同法》第五十八条的规定，民欣公司、王剑铭应向孔双燕返还涉案船舶，但孔双燕起诉之前已自行恢复对该船的占有，故不应再判决民欣公司、王剑铭返还船舶。涉案租赁协议履行过程中，孔双燕提供的船舶不具有相关证书，违反了《海商法》第一百四十六条的规定，具有重大过错；民欣公司、王剑铭明知该情况却仍使用了涉案船舶，却拒不支付租金，过错亦较为明显。综合考虑双方过错程度，根据公平原则与诚实信用原则，本院酌定民欣公司、王剑铭按照约定租金标准，对应其实际占有、使用涉案船舶的期限，赔偿孔双燕相应损失。

（撰稿人：宁波海事法院　杨世民）

[①] 崔建远主编：《合同法》，第102页。
[②] 〔德〕卡尔·拉伦茨：《德国民法通论（下册）》，第629页。

25. 船舶建造合同法律属性及合同履行期限的判断

——上海兆新船务有限公司诉乐清市江海船舶制造有限公司船舶建造合同纠纷案

案件索引：宁波海事法院（2005）甬海法商初字第589号，2006年2月8日判决；浙江省高级人民法院（2006）浙民三终字第98号，2006年4月17日裁定。

基本案情

2004年6月10日，上海兆新船务有限公司（以下简称兆新公司）与乐清市江海船舶制造有限公司（以下简称江海公司）签订一份《新造5000吨级多用途货轮合同书》（以下简称《合同书》），约定由江海公司将已开始建造直至完全竣工的符合规范要求的5000吨级多用途货轮售给兆新公司，总价1 425万元。《合同书》第四条约定的付款方式为：第一期合同签订后于2004年8月11日付定金200万元，第二期船壳建造完毕即2004年8月20日付400万元，第三期主副机全部上船安装完毕即2004年8月30日前付425万元，第四期船舶经试航合格办完船检手续，船舶交接时即2004年11月15日前一次性付清余款400万元。《合同书》第八条约定：交船时间2004年

11月15日，交船地点乐清黄华港，兆新公司违约付款，赔偿利息损失（月利率1%），江海公司交船期限不可超期15天，超期15天以上每超1天，从合同价款中削减2万元，超期30天以上，每超1天，削减3万元，超期60天以上，兆新公司有权单方解除合同，并由江海公司赔偿直接和间接损失。《合同书》还约定未尽事宜，以补充协议条款商定，合同附件清单、补充协议条款与合同具有同等效力。考虑到江海公司尚未取得营业执照，双方将合同签订日署为2004年8月10日。2004年6月12日，江海公司法定代表人赵建强出具书面意见，将付款方式部分变更为：第二期付300万元；第三期付325万元，船下水后付200万元；第四期付400万元。合同签订后，兆新公司分别于2004年6月13日、7月22日前和8月30日前支付第一期200万元、第二期300万元和第三期325万元。2004年11月21日，江海公司向广州柴油机厂订购的主机进场安装，船舶嗣后下水。2005年1月7日，江海公司传真通知兆新公司：船舶下水时应付200万元，但你司至今未付，要求在2005年1月11日前支付150万元作为船舶下水时的应付款，余款50万元在下次付款中补足；如至2005年1月11日下午3时前款未到，我司有权处理船舶。同日，兆新公司传真回复称：我司确应在船舶下水后付款200万元，但部分股东资金困难，经过努力已落实，定于2005年1月11日付款100万元，并询问何时可交船。次日，兆新公司再次传真江海公司称：你司实际违约在先，按约2004年8月30日付款时，主机应全部上船安装妥，而实际上主机2004年11月21日才进场，考虑你司资金情况和双方友情，我司仍在8月30日付款，提前了3个月。兆新公司随后于2005年1月12日和13日共付款100万元。2005年1月19日，郭荣根（兆新公司驻建造现场代表）通知兆新公司，称：接江海公司通知，"新源3"轮2005年1月23日正式试航，1月31日可全部完工,并办妥一切证书手续交船,到时需支付造船余款 500 万元。同日,兆新公司传真江海公司,称只要"新源 3"轮符合交接条件,交船时保证及时付款。次日,兆新公司又传真江海公司,称不可能在 2005 年 1 月底前付出 500 万元,要求与江海公司协商并由江海公司从三种方案中选择处理船舶。江海公司同意按第三种方案卖船处理,要求兆新公司向其传真转让"新源 3"轮的委托书。兆新公司表示不同意委托江海公司卖船,称交船时不能付款,自会找买主来购船付款。2005 年 1 月 21 日,兆新公司支付 175 万元。2005 年 1 月 24 日,兆新公司将营业执照、水路运输许可证和船名核准表传真给江海公司,并承诺将于 2005 年 1 月 28 日之前支付 150 万元,接船时付清余款。2005 年 2 月 2 日,温州船检处签发"新源 3"轮检验证书簿。2005 年 3 月 1 日,兆新公司再次传真江海公司,称船款已准备好,将于 3 月 4 日付款取证书,如届时再付不出款,同意由江海公司卖船。

2005 年 3 月 24 日,兆新公司付清余款。后经协商,兆新公司于 2005 年 4 月 8 日另行支付江海公司 30 万元,双方于 2005 年 4 月 12 日签订如下《补充协议》:"由于甲方(兆新公司)延误新源 3 轮船款付款期限,致使该轮交船日期延误,所造成的损失由甲方承担,为补偿乙方(江海公司)损失,甲方愿意赔偿损失叁拾万元整人民币。"同日,双方签订《船舶交接协议书》,确认船款已清,船舶在黄华港交接,原合同执行完毕。

原告兆新公司向宁波海事法院起诉,请求判令:1.撤销《补充协议》,江海公司返还 30 万元;2.江海公司按船舶售价的 20% 支付违约金 285 万元。

被告江海公司辩称:1.《补充协议》合法有效,不能撤销;2.江海公司未违约,即使有违约,也已经兆新公司认可或双方变更合同,不应承担违约金;3.《合同书》关于主机于 2004 年 8 月 30 日上船安装，系对付款方式的约定，而非对主机上船安装时间的约定，江海公司延期交船的原因系兆新公司迟延付款，而非主机迟延装船，江海公司有权行使后履行抗辩权；4. 兆新公司主张的违约金计算方式错误。

判决与理由

宁波海事法院经审理认为：本案系船舶建造合同纠纷，应适用《合同法》总则和分则第十五章承揽合同的规定。关于合同履行及违约责任，至合同约定的交船期，主、副机尚未上船安装，但主、副机何时上船安装，至多成为江海公司迟延交船的原因之一，本身不构成违约。兆新公司关于江海公司延迟安装主、副机构成违约的主张，不予采纳。江海公司关于因兆新公司要求增加工程量致船舶迟延交付的主张，缺乏证据支持，也不予采纳。约定交船期届至后，船舶尚未下水，兆新公司不支付下水当期船款 200 万元，符合《合同书》第四条和赵建强的书面付款意见。船舶下水后，因兆新公司无力付款，双方反复协商合同价款支付及船舶处理事宜。兆新公司于 2005 年 1 月 19 日给江海公司的传真，要求江海公司选择船舶处理方式，构成其变更船舶交付和清偿合同余款的要约，而江海公司回复同意卖船，则为承诺，双方达成新的约定；兆新公司 2005 年 3 月 1 日的传真，称 2005 年 3 月 4 日如仍付不出款，则同意江海公司卖船，同样是对双方协商卖船的再次确认，只不过以"2005 年 3 月 4 日仍不能付款"为条件。在合同价款迟延付清后，双方又协商由兆新公司另行向江海公司支付 30 万元损失，签订《补充协议》并交付船舶。综合上述协商过程，应当认定，双方已以来往传真和实际行为，变更了兆新公司付款和江海公司交船的方式及期限。这说明，至2005年3月24日兆新公司付清船款前，江海公司不交船，乃至将船卖掉，并不违背双方的意思表示。即使江海公司现实上能于2004年11月15日交船，而兆新公司此时尚不能付款，江海公司仍可行使留置权不交船。由此可见，至2005年3月24日船舶未能交付所生损失，与江海公司未按约于2004年11月15日前交船之间不存在必然因果关系。因此，兆新公司无权主张江海公司不交船所造成的迟延履行损失。江海公司未依约交船，如果兆新公司认为构成迟延交付，也应根据《合同书》第八条，在支付合同尾款时，积极行使预先约定的抵销权。而兆新公司于2005年3月24日支付了全部船款，并未主张抵销权，这同样是对江海公司推迟交船的确认。因此，自《合同书》约定的2004年11月15日交船至2005年3月24日兆新公司付清船款期间，无论江海公司是否迟延履行，兆新公司均不得再主张迟延履行违约金。兆新公司迟延付款造成江海公司损失的，江海公司自可向兆新公司索赔，但不解除其交船的义务。兆新公司付清船款后，江海公司仍不交船，构成违约，且不得援用15天宽限期，违约期间的损失可依《合同书》第八条的约定计算，为42万元。兆新公司关于《补充协议》显失公平、江海公司存在欺诈和胁迫，进而要求撤销《补充协议》的主张，证据和理由均不足，不予支持。依照《中华人民共和国合同法》第七十七条第一款、第一百零七条、第一百一十三条第一款、第二百六十一条，《中华人民共和国民事诉讼法》第六十四条第一款之规定，判决：一、被告江海公司于判决生效后十日内支付原告兆新公司违约金42万元；二、驳回原告兆新公司的其他诉讼请求。

江海公司不服一审判决，向浙江省高级人民法院提起上诉，后因未交上诉费，二审按撤回上诉处理。

评 析

本案是典型的船舶建造合同纠纷，涉及船舶建造合同法律属性、合同履行和违约责任的判断等常见问题，因当事人一再通过约定和行为对合同内容进行变更，使案件显得更为复杂，下面结合案情就相关问题进行评析。

一、船舶建造合同的法律属性

涉案合同的法律属性并非双方当事人的争议焦点，故一审法院未进行着重分析，而涉案《合同书》和《补充协议》文字上虽表述为"买卖"，但江海公司的给付义务系按照兆新公司要求建造并交付船舶，故法院确定本案为船舶建造合同纠纷，其合同性质属于承揽合同，应适用《合同法》总则及该法第十五章"承揽合同"的规定。由于该问题涉及当事人基本权利义务和法律适用，是船舶建造合同纠纷中最具代表性的问题之一，在此有必要作进一步的探讨。

由于船舶建造合同呈现出买卖和承揽的混合特征，关于船舶建造合同的法律属性，并无定论，有以下三种划分标准：

1. 按材料提供确定。以船舶建造材料的提供为标准，如果主要的建造材料由定作人提供，则为承揽；反之，由建造人提供，则为买卖。

2. 按当事人意思自治确定。以当事人意思表示为标准，当事人以完成工作为合同目的，则为承揽；如以标的物所有权转移为目的，则为买卖[1]。

3. 混合合同。合同性质为承揽和买卖的混合。如在英国，船舶

---

[1] 郭洁：《承揽合同若干法律问题研究》，载《政法论坛》2000年第6期。

建造合同被明确地定性为货物买卖合同,适用《1979年货物买卖法》。但是,在处理具体争议时,基于船舶建造合同所具有的承揽合同的特点,也适用有关承揽合同的理论来解决争议[①]。

撇开定性上的争议,中国造船实践中,根据签约时船舶的建造程度,可以分为三种情形:一是商品船,合同签订时船舶已建造完工,船舶技术规格由建造方自己确定,建造物料也由建造方提供;二是订单船,合同签订后,再开工建造,船舶技术规格由船方确定;三是半成品船,合同签订时,船舶已开工建造但尚未完工,船舶技术规格由建造方确定,或原系建造方确定,后根据船方要求进行更改。一般来说,第一种情形将船舶建造合同定性为买卖合同,争议不大。后两种情形,尤其是由建造方提供材料和设备时,合同性质争议较大。

本案属于上述第三种情形,即半成品船。笔者认为,涉案船舶建造合同更符合承揽合同的特征,其理由:一是从订约时船舶建造程度来看,兆新公司与江海公司签订《合同书》时,涉案船舶虽已开始建造,但仅完成船体骨架,船壳尚未建造完毕,主、副机也未安装上船,自签约日至约定交船日,双方将建造周期约定为5个月左右,也说明签约时船舶主体尚未建造完毕,因此,江海公司的主给付义务系完成工作成果,而非转移船舶所有权;二是从兆新公司参与船舶建造来看,船舶建造过程中,兆新公司派监造代表入驻建造现场,对建造中使用的材料、设备与设计是否相符,是否存在施工质量问题等进行监督,并有权要求江海公司及时纠正;三是从技术规格决定来看,江海公司必须按照兆新公司确定的技术规格施工,不能随意变更船舶设计,如要变更,须经兆新公司认可;四是从材

[①] 单红军、于诗卉:《非单一性:船舶建造合同法律属性之特征》,载《中国海商法年刊》2010年第21卷第4期。

料设备选购来看，船舶建造所需的材料设备虽由江海公司采购，但需经兆新公司确认，并符合设计要求。综上，尽管涉案《合同书》和《补充协议》文字上表述为"船舶买卖"、"出售"等，但合同的基本权利义务符合承揽合同的特征，故应定性为承揽合同。

二、被告履行付款义务所附的条件

兆新公司与江海公司对《合同书》第四条第一、二期船款的履行无异议，却对第三、四期船款的履行发生了争议。结合《合同书》和书面付款意见，第三期船款约定的内容为"主副机全部上船安装完毕即2004年8月30前付325万，下水后付200万"；第四期船款约定的内容为"船舶经船检部门检验试航合格办完船检手续，船舶交接时即2004年11月15日前一次性付清余款400万"。由于上述约定表述模糊，其内容仅仅是对兆新公司的付款期限做了约定，还是同时对江海公司给付工作成果的期限也作了约定，存有歧义。即，根据第三期关于"主副机全部上船安装完毕即2004年8月30日前付325万元"的约定，如果江海公司未在2004年8月30日前将主副机全部上船安装完毕，兆新公司能否主张江海公司迟延安装构成违约？而兆新公司到底应在2004年8月30日前履行该期付款义务，还是应在主副机全部上船安装完毕后履行该期付款义务？会有不同的认识和结论。

（一）关于该条款是否同时约定了江海公司给付工作成果期限的问题。可结合合同上下条款的内容进行整体解释。《合同书》第四条标题为"付款方式"，其规范的客体应为兆新公司的付款义务，而非江海公司给付工作成果的义务，江海公司给付工作成果的义务由第五条"交船时间、地点及交接证件"进行规范。因此，第四条每笔付款日期前所附加的文字内容，如第三期"主、副机全部上船安装完毕"，第四期"船舶经船检部门检验试航合格办完船检手续，船舶交接时",应解释为对兆新公司付款义务所附的条件,而不能解释为江海公司完成相应工作成果的期限。进一步而言,从履行顺序上来看,江海公司负有在兆新公司支付各期款项之前完成相应工作成果的先履行义务,而非在各约定日期前完成相应工作成果的先履行义务,在各约定日期到来后,江海公司未完成相应工作成果的,兆新公司可以行使后履行抗辩权,拒绝江海公司的付款请求,但不能主张江海公司违约。据此,江海公司未在2004年8月30日前将主、副机上船安装完毕,迟延安装本身并不构成违约,至多成为江海公司迟延交船的原因之一,故兆新公司关于江海公司延迟安装主、副机构成违约的主张不应得到支持,但2004年8月30日后至主、副机上船安装完毕之前,对于江海公司相应的付款请求,兆新公司可以行使后履行抗辩权予以拒绝。

(二)关于兆新公司具体付款时间的问题。可通过附条件的合同条款进行解释。由于《合同书》第四条规范的是兆新公司的付款期限,而该条每笔付款日期与前面所附加的事项发生的时间不一定相同,比如第三期中"主副机全部上船安装完毕"的时间不一定在2004年8月30前,此时如何确定兆新公司的付款时间?可将《合同书》第四条解释为:第四条中每笔付款日期应为兆新公司的履行期限,而每笔付款日期前所附加的事项应理解为对兆新公司履行付款义务所附的条件,而非期限,理由是期限是必然会发生或确定会到来的,而条件是有可能会发生的。而本案兆新公司与江海公司订约时,"主、副机全部上船安装完毕"、"船舶经船检部门检验试航合格办完船检手续,船舶交接"并不必然会发生,而是有可能会发生,因此,可以作为兆新公司履行付款义务的条件。此外,履行合同义务所附的条件与《合同法》第四十五条规定的合同附生效条件不同。合同所附的生效条件规范的是整个合同效力的发生,指向的是合同义务存在与否的问题，而履行合同义务附条件，是在合同整体已生效的前提下，确定具体合同条款义务是否履行的问题。本案不涉及合同是否生效的问题，兆新公司的付款义务已确定存在，仅涉及其每笔款项何时支付问题。实践中之所以既约定了履行某项义务的期限，又约定了履行某项义务的条件，是因为约定履行期限的目的是一方当事人促使对方当事人履行合同义务，而对方当事人又想借此促使提出要求的一方当事人及时履行自己的合同义务，因而形成了这种附条件的合同条款。如本案中，江海公司在订立合同时希望兆新公司尽早支付造船款，但兆新公司也希望江海公司尽快完成造船任务，因而订立了以江海公司完成某项工作为条件的造船款支付条款，以制约江海公司的造船行为。这样的合同条款，体现了公平、对等原则，有其合理性。

根据上述解释，《合同书》第四条有关付款期限应理解为：第三期于 2004 年 8 月 30 日前或者主、副机全部上船安装完毕之日付 325 万元，以时间在后者为准；于船舶下水时付 200 万元；第四期于 2004 年 11 月 15 日前或者船舶经船检部门检验试航合格办完船检手续、船舶交接之日付 400 万元，也以时间在后者为准。

三、抵销性违约金的行使

本案《合同书》第八条为"违约责任"，该条关于"交船期限不可超期 15 天，超期 15 天以上每超期一天，从本船合同价格中削减 2 万元，超期 30 天以上，每超期一天，从合同价格中削减 3 万元"的约定，有别于一般违约金的约定，较为少见。那么，该约定又有什么特别之处呢？

笔者认为，该条约定具有双重性质。一方面，该条属于迟延交船违约金条款，如果江海公司迟延交船，则应根据不同的迟延期限支付不同的违约金；另一方面，该条属于附条件抵销预约，一旦江海公司迟延交船，兆新公司可以用其享有的违约金债权来等额抵销其对江海公司所负的船舶建造合同价款，此时违约金债权属于主动债权，合同价款属于被动债权。主张这种违约金债权，必须通过扣除相应的船舶建造合同价款来行使。从行使方式来看，由于抵销权的性质属于形成权，是一种单方法律行为，根据《合同法》第九十九条第二款的规定，抵销权的行使应当通知对方，通知自到达对方时生效，因此抵销性违约金债权的行使需采用通知的方式；从行使时间来看，抵销权的行使要件为双方互负债权，且均已到期，因此，抵销性违约金债权的行使时间为被动债权到期后未消灭之前，如果被动债权通过其他履行方式已经消灭，便不得再主张抵销性违约金。本案中，即使2004年11月15日约定的交船期到来后，至2005年3月24日兆新公司付清船款前，如果江海公司构成迟延交船，由于之前兆新公司未积极按照约定的抵销船款的方式来主张迟延交船违约金，而是向江海公司支付了全部船款，作为被动债权的船款已通过清偿的方式消灭，此后，兆新公司关于迟延交船违约金的主张就不应得到支持。

（撰稿人：宁波海事法院　肖琳）

26. 主张合同缔约过失责任不能排除仲裁条款适用

——恒顺船务有限公司诉上海浦东发展银行股份有限公司保证合同纠纷案[1]

案件索引：上海海事法院（2015）沪海法商初字第1755号，2015年10月27日裁定；上海市高级人民法院（2015）沪高民四（海）终字第150号，2016年1月22日裁定。

基本案情

2006年12月6日，中国-坦桑尼亚联合海运公司（以下简称中坦公司）与南通惠港造船有限公司（以下简称惠港公司）签订了一份造船合同。合同约定，中坦公司在船舶建造中按时间节点向惠港公司分期支付造船款，而惠港公司向被告上海浦东发展银行股份有限公司申请开立退款保函，由被告向中坦公司提供退款担保，即根据合同条款终止造船合同时，如惠港公司在一定期限内未向中坦公司偿还造船款，则由被告承担担保还款责任。此后，中坦公司以更新协议的形式将造船合同转让给原告恒顺船务有限公司。被告于

---

[1] 该案例分析获全国法院系统2017年度优秀案例分析评选活动二等奖。

2008年9月11日出具了退款保函，随后于2010年3月16日进行了修改。根据保函记载，如果卖方未能在收到买方书面还款请求后15个工作日还款，被告不可撤销地、绝对地及无条件地作为主债务人而非仅作为保证人支付卖方应支付的金额；保函自惠港公司收到第一期分期付款之日起生效；任何保函引起的或与保函有关的争议应根据伦敦海事仲裁员协会的规则与规定在伦敦进行仲裁。原告依合同于2009年11月30日向惠港公司支付了第一期款项1039万美元，于2010年4月22日支付了第二期款项383.7万美元。因惠港公司未按合同约定在原交船日2011年6月30日后的180日内交付船舶，构成延迟交付，原告于2012年1月10日发出取消通知，要求惠港公司退还原告支付的所有款项及利息，但惠港公司并未退还。同年2月17日，原告向被告发出退款请求，被告未支付任何款项。

2012年3月16日，原告向被告发出仲裁申请书，表示已根据退款保函第十条向伦敦海事仲裁员协会提起仲裁。原告认为其已根据退款保函条款提出了退款要求，而被告作为退款保证人未能根据退款保函条款向买方支付应偿付的分期付款及产生的利息，构成违约，故要求裁决被告偿还债务1 422.7万美元、相应利息及费用。

仲裁庭认定造船合同及保函不可执行，于2013年7月8日裁决驳回原告的索赔请求。理由如下：1.原告明知造船合同中的签订日期（即2006年12月6日）为不实记载，而实际签订日期为2007年底至2008年初；2.原告通过新船经纪人知道或应当知道倒签合同是为了规避PSPC规则；3.PSPC规则于2006年12月8日由国际海事组织正式通过，这意味着2006年12月8日之后签订的造船合同须适用PSPC规则。涉案合同签订的实际日期正是在PSPC规则通过的日期之后，因此新船经纪人建议倒签造船合同使得船舶不适用PSPC规则，以获取船级社的认证。根据上述事实，可认定原告确实就造船合同签署的日期故意误导了被告。仲裁庭认为，PSPC 标准旨在通过降低因过度腐蚀而导致船舶结构损坏提升安全性，因此，原告规避 PSPC 规则的行为问题严重。造船合同中存在误导第三方的欺诈性表述，违背了公共政策，故不可执行。另外，根据退款保函条款，被告向原告付款的义务建立在原告有权获得造船合同项下退款的事实之上，但本案事实并非如此，故退款保函不是见索即付的保函，即如果船厂在造船合同下的退款义务不可执行，被告在退款保函下的付款义务亦不可执行。

原告诉称，被告在订立退款保函时存在过失，请求被告赔偿退款保函确定的还款金额 1 422.7 万美元。

被告提起主管异议称，涉案纠纷已在伦敦仲裁解决，故法院不应受理。即便原告以缔约过失提起诉讼，缔约过失责任纠纷亦属于合同纠纷，仍然系仲裁协议约定的仲裁事项，法院不应受理。原告系恶意诉讼，应当驳回起诉。

裁定与理由

上海海事法院经审理认为：原告起诉的依据是被告于 2008 年 9 月 12 日签发的保函。该保函第十条约定"本保函应由英国法律进行解释和管辖，本保函产生的或与之有关的任何争议应根据伦敦海事仲裁员委员会的规则和程序在伦敦提交仲裁"，原告确认依据该仲裁条款于 2012 年 5 月 17 日在伦敦提起仲裁，其仲裁请求被伦敦仲裁庭驳回。本案原告虽主张被告签署保函过程中的重大过错造成其损失，但其诉请内容亦属于与保函相关的争议，应当提交仲裁解决。原告选择伦敦仲裁的行为既确认了仲裁条款的有效性，又表明其接受仲裁条款的约束，并非其起诉时所称仲裁条款系被告单方意思表示。根据法律规定,当事人达成仲裁协议,一方向人民法院起诉未声明有仲裁协议,人民法院受理后,另一方在首次开庭前提交仲裁协议的,人民法院应当驳回起诉。涉案纠纷已由伦敦仲裁委员会仲裁解决,法院对本案没有管辖权。遂作出裁定,驳回原告的起诉。

原告不服一审裁定提起上诉。上海市高级人民法院审理后作出裁定,驳回上诉,维持原裁定。

评　析

本案系船舶建造合同中关于还款担保的常见纠纷。基于近年来国内造船业的蓬勃发展,国内船厂承揽世界各地的造船业务已经司空见惯。通常情况下,由于供求关系的影响,在委托造船合同订立过程中,委托方往往掌握着合同内容的话语权,其中就包括了纠纷解决方式这一重要合同条款的决定权。由外方委托造船的合同,其纠纷解决方式一般为仲裁,仲裁地及仲裁机构通常会首选伦敦、新加坡、中国香港。还款担保无论是以保证合同的形式还是保证函的形式,其本质是作为造船合同的担保,两者之间具有主从关系。

一、造船合同中的仲裁条款并不必然被延用于还款保函

对于作为主合同的造船合同中的仲裁条款效力是否及于还款保函的问题,我们认为,还款保函作为保证合同,属于造船合同的从合同,在合同当事人[①]、合同目的、法律关系性质等方面均有别于造

[①] 还款保函出具的主体,通常为经批准有权经营对外担保业务的金融机构或者具有代偿能力的非金融企业法人;被担保的主体通常为境内内资企业,外商投资企业和境内机构在境外注册的全资附属企业及中方参股的企业;受益人通常为境外机构及境内外资金融机构。

船合同。因此，从仲裁协议的自愿性和独立性角度来分析，除非有证据证明还款保函所涉当事方书面协议同意接受造船合同中纠纷解决方式的约束，否则造船合同中的仲裁条款并不能约束还款保函所涉当事人。[1]

本案中，造船合同中虽约定了境外仲裁条款，但该合同当事方是原告和惠港公司，并无证据证明原告和被告同意接受造船合同中仲裁条款的约束。因此，原、被告在还款保函项下的争议并不能适用造船合同中的仲裁条款处理，而应从双方是否订有仲裁条款或单独签订仲裁协议等方面来认定双方是否具有以仲裁解决还款保函项下纠纷的意思表示。

二、还款保函中的仲裁条款一经成立非经缔约方同意撤销自始有效

涉案还款保函中的仲裁条款是合同约定的解决争议方法的条款。中国《仲裁法》第十九条规定，"仲裁协议独立存在，合同变更、解除、终止或者无效，不影响仲裁协议的效力。"《承认与执行外国仲裁裁决公约》（以下简称《纽约公约》）则规定，"当事人以书面协定承允彼此间发生或者可能发生的一切或任何争议，如关涉可以仲裁解决事项之确定法律关系，不论为契约性质与否，应提交仲裁时，各缔约国应承认此项协定。"中国作为《纽约公约》的缔约国，应该严格遵守相关规定。结合本案，保函的独立仲裁条款自始具有法律效力。原告选择伦敦仲裁的行为也确认了仲裁条款的有效性，表明其接受

---

[1] 最高人民法院在"惠州纬通房产有限公司与惠州市人民政府履约担保纠纷案（[2001]民二终字第177号）"、《最高人民法院关于成都优邦文具有限公司、王国建申请撤销深圳仲裁委员会（2011）深仲裁字第601号仲裁裁决一案的请示的复函》中均表达了相同的观点。在申请人重庆国闳建筑工程有限公司申请撤销仲裁裁决案（[2015]渝一中法民特字第01133号）等案件的裁判中，也表达了同样的观点。

仲裁条款的约束。如原告此前未选择伦敦仲裁，而直接向法院起诉，且被告放弃仲裁条款来应诉答辩，则可以视为被告放弃原仲裁条款的相关权利。然而本案的事实并非如此，原、被告已达成仲裁协议，双方因保函所发生的争议，自然应依照协议提交仲裁程序处理，法院对相应纠纷没有管辖权。

三、主张还款保函缔约过失责任不能排除仲裁条款的适用

本案中，原告在伦敦申请仲裁，请求被告履行保函载明的退款担保义务，该仲裁请求最终被伦敦海事仲裁委员会驳回。其后，原告提起诉讼，试图通过主张保函缔约过失责任来排除仲裁条款的适用，认为缔约过失是对先合同义务的违反，不属于合同项下争议，不受保函中仲裁条款的约束。

该案裁判明确指出，主张缔约过失责任并不能排除仲裁条款的适用。首先，从相关法律规定来看，多数情况下，缔约过失的结果是当事人未订立合同，如双方在合同磋商过程中，达成了合法有效的仲裁条款，该条款就是双方争议解决方式的独立条款，当然对双方有效。少数情况下，因一方在订立合同中故意隐瞒重要事实或提供虚假情况，导致合同无效或被撤销，则该过错方应对无过错方在合同有效期内基于信赖而遭受的损失承担赔偿责任。此时，应适用《合同法》第五十七条关于"合同无效、被撤销或者终止的，不影响合同中独立存在的有关解决争议方法条款的效力"的规定。因此，无论缔约过失最终结果是合同未订立、还是合同无效或被撤销等，均不影响已合法成立的仲裁条款的效力。其次，从合同约定来看，涉案还款保函中的仲裁条款载明，"任何保函引起的或与保函有关的争议应根据伦敦海事仲裁员协会的规则与规定在伦敦进行仲裁。"因被告在订立保函中存在过失所引发的争议，也属于前述仲裁条款中所称的"保函引起的或与保函有关的争议"，当然应适用仲裁条款进行

处理。

  在双方当事人订有仲裁协议，且涉案争议业经伦敦仲裁程序处理的情况下，一方当事人向法院起诉未声明有仲裁协议，另一方提交仲裁协议并提出异议，上海海事法院依法驳回原告起诉，既体现了对《纽约公约》和相关国内法的正确适用和理解，符合法理和情理，也维护了当事人的仲裁意愿，展示了中国法院尊重和支持海事仲裁的开放透明形象。

（撰稿人：上海海事法院　张亮）

海事行政与海事刑事诉讼

27. 没收"三无"船舶的海事行政处罚应得到法院审判支持

——赵洪波诉浙江省公安边防总队海警第一支队、浙江省公安边防总队渔业行政管理（渔业）行政处罚案

案件索引：宁波海事法院（2016）浙72行初5号，2017年6月27日判决。

基本案情

2014年3、4月，赵洪波打造了一对双拖捕捞渔船，招聘王岭文为头船船长、王领全为尾船船长。同年6月4日，赵洪波指使王岭文、王领全分别驾驶头船、尾船从山东石岛出海，先后在福建海域、浙江海域进行非法捕捞，共捕获水产品15万公斤。同年6月30日，赵洪波等人的非法捕捞水产品行为被浙江省公安边防总队海警第一支队（以下简称海警第一支队）刑事立案，王岭文驾驶的船舶于同日被依法扣押。王岭文等人于2015年1月15日被台州市椒江区人民法院以非法捕捞水产品等罪依法判处刑罚。同年5月27日，赵洪波自动投案；同年7月8日，王领全自动投案，两人于2016年4月28日被台州市椒江区人民法院以非法捕捞水产品罪依法判处刑罚。

2016年5月14日，台州市椒江区人民法院向海警第一支队发送《关

于公安机关已扣押的"三无"船舶予以没收的建议》,建议对涉案船舶予以没收。海警第一支队于同日受理案件,并于同年7月19日由执法人员向赵洪波履行了处罚前告知和听证告知程序,赵洪波在处罚前告知签字处签字,并提出陈述和申辩要求,但拒绝在听证告知签字处签字。同日,执法人员对赵洪波制作询问笔录,听取其陈述和申辩,并在随后的调查中对其提供的"冀黄港渔运01297"船舶证书、材料等进行了复核、查证,认定"冀黄港渔运01297"船舶证书与涉案船舶证船不符。海警第一支队依法履行行政处罚审核审批程序后,根据《沿海船舶边防治安管理规定》第三十条、《关于清理、取缔"三无"船舶的通告》第三条之规定,于同年8月8日作出浙公边海一行罚决字(2016)001号公安行政处罚决定书,决定没收赵洪波所有的被依法扣押的"三无"渔船头船。同年8月9日,海警第一支队向赵洪波送达了行政处罚决定书。赵洪波不服该行政处罚决定,向浙江省公安边防总队(以下简称边防总队)申请行政复议,边防总队于同年11月21日作出浙公边复决字(2016)第001号行政复议决定书,维持海警第一支队作出的行政处罚决定。赵洪波不服复议决定,遂向宁波海事法院提起诉讼。

赵洪波诉称,海警第一支队的处罚决定和边防总队的复议决定违法、错误,请求予以撤销,并责令重新作出具体行政行为。理由如下:1.海警第一支队作出的行政处罚决定书和边防总队作出的行政复议决定书认定事实错误。赵洪波已提交涉案船舶相关证书,该船并非"三无"船舶,认定该船为"三无"船舶,属认定事实严重错误。2.海警第一支队作出的行政处罚决定书和边防总队作出的行政复议决定书适用法律错误。作出上述决定书的法律依据是《沿海船舶边防治安管理规定》《关于清理、取缔"三无"船舶的通告》,前者由公安部发布,属于部门规章,后者是国务院发布的一个通告,属于规范性文件。而根据《中华人民共和国行政处罚法》的规定,部门规章、规范性文件无权设定没收非法财物的行政处罚。因此两被告适用法律严重错误。3.海警第一支队作出行政处罚决定书和边防总队作出行政复议决定书程序违法。根据《中华人民共和国行政处罚法》的规定，行政机关应履行告知、听证、复核等义务，但两被告在向赵洪波送达时未遵守法律规定，未听取赵洪波提出的陈述和申辩，也未告知赵洪波有要求听证的权利，程序严重违法。4.海警第一支队作出行政处罚决定书和边防总队作出行政复议决定书的期间过长。涉案船舶自2014年6月30日被海警第一支队扣押，直到2016年8月8日海警第一支队才作出处罚决定，间隔时间太长，产生很多不必要的看管费、靠泊费，严重损害赵洪波的利益。

海警第一支队辩称：1.行政处罚事实清楚、证据确凿。2014年3、4月份，赵洪波打造了一对"三无"双拖捕捞渔船。同年6月，"三无"渔船的头船被该队扣押，扣押现场该船无船名无船号且无法提供证书，后经查实该船为"三无"船舶。2016年5月14日，椒江区人民法院发出《关于公安机关已扣押的"三无"船舶予以没收的建议》，建议没收该"三无"船舶。赵洪波后来提供的"冀黄港渔运01297"船相关证书与被扣船舶证船不符。2.行政处罚程序合法。该队于2016年5月14日收到司法建议后立即受理并及时展开调查。同年7月19日，执法人员到山东荣成将拟作出处罚的事实、理由及其依据向赵洪波进行告知，并告知其所享有的权利。赵洪波当场进行了陈述和申辩，执法人员以询问笔录的方式作了记录并进行了复核。当日执法人员已对赵洪波进行了听证权利告知，但其拒绝在听证告知签字处签字，也未提出听证要求。同年8月8日，该队作出没收涉案渔船的行政处罚决定，次日执法人员将行政处罚决定书送达赵洪波。3.行政处罚适用法律正确。该队作出处罚的依据为《关于清理、取缔"三无"船舶的通告》，该通告由国务院批复并公布，属于行政法规的一种。《沿海船舶边防治安管理规定》系公安部部门规章，该规定第三十条为引用性条款，非设定性条款。4. 本案不存在严重侵害赵洪波利益的事实。该队正式受理涉案"三无"船舶出海作业处罚一案的时间是2016年5月14日，作出行政处罚决定书是同年8月8日，在合理执法期限内。涉案船舶虽于2014年6月30日就被扣押，但扣押理由为非法捕捞水产品的物证，而且扣押期间的船舶看管费、靠泊费均由该队承担，不存在侵害赵洪波利益的问题。综上，涉案行政处罚事实清楚，程序合法，量罚得当，无侵害赵洪波利益的行为，请求法院驳回赵洪波的诉请。

边防总队辩称，复议决定认定事实清楚，证据充分，适用法律正确，程序合法，内容适当，请求法院驳回赵洪波的诉请。

判决与理由

宁波海事法院经审理认为：涉案船舶无船名船号、无船舶证书、无船籍港，船上主机、齿轮箱、发电机、配电板等主要设备均无铭牌，赵洪波虽前后提供两套证书，但海警第一支队经调查、核实并委托检验，均不能证明其提供的船舶证书系涉案船舶证书，且其陈述前后不一、与其他证人证言和刑事判决书认定的事实存在矛盾和冲突，无法认定船舶证书与涉案船舶相符，故涉案船舶应认定为"三无"船舶。海警第一支队作出的（2016）001号公安行政处罚决定书，认定事实清楚，适用法律正确，符合法定程序，未侵犯赵洪波的合法权益。边防总队受理复议申请后，复议程序合法，认定事实清楚，适用法律正确，赵洪波的诉讼请求没有事实根据和法律依据。依照《中华人民共和国行政诉讼法》第六十九条之规定，该院作出判决：驳回赵洪波的诉讼请求。

宣判后,当事人未提出上诉,一审判决生效。

评 析

本案系2016年《最高人民法院关于海事法院受理案件范围的规定》(以下简称《受理案件规定》)出台后,宁波海事法院受理的第一起以边防、海警等非专司海事管理部门为被告的行政诉讼案件,又是2014年浙江省开展渔船"一打三整治"行动以来,向海事法院起诉的第一起行政诉讼案件,涉及海事行政机关与海事行政行为的界定、行政处罚与刑事处罚并存、所用法律规范的层级等问题,值得深入剖析。

一、浙江省渔船"一打三整治"简介

浙江是海洋资源大省,海域面积达26万平方公里,22万平方公里的浙江渔场是全国最著名的优质渔场,曾有"东海鱼仓、中国渔都"的美誉。随着海洋生态环境恶化和捕捞过度扩张,浙江渐渐陷入"东海无鱼"之困。以大黄鱼为例,1957年浙江的大黄鱼年产量达到17万吨,1995年仅为0.04万吨,约为58年前的1/400,而2018年也仅有0.05万吨,为1957年产量的0.294%。"东海无鱼"触及浙江省海洋生态红线、社会民生底线。而"三无"渔船猖獗,非法渔具泛滥,成为"东海无鱼"的首因。所谓"三无"船舶,指的是无船名船号、无船舶证书、无船籍港的船舶。据调查,浙江的"三无"渔船在2013年达到最高峰,数量达1.3万艘,明令禁用的各类渔具达11万多顶(张)。2013年6月,浙江开始酝酿渔场修复振兴计划,首次提出开展"一打三整治"行动,打击取缔"三无"船舶及其他各类违法行动,整治"船证不符"捕捞渔船和渔运船,整治禁用渔

具，整治海洋环境污染，让渔业资源永续利用。2014年5月28日，浙江省委、省政府印发《关于修复浙江渔场的若干意见》，全面拉开了浙江渔场修复振兴暨"一打三整治"行动大幕。截至2015年9月，浙江全省共核查出13 566艘涉渔"三无"船舶，[①]这些船舶全部被拆解，或被转作人工鱼礁、护鱼保洁、景观展览及养殖休闲等非捕捞用途。而近年来，外省籍渔船在浙江海域偷捕现象日趋严重，渔船越来越多，马力越来越大，而且有组织、有分工，捕捞船与渔运船相互配合，前面偷捕，后面偷运，形成完整的海上违法"产业链"。为此，浙江又把重拳打向外省渔船越域偷捕违法行为，本案即为典型案例。

二、海事行政诉讼案件的边界

《受理案件规定》于2016年3月1日施行后，相关当事人对海事法院有权受理海事行政案件再无争议。但围绕该规定第79—85条的内容，对海事法院能受理哪些具体行政诉讼案件，却仍有争议，争议焦点集中在"哪些部门属于海事行政机关"、"哪些行政行为属于海事行政行为"两个问题上。

1. 关于哪些部门属于海事行政机关的问题。相对而言，人们对海事局、海洋渔业局等专司海事管理部门归属海事行政机关认识较为一致，不服该两个部门作出的行政行为而提起的行政诉讼案件归海事法院管辖并无争议。但对其他非专司海事管理部门如海关、海警、环保、国土等部门作出的海事行政行为，相对人如果不服而提起行政诉讼，是否也属海事法院管辖，人们的认识则并不统一。笔者认为，对《受理案件规定》第79—85条所称的"海事行政机关"，不能作狭义理解，即不能简单地认为专司海事管理部门就是海事行政机关，

---

① 来自人民网—中国共产党新闻网，其中2018年大黄鱼产量数据来自浙江省农业农村厅的统计数据。

非专司海事管理部门就不是海事行政机关，而应根据非专司海事管理部门作出的行政行为所具有的海事管理属性，相应赋予其海事行政机关的地位。也就是说，因不服非专司海事管理部门作出的海事行政行为而提起的行政诉讼，也属于海事法院管辖的范围。

理解《受理案件规定》所称的"海事行政机关"，应"以行为性质界定主体性质"为原则进行判断，而不"以主体性质界定行为性质"作为判断标准，这才符合最高人民法院相关负责人在《受理案件规定》出台后答记者问中关于"当前国家海洋局、海事局、海警局等相关涉海行政部门对海洋及通海水域活动的管控进一步加强，由此引发的各类海事行政诉讼案件需要专门化的审理"的讲话精神。该段讲话强调的是"相关涉海行政部门"，而非"专司海事管理部门"，因而确立了一种判断原则：只要相关部门作出海事行政行为，就应认定其为海事行政机关，不服该部门作出的海事行政行为而提起的行政诉讼，由海事法院管辖。例如海警或边防部门对"三无"船舶的罚没行为、环保部门对海洋污染作出的行政行为、海关对海运进出口作出的行政行为、国土部门对海域使用权作出的行政行为等，均属海事行政机关作出的海事行政行为，相对人不服这些行政行为而提起的行政诉讼，均属于海事法院管辖的范围。

不可忽视的是，在审判实践中，仍有相当多的地方法院因认识方面的原因，仍在审理涉及"三无"船舶行政处罚的海事行政案件[①]，需要及时加以纠正。

2. 关于哪些行政行为属于海事行政行为的问题。尽管人们对海事局、海洋渔业局等专业海事管理部门归属海事行政机关没有争议，

[①] 查询裁判文书公开网，可以查到为数不少的地方法院审理过涉及"三无"船舶行政处罚的海事行政诉讼案件。

但如同上述非专业海事管理部门可以作出海事行政行为一样，专业海事管理部门也可以作出非海事行政行为。因此，不服海事局、海洋渔业局等专业海事管理部门作出的行政行为而提起行政诉讼，并非都属海事法院管辖范围。那么，对于同一主体作出的行政行为，如何判断哪些属于海事行政行为，哪些行为属于一般行政行为呢？对此，《受理案件规定》第79—81条以列举方式，对海事行政行为予以明确，具体为涉及海上、通海可航水域或者港口内的船舶、货物、设备设施、海运集装箱等财产的行政行为；涉及海上、通海可航水域运输经营及相关辅助性经营、货运代理、船员适任与上船服务等方面资质资格与合法性事项的行政行为；涉及海洋、通海可航水域开发利用、渔业、环境与生态资源保护等活动的行政行为三大类。针对这些行政行为提起的行政诉讼，才属于海事法院受理范围。

基于上述情况，在2017年6月召开的全国海事审判实务座谈会上，最高人民法院民四庭对《受理案件规定》所称的"海事行政行为"与"海事行政机关"，作出了暂时性的解释："海事行政行为"是指对海域或者通海可航水域的民商事活动、安全、环境行使行政管理监督权力的行政主管机关依法进行的行政行为；"海事行政机关"包括国家海事局及其下属行政执法机构、国家海洋局及其下属行政执法机构、农业部渔政渔港监督局及其下属行政执法机构等对船舶、船员、船载货物、航运、海洋资源、渔业资源、海洋和通海可航水域环境等负有行政执法权限的国家行政机关。会议特别明确，海警在行使上述行政职权时属于海事行政机关，其对于"三无"船舶所作的罚没决定归于《受理案件规定》第79条规定的情形，属于海事法院的受案范围[1]。

---

[1] 参见2017年6月16日最高人民法院民四庭副庭长王淑梅在全国海事审判实务座谈会上的总结讲话。

三、"一事不再罚"原则在本案的适用

"一事不再罚",源于中国《行政处罚法》第 24 条关于"对当事人的同一个违法行为,不得给予两次以上罚款的行政处罚"的规定。按该条规定精神,行政主体对当事人的同一违法行为,只能给予一个或一次处罚,而不能给予两次以上的行政处罚。本案原告赵洪波也提出了这个问题,认为自己已被刑事处理,现在又被处以没收船舶的行政处罚,属于重复惩罚,被告的没收行为违反了"一事不再罚"原则。法院则认为,原告非法捕捞水产品和使用"三无"船舶出海作业属于不同的违法行为,因为多个违法行为进行不同处罚,不违反"一事不再罚"原则。

笔者认为,学术研究表明"一事不再罚"有三方面的涵义:一是同一行政机关对行为人同一违法行为不得给予两次以上的行政处罚;二是不同机关依据不同理由和法律规范对行为人同一违法行为不得给予两次以上同种类(例如都是罚款)的行政处罚;三是违法行为受到刑罚后,除法律规定或特殊情况外,不得再给予行政处罚。本案虽系原告受到刑罚惩处后,再受到没收"三无"船舶行政处罚的情况,包含在"一事不再罚"的第三方面含义之内,但却属于"法律规定除外"的情形。本案中,原告赵洪波因犯非法捕捞水产品罪被处以刑罚,其所有的"三无"船舶是其实施非法捕捞的犯罪工具,而中国《刑法》第六十四条明确规定,"违禁品和供犯罪所用的本人财物,应当予以没收"。因此,根据中国《刑法》的规定对原告所有的"三无"船舶进行没收处罚,相对于原告所受的刑罚处罚来说,不属"一事不再罚"原则适用的情形。故法院认定行政机关依法没收原告所有的"三无"船舶不违反"一事不再罚"原则,并无不当。

四、本案行政处罚所依据的法律规范层级

原告赵洪波认为,本案行政处罚所适用的《关于清理、取缔"三

无"船舶的通告》系国务院通告,仅为规范性文件而不属于行政法规,无权设定没收财产的处罚,故本案适用法律错误。对此,法院经审查认为,《关于清理、取缔"三无"船舶的通告》按照国务院《行政法规制定程序暂行条例》的规定制定,经国务院批准出台,并公布在 1994 年度 26 期《中华人民共和国国务院公报》上,属于现行有效的行政法规,有权设定没收财产的处罚。笔者进一步认为,尽管该文件没有以"条例"、"规定"或"办法"等行政法规的规范名称命名,但符合《行政法规制定程序暂行条例》所规定的由国务院批准、国务院主管部门发布,以及应刊登在国务院公报上的形式与实质要件,法院将其认定为行政法规,符合立法精神。

依照上述认定,赵洪波根据中国《行政处罚法》相关规定所提出的《关于清理、取缔"三无"船舶的通告》属国务院部、委员会制定的规范性文件,不能设定包括没收非法财物在内的任何行政处罚的主张,也就不能成立了。

至于《沿海船舶边防治安管理规定》,确属部门规章,海警第一支队引用该规章第三十条,只是证明其有管辖权,并非作为处罚的依据。而关于没收船舶的内容,该条直接阐明依据国务院有关规定。因此,正如海警第一支队所抗辩的,针对没收船舶,该条为引用性条款,并非设定性条款。

综上,本案被告海警第一支队作出行政处罚,具有相应的法律依据,且事实清楚,程序合法,量罚得当,应予支持,法院依法驳回原告赵洪波的诉讼请求,是正确的。

(撰稿人:宁波海事法院　陈晓明　夏关根)

28. 海事刑事诉讼专门管辖的新尝试
——艾伦·门多萨·塔布雷涉外海上交通肇事案[①]

案件索引：宁波海事法院（2017）浙72刑初1号，2017年8月16日判决。

基本案情

宁波市人民检察院指控：2016年5月7日凌晨，马耳他籍"卡塔利娜（CATALINA）"轮在二副即被告人艾伦·门多萨·塔布雷（ALLAN MENDOZA TABLATE）驾驶下，从江苏连云港开往印度尼西亚。当日3时34分许，"卡塔利娜"轮途经浙江象山沿海南韭山岛东偏北约72海里附近（东经123°35.4′，北纬29°33.1′）海域时，艾伦在海面起雾能见度差、周边作业渔船密集且通航环境复杂的情况下，违反《中华人民共和国海上交通安全法》等相关规定，未保持正规瞭望，未能对当时局面和碰撞危险作出充分估计，未使用安全航速行驶，未及早采取有效的避让行为，未采取有效的雾航措施，导致"卡塔利娜"轮与山东荣成石岛籍"鲁荣渔58398"轮发生碰撞，造成船员张雷等十四人死亡、船员王维军等五人失踪、"鲁荣渔

[①] 该案例分析获全国法院系统2018年度优秀案例分析评选活动三等奖。

58398"轮沉没致财产损失人民币 5 078 800 元的重大交通事故。本起事故经认定,"卡塔利娜"轮应承担主要责任。2016 年 9 月 22 日,艾伦经电话通知,主动到浙江省公安边防总队海警第二支队投案,并如实供述了犯罪事实。

被告人艾伦对公诉机关指控其犯罪的事实及证据均无异议,但辩称该次事故是其无意造成的,其作出了符合判断的行为,但也许是因为海上雾太大,加之时间在凌晨非常早,导致判断失误。其辩护人对公诉机关指控的罪名、犯罪事实及证据均无异议,但提出:1. 被告人主动归案,具有自首情节。2. 被告人具有以下酌定从轻处罚情节:(1) 被害人方渔轮瞭望疏忽、未及早采取有效的避让行动、未采取有效的雾航措施,其行为违反了《1972 年国际海上避碰规则》的相关规定,亦存在过失;(2) 被告人方船东及时与 19 名被害人近亲属达成赔偿和解协议,积极赔偿被害人近亲属经济损失,且得到了部分被害人近亲属的谅解;(3) 被告人真诚悔罪,认罪态度好。综合上述情节,请求法庭合法合情合理地予以从宽量刑。辩护人还向法庭提供了授权委托书、和解协议书、银行付款凭证及谅解书等证据。

经审理查明:马耳他籍"卡塔利娜"轮系钢质散货船,船籍港瓦莱塔,船长 225 米,船宽 32.26 米,型深 19.60 米,40 485 总吨,船舶所有人为波尔萨利船运有限公司(BORSARI SHIPPING COMPANY LTD)。中国籍"鲁荣渔 58398"轮系钢质捕捞船,船籍港石岛,船长 39.28 米,船宽 7.25 米,型深 3.80 米,297 总吨,船舶所有人为刘福航。被告人艾伦案发前系"卡塔利娜"轮二副。

2016 年 5 月 5 日 17 时 30 分许,"卡塔利娜"轮从中国江苏连云港空载驶往印度尼西亚。同月 7 日零时至 4 时,该轮由被告人艾伦值班驾驶。当日凌晨 3 时 34 分许,"卡塔利娜"轮途经浙江省象山县沿海南韭山岛东偏北约 72 海里附近(概位北纬 29°33.1′,东经

123°35.4′)水域时,艾伦在海面起雾、能见度不良、渔区航行的情况下,违反《中华人民共和国海上交通安全法》等相关规定,未保持正规瞭望,未能对当时局面和碰撞危险作出充分估计,未使用安全航速行驶,未及早采取有效的避让行为,未采取有效的雾航措施,导致"卡塔利娜"轮与正在双拖作业的由董崇强驾驶的"鲁荣渔58398"轮发生碰撞,造成"鲁荣渔58398"轮扣翻、沉没,被害人船员张雷等十四人死亡,船员王维军等五人失踪的重大交通事故。经鉴定,"鲁荣渔58398"轮财产损失人民币5 078 800元。经认定,艾伦驾驶的"卡塔利娜"轮对本起事故负主要责任。

案发后,被告人艾伦到浙江省公安边防总队海警第二支队投案,并如实供述了犯罪事实。"卡塔利娜"轮船舶所有人波尔萨利船运有限公司已经赔偿死亡和失踪人员近亲属共计人民币2 245万元。被害人姜文龙、吴德臣等的近亲属出具谅解书对被告人艾伦的犯罪行为表示谅解。

判决与理由

宁波海事法院经审理认为,被告人艾伦在驾驶船舶过程中,违反海上交通运输管理法规,与捕捞渔船发生碰撞,致使渔船扣翻、沉没,造成十四名船员死亡,五名船员失踪,且负事故的主要责任,其行为已构成交通肇事罪,情节特别恶劣,应当依法惩处。公诉机关指控的犯罪事实清楚,证据确实、充分,指控罪名成立。鉴于艾伦案发后自首,真诚认罪、悔罪,"卡塔利娜"轮船舶所有人积极赔偿被害人近亲属经济损失,部分被害人近亲属对艾伦的犯罪行为表示谅解等,依法可对其从轻处罚。被告人和辩护人所提的相关辩护意见，予以采纳。故依照《中华人民共和国刑法》第一百三十三条、第六条、第六十七条第一款以及《最高人民法院关于审理交通肇事刑事案件具体应用法律若干问题的解释》第四条之规定，作出判决：被告人艾伦·门多萨·塔布雷犯交通肇事罪，判处有期徒刑三年六个月。

判决后，被告人艾伦没有提出上诉，该判决已发生法律效力。

评　析

本案系中国海事法院试点审判的首例海事刑事案件，标志着中国海事法院新一轮诉讼管辖制度改革的启动。

审视世界各国的诉讼管辖制度，由于各国法院组织系统不同，各个法院受理的案件范围也不尽相同，但中国是唯一一个设立海事法院专门受理海事民商事纠纷的国家。①

目前，中国是世界上设立海事审判专门机构最多最齐全的国家，也是受理海事案件最多的国家。全国海事法院积极行使海事司法管辖权，准确适用国内法、国际条约、国际惯例，公正高效审理海事案件，平等保护中外当事人的合法权益，极大提升了中国海事审判

---

① 英国历史上曾设立过海事法院，初期主要审理海盗案件。总体看，"英国海事法院没有固定的管辖权范围，在它的发展过程中，其管辖权一直处于变动之中。从性质上看，英国海事法院的管辖权涉及海事案件、民事案件、刑事案件以及捕获案件。"19世纪在普通法院的压力下，海事法院被降格为一个审判法庭。参见肖崇俊：《英国海事法院的历史探析（1360—1873）》，华东政法大学2010硕士学位论文。转引自赵微：《赋予海事法院刑事审判权之正当性分析》，载《海事犯罪立法与司法研究集锦》，人民交通出版社2016年版。

的国际地位。①

总结海事法院自 1984 年设立以来的审判实践经验，近年来中国在不断扩大海事法院原有海事民商事案件受理范围的前提下，已经开始探索建立更加符合海事审判规律的海事诉讼管辖体制与机制问题，并在海事行政审判方面取得成功经验的基础上，进一步开展海事刑事审判的尝试，为海事审判"三审合一"提供理论依据和实践支持。

一、海事刑事诉讼管辖制度改革之趋势

海事法院属于专门法院，其诉讼管辖为专门管辖。专门管辖在案件类型、专属管辖、级别管辖、集中管辖、协议管辖、共同管辖及管辖权异议的处理等方面有其特殊性。②海事刑事案件改由海事法院审判，即是将海事刑事案件列入海事法院管辖的范围，实行海事刑事诉讼专门管辖制度。从法律规定、改革要求、自身发展及经验借鉴来看，海事刑事诉讼实行专门管辖，是中国未来的发展趋势，"三审合一"是中国海事法院未来的审判格局。

（一）刑事诉讼法的相关规定

中国 2012 年修正刑事诉讼法时，增加了第二十七条规定，即专门人民法院案件的管辖另行规定。该条是对专门法院审理刑事案件的赋权性规定。对该条进行文义解释，可得出以下两点结论：一是专门人民法院有权审理刑事案件。这既是对军事法院、铁路运输法院等专门法院已有刑事审判权的肯定，也为知识产权法院、海事法院等专门法院审理刑事案件预留了空间。二是专门法院的管辖另行规定。但对另行规定的法源未予限制，或法律，或司法解释，为最

---

① 参见《中国海事审判白皮书》（1984—2014）。
② 吴勇奇：《对海事诉讼管辖有关问题的理解与思考》，载苏泽林主编：《民商事审判管辖实务研究》，人民法院出版社 2006 年版。

高人民法院推行管辖制度改革提供了便利。

（二）人民法院四五改革纲要的要求

《最高人民法院关于全面深化人民法院改革的意见——人民法院第四个五年改革纲要（2014—2018）》明确：改革海事案件管辖制度；进一步理顺海事审判体制；科学确定海事法院管辖范围，建立更加符合海事案件审判规律的工作机制。由此可见，将海事刑事案件纳入海事法院专门管辖的范围，探索海事刑事案件的审判规律，已经列入最高人民法院的议事日程。2017年2月21日《最高人民法院办公厅关于指定宁波海事法院作为海事刑事案件管辖试点法院审理宁波"5·7"涉外海上交通肇事案的复函》，即是落实人民法院"四五"改革纲要的具体行动。同年3月6日浙江省高级人民法院根据上述复函，指定宁波海事法院审理被告人艾伦·门多萨·塔布雷交通肇事罪一案[1]，则正式启动了海事刑事案件专门管辖的进程。

（三）海事法院收案范围的演变

从中国海事法院的历史沿革来看，其收案范围也呈逐步扩大的态势。1984年全国人大常委会批准设立海事法院后，最高人民法院于同年11月28日在《关于设立海事法院几个问题的决定》中，将其收案范围暂定为：国内企业、组织、公民之间，中国企业、组织、公民同外国企业、组织、公民之间，外国企业、组织、公民之间的依法应当由中国管辖的18种海事案件和海商案件。1989年5月13日最高人民法院颁布了《关于海事法院收案范围的规定》，正式规定海事法院管辖的案件为五类42种。2001年9月18日最高人民法院颁布了《关于海事法院受理案件范围的若干规定》，将收案分为四类，增加为63种，其中包括海事行政案件、海事行政赔偿案件和行政机

---

[1] 参见宁波海事法院（2017）浙72刑初1号刑事判决书。

关依法申请强制执行的案件。2016年2月24日最高人民法院再次颁布了《最高人民法院关于海事法院受理案件范围的规定》，进一步将海事法院管辖的案件分为六类，扩大至108种，并再次规定海事法院受理海事行政类案件7种。该规定第112条同时明确：法律、司法解释规定或者上级法院指定海事法院管辖的其他案件，从其规定或者指定。该条规定为海事法院受理海事刑事案件，最终实现"三审合一"埋下了伏笔。①

（四）其他专门法院管辖的借鉴

中国专门法院包括铁路运输法院、海事法院、军事法院和知识产权法院②，在这四个专门法院中，已经明确具有刑事案件审判权限的是军事法院和铁路运输法院，其管辖依据分别是中国人民解放军总政治部、军事法院、军事检察院关于《〈中华人民共和国刑法〉第十章所列刑事案件管辖范围的通知》和《最高人民法院关于铁路运输法院案件管辖范围的若干规定》。《最高人民法院关于知识产权法院案件管辖等有关问题的通知》中，虽无刑事案件管辖权的规定，但最高人民法院在《关于全国法院推进知识产权民事、行政和刑事案件审判"三合一"工作的意见》中，授权各级人民法院的知识产权庭审理刑事案件。借鉴上述专门法院的管辖经验，最高人民法院关于发挥海事法院专业优势，扩大海事法院管辖范围，实施海事审判"三审合一"的意图十分明显。

二、海事刑事诉讼专门管辖符合海事审判之规律

对于海事刑事诉讼应由海事法院管辖，学界通常从提升海洋意

---

① 自2001年开始，最高人民法院对海事行政案件的专门管辖虽有反复，但至2016年最终予以确认，并实施至今。

② 这里暂不讨论林区法院和农垦法院，因其管理体制尚未完全纳入人民法院管理序列。

识、维护国家权益、规范海上交通秩序、体现审判专业性、匹配特殊侦查、节省司法资源、提升国际影响力、推进"一带一路"建设等角度论述其必要性。[①]但笔者认为，是否符合审判规律，是实行海事刑事诉讼专门管辖的重要决策依据，具体要看专门管辖会给海事刑事案件的审判质量、效率和社会效果带来何种影响。相关理论和试点实践证明，海事法院管辖海事刑事案件拥有诸多好处，符合海事审判的规律。

（一）更能发挥海事法院的专业优势

全国海事法院自 1984 年成立至 2016 年，共审结一审海事海商案件 181 342 件（不包括海事执行案件、海事行政案件和特别程序案件），[②]其中包含不少与犯罪相关联的海事海商案件。通过办案，审判人员掌握了各类案件发生、发展的规律，了解了相关专业术语的含义，并积累了丰富的办案经验，能够在海事部门没有调查结论的情况下，根据自己收集的证据，准确认定船舶碰撞或触碰事故是否发生。这些专业优势，十分有利于相关刑事案件的审判。以题述案件为例，宁波海事法院的审判团队对于船舶碰撞事故十分熟悉，对国际海上碰撞规则相当了解，运用相关证据证明碰撞的发生、当班驾驶人员的过错极为熟练，能够发现起诉书指控的不恰当之处，并准确地对肇事船舶的航行环境加以认定，也能理解海事调查报告中为何不认定肇事船舶为让路船并违反让路义务，对证据材料中专业术语的翻译是否准确也能够作出判断。所有这些，都保证了试点审

[①] 参见黄炎：《海上刑事犯罪管辖制度改革研究》，载《大连大学学报》2016年第 6 期；陈键洪：《构建我国海事刑事案件专门管辖制度相关问题研究》，载《湖北经济学院学报（人文社会科学版）》2018 年第 3 期；赵微：《赋予海事法院刑事审判权之正当性分析》，载《海事犯罪立法与司法研究集锦》，人民交通出版社 2016 年版。

[②] 吴勇奇：《〈海事诉讼特别程序法〉修订的必要性、可行性及规划建议》，载《海大法律评论 2016—2017》，上海浦江教育出版社 2018 年版。

判的顺利进行，并使案件得到公平公正的处理，被告人认罪服判。

（二）更有利于相关案件的协调处理

海事刑事案件危害结果触及的领域较广，案件发生后往往涉及事件调查、刑责追究、民事赔偿和行政处罚等，并涉及刑事、民事和行政诉讼。按照2016年之前的管辖分工，同一海上事件涉及的三大诉讼，可能由两家以上的法院受理。以题述案件为例，海事法院只受理死亡失踪船员和船东的民事赔偿纠纷案件，当班驾驶人员的刑事责任追究，由地方人民法院受理（该案不涉及行政诉讼）。这种情况下，两家法院认定的案件事实、当事人的过错等难免存在差异，甚至发生矛盾和冲突，也难以对相关案件进行协调处理，比如先民事后刑事的处理顺序，进而影响刑事案件的定罪与量刑，影响司法的公信力及其权威性。同一海上事件涉及的三大诉讼统一由海事法院处理，即可避免这些问题。

（三）更有利于类案的集中研究和统一处理

海上刑事犯罪相对于陆地而言，犯罪数量较少，地域分布较广，同一地方法院审理的类案相对较少。而海事法院实行长臂管辖，管辖的地域远大于地方法院，海事刑事诉讼如果实行专门管辖，就能够将分散发生的个案，相对集中到一家海事法院审判。以浙江海域发生的海上交通肇事犯罪为例，如果实行专门管辖，即可将嘉兴、宁波、舟山、台州、温州地区各县市区分散审判的个案，集中到宁波海事法院审判，形成数量较多的类案。这对于海上交通肇事犯罪规律的研究，审判经验的积累，以及裁判尺度的统一，无疑会有积极的作用。

（四）更有利于涉海法律的统一实施

传统观念将海事法律限定在《海商法》等民商事法律规范中，但涉海法律远远超出这个范围，以目前生效的涉及海洋的法律为例，除了《海商法》外，还有《领海及毗连区法》等七部法律[1]，而且散见于各法律中的涉海法条更是数不胜数。这些法律法条在实施中所形成的三大诉讼，分属于不同法院，难以形成一致的理解和适用，难以形成统一的司法导向和合力。如果将海事刑事案件也纳入海事法院管辖范围，实行海事审判"三审合一"，则有利于打通民事、行政、刑事的分割，有利于涉海法律的统一实施，有利于形成司法合力，有利于"克服海洋法律碎片化带来的冲突和矛盾"。[2]

三、海事刑事犯罪之特殊性

海事刑事犯罪有其特殊性，它不仅影响定罪，也影响量刑。海事法院作为专门法院，通过相关案件的审判实践，更能体会海事刑事犯罪的特殊性，更有利于对其进行深入研究，为海事刑事审判提供指导，并为海事刑事立法提供依据。

（一）行为区间的特殊性

国家主权所及范围一般包括领海、领土和领空，但因人类生产生活主要集中在陆地上，所以法律调整的重点在陆地上，换句话说，理论与实践均把陆上犯罪作为关注重点。陆上犯罪将行为区间作为犯罪构成要件和量刑考量因素的相对较少，但海上犯罪，由行为区间的特殊性所决定的因素，在定罪和量刑时则应当予以考虑。以题述案件为例：一、同样发生碰撞事故，船舶驾驶人员违反交通法规的持续时间往往长于车辆驾驶人员，主观过错相对较重；二、长时间在船上工作、生活，往往扭曲船员的心理，加上枯燥的船舶驾驶，极易造成驾驶人员注意力分散，"妨碍船员对于危险的感知和判断能力以及解除危险

---

[1] 另六部法律为：《专属经济区和大陆架法》《海域使用管理法》《海上交通安全法》《海洋环境保护法》《港口法和渔业法》。

[2] 初北平、曹兴国：《海法概念的国际认同》，载《中国海商法研究》2015年第3期。

能力水平的发挥"，①深夜班次驾驶人员更是如此；三、船舶大小的差异性、瞭望的特殊性、事故时点的特定性等，既决定了驾驶人员对船舶发生碰撞非明知的可能性，也决定了查明和认定海上交通肇事逃逸的困难性。题述案件肇事船舶"卡塔利娜"轮在转向避让过程中，就发生船体震动现象，当操舵水手感觉异常，向二副即被告人报告情况时，被告人解释为系船舶大幅度转向而发生的震动。这是否系被告人真实的主观判断，是否系被告人逃避责任的推托之词，难以查证落实；四、海上逃生、救助难度大，客观上也不利于船舶驾驶人员在事故发生后，及时采取措施减少人员和财产损害。

（二）危害结果的特殊性

行为的危害程度对于判断罪与非罪具有关键作用。有些危害结果，是海上犯罪所特有的，对定罪标准应作出专门规定，如非法捕捞罪。而对海陆共有的危害结果，因发生的区间不同，法律评价标准也应该有所差异。以题述案件为例，同样载运货物，因船舶价值较高，载货数量较大，船员配备较多，一旦发生碰撞事故，导致的人员伤亡就多，财产损失就大，与道路交通适用同一定罪标准，船舶驾驶人员极易构成犯罪，尤其是财产损害定罪标准。②这无疑会影

---

① 李亮宽：《谈船员心理疲劳对船舶的影响及解决措施》，载《船舶标准化工程师》2016 年第 5 期。

② 最高人民法院 2000 年 11 月 21 日实施的《关于审理交通肇事刑事案件具体应用法律若干问题的解释》

第二条　交通肇事具有下列情形之一的，处三年以下有期徒刑或者拘役：

（一）死亡一人或者重伤三人以上，负事故全部或者主要责任的；

（二）死亡三人以上，负事故同等责任的；

（三）造成公共财产或者他人财产直接损失，负事故全部或者主要责任，无能力赔偿数额在三十万元以上的。

交通肇事致一人以上重伤，负事故全部或者主要责任，并具有下列情形之一的，以交通肇事罪定罪处罚：

响航运从业人员的就业选择，进而影响中国航运业的发展。纵观中国刑法第一百三十一条规定的重大飞行事故罪、第一百三十二条规定的铁路运营安全事故罪、第一百三十三条规定的交通肇事罪，分别针对航空、铁路、公路三种不同的交通运输行业，构成了事故类犯罪罪名群，唯独没有专门针对海上交通运输的罪名。现有刑法规定下，根据刑法解释原理，我们只能依据刑法第一百三十三条的规定，对发生在海上的交通肇事行为进行定罪量刑。为此，审判实践中不可避免会出现海上交通肇事罪罚失衡现象。正如学者指出的"如果简单比照陆上交通肇事罪的定罪标准加以处理，很容易出现泛罪化的危机。"[1]

海上交通肇事造成船员失踪，是比较常见的危害结果。失踪显然不能等同于死亡，但生还的可能性几乎为零。从民事审判的角度看，公民因意外事故下落不明，经有关机关证明该公民不可能生存，利

（一）酒后、吸食毒品后驾驶机动车辆的；
（二）无驾驶资格驾驶机动车辆的；
（三）明知是安全装置不全或者安全机件失灵的机动车辆而驾驶的；
（四）明知是无牌证或者已报废的机动车辆而驾驶的；
（五）严重超载驾驶的；
（六）为逃避法律追究逃离事故现场的。

第三条 "交通运输肇事后逃逸"，是指行为人具有本解释第二条第一款规定和第二款第（一）至（五）项规定的情形之一，在发生交通事故后，为逃避法律追究而逃跑的行为。

第四条 交通肇事具有下列情形之一的，属于"有其他特别恶劣情节"，处三年以上七年以下有期徒刑：
（一）死亡二人以上或者重伤五人以上，负事故全部或者主要责任的；
（二）死亡六人以上，负事故同等责任的；
（三）造成公共财产或者他人财产直接损失，负事故全部或者主要责任，无能力赔偿数额在六十万元以上的。

[1] 曹兴国：《海事刑事案件管辖改革与涉海刑事立法完善》，载《中国海商法研究》2017年第4期。

害关系人可以申请宣告其死亡。但刑法上如何规制，能否归类于刑法第一百三十三条所规定的"致人死亡"，也应该予以明确。①

（三）海上规则的特殊性

陆地与大海具有不同的特性，这些不同特性，决定了海上管理规则不同于陆上的特殊性。以海上交通管理为例，首先，由于海上航行船舶隶属于不同国家和地区，又在公海或不同国家和地区管辖海域相遇，为统一航行规则，各国以加入公约的方式，统一适用国际海上避碰规则。其次，为确保海上航行安全，国际海上避碰规则分船舶在任何能见度情况下的行动规则、船舶在互见中的行动规则、船舶在能见度不良时的行动规则三种情况，对瞭望、安全航速、碰撞危险、避免碰撞的行动、狭水道、分道通航制、追越、对遇局面、交叉相遇局面、让路船的行动、直航船的行动等进行了全面规制，并规定了号灯和号型、声响和灯光信号等，一个显著的特点，就是在发现对方船舶之前，规则就对船舶驾驶人员的瞭望观察提出了要求，并要求船舶驾驶人员要时刻注意附近的船舶动态，尽早采取各种措施避让通行，确保船舶安全。如果两船发生了碰撞，则驾驶人员违反交通规则的过错早就开始了，并且一直处于违反各项操作规程的状态。这完全有别于陆上交通规则，也是笔者关于"船舶驾驶人员违反交通法规的持续时间往往长于车辆驾驶人员"的客观依据。

（四）犯罪形态的特殊性

由于海上活动难以独立完成，决定了海上犯罪以共同犯罪为常态的特殊性。海上走私，非法捕捞等故意犯罪自然不必多说，即使

---

① 1992年10月30日《最高人民法院研究室关于遇害者下落不明的水上交通肇事案件应如何使用法律问题的电话答复》中虽明确"根据被告人的行为造成受害人下落不明的这一事实，以交通肇事罪定罪处罚"，但未明确受害人下落不明是否视同死亡。

是海上过失犯罪，也是如此，同时还会涉及更多的问题。以题述海上交通肇事为例，首先，船舶驾驶既是一个团体式组织，也是一个系统性行为，由负责指挥驾驶船舶的船长或值班驾驶员、负责动力运行的轮机长或值班轮机员，以及负责操舵的舵工组成一个驾驶团体，在船长或值班驾驶员的指挥下，互相配合，协调行动，确保船舶按照船长或值班驾驶员的意思行动。如果负责指挥的高级船员发出的指令不当，而负责动力运行和操舵的船员执行命令也有错误，结果发生船舶碰撞，就会涉及责任分配和共同过失犯罪问题。其次，船舶驾驶人员在交接班时，船舶仍处于运行状态，交接过程中发生船舶碰撞，如何确定责任承担者，也是一个特殊的难题，抑或牵涉共同过失犯罪。再次，船舶航行中遇有恶劣天气或复杂情况，当班驾驶员可以请求船长到驾驶室指导船舶驾驶，此时发生船舶碰撞，当班驾驶员是否当然免除责任，也需要研究。最后，在引航过程中发生事故造成严重后果的责任追究，更为复杂，最为纠结。引航阶段，由引航员指挥驾驶船舶，但船长需到驾驶台上来，并不免除驾驶责任。此时若发生船舶碰撞或触碰事故，其刑事责任是由引航员承担，还是由船长承担，抑或由引航员和船长共同承担，缺少刑法规制。按照海商法的规定，[①]引航单位或引航员对引航所造成的事故不负民事赔偿责任，但引航员是否也可免除刑事责任？值得深入探讨。

（五）案件侦查的特殊性

海事刑事犯罪侦察的特殊性表现在：海上事故、海上违法行为依法由相关行政部门进行调查，并作出行政处理，例如违法捕捞行为，由海洋渔业部门进行调查并作出行政处罚；船舶碰撞或触碰事故，

[①] 《中华人民共和国海商法》第三十九条规定：船长管理船舶和驾驶船舶的责任，不因引航员的引领船舶而解除。

由海事行政部门进行调查并作出行政处罚。对构成犯罪的，行政部门根据相关规定移送公安部门处理。公安部门对犯罪行为的侦查，更多表现为对行政部门所收集的证据、所形成的调查报告等的审查，并作必要的补充侦查。因此，行政部门的调查，对打击海上犯罪的作用举足轻重，证明犯罪的主要证据和重要证据，基本来自相关行政部门的调查。

根据《最高人民法院关于适用〈中华人民共和国刑事诉讼法〉的解释》第六十五条关于"行政机关在行政执法和查办案件过程中收集的物证、书证、视听资料、电子数据等证据材料，在刑事诉讼中可以作为证据使用；经法庭查证属实，且收集程序符合有关法律、行政法规规定的，可以作为定案的根据"的规定，行政部门收集的证据材料作为刑事诉讼证据，没有异议。问题在于相关部门作出的调查报告能否作为刑事诉讼的证据，没有相关规定予以明确。[1]以题述案件的《船舶碰撞事故调查报告》为例，该报告系国家海事局根据其行政执法和查办案件职责，综合其调查收集的证据材料而作出的船舶碰撞事实及双方责任认定的报告。海上事故的调查与责任划分，具有相当的专业性，其调查报告由海事调查官作出，该项工作不是法官能够轻易胜任的。因此，海上事故调查报告具有类似于鉴定报告的性质。在题述案件的判决书中，宁波海事法院明确将该《船舶碰撞事故调查报告》列为认定案件事实和责任的重要证据，无疑是正确的。

---

[1] 在海事民商事审判中，最高人民法院民审判第四庭与中国海事局曾制定过《关于规范海上交通事故调查与海事案件审理工作的指导意见》，其中第一条第（五）、第（六）项明确：海事调查报告及其结论意见可以作为海事法院在案件审理中的诉讼证据，除非有充分事实证据和理由足以推翻海事调查报告及其结论意见；海事法院在案件审理中，诉讼当事人对海事局的海事调查报告及其结论意见有疑义的，海事法院可以要求海事局对当事人提出的相关问题作出解释和说明。

四、实行专门管辖需要明确之问题

展望未来，海事审判"三审合一"，需要在立法上予以明确，机构上予以安排，制度上予以完善，部门上予以协调。就目前来说，试行海事刑事诉讼专门管辖，需解决以下几个问题。

（一）关于海事刑事案件的范围界定

在立法尚未赋予海事法院刑事管辖权的背景下，根据中国《刑事诉讼法》第二十七条和《最高人民法院关于海事法院受理案件范围的规定》第一百一十二条的规定，最高人民法院通过指定试点法院的方式，由海事法院的上级法院指定管辖具体海事刑事案件，"先行试点"海事刑事诉讼专门管辖，为立法提供实践样本，不失为一种积极稳妥的做法。《最高人民法院办公厅关于指定宁波海事法院作为海事刑事案件管辖试点法院审理宁波"5·7"涉外海上交通肇事案的复函》虽使用了"海事刑事案件"的提法，但并未对"海事刑事案件"的内涵与外延予以明确。而科学界定海事刑事案件的范围，是海事法院试行刑事审判需要明确的首要问题。

笔者认为，所谓海事刑事案件，应当是与海事法院管辖的民事案件与行政案件相关联的犯罪案件，而不是发生在海上（包括通海水域）、与船舶有关联的所有刑事案件。如船舶碰撞纠纷由海事法院管辖，则船舶碰撞所构成的犯罪案件应由海事法院审判更为有利；海上污染纠纷案件由海事法院管辖，则海上污染所构成的破坏海洋环境犯罪案件，也应由海事法院审判；海上捕捞管理等行政案件由海事法院管辖，则违法捕捞构成犯罪的案件，也应由海事法院审判；船舶触碰桥梁、码头、海底电缆以及海上航运作业等构成重大安全生产责任事故的犯罪，也应纳入海事刑事案件范围；等等。只有这样，才能发挥海事法院在查明案件事实方面的长处，便于刑民、刑行案件的协调处理，同时也有利于统一涉海法律法规的理解与适用。

（二）关于海事刑事案件的侦查部门

最高人民法院、最高人民检察院、公安部《关于办理海上发生的违法犯罪案件的有关问题的通知》第三条规定："海上发生的刑事案件，由犯罪行为发生海域海警支队管辖；如果由犯罪嫌疑人居住地或者主要犯罪行为发生地公安机关管辖更为适宜的，可以由犯罪嫌疑人居住地或者主要犯罪行为发生地的公安机关管辖"。因此，海上发生的刑事案件的侦查部门，既可以是海警支队，也可以是公安机关。但笔者认为，海事刑事案件的侦查机关不应仅仅限于海警支队和公安机关，还应包括海关缉私局（海上走私犯罪），以及检察机关（国家监察制度改革后为各级监察委员会）的渎职犯罪侦查部门（海上或港口的重大事故犯罪）。明确海事刑事案件的侦查部门，有利于海事刑事案件的定性及移送起诉、提起公诉等，有利于海事法院诉讼管辖制度的系统化。

（三）关于海事刑事案件的公诉机关

最高人民法院、最高人民检察院、公安部《关于办理海上发生的违法犯罪案件的有关问题的通知》第四条规定："人民检察院提起公诉的海上犯罪案件，同级人民法院依法审判。"据此，海事法院审判的海事刑事案件，应由同级人民检察院即市级人民检察院作为公诉机关提起公诉。但问题在于海事法院实行跨行政区域的长臂管辖制度，在其管辖区域，有多个同级的市级人民检察院，比如在宁波海事法院辖区，同级的市级人民检察院有十一家。因此，如何确定海事刑事案件的公诉机关，亟待明确。是统一由海事法院所在地的市级检察院作为公诉机关，还是由案件发生地市级人民检察院作为公诉机关，需要研究确定。笔者认为，统一由海事法院所在地的市级人民检察院作为公诉机关，有利于工作协调与配合，也有利于公诉机关总结公诉经验，统一执法标准。

（四）关于海事刑事案件的审级管理

中国刑事案件实行二审终审制，海事刑事案件一审后，如被告人提起上诉，就涉及二审法院的确定，以及二审法院的内部分工问题。首先，从中国各海事法院的管辖区域来看，如果海事法院管辖区域内只有一家高级人民法院，二审法院就十分明确，比如宁波海事法院审理的海事刑事案件，被告人不服判决的，应当向浙江省高级人民法院提起上诉。如果海事法院管辖区域范围内具有两家以上高级人民院的，比如大连海事法院，其辖区内就有三家高级人民法院，武汉海事法院辖区内拥有六家高级人民法院，就有个二审法院的确定问题。是仿照海事民商事案件以海事法院所在地高级人民法院作为二审法院，还是由刑事案件发生地高级人民法院作为二审法院，需要最高人民法院予以明确。笔者认为，海事刑事案件的二审法院宜与海事民商事案件的二审法院保持统一。这样做，既有利于海事法院的工作联系，也有利相关海事案件的协调处理，还有利于统一裁判尺度。其次，二审法院确定后，还涉及内部庭室的分工管理。对于二审庭室的分工，有两种思路：一是统一模式，即海事民商事案件、海事行政案件、海事刑事案件均由省高院专门分工审理海事民商事二审案件的民四庭统一审理；二是条线模式，即海事民商事案件、海事行政案件、海事刑事案件分别由专门审理二审民商事案件、行政案件和刑事案件的民四庭、行政二庭、刑二庭审理。两者各有优缺点，条线模式有利于专业分工，统一模式则有利于相关案件的协调处理。从《最高人民法院关于海事诉讼管辖问题的规定》第二条关于"海事法院所在地的高级人民法院审理海事行政上诉案件，由行政审判庭负责审理"的规定来看，最高院的思路为条线模式，优先考虑审判的专业化。为此，笔者认为，海事刑事上诉案件，应由刑事审判庭负责审理。

综上，海事刑事诉讼由海事法院专门管辖，符合审判的规律，是未来的发展趋势，该案的成功审判，在一定程度上验证了海事刑事诉讼实行专门管辖的正确性。

（撰稿人：宁波海事法院　吴勇奇）

特别程序与纠纷处理

29. 海事赔偿责任限制下船舶优先权之否定

——上海神源企业集团有限公司诉厦门兴航宇船务有限公司海事债权确权纠纷案

案件索引：宁波海事法院（2011）甬海法温权字第 1 号，2011 年 3 月 15 日判决。

基本案情

2010 年 3 月 19 日，福建省霞浦县海运公司（以下简称霞浦海运）所属的"霞运 269"轮承运上海神源企业集团有限公司（以下简称神源集团）等四家货主的货物从上海至福建赛岐港途中，与北上航行的厦门兴航宇船务有限公司（以下简称兴航宇公司）所属的"兴航 168"号轮相遇，两船在温州大渔湾附近海域，即北纬 27°16′19″、东经 120°42′25″海域发生碰撞事故，导致"霞运 269"轮以及神源集团等单位的货物沉没。3 月 24 日，霞浦海运与舟山市东海水下工程有限公司签署《沉船打捞合同》，委托打捞船舶和货物，其中货物打捞费约定按钢材出水量每吨 1 000 元（包括短途运费和货物简单清洗费用）计收。4 月 15 日，神源集团、霞浦海运、货物保险人中国人民财产保险股份有限公司赛岐支公司以及货运代理人共同签署《受损货物处理协议》，确定打捞费由货物保险人先行垫付、受损货物处理以及委托宁德市闽宁价格认证评估有限公司（以下简称闽宁评估公司）对受损货物定损等事宜。

神源集团的货物陆续打捞出水47件，重量266.379吨。灭失1件，重量6.475吨。经闽宁评估公司核定，神源集团的货物在评估基准日的价格为7 800元/吨，已打捞出水货物贬值损失584 442元，货物灭失损失50 505元，合计634 947元。神源集团的货物实际分摊打捞费用27万元。

霞浦海运与兴航宇公司的船舶碰撞损害赔偿纠纷经宁波海事法院审理后，判决"霞运269"轮与"兴航168"轮的碰撞事故责任比例各为50%。该判决已经发生法律效力。

兴航宇公司因"兴航168"轮海事事故，向宁波海事法院申请设立海事赔偿责任限制基金，该院于2010年9月28日裁定准许设立。兴航宇公司已依法提供基金担保。

经债权登记，原告神源集团于2010年12月24日向宁波海事法院提起诉讼，请求判令被告兴航宇公司：1.按60%责任比例赔偿原告货物损失542 968元以及该款自2010年3月19日起按中国人民银行同期贷款基准利率计算至判决履行之日止的利息；2.确认原告上述债权对被告所属"兴航168"轮具有船舶优先权，并在被告所设立的海事赔偿责任基金中受偿；3.由被告承担本案诉讼费用。庭审中，原告根据两船碰撞责任比例各50%的生效判决，变更诉讼请求为被告赔偿其货物损失452 473.50元。

被告兴航宇公司辩称：本案事故系船舶碰撞引起，被告不应对该事故承担责任。即使被告应承担法律责任，原告的货物损失也应按上海泛华天衡保险公估有限公司出具的公估报告核定。综上，请求驳回原告的起诉。

判决与理由

宁波海事法院经审理认为：本案系船舶碰撞引起的损害赔偿确权纠纷。对碰撞造成的船舶以及船上货物和其他财产损失，碰撞船舶互有过失的，各船舶应按过失程度比例负赔偿责任。原告货物因承运船舶"霞运269"轮与被告所属的"兴航168"轮发生碰撞而受损，原告作为货物所有人，有权向造成其损失的责任人提出索赔。因该院另案生效判决已经确定两船碰撞责任比例，原告货物损失应按该责任比例确定被告应承担的赔偿数额。由于被告已经就"兴航168"轮与"霞运269"轮碰撞事故依法设立海事赔偿责任限制基金，原告向被告主张的货物损失系船舶营运中产生的财产赔偿请求，属于限制性债权，且已依法申请债权登记。因此，原告的债权应在基金中清偿，不再对"兴航168"轮具有船舶优先权。原告向本院申请债权登记时支付的1 000元，为法律规定的诉讼费用，属非限制性债权，应由被告全额负担。综上，原告部分诉请证据与理由充分，予以保护。被告的抗辩无事实和法律依据，不予采纳。被告经合法传唤无正当理由拒不到庭，可依法缺席审理。依照《中华人民共和国海商法》第一百六十九条第一款、第二款、第二百零七条第一款第一项、第三项、《中华人民共和国海事诉讼特别程序法》第一百一十六条以及《中华人民共和国民事诉讼法》第一百三十条的规定，判决如下：一、确认原告神源集团对被告兴航宇公司享有赔偿款452 473.50元以及该款自2010年3月19日起按中国人民银行同期贷款基准利率计算至受偿之日止的利息的海事债权；二、前款债权可在被告兴航宇公司在本院设立的海事赔偿限制基金中受偿；三、被告兴航宇公司于本判决生效后十日内另行支付原告神源集团债权登记申请费1 000元；四、对原告神源集团的其余诉讼请求不予确认。本案案件受理费9 230元，减少诉讼请求后为8 102元，由被告兴航宇公司承担。本判决为终审判决。

评 析

本案审判涉及一个易被忽视且法律规定较为原则、审判认识并不统一的法律适用问题：海事赔偿责任限制下的船舶优先权认定问题。

一、船舶碰撞损害所产生的债权，既享有船舶优先权，又属限制性债权

根据《海商法》第二十二条"下列各项海事请求具有船舶优先权"之第一款第五项关于"船舶在营运中因侵权行为产生的财产赔偿请求"的规定，就本案碰撞事故而言，原告神源集团的财产赔偿请求具有船舶优先权。

而依照《海商法》第二百零七条第一款"下列海事赔偿请求，除本法第二百零八条和第二百零九条另有规定外，无论赔偿责任的基础有何不同，责任人均可以依照本章规定限制赔偿责任：（一）在船上发生的或者与船舶营运、救助作业直接相关的人身伤亡或者财产的灭失、损坏，包括对港口工程、港池、航道和助航设施造成的损坏，以及由此引起的相应损失的赔偿请求；……（三）与船舶营运或者救助作业直接相关的，侵犯非合同权利的行为造成其他损失的赔偿请求；……"之规定，就本案碰撞事故而言，原告神源集团的赔偿请求，又属于限制性债权，责任人兴航宇公司可以限制赔偿责任。

综上分析，本案如认定神源集团的债权具有船舶优先权，似乎也符合法律规定。

二、船舶优先权的清偿顺序与海事赔偿责任限额或赔偿基金的清偿顺序不同

《海商法》第二十二条规定:"下列各项海事请求具有船舶优先权:(一)船长、船员和在船上工作的其他在编人员根据劳动法律、行政法规或者劳动合同所产生的工资、其他劳动报酬、船员遣返费用和社会保险费用的给付请求;(二)在船舶营运中发生的人身伤亡的赔偿请求;(三)船舶吨税、引航费、港务费和其他港口规费的缴付请求;(四)海难救助的救助款项的给付请求;(五)船舶在营运中因侵权行为产生的财产赔偿请求。"第二十三条规定:"本法第二十二条第一款所列各项海事请求,依照顺序受偿。但是,第(四)项海事请求,后于第(一)项至第(三)项发生的,应当先于第(一)项至第(三)项受偿。本法第二十二条第一款第(一)、(二)、(三)、(五)项中有两个以上海事请求的,不分先后,同时受偿;不足受偿的,按照比例受偿。第(四)项中有两个以上海事请求的,后发生的先受偿。"显然,本案原告主张船舶优先权的目的,在于依照船舶优先权的清偿排序,使其债权在有限的事故赔偿总额内获得足额清偿。

但在海事赔偿责任限制下,赔偿责任限额或赔偿基金的清偿排序与船舶优先权的排序完全不同。《海商法》第二百一十条第(一)、(二)项在分别规定关于人身伤亡和非人身伤亡赔偿请求的责任限额计算方法之后,第(三)项规定:"依照第(一)项规定的限额,不足以支付全部人身伤亡的赔偿请求的,其差额应当与非人身伤亡的赔偿请求并列,从第(二)项数额中按照比例受偿。"第(四)项规定:"在不影响第(三)项关于人身伤亡赔偿请求的情况下,就港口工程、港池、航道和助航设施的损害提出的赔偿请求,应当较第(二)项中的其他赔偿请求优先受偿。"

根据上述法律规定,在海事赔偿责任限制下,如果同时认定了船舶优先权,则赔偿责任限额或赔偿基金的分配将与船舶优先权的分配发生矛盾和冲突。例如:根据船舶优先权的清偿排序,船舶在营运中因侵权行为产生的所有财产赔偿请求,不分先后,同时受偿,不足受偿的,按比例受偿。但根据海事赔偿责任限额的清偿排序,船舶在营运中因侵权行为产生的财产赔偿请求,就港口工程、港池、航道和助航设施的损害提出的赔偿请求,较其他赔偿请求优先受偿。

尽管船舶优先权的清偿排序是针对船舶拍卖款分配的,而海事赔偿责任限制的清偿排序是针对赔偿责任限额或赔偿基金的,在责任人享受海事赔偿责任限制并设立海事赔偿责任限制基金的情况下,不存在拍卖船舶清偿既具有船舶优先权又享有海事赔偿责任限制的债权问题,但在责任人享受海事赔偿责任限制而未设立海事赔偿责任限制基金的情况下,如果拍卖责任人的船舶用于清偿其既具有船舶优先权又享有海事赔偿责任限制的债权时,矛盾和冲突就不可避免。

三、船舶优先权清偿顺序不影响海事赔偿责任限额或赔偿基金清偿顺序的实施

如何解决上述矛盾和冲突,如何适用上述法律规定呢?现有法律有原则性的解决方案。《海商法》第三十条明确规定:本节规定(即船舶优先权一节)不影响本法第十一章关于海事赔偿责任限制规定的实施。该条被认为是解决船舶优先权与海事赔偿责任限制制度之间冲突的规定。[①]针对本案情况,该条规定可被解读为:船舶优先权的清偿顺序不影响海事赔偿责任限额或赔偿基金清偿顺序的实施。也就是说:当船舶优先权和海事赔偿责任限制同时适用于同一案件

---

① 参见司玉琢:《海商法专论》,第83页;傅旭梅主编:《中华人民共和国海商法诠释》,人民法院出版社1995年版,第53页。

时，应优先适用海事赔偿责任限制的规定，不再适用与其相冲突的船舶优先权的规定。

四、原告主张船舶优先权，被告没有抗辩，《海商法》第三十条的适用极易被忽视

责任人享受海事赔偿责任限制的案件，由于事故的赔偿总额往往不足以清偿所有的债权，故债权人通常依法主张船舶优先权，以使其债权得以足额清偿。而作为债务人的责任人，由于赔偿总额已依法受到限制，并不关心各债权人的清偿排序以及能够得到的清偿数额。因此，对于债权人的船舶优先权主张，也不会积极去抗辩。而司法实践中，审判人员也往往基于对当事人没有争议的诉讼请求予以支持的惯性思维，没有注意适用法律的矛盾和冲突，加之《海商法》第三十条的规定较为原则，故主动适用该条规定的较少。例如：宁波海事法院（2006）甬海法权字第63号民事判决书，尽管该案责任人享有海事赔偿责任限制的权利并设立了海事赔偿责任限制基金，但审判人员仍然根据债权人的主张认定了船舶优先权。又如：从本案判决理由和判决主文看，审判人员虽注意了船舶优先权清偿顺序与海事赔偿责任限制基金清偿顺序的不同，并认定了原告的债权应在基金中清偿，从而否定了原告的船舶优先权主张，但仍没有适用《海商法》第三十条的规定。笔者查阅了几个海事赔偿责任限制下的民事判决书，尽管都未支持债权人的船舶优先权主张，但均未以《海商法》第三十条作为法律依据。

五、否定船舶优先权的理由及表述

由于在海事赔偿责任限制下认定船舶优先权会造成清偿顺序的矛盾和冲突，故根据《海商法》第三十条的规定，应优先适用海事赔偿责任限制所规定的清偿顺序。但在如何处置债权人所主张的船舶优先权上，各审判组织的理由和表述又不尽统一。如本案判决的理由及表述为："原告向被告主张的货物损失系船舶营运中产生的财产赔偿请求，属于限制性债权，应在基金中清偿，不再对'兴航168'轮具有船舶优先权。"又如（2007）甬海法权字第17号案判决的理由及表述为："由于被告已经设立了海事赔偿责任限制基金，而海商法对海事赔偿责任限制基金的分配顺序进行了专门规定，故对船舶优先权不再适用。"再如（2010）甬海法权字第6号案民事判决书的理由及表述为："因鼎衡公司已依法享受并设立了海事赔偿责任限制基金，可在此次基金内分配的债权均是因鼎衡公司船舶碰撞所造成的，均对'鼎衡5'轮享有船舶优先权，故泓欣公司关于船舶优先权的主张已无实际意义，本院也不再对其此项请求进行判决。"

在上述判决的理由和表述中，（2010）甬海法权字第6号案并未体现出《海商法》第三十条所规定的优先适用海事赔偿责任限制规定的精神。（2007）甬海法权字第18号案关于原告"主张的船舶优先权，不再适用"的表述，与本案关于原告的债权"不再对'兴航168'轮具有船舶优先权"的表述相比较，前者更符合《海商法》第三十条的规定，因为优先适用海事赔偿责任限制的规定，意味着不再适用船舶优先权的规定。

（撰稿人：宁波海事法院 吴勇奇）

30. 对申请承认与执行外国海事仲裁裁决的审查与处理

——汉迪波克海运有限公司申请承认和执行外国海事仲裁裁决案

案件索引：宁波海事法院（2009）甬海法仲确字第 1 号，2009 年 11 月 13 日裁定。

基本案情

舟山中昌海运股份有限公司（以下简称中昌公司）与汉迪波克海运有限公司（Handybulk Shipping Ltd，以下简称汉迪波克公司）于 2003 年 9 月 1 日签订了船舶买卖协议备忘录和两个附录（简称 MOA），约定买卖"欧太罗蔓西普"轮，交船地点在中国舟山。协议约定将产生的争议在伦敦提交仲裁，适用英国法律解决。协议签订后，中昌公司按约支付了合同价 10% 的购船保证金。在随后的时间里，双方又就交船时间安排及交船文件等事项分别达成了 3 份补充协议，同时将合同解约日延期至 2004 年 4 月 30 日。2004 年 2 月，中昌公司鉴于汉迪波克公司未向其交付船舶，并将船舶再次转租给第三方，即认为汉迪波克公司有违约意图，因此于 2 月 29 日向船旗国马耳他法院申请禁令。该国法院于 3 月 1 日签发了禁令，禁止汉迪波克公司将船舶重新出售或者交易，禁止马耳他船舶登记机关同意该轮另外进行过户和设定船舶抵押权。同月5日，中昌公司将双方纠纷在伦敦提交仲裁，指定伦敦海事仲裁员 Patrick O'Donovin 为该案仲裁员，并书面告知汉迪波克公司。由于汉迪波克公司未在约定的时间内指定仲裁员，Patrick O'Donovin 于2004年3月22日正式接受指定，担任该案的独任仲裁员。中昌公司提出的索赔请求是：汉迪波克公司赔偿拒绝交船造成的损失10 892 217.83美元，并返还购船保证金717 150美元，同时赔偿相关利息和费用。仲裁程序开始后，中昌公司仍多次要求汉迪波克公司继续履行交船义务。而汉迪波克公司认为中昌公司未能按照协议约定提交合格的文件，并申请法院禁令禁止船舶交易，致使卖方无法按期办理船舶买卖契据和船舶无负担证书，因此中昌公司的行为属于毁约行为，汉迪波克公司在合同解约日解除了MOA。2004年5月28日，中昌公司在加拿大温哥华申请扣押了"欧太罗蔓西普"轮。在汉迪波克公司提供了910万美元担保后，该轮于同年12月初被加拿大法院释放。汉迪波克公司随后就中昌公司申请扣船行为在伦敦仲裁程序中提出了反索赔请求，要求中昌公司赔偿：本应于2004年2月支付的船价所产生的利息损失；扣船造成的租金、燃料和港口费损失953 439.28美元；扣船期间在温哥华所产生的营运费用及营运收入损失；同时应支付相关利息和费用。仲裁员 Patrick O'Donovin 认为仲裁庭对汉迪波克公司的反请求有管辖权。仲裁庭于2007年10月22日作出《宣告性裁决》，驳回中昌公司的全部请求，同时裁决"就责任而言，汉迪波克公司的反索赔获得支持，但其损失数额需根据因果关系和证据而定，仲裁员保留可能就双方当事人之间尚存的所有争议做出其他进一步裁决的管辖权"。应汉迪波克公司的请求并经过审理，仲裁庭于2008年11月5日作出《费用裁决书》，裁决：中昌公司应向汉迪波克公司支付为了《宣告性裁决》以及《费用裁决书》内所裁决事项而发生的各种费用,并支付该费用的利息;具体应付款项有待于双方的协商一致,或者,如果双方无法达成一致,由仲裁庭审核确定。鉴于双方未能就费用赔偿问题达成一致,2009年5月22日,仲裁庭对费用数额问题作出终局裁决,即《第二份费用裁决书》,裁定:(1)中昌公司立即向汉迪波克公司支付本金629 112.14英镑以及在此数额之上,自2008年11月5日起至付款之日止,以每三个月为基础计算的,年利率为4%的复利;(2)中昌公司应负担其自身费用并立即向汉迪波克公司支付与仲裁员的评估及决定事项有关的费用,数额为5 919英镑;(3)中昌公司应进一步负责并支付仲裁员作出《第二份费用裁决书》的费用,共计4 650英镑(包括仲裁员的费用及与此相关的中间事项的费用),但是,如果汉迪波克公司先行对此《第二份费用裁决书》的各种费用做出任何支付,则中昌公司必须立即向汉迪波克公司偿付该项费用;(4)中昌公司应对上述第(2)至(3)条规定的任何费用支付利息,利率为年利率4%或按比例计算。利息自《第二份费用裁决书》的日期起算,每三个月计算一次复利,直到有关付款或归还款付清之日为止。因中昌公司未履行该裁决书下的付款义务,汉迪波克公司于2009年8月14日向宁波海事法院申请承认并强制执行上述《第二份费用裁决书》。

宁波海事法院立案受理后,为了解案情、查证有关事实,先后举行了两次听证会。被申请人中昌公司请求法院对《第二份费用裁决书》不予承认和执行,并发表异议称:1.汉迪波克公司未就本案《宣告性裁决》和《费用裁决书》向中国法院提出确认申请,因而无权单独就《第二份费用裁决书》要求予以承认和执行。《宣告性裁决》和《费用裁决书》是伦敦仲裁员作出《第二份费用裁决书》的前提和基础,如果中国海事法院认为涉案《宣告性裁决》不具备中国法下承认的条件，也就不可能承认和执行《第二份费用裁决书》。2.《宣告性裁决》还就汉迪波克公司的反索赔做出了初步裁决，该部分裁决明显超越了双方买卖合同约定的仲裁管辖范围，中国法院理应不予承认。3. 有关对方法律费用的索赔和争议，双方当事人从未达成仲裁协议。仲裁员根据对方要求，单独就其法律费用索赔做出两份裁决，在欠缺双方新的仲裁合意的情况下，显然没有管辖依据。另外，反索赔所涉的法律费用支出更非仲裁员仲裁管辖范围。4. 承认和执行申请超过了中国法律规定的期限。汉迪波克公司未在中国法律规定的申请执行期限内向我国法院申请承认和执行有关本案实体争议的主裁决《宣告性裁决》，因而丧失了申请承认和执行《第二份费用裁决书》的权利。5.《宣告性裁决》所认定的主要事实严重违反了中国法律的基本原则和常识，危害中国法制的统一和社会公共利益，中国法院理应拒绝承认。

裁定与理由

宁波海事法院经审理认为：英国仲裁员 Patrick O'Donovin 作出的上述《第二份费用裁决书》，符合《承认和执行外国仲裁裁决公约》（又称《纽约公约》）和我国法律所规定的承认与执行外国仲裁裁决的条件；中昌公司的异议不成立，对汉迪波克公司的申请，法院予以支持。依照《中华人民共和国民事诉讼法》第一百四十条第一款第十一项、第二百六十七条的规定，裁定如下：对仲裁员 Patrick O'Donovin 于 2009 年 5 月 22 日作出的上述《第二份费用裁决书》的法律效力予以承认，对该裁决予以执行。

30.对申请承认与执行外国海事仲裁裁决的审查与处理

评　析

本案是宁波海事法院受理的第一起承认和执行国外海事仲裁裁决案,属于海事特别程序案件,有别于一审民事案件的审理,缺少明确的程序性规定作为依据。同时,双方当事人争议较多,既涉及程序问题,也涉及实体问题。法院在确保当事人诉讼权利的基础上,以《纽约公约》为依据,深入进行剖析,依法作出了承认与执行的裁决,公正维护了外国当事人的合法权益。

一、审查承认与执行的程序处理

依据《中华人民共和国民事诉讼法》和《中华人民共和国海事诉讼特别程序法》的有关规定,当事人可以向被执行财产所在地或者被执行人住所地的海事法院申请承认和执行外国海事仲裁裁决,但有关法律或者司法解释都没有详细规定法院该如何办理此类案件。

首先是汉迪波克公司申请承认并执行英国仲裁裁决,该申请是作一案处理,还是分作审查承认和审查执行两案办理。对此,宁波海事法院收案当时没有定论。查找相关司法文件发现,在最高人民法院编发的《海事诉讼文书样式(试行)》中,裁定书和执行令都使用执行案件字号;而浙江省高级人民法院《关于全省法院案件字号编立的规定》则将申请承认国外仲裁裁决案件统一以"仲确字"字号进行编立。由于承认裁决和执行裁决分属法院的两大职能,既不能由审判机构、也不应由执行机构独立完成,故在立案处理时,法院将该申请按申请承认和申请执行两个环节分拆立案,由审判部门审查作出承认与否的裁定,再依据承认裁定,编立执行案号转交执行部门执行,而执行立案则由法院在裁定书送达当事人后直接办理。

对于申请人汉迪波克公司而言，只需要提交一份承认和执行的申请即可，但申请承认费用和执行费用需要一并预交，如果仲裁裁决不被承认，预交的执行费用再由法院退还。这样的程序安排，不仅不会增加当事人的各种负担，而且能使法院相关职能部门的职责更加清晰，程序更加顺畅。

其次是对外国仲裁裁决是否予以承认的审查方式，实践中有书面审查和听证审查两种模式。就《纽约公约》第四条所规定的形式要件而言，书面审查即能够予以判定。而当被申请人就该公约第五条所规定的内容提出异议时，仅靠书面审查无法判明是非，应当给予双方当事人充分陈述其主张和理由的机会。因此，在办理申请承认和执行外国仲裁裁决案件时，应采取以公开听证为主、书面审查为辅的审查模式。本案因被申请人对仲裁裁决提出了异议，故采取公开听证的方式进行审查。

二、对仲裁裁决的审查依据和范围

本案所涉裁决系伦敦仲裁机构作出，我国和英国均是《纽约公约》的成员国，因此对涉案仲裁裁决的审查，应适用该公约的规定。除了公约第四条规定的形式要件外，是否予以承认和执行，主要按公约第五条的规定进行审查。公约第五条所规定的可以拒绝承认和执行的七种情形，大多属仲裁程序范畴，只有与公共秩序相抵触一项可能与案件实体处理有关。

就本案而言，在中昌公司提出的异议中，只有汉迪波克公司能否仅就《第二份费用裁决书》提出承认和执行申请；《第二份费用裁决书》内容是否超出当事人的仲裁协议范围；汉迪波克公司的申请是否超过法定期限；涉案裁决是否与我国公共秩序相抵触四个问题属于本案的审查范围。被申请人中昌公司对案件事实所作的陈述以及其提出的实体争议，不应作为本案的审查内容。

三、申请人是否有权单独就《第二份费用裁决书》申请承认和执行

中昌公司提出,汉迪波克公司未就本案《宣告性裁决》和《费用裁决书》向中国法院提出确认申请,《第二份费用裁决书》便失去了存在的前提,因此无权单独就《第二份费用裁决书》申请予以承认和执行。经分析案涉三份裁决的内容,我们不难确定《第二份费用裁决书》是独立完整的仲裁裁决,一旦承认即可予以执行,而且中国仲裁法、中国仲裁机构的仲裁规则都有关于"可以就部分事项先行裁决或作出中间裁决"的规定。同时,中昌公司也没有提供《第二份费用裁决书》不能单独付诸执行的任何证据。

虽然《第二份费用裁决书》与前两份裁决具有内在联系,但却是相对独立的裁决,既确认了中昌公司的责任,又有具体金钱给付的内容,在形式上完全符合将其单独作为外国仲裁裁决在中国法院申请承认和执行的要求,无须以之前两份裁决的承认与执行,作为申请承认与执行《第二份费用裁决书》的前提条件。针对中昌公司对《第二份费用裁决书》的异议,法院可以将前两份裁决作为本案的相关证据予以审查,但中昌公司要求审查作出前两份裁决责任认定的理由和依据,偏离了《纽约公约》所赋予的权利,不应予以支持。

四、《第二份费用裁决书》的仲裁管辖依据

中昌公司认为,《第二份费用裁决书》是针对法律费用的索赔和争议作出的,而双方当事人对此争议从未达成过仲裁协议,仲裁员根据对方要求,单独就其法律费用索赔做出裁决,显然没有管辖依据。法院对中昌公司此项异议未予采纳。理由是:第一,双方当事人在提交仲裁时,无论是中昌公司的请求还是汉迪波克公司的反请求,其中都包含有利息和费用损失的主张。第二,两份费用在仲裁过程中,仲裁庭对各方当事人进行了通知,但中昌公司并没有参加仲裁。

汉迪波克公司说明，费用裁决的内容，是汉迪波克公司针对中昌公司的仲裁请求进行抗辩而产生的律师费用和其他相关开支，与其针对中昌公司的反请求无关。而费用损失的金额问题是实体争议，中昌公司自己放弃了在仲裁庭抗辩的权利，不应成为本案的抗辩理由。第三，双方当事人约定其争议受英国法管辖，并根据英国法解释。而根据1996年《英国仲裁法》第59条和第63条的规定，仲裁庭对费用承担具有仲裁管辖权。第四，从《宣告性裁决》直到《第二份费用裁决书》，仲裁庭都在裁决中对相关问题的裁决管辖权作了保留，并没有终止管辖权。因此，《第二份费用裁决书》的内容没有违背《纽约公约》第五条的规定，中昌公司的异议理由不成立。

五、本案超过法定申请期限的理由不成立

案涉三份裁决的作出时间分别是2007年10月22日、2008年11月5日和2009年5月22日，送达双方当事人的时间也应分别在此之后。我国民事诉讼法（试行）规定的申请执行期限为6个月，2008年4月1日施行的修改后的民事诉讼法规定的执行期限为2年。汉迪波克公司于2009年8月14日向宁波海事法院申请承认并强制执行2009年5月22日作出的《第二份费用裁决书》，没有超过法定期限。首先，汉迪波克公司申请承认和执行《第二份费用裁决书》，自该裁决作出之日起，没有超过我国民事诉讼法（试行）规定的申请执行期限6个月，更没超过民事诉讼法修改后的2年申请执行期限；其次，即使该裁决申请执行期限需要从宣告性裁决作出时起算期间，也没有超过2年申请执行期限，因为在原6个月的申请执行期限届满前，新的民事诉讼法开始施行，有关期间应当按新法计算，申请人申请承认与执行，距宣告性裁决作出的时间也不足2年。因此，本案汉迪波克公司申请承认和执行《第二份费用裁决书》，没有超过法定期限。

六、关于公共秩序保留的理解与适用

本案能否适用公共秩序保留而不予承认，是审理过程中涉及的实体性问题。中昌公司提出的主要理由是：仲裁员认定《董事会纪要》不符合当事人之间关于船舶买卖合同的约定，是无效的交船文件，卖方汉迪波克公司因此不需要向中昌公司交船，与中国《公司法》和中国法律基本常识抵触，在此基础上作出的裁决显然有悖于中国法律的基本原则，绝无公正可言。宁波海事法院根据谁主张谁举证的原则，要求双方就《宣告性裁决》中的相关内容分别提交中文译件作为证据。从中可以看出：仲裁员没有对中国法律进行评述，只是将此作为案件事实进行查明，同时也听取了中昌公司提供的中国法律专家的意见。《董事会纪要》确有中昌公司全体董事会成员签名、公司盖章，并经中国公证机关的公证，但中昌公司也确实未就该董事会纪要召开董事会会议。因此在不同法域下，对这种《董事会纪要》的效力就会有不同的判断。既然当事人协议选定了仲裁所适用的规则和法律，就应当预见并接受相应的法律风险及其结果。根据双方当事人在听证中陈述的意见及相关文件显示的内容，中昌公司提出的《宣告性裁决》与我国法律相抵触的内容，其实质属于案件事实的认定，该部分事实在仲裁程序中应当由仲裁员根据优势证据规则和双方约定的英国法作出认定。具体来说，英国的仲裁机构并无审查中昌公司作出《董事会纪要》是否符合中国法规定的义务。换句话说，英国仲裁机构根据英国法认定《董事会纪要》无效，进而作出《宣告性裁决》是否违反中国的公共秩序，不是其考虑的问题，而是中国法院承认与执行该仲裁裁决时应考虑的问题。至于《宣告性裁决》的事实认定是否妥当，英国法院的裁定是否合理（中昌公司曾在英国提起上诉，后被英国高等法院驳回），都是实体问题，不属于本案审查范畴，更不能归入公共秩序保留的范畴。

对外国仲裁裁决的承认与执行，是否适用公共秩序保留，需要进行综合判断并持谨慎态度，不能为了局部或个体利益而任意引用。只有在与承认国的重大利益、基本政策、基本道德观念或者法律基本原则相抵触的情况下，才能适用公共秩序保留。本案中昌公司因作出《董事会纪要》程序方面的原因被认定为无效，从而在实体上可能存在某种"冤屈"，并不构成对中国法律原则的抵触和国家重大利益的损害。但如果就此认定仲裁裁决与我国公共秩序相抵触并拒绝承认，反而会导致外界认为受理法院不遵守《纽约公约》、不履行缔约国义务，这才是对国家公共利益的真正损害。因此，宁波海事法院对中昌公司的主张未予支持，其所作出的承认裁定也是对公共秩序保留原则的正确诠释。

（撰稿人：宁波海事法院　胡建新）

31. 海事海商审判与破产案件的程序衔接
——浙江省浙商资产管理有限公司诉浙江庄吉船业有限公司等船舶抵押合同纠纷案

案件索引：宁波海事法院（2015）甬海法温商初字第34号，2016年1月26日判决。

基本案情

2011年12月7日，中国银行股份有限公司温州市分行（以下简称温州中行）为浙江庄吉船业有限公司（以下简称庄吉船业）开立造船预付款保函，以庄吉船业在建船舶"丽吉"轮作最高额抵押反担保，并由温州远东船舶有限公司（以下简称远东公司）、温州庄吉集团工业园区有限公司（以下简称庄吉园区）、庄吉集团有限公司（以下简称庄吉集团）、郑元忠、黄少平提供连带责任反担保。由于庄吉船业备付款项不足，温州中行于2013年4月19日对外垫付了7 171 773.51美元。2014年8月22日，温州中行将上述债权及其从权利转让给浙江省浙商资产管理有限公司（以下简称浙商公司）。浙商公司向温州市中级人民法院（以下简称温州中院）起诉，请求判令：1. 庄吉船业偿还保函垫款本金7 171 773.51美元和利息、复利以及实现债权费用；2. 远东公司、庄吉园区、庄吉集团、郑元忠、黄少平负连带保证责任；3.对"丽吉"轮拍、变卖价款优先受偿。2015年2月25日，本案移送宁波海事法院审理。

本案审理期间，温州中院于2015年2月27日裁定受理庄吉船业、远东公司、庄吉园区、庄吉集团破产重整申请，并指定破产管理人。经计算，截至2015年2月27日止，涉案保函垫付款及利息和复利合计8 410 586.76美元，原告已申报债权。原告为本案诉讼支付律师服务费14 286元。

庄吉船业、远东公司、庄吉园区、庄吉集团、郑元忠、黄少平辩称：对保函垫付款事实无异议，但"庄吉系"企业正在破产重整，利息和复利应自法院裁定受理破产之日停止计算；暂缓对"丽吉"轮的处置，并中止本案审理；反担保人在本案中不承担连带清偿责任。

判决与理由

宁波海事法院经审理认为：涉案开立保函合同、最高额抵押合同及反担保合同，均合法有效。合同履行过程中，因庄吉船业存入备付款项不足，导致温州中行对外垫付保函项下预付款，庄吉船业依约应及时清偿垫付款及其利息和复利，远东公司、庄吉园区、庄吉集团、郑元忠、黄少平负连带保证清偿责任。温州中行将涉案垫付款主债权及其从权利转让给原告，原告有权要求各被告承担上述清偿责任，并行使船舶抵押权。因温州中院已于2015年2月27日裁定受理庄吉船业、远东公司、庄吉园区、庄吉集团破产重整，垫付款利息和逾期罚息均应计算至2015年2月27日止。在建船舶抵押已经登记，原告上述债权对"丽吉"轮依法享有抵押权。"丽吉"轮系在建船舶，双方在设立抵押时未具体约定抵押物范围，抵押物清单也仅简单记载"丽吉散货船1艘",抵押物的范围应确定为已建成部分的船体及其机器、设备和材料。主合同未对律师费作出明确约定,原告要求各被告承担律师费的诉讼请求,不予支持。各被告提出因庄吉船业、远东公司、庄吉园区、庄吉集团正在破产重整,抵押物应暂缓处理、本案应中止审理以及反担保人在本案中不承担连带清偿责任的抗辩,但依照《中华人民共和国企业破产法》第二十条之规定,破产重整不影响本案审理和判决,也不影响各反担保人依法承担连带保证责任,故对被告的抗辩不予支持。综上,依照《中华人民共和国合同法》第七十九条、第八十一条、第一百零七条、第一百一十三条第一款,《中华人民共和国海商法》第十一条、第十四条第一款、第十八条,《中华人民共和国物权法》第二百零三条第一款,《中华人民共和国担保法》第四条、第十八条、第三十一条和《中华人民共和国企业破产法》第二十条、第四十六条第二款、第一百二十四条的规定,判决如下:一、被告庄吉船业应偿付原告保函垫付款及截至2015年2月27日止的利息、复利合计8 410 586.76美元;二、原告的债权对被告庄吉船业所有的在建船舶"丽吉"轮享有船舶抵押权,有权从"丽吉"轮拍卖或变卖价款中优先受偿,但优先受偿的债权金额与编号2013年抵字44庄0021号《最高额抵押合同》担保的其他债权金额合计不得超过1亿元;三、被告远东公司、庄吉园区、庄吉集团、郑元忠、黄少平于被告庄吉船业破产程序终结后三十日内,对于本判决确定的债务在破产程序中未得到清偿部分继续向原告承担连带清偿责任;四、被告远东公司、庄吉园区、庄吉集团、郑元忠、黄少平承担担保责任后,有权向被告庄吉船业追偿;五、驳回原告其他诉讼请求。宣判后,原、被告均未提出上诉,一审判决发生法律效力。

评　析

该案实体上并无太多争议，但涉及海事海商审判与破产案件的程序衔接，属于海事审判领域新类型案件，相关问题的妥善处理，对类案的实务操作具有一定的借鉴意义。

一、案件管辖上的衔接

该案由温州中院移送而来，移送理由是案件涉及船舶抵押。案件移送后，温州中院受理了包括该案被告庄吉船业、远东公司、庄吉园区、庄吉集团在内的"庄吉系"企业破产重整申请。因此，管辖上有两个问题值得明确：一是该案是否由海事法院受理；二是温州中院受理"庄吉系"企业破产重整申请后，该案是否继续由海事法院审理。

（一）该案是否由海事法院受理

该案主合同为开立保函合同，纠纷因保函开立银行对外垫付款项引起，仅此而言，主合同与海事海商纠纷无关。但保函申请人庄吉船业以其所有的在建船舶作抵押，提供反担保，即反担保合同或者说抵押物与船舶相关。《中华人民共和国海商法》第十四条规定，建造中的船舶可以设定抵押权，该条还规定了建造中船舶抵押权的登记办理。可见，我国法律规定的船舶抵押，包括了在建船舶。而《中华人民共和国海事诉讼特别程序法》和2001年《最高人民法院关于海事法院受理案件范围的若干规定》都规定，船舶抵押合同及船舶抵押权争议，属于海事海商纠纷，由海事法院受理。2016年3月1日起施行的《最高人民法院关于海事法院受理案件范围的若干规定》第一百一十条更是对此类问题作了进一步明确："当事人提起的民商事诉讼、行政诉讼包含本规定所涉海事纠纷的,由海事法院受理。"即新规定施行后,无论主合同如何,只要纠纷涉及船舶抵押合同或者船舶抵押权的,都属于海事海商纠纷,由海事法院专门管辖。该案以在建船舶作抵押反担保,且原告诉请行使船舶抵押权,应由海事法院专门管辖,温州中院将案件移送宁波海事法院审理,符合法律规定。

(二)该案是否由海事法院继续审理

《中华人民共和国企业破产法》第二十条和第二十一条规定,已经开始而尚未终结的有关债务人的民事诉讼,在管理人接管债务人财产后,该诉讼继续进行;法院受理破产申请后,有关债务人的民事诉讼,只能向受理破产申请的法院提起。此外,《最高人民法院关于适用〈中华人民共和国企业破产法〉若干问题的规定(二)》第四十七条规定,受理破产申请的法院,如对有关债务人的海事纠纷等案件不能行使管辖权的,由上级法院指定管辖。由此可见,法院受理债务人破产申请后,针对债务人的民事诉讼,管辖上作区别对待:之前已经受理的,由该法院继续审理;之后起诉的,由受理破产法院集中管辖;涉及海事纠纷等专门审判的,可报请上级法院指定管辖。该案在温州中院裁定受理"庄吉系"企业破产重整申请前已经移送宁波海事法院,按《中华人民共和国企业破产法》第二十条的规定,经双方沟通,由宁波海事法院继续审理。进一步而言,涉及"庄吉系"企业的海事纠纷如果是在温州中院裁定受理"庄吉系"企业破产重整申请之后起诉的,则按《中华人民共和国企业破产法》第二十一条和前述司法解释的规定,可报请上级法院指定管辖。

二、审判程序上的衔接

温州中院裁定受理"庄吉系"企业破产重整申请后,各被告要求暂缓对抵押物的处置,并中止该案审理。对此,宁波海事法院分别作了不同处理。

（一）该案是否应中止诉讼

宁波海事法院受理案件后，因温州中院受理"庄吉系"企业破产重整，遂于 2015 年 3 月 4 日裁定该案中止诉讼。被告庄吉船业、远东公司、庄吉园区、庄吉集团的破产管理人确定并接管财产后，各自委托了诉讼代理人，宁波海事法院又恢复了案件审理。《中华人民共和国企业破产法》第二十条之所以规定要中止诉讼，等待破产管理人接管债务人财产，是因为法院受理债务人破产申请后，债务人的原法定代表人已不能行使诉讼权利，诉讼权利义务主体暂时处于"真空"状态，客观上应当中止诉讼。破产管理人接管债务人财产后，再以重整为由要求中止诉讼，则缺乏依据。温州中院裁定受理"庄吉系"企业破产重整申请后，原告已申报债权，但债权人会议只对债权本金部分作了确认，其他争议，包括垫付款利息、实现债权费用、抵押和保证效力等等，仍需根据《中华人民共和国企业破产法》第五十八条规定通过诉讼解决。

（二）该案是否应暂缓对抵押物的处置

被告庄吉船业的破产管理人提出，债务人正在重整，涉案抵押物即在建船舶"丽吉"轮系债务人主要财产，应暂缓处置，原告不能强制执行债务人的财产，也不能行使抵押权。《中华人民共和国企业破产法》第七十五条规定，重整期间，对债务人的特定财产享有的担保权暂停行使；第十九条规定，法院受理破产申请后，有关债务人的执行程序应当中止。庄吉船业破产管理人要求暂缓对涉案抵押物"丽吉"轮的处置，符合《中华人民共和国企业破产法》的规定，也是债务人重整所必需。该案系诉讼期间债务人申请破产重整之情形，程序上应依附于债务人破产重整，性质上属于债权确认诉讼，不同于一般意义上的给付之诉。该案对抵押物的审理和裁判，也仅限于对船舶抵押权效力的确认，而不涉及对抵押物的强制执行。

三、财产保全上的衔接

海事请求保全,尤其是船舶的扣押和拍卖,如何与破产程序妥善衔接,是个棘手的问题。该案虽未涉及,但仍有必要一并加以评析。实务操作中,主要有两种情形需要做好程序上的衔接:一是破产受理之前已经扣押的船舶;二是破产清算过程中的船舶扣押和拍卖。

(一)破产受理之前已经扣押的船舶

海事法院扣押船舶后,地方人民法院受理债务人(即海事请求的被申请人或者海事案件的被执行人)破产申请,根据《中华人民共和国企业破产法》第十九条的规定,保全措施应当解除,执行程序应当中止。问题在于,船舶不同于其他财产,扣押期间会持续产生大量费用,船舶因债务人破产而需要解除扣押的,扣押期间已经发生的维持、保管费用如何处理?尤其是在指定第三方看管并由第三方垫付相关费用并长期扣押或者债务人重整迟迟没有结果的情况下,船舶维持、保管费用巨大,且持续发生,是否应在解除扣押前先行结算就成了一个两难的现实问题。① 由于《中华人民共和国企业破产法》第十九条和《中华人民共和国海事诉讼特别程序法》第二十九条存在明显冲突,② 更由于破产程序被认为是"帝王程序",争论孰是孰非,殊无益处,减少和避免损失、风险持续扩大,才是最需要关注的问题。笔者认为,地

---

① 参见宁波海事法院(2015)甬海法温民执字第113号。该院于2014年7月11日应众船员的申请在温州港扣押了"盛安达68"轮,并指定第三方看管;同年12月,广西某中级人民法院受理了船舶所有人的破产重整申请。破产管理人坚持要求宁波海事法院解除船舶扣押却不落实此前已经发生的船舶维持、保管费用,船舶看管人则请求及时结算维持、保管费用并处置船舶。经长时间协调,截至2016年5月26日,船舶仍扣押在温州港,费用和风险不断扩大。

② 《中华人民共和国海事诉讼特别程序法》第二十九条规定:"船舶扣押期间届满,被请求人不提供担保,而且船舶不宜继续扣押的,海事请求人可以在提起诉讼或者申请仲裁后,向扣押船舶的海事法院申请拍卖船舶。"

方人民法院受理债务人破产后，管理人接管海事法院已经扣押的船舶前，应当先行结清或者妥善解决此前已经发生的船舶维持、保管费用，既不支付也不提供担保且船舶不宜继续扣押的，可以拍卖船舶用于清偿维持、保管费用并提存或者移交其余价款。理由在于：第三方经海事法院指定看管船舶并垫付相关费用，系司法辅助行为，相关费用按《中华人民共和国企业破产法》第四十三条规定，不属于破产债权，而是共益债务性质的债权，应当随时清偿；在船舶未解除扣押前，仍适用《中华人民共和国海事诉讼特别程序法》第二十九条的规定，船舶扣押期满，未提供担保，且不宜继续扣押的，申请人可以申请拍卖船舶；船舶拍卖后，优先清偿船舶维持、保管费用，其余价款移交破产管理人或破产法院。

（二）破产清算中的船舶扣押和拍卖

海事海商纠纷由海事法院专门管辖，船舶扣押和拍卖具有很强的专业性。地方人民法院受理债务人破产案件后，需要扣押、拍卖船舶的，司法实践中一般做法是委托海事法院具体实施。[①]依据有两方面：一是《最高人民法院关于适用〈中华人民共和国海事诉讼特别程序法〉若干问题的解释》第十五条有关执行中委托扣押拍卖船舶的规定；[②]二是《最高人民法院关于适用〈中华人民共和国企业破

[①] 参见宁波海事法院（2013）甬海法温执民字第63—67号和（2013）甬海法温执委字第6号。该院在执行中扣押了"新东福"轮，并裁定拍卖该轮。后乐清市人民法院受理了船舶所有人的破产申请，宁波海事法院遂裁定终止拍卖船舶，解除船舶扣押，并将船舶移交给破产管理人。债务人破产清算过程中，受乐清市人民法院委托，宁波海事法院公开拍卖了"新东福"轮。

[②] 《最高人民法院关于适用〈中华人民共和国海事诉讼特别程序法〉若干问题的解释》第十五条规定："除海事法院及其上级人民法院外，地方人民法院对当事人提出的船舶保全申请应不予受理；地方人民法院为执行生效法律文书需要扣押和拍卖船舶的，应当委托船籍港所在地或者船舶所在地的海事法院执行。"

产法〉若干问题的规定（二）》第四十七条有关特殊纠纷可报请指定管辖的规定。笔者认为，破产清算中的船舶扣押和拍卖，在程序衔接上有待进一步明确和统一：一是此类船舶的扣押和拍卖，在性质上不是海事请求保全行为，而是破产财产的保全和变现行为；二是此类船舶的扣押和拍卖并非基于当事人或者破产管理人的申请，而应由受理破产案件的法院委托海事法院进行；三是此类委托只是单项委托而非全案委托，限于扣押、拍卖船舶等具体事项；四是船舶拍卖价款列入破产财产，相应的债权登记也应向破产管理人提出；五是与被拍卖船舶有关的债权人提起的诉讼，属于海事海商纠纷的，可按《最高人民法院关于适用〈中华人民共和国企业破产法〉若干问题的规定（二）》第四十七条之规定，指定海事法院管辖，但此类诉讼不是《中华人民共和国海事诉讼特别程序法》规定的确权诉讼，而是破产程序中的债权确认诉讼。

四、案件裁判上的衔接

该案涉及在建船舶抵押，属于海事海商纠纷；审理过程中，温州中院受理了债务人的破产重整申请；纠纷涉及多个保证人的连带保证责任。上述诉讼特征，使得该案在裁判的处理上，必须相互衔接，既方便破产财产受偿分配，又能兼顾破产程序终结后债权人对连带保证人行使债权。

（一）裁判属性

明确该案裁判属性，是处理好裁判衔接的前提。该案存在主债务人和担保人，担保又包含在建船舶抵押和多个连带保证，但抵押人与主债务人重合。因此，债务人可区分为两类：主债务人（也系抵押担保人）和连带保证人。

1. 针对债权人与主债务人之间的裁判。因法院受理主债务人庄吉船业破产重整申请，原告与该被告之间的诉讼，实质上已经成了

特别程序与纠纷处理

破产重整程序的一部分，其对庄吉船业的债权，也成了破产债权，相应的，该案对双方当事人之间所作的裁判也应依附和服务于破产程序，性质上属于破产程序中对破产债权的确认判决，是债权人参与债务人破产清算程序分配的依据而不是作为债权人申请法院强制执行的依据。该案判决第一项和第二项，分别针对主债务人庄吉船业的保函垫付款清偿责任和在建船舶抵押担保责任，但均只作了确认，而未设定债务履行期。

2. 针对债权人与连带保证人之间的裁判。《中华人民共和国企业破产法》第一百二十四条规定，"破产人的保证人或其他连带债务人，在破产程序终结后，对债权人依照破产清算程序未受清偿的债权，依法继续承担清偿责任。"可见，在债权人一并起诉主债务人和连带保证人场合，主债务人破产清算能够成为连带保证人承担清偿责任的抗辩和阻却，但这种抗辩和阻却是有限的、一时的，而非全部的、永久的。换句话讲，该案对债权人与连带保证人之间所作的裁判，在性质上属于附条件和附期限的给付判决，仍可以成为执行依据。在主债务人破产清算程序终结后，债权人未得全部清偿的，可依该生效判决申请法院强制执行。该案判决第三项确定，各连带保证人于被告庄吉船业破产程序终结后三十日内向原告继续承担连带清偿责任，即如此。此外，判决第四项还赋予了连带保证人向主债务人追偿的权利，一方面是考虑连带保证人可以先行承担债务并以债权人身份参加破产财产分配，另一方面还考虑到庄吉船业系破产重整而非破产清算，结果具有不确定性。

（二）债务利息

《中华人民共和国企业破产法》第四十六条第二款规定，"附利息的债权自破产申请受理时起停止计息。"该案审理过程中，温州中院于2015年2月27日裁定受理"庄吉系"企业破产重整，主债务人庄吉船业的债务利息计算至 2015 年 2 月 27 日止，自无疑问。问题在于：一、连带保证人的担保债务利息是否也停止计算？二、债务人迟延履行期间的债务利息是否还应当计算？

1. 关于连带保证人担保的债务利息。该案原告认为，其债权不能在庄吉船业破产清算中足额清偿的，应由连带保证人继续清偿，因此连带保证人担保的债务利息应持续计算。此外，主债务人申请破产后，债权人既可以一并起诉主债务人和连带保证人，也可以单独起诉连带保证人。后一种情况下，利息持续计算。笔者认为：《中华人民共和国企业破产法》从破产程序功能出发，规定附利息的债权自破产申请受理时起停止计息，所强调的是"附利息的债权"而不问债权针对的对象是主债务人还是其他担保人；利息自破产申请受理时起停止计算的规定，不仅适用于申请破产的主债务人，也同样适用于连带保证人，而不论一并起诉主债务人和连带保证人，还是单独起诉连带保证人。

2. 关于债务人迟延履行期间的债务利息。该问题也即《中华人民共和国民事诉讼法》第二百五十三条和《最高人民法院关于执行程序中计算迟延履行期间的债务利息适用法律若干问题的解释》第二条是否适用于该案的问题。判决计算债务人迟延履行期间的债务利息，只适用于履行期确定的金钱给付判决，非金钱给付判决或者履行期不确定的，就谈不上迟延履行及其债务利息计算的问题。如前所述，在迟延履行期间债务利息计算问题上，也应区分主债务人与连带保证人，区别对待：主债务人的债务利息计算至法院裁定受理破产或重整申请之日止，不存在迟延履行期间债务利息计算的问题；连带保证人的债务利息，自法院裁定受理主债务人破产或重整之日起停止计算，主债务人破产程序终结后，连带保证人未在生效判决确定的履行期内继续清偿的，应承担相应的迟延履行债务利息。

该案海事海商审判和破产案件的程序衔接,是在现行法律框架内所作的一次具体实践,是否妥当、方便、可行,有待更多实践的检验和改进。

(撰稿人:宁波海事法院 吴胜顺)

32. 灵活运用调解手段解决区域管辖冲突和双重诉讼难题

——中国太平洋财产保险股份有限公司山西分公司等诉深圳远洋运输股份有限公司船舶碰撞损害追偿纠纷系列案[①]

案件索引：宁波海事法院（2008）甬海法事初字第5、6、8、9、23号、（2008）甬海法权字第2—18、20—44号、（2009）甬海法事初字第3号，2008年9月17日、10月9日、11月13、14日、2009年8月24日调解。

基本案情

2007年3月17日2251时许，创日船务有限公司（Bright Success Shipping Ltd.）所属的香港籍"惠荣"轮（14 417总吨，远洋运输船舶）途经中国浙江舟山浪岗山列岛海域（概位30°32′.5N/123°15′.5E）时，与深圳远洋运输股份有限公司所有的深圳籍"鹏延"轮（34 886总吨，中国沿海运输船舶）发生碰撞，导

[①] 该系列案例2012年被评为"全国法院践行能动司法理念优秀案例"；2014年在由中国法学会和北京市高级人民法院联合举办的中国调解高峰论坛上被评为优秀事例。

致"惠荣"轮及所载 13 660 吨货物沉没，17 名船员死亡和失踪，"鹏延"轮船艏破损。海事部门调查认定："鹏延"轮与"惠荣"轮在本起碰撞事故中过失相当，应负对等责任。

2008 年 3 月 13 日至同年 6 月 30 日，先后有 5 票货物的中国保险公司以船舶碰撞损害追偿纠纷为由，并以事故发生地为连结点，向宁波海事法院提起诉讼，要求承运人深圳远洋运输股份有限公司赔偿货物损失。

事故发生后，还有 11 票货物的中国货物所有人和 18 票货物的外国保险公司在香港高等法院原诉法庭对"鹏延"轮和"惠荣"轮提起诉讼，要求赔偿货物损失。

2008 年 5 月 12 日，深圳远洋运输股份有限公司向宁波海事法院申请设立海事赔偿责任限制基金。其意图在于：根据中国《海事诉讼特别程序法》第一百零九条的规定，设立海事赔偿责任限制基金以后，当事人就有关海事纠纷应当向设立海事赔偿责任限制基金的海事法院提起诉讼。通过设立海事赔偿责任限制基金，事故涉及的所有诉讼便可集中到宁波海事法院进行审理，这对作为被告的深圳远洋运输股份有限公司来说，无疑是最方便的，也是最经济的，毕竟中国内地的诉讼成本还是比较低的。

鉴于深圳远洋运输股份有限公司的申请符合相关法律规定，宁波海事法院受理后即向有关利害关系人发出了通知，并在《人民法院报》和《人民日报（海外版）》上发布了公告。异议期满后，法院在认真审查异议人的异议意见基础上，作出了准予申请人设立 5 704 250 计算单位海事赔偿责任限制基金的裁定。该申请设立海事赔偿责任限制基金案中的部分异议人不服本院一审裁定提起上诉后，二审法院维持了一审裁定。

为了实现集中管辖，该院还专门为深圳远洋运输股份有限公司出具了已经设立海事赔偿责任限制基金证明书，以便相关单位和利害关系人采信。

海事赔偿责任限制基金设立后，共有来自泰国、荷兰、德国、英国、美国和瑞士的11家外国保险公司和中国5家保险公司对39票保险货物向该院进行了债权登记，并依法提起了确权诉讼，其中包括在香港高等法院原诉法庭提起诉讼的29票货物的所有人或保险公司。创日船务有限公司以及"惠荣"轮船舶险保险公司也以债权人的身份该本院进行了债权登记，并提起了诉讼。

深圳远洋运输股份有限公司希望将所有案件都集中到宁波海事法院审理的目的已经达到，但新的问题随之而来。对已经在香港法院提起诉讼的索赔案来讲，被告深圳远洋运输股份有限公司面临双重诉讼问题。因为香港特别行政区与中国内地实行的是"一国两制"，香港法院并无遵守《海事诉讼特别程序法》及相关司法解释的规定，将与海事赔偿责任限制基金相关案件移送宁波海事法院一并审理的义务。中国内地和香港特别行政区的这一管辖权冲突，目前尚无协调的机制和途径。从适用国际公约的角度讲，中国虽是《1976年海事赔偿责任限制公约》的缔约国，但已明确该公约只适用于香港特别行政区，而不适用于中国内地，香港法院也无依照该公约将案件交由非公约适用地区法院审理的义务。从深圳远洋运输股份有限公司在香港法院所提的管辖抗辩结果来看，香港法院也没有拒绝管辖这些案件的意向。

调解与处理

经宁波海事法院主持调解，该事故引发的47件系列索赔案全部调解结案。以（2008）甬海法事初字第5号案件为例，所达成的调解方案为：

原告中国太平洋财产保险股份有限公司山西分公司为与被告深圳远洋运输股份有限公司船舶碰撞损害追偿纠纷，于2008年3月13日诉至本院，请求判令被告赔偿其货物损失人民币1 688 691.13元及利息。

经审理查明：塞亚姆配备有限公司（SIAM FITTINGS CO., LTD）向山西大民国际贸易有限公司购买一批价值208 083.75美元（CIF曼谷）的焦炭，装载在香港籍"惠荣"轮上从天津新港运往泰国曼谷，提单号为F-34A。该票货物由山西大民国际贸易有限公司向原告投保了货物运输险，保单号为TAY/ATAY07224206C000038A。2007年3月17日2251时许，"惠荣"轮途经浙江舟山海域时，与被告所有的深圳籍"鹏延"轮发生碰撞，致使该票货物随"惠荣"轮沉没灭失。原告依货物运输保险合同赔偿塞亚姆配备有限公司的经济损失后，向法院提起追偿诉讼。

另查明：经海事部门调查，"鹏延"轮与"惠荣"轮在本起碰撞事故中过失相当，应负对等责任；被告深圳远洋运输股份有限公司于2008年5月12日就"鹏延"轮与"惠荣"轮碰撞事故所造成的财产损害向法院申请设立了总额为5 704 250计算单位、计63 614 937元人民币及自事故发生之日起至基金设立之日止的利息的海事赔偿责任限制基金。

本案在审理过程中，经法院主持调解，双方当事人于庭前自愿达成如下协议：

一、被告深圳远洋运输股份有限公司应按海事部门确定并经原、被告双方认可的50%碰撞责任比例，赔偿原告中国太平洋财产保险股份有限公司山西分公司货物损失104 041.875美元；

二、原告确认被告本次事故的财产损害海事赔偿责任限额为5 704 250计算单位,上述赔款参与海事赔偿责任限制基金的分配;

三、被告于本调解书生效后二十个工作日内预付原告赔款64万元人民币;

四、如被告本次事故的财产损害赔偿总额不超过海事赔偿责任限制基金数额的,上述预付赔款即为最终赔偿数额;

五、如原告参与海事赔偿责任限制基金分配应得款多于被告预付赔款的,被告不再予以补足;

六、如原告参与海事赔偿责任限制基金分配应得款少于被告预付赔款的,原告也不予退还多出部分的预付赔款;

七、本案案件受理费人民币20 000元,减半收取10 000元,由原告负担。

双方当事人一致同意本调解协议自双方在调解协议笔录上签名或捺印后即具有法律效力。

上述协议,不违反法律规定,法院予以确认。

评 析

该系列纠纷案件由一次普通的船舶碰撞事故所引发。因碰撞船舶之一申请设立海事赔偿责任限制基金,涉及7个国家的16家保险公司就船载40票货物依法进行债权登记后分别提起了确权诉讼,而其中的29票货物的保险人在此之前已经向香港高等法院原诉法庭提起诉讼,该事故纠纷遂演化成为涉及船舶碰撞、海上保险代位求偿、海事赔偿责任限制及基金设立、债权登记与确权诉讼、不同法域管辖权冲突及双重诉讼等多个复杂难题的系列案件。

若是按部就班，就案办案，难以妥善解决管辖权冲突及双重诉讼问题，更无法达到案结事了的办案效果。

承办法官本着能动司法的思想理念，凭着深厚扎实的办案功底，认真研究该系列案件的特点和结症所在，突破常规办案的思维框框，以公正高效为破题方法，周密协调与平衡各种关系，艺术设计调解方案，并以国内普通诉讼案件的调解结果为示范，分层推进调解进程，促使在香港起诉的当事人自愿将事故纠纷交由宁波海事法院管辖并全部调解结案，从而有效化解了案件的管辖权冲突和双重诉讼难题，达到了案结事了的办案效果，受到了各方当事人及诉讼代理人的一致好评。

一、调解思路的形成与确立

民事诉讼遵循不告不理原则，此种管辖权冲突，在受理法院无法协调解决的情况下，只能交由当事人自行解决。作为承办法官，在争取案件管辖方面，所能做的就是让双方当事人充分相信宁波海事法院能够很好地处理该事故引发的系列索赔纠纷，让他们放弃在香港法院的诉讼，自愿接受本院管辖。

能让双方当事人充分相信宁波海事法院有能力处理好该系列索赔案件的方法，就是让他们了解相关案件的处理结果，并且认可这一处理结果，进而自愿将案件交由宁波海事法院管辖，从而化解管辖权冲突，避免双重诉讼和双重审判。

承办法官处理的几件非双重诉讼案件，有让在香港法院诉讼的当事人了解同类案件处理结果的条件，需要研究的是：如何才能取得最佳效果，从而赢得他们的信任，使他们自愿接受本院对案件的管辖。为此，承办法官确定了以调为主、调判结合、公正高效、争取认同、化解冲突的工作思路，并逐步加以实施。

二、各种关系的协调与平衡

船舶碰撞损害赔偿是侵权纠纷案件中较为复杂的一种类型，仅法定审限就比一般民事案件长一倍，而且涉及众多特有的专门问题，要想处理好这一系列索赔案件，除了准确把握相关法律规定，能够体现公平公正以外，的确还需要花费一些心思，运用一点技巧，并协调好方方面面的关系，才能达到高效、和谐的结案效果。

（一）审判效率与结案方式的协调与平衡

船舶碰撞货损赔偿纠纷案件的审理，审判效率是最有文章好做的。根据中国《海商法》第一百六十九条第二款的规定，互有过失的船舶对碰撞造成的船上货物损失，按过失程度比例负赔偿责任。按部就班办案，货损赔偿纠纷案件先要中止诉讼，等待碰撞双方在诉讼中将责任比例确定下来之后，责任人才能按应负责任比例赔偿货主的损失。而船舶碰撞案件的审理周期比较长，所以货主获得赔偿往往要等很长时间。如果能在短时间内就使货主获得赔偿，这无疑会吸引索赔货主，尤其是取得代位求偿权的保险公司。

要提高审判效率，调解结案是唯一可选方案，而本案有调解的基础：一是关于碰撞责任比例，海事部门已经有了调查结论，主审人也作了相应的审查，没有发现疏漏，如果当事人提不出问题，便可按对等责任认定；二是远洋运输货物，又进行了保险，货物价值凭证较为齐全，损失认定较为容易；三是当事人也明白，只有调解结案，才可能缩短审限，并在货主适当放弃索赔，责任者提前支付赔款方面找到平衡点。

（二）确权诉讼与调解结案的协调与平衡

确权诉讼是海事赔偿责任限制基金设立后特有的一种诉讼形式，其实质在于针对海事赔偿责任限制基金分配，实行一审终审制，法律规定不能独任审理。因为涉及限制性债权的认定以及基金的分配，出于担心债权人与债务人恶意串通损害第三人利益的考虑，一般认为也不能调解处理。但该系列索赔案多数为确权诉讼案件，而且涉及双重诉讼的均为确权诉讼案件，如果不能调解处理，对债权人就没有吸引力，也就解决不了管辖权冲突问题。可采取的解决办法，便是法院按判决标准严格依法审查相关债权的性质，严格依法审查当事人达成的协议，确保强制性法律规范的落实，确保不损害第三人的利益。在此前提下，确认调解协议的效力，并以调解方式结案。好在该系列索赔案当事人的海事请求属于限制性债权，中国《海商法》第二百零七条规定得相当明确，不存在争议。

（三）调解结案与判决结案的协调与平衡

该事故引发了40多个索赔案件，即使部分案件的当事人愿意调解并达成了调解协议，但谁也无法保证所有案件都能调解结案，可能出现的结案方式是部分案件调解结案，部分案件判决结案。这就需要考虑该系列索赔案调解方案与判决方案的协调与平衡：一是在调解方案中，作为货主在索赔额方面会有些让步，但在判决中不存在让步问题；二是不管是调解方案的赔偿额，还是判决方案的赔偿额，均要参与基金分配，如以让步后的赔偿额参与基金分配，以调解方式结案的索赔人的利益便会受到损害，责任人通过调解获得的利益便会失去。两者的协调与平衡，只能通过调解条款的设计加以解决。

（四）船舶优先权与责任限制的协调与平衡

该系列索赔案的处理还涉及《海商法》所特有的船舶优先权和海事赔偿责任限制两者同时适用的矛盾和冲突这一较为复杂的理论问题，如不能很好地解决这一问题，调解结案根本不可能实现。

船舶优先权是一项附着于船舶，随船舶转移而转移的船舶担保物权，具有优先于抵押权、留置权清偿的属性。同时，不同种船舶优先权也有不同的清偿顺序。该系列索赔案的绝大多数索赔人对其海事请求，均主张了船舶优先权，意在从有限的基金中优先获得足额清偿。

该系列案索赔人的海事请求虽依法享有船舶优先权，但该海事请求同时也是限制性的。而船舶优先权和海事赔偿责任限制是立法目的相互对立的两个法律制度，当两个制度同时适用于同一个案件时，便会形成一系列的矛盾和冲突，其中包括债权清偿顺序的矛盾和冲突。中国《海商法》第三十条明确规定：本节（船舶优先权）规定不影响本法第十一章关于海事赔偿责任限制规定的实施。中国《海商法》虽未规定海事赔偿责任限制对船舶优先权的具体影响，但由于享有船舶优先权的债权在海事赔偿责任限额中的分配顺序另有规定，故根据中国《海商法》第三十条规定，对索赔人的船舶优先权主张，不再予以认定。

（五）基金分配与结案方式的协调与平衡

该系列索赔案还有一个可被调解所利用的特点，那就是涉案事故造成的损失介于海事赔偿责任限额之间，各索赔人如放弃部分索赔额，总损失可能就不会超过赔偿责任限额，各索赔人如不放弃部分索赔额，总损失可能就会超过赔偿责任限额。这也就是说，不管索赔人是否放弃部分索赔额，均无法获得足额赔偿，故放弃部分索赔额对其利益影响不大，而责任人可通过调解将赔偿总额控制在赔偿责任限额以下，虽无多大的经济利益，但可实现集中审理的目的。

关于基金分配与结案方式的协调与平衡，需要考虑的是：当系列索赔案中有部分案件调解结案，又有部分案件判决结案时，如何实现调解结案案件参与基金分配的是货物的实际损失，而不是索赔人放弃部分索赔额后的赔偿额，以保证基金分配的公平与公正。这是调解方案设计的关键，也是该系列索赔案调解的技巧与艺术所在。

三、纠纷调解的分层与推进

工作思路确定后，承办法官先选取了最早起诉的5个案件作为示范，同时选取了11个由中国保险公司提起的确权诉讼案件一并进行调解。调解工作进展顺利,关于船舶碰撞责任比例、海事赔偿责任限制的享有迅速得到认同,对于船舶优先权与赔偿责任限制同时适用问题很快取得共识。2008年9月17日,最早起诉的5个案件达成了如前所述的和解协议并调解结案。

同年10月9日,一并调解的11个案件也调解结案。

同年11月13日和14日,27件由国外保险公司提起,1件由国内当事人提起的确权诉讼案也来本院接受调解,并调解结案。之前,在香港法院诉讼的双方当事人(包括上述11个案件中已在香港法院提起诉讼的双方当事人)协议由原告撤回在香港法院的诉讼,被告对原告所支出的诉讼费用给予一定的补偿。

最后,创日船务有限公司与深圳远洋运输股份有限公司相互之间的船舶碰撞损害赔偿纠纷案、"惠荣"轮船舶险保险公司的船舶碰撞损害追偿纠纷案等三案,也于2009年8月24日调解结案。当然,该三案调解条款的设计更为复杂,因为需要协调和平衡的问题更多,其中涉及海事赔偿责任限额仅适用于双方请求金额之间的差额问题。

至此,该事故引发的47件系列索赔案全部调解结案,不仅较好地解决了案件的管辖权冲突,而且取得了和谐的调解效果,受到了各方当事人的好评。

四、案件处理的经验与体会

该船舶碰撞导致的系列纠纷案,包含了因责任人设立海事赔偿责任限制基金而形成的众多债权登记和确权诉讼案件,专业性特点十分显著,而且涉及无法协调的管辖权冲突和双重诉讼问题,是一个复杂而棘手的系列纠纷案。本案的圆满解决,得益于以下因素:

(一)调解思路的准确选定。调解不仅是和谐的结案方式,而且也是解决疑难复杂案件的有效手段。该系列案唯有调解结案,才能缩短案件的审理周期;唯有调解结案,才对当事人具有吸引力;唯有调解结案,当事人才能进行适当的让步;唯有调解结案,才能化解所涉及的管辖权冲突和双重诉讼问题。

（二）案件特点的有效把控。该系列案的调解处理,不仅利用了责任人希望所有纠纷集中审理的意图,而且利用了案件的管辖权冲突和双重诉讼现状;不仅利用了该系列案的审理周期,而且利用了保险人的代位求偿心态;不仅利用了海事管理机关对两船碰撞责任的认定,而且利用了该系列案损失证据较为齐全的特点;不仅利用了海事赔偿责任限制制度,而且利用了案件代理人对海事法律的熟知。

（三）法学原理的科学运用。在多层关系的协调与平衡中,承办法官科学地运用了法学原理,使该系列案的调解处理具有了相当程度的必要性、可能性和可行性。一是香港和内地不同法域间的管辖权冲突目前尚无协调的机制和途径,只能交由当事人自行解决;二是唯有调解处理方能化解该系列案涉及的管辖权冲突和双重诉讼问题;三是积极介入当事人的协商过程,按判决标准严格审查相关债权及当事人所达成的协议,以此保证确权诉讼的调解不会损害第三人的利益;四是依据中国《海商法》第三十条的规定,优先适用海事赔偿责任限制的相关规定,从而解决船舶优先权与海事赔偿责任限制的矛盾和冲突。

（四）调解方案的艺术设计。该系列案的处理,即使承办法官的调解努力有了一定的成效,也难以保证所有的案件都能调解结案。为此,设计一个既能与判决书一并参与海事赔偿责任限制基金分配,又不影响基金公平分配的调解方案,便成了该系列案调解的关键和艺术所在。(2008)甬海法事初字第5号民事调解书的协议第一、二条专为参与基金分配而设立,而第三、四、五、六条则专为调解履行而设立,较好地解决了参与基金分配金额与双方当事人实际赔付金额之间的矛盾，保证了调解书与判决书一并参与基金分配的公平性和公正性。

（五）调解过程的层次推进。本着先易后难、先国内后国外的原则，在成功调解的基础上，充分发挥已结案件的示范作用，逐步消除当事人的疑虑心态，逐层推进未结案件的调解处理，最终将事故所涉及的案件全部调解完毕，从而化解了管辖权冲突和双重诉讼问题，取得了良好的社会效果。

（撰稿人：宁波海事法院　吴勇奇）

33. 当事人申请设立油污损害赔偿责任限制基金的处理

——主权荣誉公司申请设立油污损害赔偿责任限制基金案[①]

案件索引：宁波海事法院（2019）浙72民特212号，2019年5月31日裁定。

基本案情

巴拿马籍主权荣誉公司所有的"佐罗（EL ZORRO）"轮系马绍尔群岛籍油类/化学品运输船，8 539总吨，涉案航次从韩国大山港运载4 978.767公吨油品至中国乍浦港。2018年12月24日，"佐罗"轮在中国乍浦港陈山锚地锚泊等待靠泊卸货期间，被起锚过程中的新加坡籍"埃林顿（ELLINGTON）"轮碰撞，造成"佐罗"轮右舷6号货舱破损，所载SHELL-500N基础油泄漏，船长报称泄漏400吨左右。事故发生后，嘉兴海事局在第一时间赶赴事故现场进行查勘，并立即启动应急预案，同时指示嘉兴市洁洋环保服务有限公司等单位进行海上应急清污作业。

[①] 该案例分析获全国法院系统2019年度优秀案例分析评选活动优秀奖。

SHELL-500N 基础油系高度精炼的矿物油，用于生产涂料、清洁济和润滑油等，属于持久性油类。截止提出申请时，主权荣誉公司已经赔付和提供担保合计 4 889.5 万元人民币及 900 万美元。

2019 年 3 月 20 日，主权荣誉公司就前述碰撞事故而产生的油污损害赔偿责任，向宁波海事法院申请设立 6 743 109 特别提款权的油污损害赔偿责任限制基金，并提供了"佐罗"轮永久船籍登记证书、国际吨位证书、船长声明、可能对第三方的赔偿责任及利害关系人名单等证据材料。

裁定与理由

宁波海事法院经审查认为，本案事故为涉外船舶泄油事故，泄油船舶船旗国、泄油船舶所有人所属国及泄油事故发生地国均属《1992 年国际油污损害民事责任公约》（以下简称《1992 年油污责任公约》）成员国，且事故船舶运载并泄漏的是持久性油类，泄漏数量较大，面临巨额索赔，有权依照相关法律规定申请设立油污损害赔偿责任限制基金，进而取得法律规定的责任限制权利，遂予以立案受理，并根据《中华人民共和国海商法》（以下简称《海商法》）第二百零八条第二项，《1992 年国际油污责任公约》第一条第一、三、四、五、六、七、八款、第二条（a）（i）项、第三条第一款、第五条第一、三、十款、第九款（a）项，《中华人民共和国海事诉讼特别程序法》（以下简称《海事诉讼特别程序法》）第一百零一条第二款、第三款、第一百零六条第三款，《最高人民法院关于审理船舶油污损害赔偿纠纷案件若干问题的规定》（以下简称《油污损害司法解释》）第二条第一款、第五条第一款、第九条、第二十一条、第二十二条、

第二十八条,《最高人民法院关于适用〈中华人民共和国海事诉讼特别程序法〉若干问题的解释》(以下简称《海事诉讼特别程序法司法解释》)第八十四条,《最高人民法院关于审理海事赔偿责任限制相关纠纷案件的若干规定》(以下简称《海事赔偿责任限制司法解释》)第二十一条第二款之规定,于2019年5月31日作出如下裁定:

一、准许主权荣誉公司提出的设立油污损害赔偿责任限制基金的申请;

二、"佐罗"轮油污损害赔偿责任限制基金数额为6 743 109特别提款权,应按基金设立之日特别提款权兑人民币汇率折算成人民币;

三、申请人主权荣誉公司应在本裁定生效之日起三日内以人民币或者本院认可的担保设立油污损害赔偿责任限制基金,以担保方式设立基金的,担保数额为基金数额及其基金设立期间的利息(按中国人民银行确定的金融机构同期一年期贷款基准利率计算)。逾期不设立基金的,按自动撤回申请处理。

作出裁定之前,宁波海事法院已根据相关法律规定,向已知的利害关系人发出告知受理设立油污损害赔偿责任限制基金申请通知书,并发出公告,告知与本次事故油污损害有关的利害关系人,如对主权荣誉公司主张限制油污损害赔偿责任有异议的,应在指定的期限内向该院提出书面异议,并告知不管是否提出异议,都要在最后一次公告发布之日起六十日内就本次事故产生的属于《油污损害司法解释》第九条规定的可以限制赔偿责任的海事请求,向该院申请债权登记。逾期不登记的,视为放弃债权。

裁定作出后,主权荣誉公司因提供基金担保的时间不够而向浙江省高级人民法院提出上诉,并于2019年7月1日申请撤回了上诉。上述民事裁定书发生法律效力后,主权荣誉公司于同年7月12日向宁波海事法院提交了基金担保,设立了油污损害赔偿责任限制基金。

评 析

经上网检索和向其他海事法院了解[①]，该案系全国海事法院受理的首例外国当事人根据《1992年油污责任公约》的规定，向我国海事法院申请设立油污损害赔偿责任限制基金的案件。该案的办理，充分展现了我国司法机关履行国际公约义务、平等保护境内外当事人合法权益的大国担当，并为全国海事法院办理此类案件提供了文书与经验借鉴。

与各海事法院经常办理的申请设立海事赔偿责任限制基金案件相比，该案具有如下特点：

（一）程序适用不同

首先是案件管辖不同。根据《海事诉讼特别程序法》第一百零二条及《海事诉讼特别程序法司法解释》第八十条之规定，当事人在起诉前申请设立海事赔偿责任限制基金的，应当向事故发生地、合同履

[①] 检索和了解显示，全国海事法院审理过不少船舶油污损害赔偿纠纷案件，其中包括清防污费用纠纷案件，仅广州海事法院于1999年10月受理过一起国内航线运输船舶当事人根据《1969年国际油污损害民事责任公约》和《1976年议定书》的规定申请设立油污损害赔偿责任限制基金案件，但从未受理过外国当事人根据《1992年油污责任公约》的规定，向我国海事法院申请设立油污损害赔偿责任限制基金的案件。参见余晓汉：《中国船舶燃料供应福建有限公司因在国内航线运输船舶碰撞致漏油申请按〈1969年国际油污损害民事责任公约〉设立油污损害赔偿责任限制基金案》，载《人民法院案例选》2002年第1辑，人民法院出版社2002年版。根据《中华人民共和国海事诉讼特别程序法》和相关司法解释的规定，以及最高人民法院〔2008〕民四他字第20号"关于非航行国际航线的我国船舶在我国海域造成油污损害的民事赔偿责任适用法律问题的请示的答复"，该案已不具有参考、借鉴作用。

行地或者船舶扣押地海事法院提出。海事事故发生在中华人民共和国领域外的，船舶发生事故后进入中华人民共和国领域内的第一到达港，视为事故发生地。而根据《油污损害司法解释》第二条之规定，当事人就油轮装载持久性油类造成的油污损害提起诉讼、申请设立油污损害赔偿责任限制基金，由船舶油污事故发生地海事法院管辖。船舶油污事故发生在中华人民共和国领域外，对中华人民共和国领域和管辖的其他海域造成油污损害或者形成油污损害威胁，当事人就船舶油污事故造成的损害提起诉讼、申请设立油污损害赔偿责任限制基金，由油污损害结果地或者采取预防油污措施地海事法院管辖。本案因船舶油污事故发生在我国浙江海域，故宁波海事法院成为唯一有权受理涉案船舶所有人申请设立油污损害赔偿责任限制基金的海事法院。

其次是程序规定不同。关于设立基金程序，《海事诉讼特别程序法》第九章名为设立海事赔偿责任限制基金，但第一百零一条却规定了海事赔偿责任限制基金和油污损害赔偿责任限制基金两种基金的设立。然而，从具体内容看，第九章的一些条款显然只适用于设立海事赔偿责任限制基金，而不适用于设立油污损害赔偿责任限制基金，如第一百零六条、第一百零七条的规定。因此，《油污损害司法解释》第二十八条规定：对油轮装载持久性油类造成的油污损害，船舶所有人、船舶油污损害责任保险人或者财务保证人申请设立油污损害赔偿责任限制基金、受损害人申请债权登记与受偿，本规定没有规定的，适用海事诉讼特别程序法及相关司法解释的规定。根据该条规定，当事人申请设立油污损害赔偿责任限制基金，应优先适用《油污损害司法解释》的规定，《油污损害司法解释》没有规定的，才适用《海事诉讼特别程序法》及相关司法解释的规定。

（二）设立基金的基础不同

首先是针对的损害不同。根据《1992年油污责任公约》第一条第五款、《油污损害司法解释》第五条之规定，油轮装载持久性油类造成油污损害的，必须设立油污损害赔偿责任限制基金，不论该种油类是在船上作为货物运输还是在船上的燃料舱中。而船舶发生事故造成其他损害，包括油轮装载的非持久性燃油或者是非油轮装载的燃油造成油污损害①以及从事沿海运输的油轮装载持久性油类造成油污损害，则可以依照《海商法》关于海事赔偿责任限制的规定设立海事赔偿责任限制基金。本案"佐罗"轮因泄漏持久性货油造成油污损害，因此申请人必须设立油污损害赔偿责任限制基金。

其次是限制赔偿责任的前提不同。根据《海商法》第二百一十三条、第二百一十四条之规定，责任人要求依照《海商法》的规定限制赔偿责任的，可以在有管辖权的法院设立海事赔偿责任限制基金。责任人设立责任限制基金以后，向责任人提出请求的任何人，不得对责任人的任何财产行使任何权利；责任人的船舶或者其他财产已经被扣押，或者责任人已经提交抵押物的，法院应当及时下令释放或者退还。责任人没有申请设立海事赔偿责任限制基金的，不影响其海事赔偿责任限制的权利。而根据《1992年油污责任公约》第五条第三款、第六条第一款、《油污损害司法解释》第二十一条、第二十四条之规定，船舶所有人等为了取得油污损害赔偿责任限制的权利，应当设立油污损害赔偿责任限制基金。否则，船舶所有人等不享有油污损害赔偿责任限制的权利。船舶所有人等在基金设立后，经法院确认其有权限制赔偿责任的，对油污损害提出索赔的任何人，无权就其索赔对船舶所有人等的任何财产行使任

---

① 《2001年燃油污染责任公约》没有规定专门的燃油污染损害赔偿责任限额和专属的燃油污染损害赔偿责任限制基金，仅指向适用《1976年海事赔偿责任限制公约》或公约参加国的国内法。因此，燃油污染损害赔偿责任限在性质上属于一般的海事赔偿责任限制。

何权利，法院应当解除对船舶所有人等的财产采取的保全措施或者发还为解除或避免保全措施而提供的担保。据此，本案申请人为取得油污损害赔偿责任限制的权利，必须申请设立油污损害责任限制基金。

（三）相关当事人不同

首先是申请人的范围不同。根据《海商法》第二百零四条、第二百零五条、第二百零六条之规定，设立海事赔偿责任限制基金的申请人范围为船舶所有人、救助人、船舶承租人、船舶经营人、对海事请求承担责任的保险人。而根据《1992年油污责任公约》第五条第三款、第七条第八款、《油污损害司法解释》第二十一条之规定，设立油污损害赔偿责任限制基金的申请人范围为船舶所有人、船舶油污责任保险人、船舶油污责任财务保证人。本案的申请人即法律规定的船舶所有人。

其次是利害关系人的界定不同。根据《海事诉讼特别程序法》第一百零五条、第一百零六条、第一百一十二条之规定，申请设立海事赔偿责任限制基金的利害关系人，系与特定场合发生的海事事故有关的债权人，包括油轮装载的非持久性燃油或者非油轮装载的燃油造成油污损害的受损害人以及从事沿海运输的油轮装载持久性油类造成油污损害的受损害人。而根据《油污损害司法解释》第九条、第二十五条之规定，申请设立油污损害赔偿责任限制基金的利害关系人，系油轮装载持久性油类造成油污损害的受损害人，即油污损害赔偿的债权人。显然，本案的利害关系人并不包括与"佐罗"轮发生碰撞而致损的"埃林顿"轮的所有人，因为"埃林顿"轮的损害不属于油污损害。

（四）基金计算不同

首先是责任限额不同。根据《海商法》第二百零七条及相关规定，当事人在发生海事事故后，就特定的海事赔偿请求，包括油轮装载的非持久性燃油或者非油轮装载的燃油造成油污损害的赔偿请求以及从事沿海运输的油轮装载持久性油类造成油污损害的赔偿请求，可以根据《海商法》第二百二十条、第二百二十一条规定的赔偿限额，申请设立海事赔偿责任限制基金。而根据《油污损害赔偿司法解释》第五条的规定，从事国际运输的油轮装载持久性油类造成油污损害的，应依照《1992年油污责任公约》第五条第一款规定的赔偿限额，申请设立油污损害赔偿责任限制基金。本案"佐罗"轮系从事国际运输的油轮，因碰撞事故而泄漏持久性货油造成油污损害，故当事人应根据《1992年油污责任公约》的相关规定申请设立油污损害赔偿责任限制基金。

其次是基金确定不同。根据《海事诉讼特别程序法》第一百零八条、《海事赔偿责任限制司法解释》第二十条之规定，海事赔偿责任限制基金的数额，为海事赔偿责任限额及自事故发生之日起至基金设立之日止的利息。以担保方式设立基金的，担保数额为基金数额及其在基金设立期间的利息。海事赔偿责任限制基金应当以人民币设立，其数额按法院准予设立基金的裁定生效之日的特别提款权对人民币的换算办法计算。而根据《1992年油污责任公约》第五条第三款、第九款（a）项、《油污损害司法解释》第二十一条之规定，油污损害赔偿责任限制基金以现金方式设立的，基金数额为《1992年油污责任公约》规定的赔偿限额。以担保方式设立基金的，担保数额为基金数额及其在基金设立期间的利息。基金数额须根据基金设立之日该国货币相对于特别提款权的价值折算成该国货币。据此，本案的基金需以人民币设立，并根据基金设立之日的特别提款权对人民币的换算办法进行计算。

（五）异议提出及其处理不同

首先是提出异议的效果不同。根据《海事诉讼特别程序法》第

33.当事人申请设立油污损害赔偿责任限制基金的处理

一百零六条之规定,利害关系人对责任人申请设立海事赔偿责任限制基金有异议的,可以提出书面异议,海事法院收到异议后应当进行审查并在十五日内作出裁定。异议成立的,裁定驳回申请人的申请;异议不成立的,裁定准予申请人设立海事赔偿责任限制基金。当事人对裁定不服的,还可以提起上诉。而根据《油污损害司法解释》第二十二条、第二十三条、第二十四条之规定,利害关系人对船舶所有人等主张油污损害赔偿责任限制有异议的,应当在《海事诉讼特别程序法》第一百零六条第一款规定的异议期内提出书面异议,但提出该异议不影响基金的设立。利害关系人没有在异议期内提出异议,油污损害赔偿责任限制基金设立后,海事法院应当解除对船舶所有人的财产采取的保全措施或者发还为解除或避免保全措施而提供的担保。利害关系人在异议期内提出异议的,油污损害赔偿责任限制基金设立后,海事法院在认定船舶所有人等有权限制赔偿责任的裁决生效后,应当解除对船舶所有人的财产采取的保全措施或者发还为解除或避免保全措施而提供的担保。据此,本案的利害关系人是否提出异议,并不影响作出设立基金的裁定,仅影响是否解除、何时解除对申请人的财产所采取的保全措施或者发还为解除或避免保全措施而提供的担保。因本案接受担保的油污损害受损害人在异议期内均未提出异议,故宁波海事法院在申请人设立基金后,将责令这些受损害人退还担保。

其次是对异议的处理不同。根据《海事诉讼特别程序法》第一百零六条、《海事诉讼特别程序法司法解释》第八十三条之规定,海事法院对申请设立海事赔偿责任限制基金的利害关系人提出异议的审查,仅限于对设立基金申请人主体资格、事故所涉及的债权性质和申请设立基金的数额进行审查,并作出是否准予设立基金的裁定。至于申请人是否享有海事赔偿责任限制的权利,还需通过实体审理确定。而根据《油污损害司法解释》第二十二条、第二十五条之规定，利害关系人对申请设立油污损害赔偿责任限制基金提出的异议，限于船舶所有人等是否有权限制赔偿责任。该异议的提出不影响基金的设立。至于申请人是否有权限制油污损害赔偿责任，需在受损害人提起诉讼时解决。海事法院对船舶所有人等是否有权限制赔偿责任的争议，可以先行审理并作出判决。据此，尽管本案异议期尚未届满，宁波海事法院仍可作出准予设立油污损害赔偿责任限制基金裁定。异议期内如有利害关系人提出异议，则对船舶所有人等是否有权限制赔偿责任的争议，在受损害人提起诉讼时解决。

再次是作出裁定的时间不同。根据《海事诉讼特别程序法》第一百零六条、《海事赔偿责任限制司法解释》第五条之规定，当事人申请设立海事赔偿责任限制基金的，海事法院应当在最后一次公告发布之日起三十日后、四十五日内作出是否准予设立基金的裁定。而根据《油污损害司法解释》第二十二条之规定，当事人申请设立油污损害赔偿责任限制基金的，海事法院即可在合理的工作时间内作出准予设立基金的裁定。鉴于准予设立基金裁定书中需要写明发出多次公告的具体起止时间，故海事法院通常会在最后一次公告发出后的合理工作时间内作出裁定。本案即是在最后一次公告发出后的第六天作出准予设立基金裁定。

（六）债权登记及基金分配不同

首先是登记的债权范围不同。根据《海事诉讼特别程序法》第一百一十二条之规定，海事法院受理设立海事赔偿责任限制基金的公告发布后，债权人应当在公告期间就与特定场合发生的海事事故有关的债权申请登记，包括油轮装载的非持久性燃油或者非油轮装载的燃油造成油污损害所形成的债权以及从事沿海运输的油轮装载持久性油类造成油污损害所形成的债权。而根据《油污损害司法解释》

33.当事人申请设立油污损害赔偿责任限制基金的处理

第二十六条之规定,对油轮装载持久性油类造成的油污损害,受损害人没能在规定的债权登记期间申请债权登记的,视为放弃在油污损害赔偿责任限制基金中受偿的权利。根据《油污损害司法解释》第九条的规定,船舶油污损害的赔偿范围包括:(1)为防止或者减轻船舶油污损害采取预防措施所发生的费用,以及预防措施造成的进一步灭失或者损害;(2)船舶油污事故造成该船舶之外的财产损害以及由此引起的收入损失;(3)因油污造成环境损害所引起的收入损失;(4)对受污染的环境已采取或将要采取合理恢复措施的费用。本案债权登记的范围,即上述船舶油污损害赔偿范围内的债权,并不包括"佐罗"轮因碰撞所造成的其他财产损害赔偿。

其次是基金的分配顺序不同。根据《海商法》第二百一十条的规定,海事赔偿责任限制基金包含人身伤亡赔偿责任限额和非人身伤亡赔偿责任限额两部分,当人身伤亡赔偿责任限额不足以支付全部人身伤亡的赔偿请求时,其差额应当与非人身伤亡的赔偿请求并列,从非人身伤亡赔偿责任限额中按比例受偿;在不影响上述关于人身伤亡赔偿请求清偿的情况下,就港口工程、港池、航道和助航设施的损害提出的赔偿请求,应当较其他非人身伤亡赔偿请求优先受偿。而根据《1992年油污责任公约》第五条第四款关于"该项基金须在索赔人之间按其确定的索赔额比例分配",以及《油污损害司法解释》第二十七条关于"油污损害赔偿责任限制基金不足以清偿有关油污损害的,应根据确认的赔偿数额依法按比例分配"之规定,所有油污损害赔偿项目,一律按比例分配。据此,本案所有油污损害赔偿,一律按比例参与油污损害赔偿责任限制基金的分配。

再次是责任人的代位受偿权不同。根据《1992年油污责任公约》第五条第五款、第八款、《油污损害司法解释》第二十九条、第三十条之规定,在油污损害赔偿责任限制基金分配以前,船舶所有人、船舶油污损害责任保险人或者财务保证人,已先行赔付油污损害的,可以书面申请从基金中代位受偿,代位受偿限于赔付的范围,并不超过接受赔付的人依法可获得的赔偿数额;船舶所有人为主动防止、减轻油污损害而支出的合理费用或者所作的合理牺牲,请求参与油污损害赔偿责任限制基金分配的,法院应予支持,比照该解释第二十九条第二款、第三款的规定处理。据此,本案申请人在油污损害赔偿责任限制基金设立后,就其先行赔付的款项,以及为防止、减轻油污损害而支出的合理费用或者所作的合理牺牲,享有代位参与基金分配的权利。《1976年海事赔偿责任限制公约》虽有类似的代位受偿权规定,但我国没有加入该公约,我国《海商法》关于海事赔偿责任限制的立法在借鉴该公约时,也没有引入代位受偿权的相关规定。因此,在海事赔偿责任限制基金的分配中,不存在代位受偿的问题。

综上,鉴于最高人民法院编制的《海事诉讼文书样式》中并无专门针对设立油污损害赔偿责任限制基金的裁定书等文书样式,我们可参照受理设立海事赔偿责任限制基金申请通知书、公告及准予设立海事赔偿责任限制基金民事裁定书的样式,来制作受理设立油污损害赔偿责任限制基金申请通知书、公告及准予设立油污损害赔偿责任限制基金民事裁定书,并将上述不同点体现在上述法律文书之中。

(撰稿人:宁波海事法院　吴勇奇)